Spering · Schmidt

Allgemeine Psychologie 1 kompakt
Wahrnehmung · Aufmerksamkeit · Denken · Sprache

Miriam Spering · Thomas Schmidt

Allgemeine Psychologie 1 kompakt

Wahrnehmung · Aufmerksamkeit · Denken · Sprache
Mit Online-Materialien
3., überarbeitete und erweiterte Auflage

Anschrift der Autoren:
Prof. Dr. Miriam Spering, Dipl.-Psych.
University of British Columbia
Dept. of Ophthalmology and Visual Sciences
Eye Care Centre
2550 Willow St
Vancouver, BC V5Z 3N9
Kanada
E-Mail: mspering@mail.ubc.ca

Prof. Dr. Thomas Schmidt
Universität Kaiserslautern
Fachbereich Sozialwissenschaften, Fachgebiet Psychologie I
Erwin-Schrödinger-Str. Geb. 57
67 663 Kaiserslautern
E-Mail: thomas.schmidt@sowi.uni-kl.de

Dieses Buch ist auch erhältlich als:
ISBN 978-3-621-28 384-7 Print
ISBN 978-3-621-29 491-1 E-Book (PDF)

3., überarbeitete und erweiterte Auflage 2017

1. Auflage 2009, Beltz Verlag, Weinheim
2. Auflage 2012, Beltz Verlag, Weinheim

© 2017 Programm PVU Psychologie Verlags Union
in der Verlagsgruppe Beltz • Weinheim Basel
Werderstraße 10, 69 469 Weinheim
Alle Rechte vorbehalten
Lektorat: Dagmar Kühnle Zerpa
Umschlagbild: Fotolia, New York, USA

Herstellung: Uta Euler
Satz: Reemers Publishing Services GmbH, Krefeld
Druck und Bindung: Beltz Bad Langensalza GmbH, Bad Langensalza
Printed in Germany

Weitere Informationen zu unseren Autoren und Titeln finden Sie unter: www.beltz.de

Inhaltsübersicht

Inhalt

Vorwort

Allgemeine Psychologie macht Spaß! Wir haben dieses Lehrbuch verfasst, weil wir unseren Leserinnen und Lesern diese Freude vermitteln möchten. Wahrnehmung, Aufmerksamkeit, Denken und Sprache sind keineswegs öde Themen, durch die man sich zu Beginn des Psychologiestudiums quälen muss, bevor man endlich zu Themen der angewandten Psychologie gelangt. Zum einen sind viele Ergebnisse aus der Allgemeinen Psychologie außerordentlich hilfreich für das Verständnis angewandter Probleme, z. B. in der Klinischen Psychologie: Nur wenn man ein klares Verständnis davon hat, wie das kognitive System normalerweise funktioniert, kann man verstehen, welche kognitiven Funktionen etwa bei Schizophrenie, Depression oder Demenz gestört sind. Zum anderen sind viele Befunde auch für sich genommen faszinierend: Immerhin versucht die Allgemeine Psychologie herauszufinden, wie der menschliche Geist funktioniert, welchen Beschränkungen er unterliegt, aber auch welche Möglichkeiten er besitzt.

Das vorliegende Buch soll dazu anregen, sich interaktiv und kritisch mit den Themen der Allgemeinen Psychologie zu befassen. Die Stoffauswahl konzentriert sich auf den klassischen Prüfungsstoff für den Bachelor-Studiengang Psychologie. Darüber hinaus bietet dieses Buch Fallstudien, Selbstversuche sowie Praxis- und Hintergrundwissen. Die meisten Erkenntnisse der Allgemeinen Psychologie basieren auf Experimenten, und viele dieser Experimente sind intellektuell reizvoll: Sie sind meistens intelligent konzipiert, oft trickreich und haben manchmal sogar so etwas wie eine Pointe. Deshalb wollen wir hier nicht nur Befunde und Theorien abarbeiten, sondern unsere Leserinnen und Leser in die Lage versetzen, experimentelles Denken nachzuvollziehen und selbst wissenschaftliche Fragen zu stellen. Die Grundfrage beim Lesen sollte also nicht sein: »Was muss ich mir hier für die Prüfung merken?«, sondern: »Was für Schlussfolgerungen ziehe ich aus diesem Experiment, wie passen sie zu meinem bisherigen Wissen, und was für Fragen würde ich als nächstes stellen?«

Für die dritte Auflage haben wir alle Kapitel dieses Buches gründlich überarbeitet und um aktuelle Forschungsbefunde erweitert. Außerdem sind einige Themenbereiche hinzugekommen. Das Wahrnehmungskapitel enthält jetzt z. B. einen Abschnitt zum Thema »Wahrnehmung und Handlung« und das Sprachkapitel ist u. a. um einen Abschnitt zum Thema »Zeichensprache« erweitert worden. Die Online-Materialien enthalten jetzt Multiple-Choice-Prüfungsfragen mit Antworten zu jedem Kapitel.

Wir hatten das Glück, dass uns diese Sichtweise der Allgemeinen Psychologie schon früh im Studium und in der wissenschaftlichen Arbeit vermittelt wurde.

Dafür möchten wir unseren akademischen Lehrern, Joachim Funke (Heidelberg), Karl Gegenfurtner (Gießen), Gerd Lüer (Göttingen) und Dirk Vorberg (Münster), an dieser Stelle ganz herzlich danken. Das Buch verdankt seine Lesbarkeit jedoch in erster Linie der kompetenten Hilfe von Seiten des Beltz Verlags in Weinheim. Für die vorzügliche Unterstützung und die hilfreichen Ratschläge bei der Erstellung der dritten Auflage bedanken wir uns bei Dagmar Kühnle Zerpa. Und nicht zuletzt gilt unser ganz besonderer Dank den vielen Studierenden, die unsere Lehrveranstaltungen besucht haben und die mit ihren Fragen und Ideen unsere Darstellung der Allgemeinen Psychologie geprägt haben.

Vancouver und Kaiserslautern, im Frühjahr 2017

Miriam Spering
Thomas Schmidt

1 Einführung

1.1 Was ist Allgemeine Psychologie?

Die Allgemeine Psychologie hat das Ziel, das kognitive System des Menschen zu beschreiben und zu erklären. Sie hat sich in ihrer modernen Form im 19. Jahrhundert entwickelt. Zum Teil stellte sie eine Gegenbewegung zur weitgehend empiriefreien philosophischen Erkenntnistheorie dar, zum Teil entwickelte sie sich auch aus der Physiologie heraus, die sich zu jener Zeit erstmals an die Untersuchung »höherer Funktionen« des Menschen heranwagte. Die neue Generation der Wissenschaftler wollte der philosophischen Erkenntnistheorie ein empirisches Fundament geben und beschäftigte sich damit, wie Menschen tatsächlich Informationen aufnehmen, Entscheidungen treffen und Handlungen generieren. Plötzlich wurden allerorts neue Lehrstühle und Institute geschaffen, psychologische Laboratorien eingerichtet, Testaufgaben erfunden und an Versuchspersonen ausprobiert. Die feinen Messgeräte aus poliertem Messing, deren Präzision die mancher computergestützter Messungen von heute übertrifft, kann man in vielen Sammlungen bewundern.

Die Allgemeine Psychologie in ihrer heutigen Form ist Teil eines multidisziplinären Forschungsprogramms, das man wohl am besten mit dem Begriff Kognitive Neurowissenschaften beschreiben kann. Dabei spielen neben den eigentlichen Neurowissenschaften auch so unterschiedliche Wissenschaftszweige wie Physiologie, Chemie, Informatik, Robotik, Linguistik, Philosophie, Soziologie und Wirtschaftswissenschaften eine Rolle. Auch Physik, Ingenieurwissenschaften und Mathematik sorgen für eine ständige Weiterentwicklung der Forschungsmethoden, z. B. im Bereich der bildgebenden Verfahren der Hirnforschung. Psychologische Experimente nehmen hier eine Schlüsselstellung ein, denn nur sie liefern Daten von menschlichen Versuchspersonen (auch wenn es nicht mehr immer Psychologen und Psychologinnen sind, die diese Daten erheben). Der interdisziplinäre Charakter der Kognitionsforschung wird sich auch in diesem Buch bemerkbar machen, vor allem im ständigen Rückgriff auf Methoden und Befunde aus der Physiologie, Hirnforschung und Neuropsychologie.

1.2 Die Themen des Buches

Abbildung 1.1 dient dazu, die in diesem Buch angesprochenen Themen zu ordnen. Dabei möchten wir die einzelnen Themenbereiche nicht isoliert behandeln, sondern interessieren uns besonders für die Schnittstellen und Überlappungen.

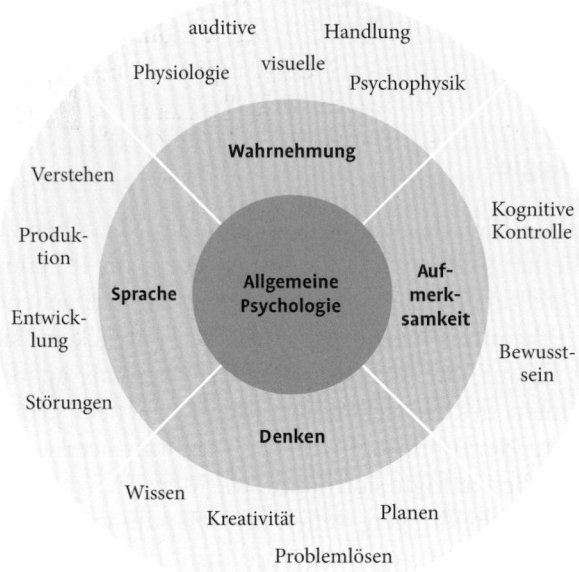

Abbildung 1.1 Vier Themen der Allgemeinen Psychologie

Kapitel 2. Kapitel 2 erläutert die Grundlagen der Wahrnehmung in verschiedenen Sinnessystemen. Das Hauptaugenmerk liegt dabei auf der visuellen und der auditiven Wahrnehmung, aber auch Tastsinne, Gleichgewichtssinn sowie die chemischen Sinne Riechen und Schmecken werden kurz behandelt. Dieses Kapitel stützt sich stärker als die restlichen Kapitel auf Befunde aus Sinnesphysiologie und Neurowissenschaften und erläutert auch die physikalischen Grundlagen von Sinnesreizen. Es behandelt zudem die mannigfaltigen Funktionen unserer Wahrnehmung, z. B. die visuelle Wahrnehmung von Helligkeit, Farbe, Bewegung und räumlichen Beziehungen, die auditive Wahrnehmung von Tonhöhe, Lautstärke und Musik, die Analyse visueller und auditiver Szenen und das Zusammenspiel zwischen Wahrnehmung und Handlung. Ein übergreifendes Thema von Kapitel 2 ist die Doppelfunktion der Wahrnehmung: Sie ermöglicht uns einerseits das schnelle und sichere Handeln in unserer Umwelt, andererseits führt sie zum Aufbau einer komplexen Repräsentation dieser Umwelt im Bewusstsein. Diese bewussten Wahrnehmungsinhalte sind vom unmittelbaren Handeln abgekoppelt und können als Grundlage von komplexen, sprachlich mitteilbaren Denk- und Entscheidungsprozessen dienen. Durch diese Möglichkeiten gewinnt die Wahrnehmung eine soziale Dimension, die über das unmittelbare Reagieren auf Außenreize hinausgeht.

Kapitel 3. Kapitel 3 behandelt die Grundlagen von Aufmerksamkeit, Bewusstsein und kognitiver Kontrolle. Aufmerksamkeit versetzt uns in die Lage, aus einer Vielzahl von Reizen die für uns wichtigen Informationen herauszufiltern, und sie hält das kognitive System flexibel, indem sie seine Verarbeitungsprozesse an die augenblicklichen Arbeitserfordernisse anpasst. Beachtete Reize werden schneller und genauer verarbeitet als unbeachtete, unbeachtete Reize können von der bewussten Wahrnehmung ausgeschlossen bleiben. Deshalb spielen Theorien der Aufmerksamkeit auch eine Rolle für die Erklärung von visuellem Bewusstsein und der Bindung von einzelnen visuellen Merkmalen zu komplexen Objekten. Und noch in einem weiteren Sinne ist Aufmerksamkeit an unserer Handlungssteuerung beteiligt: Sie wird eingesetzt, um Handlungsteile auszuwählen, zu verwerfen, zu koordinieren und in die richtige Reihenfolge zu bringen. In diesem weiteren Sinne wird Aufmerksamkeit zur kognitiven Kontrolle von Handlungen eingesetzt, die zu komplex sind, um in automatisierter Weise abgewickelt werden zu können, und die Denk- und Entscheidungsprozesse erfordern. Die Aufmerksamkeit besetzt also eine Schlüsselstellung in unserer kognitiven Architektur an der Schnittstelle von Wahrnehmung, Denken, Sprache und Handlungen. Die bewusste Wahrnehmung kognitiver Kontrollprozesse kann Täuschungen unterliegen, die Fragen zu unserer grundsätzlichen Willens- oder Handlungsfreiheit aufwerfen.

Kapitel 4. Kapitel 4 behandelt die spezifisch menschliche Fähigkeit des Denkens. Dazu gehören logisches Schlussfolgern (deduktives Denken), Urteilen und Entscheiden (induktives Denken), einfaches und komplexes Problemlösen, Planen sowie Intelligenz und Kreativität. Denken ermöglicht es uns, Handlungen vorausschauend zu planen und an die Erfordernisse einer sich verändernden Umwelt anzupassen. Auf diese Weise können wir Handlungen innerlich durchspielen, bevor wir sie tatsächlich ausführen. Die Denkpsychologie ist seit ihren Ursprüngen mit einem methodischen Problem konfrontiert: Wie kann man den innerlich ablaufenden Prozess des Denkens sichtbar machen? Forscher haben ganz unterschiedliche Strategien entwickelt, um Denkprozesse zu messen. Experimentelle Paradigmen zur Untersuchung von Denkprozessen bilden daher einen Schwerpunkt in diesem Kapitel.

Kapitel 5. Kapitel 5 stellt die Grundlagen der Sprachverarbeitung dar. Sprache in all ihren Erscheinungsformen – gesprochene Sprache, geschriebene Sprache, Gebärdensprache – ist eine genuin menschliche Fähigkeit und erlaubt es uns, mit anderen Menschen zu kommunizieren und sozial zu interagieren. Diese soziale Komponente bedeutet eine ungeheure Verstärkung unserer kognitiven Fähigkeiten, denn sie versetzt uns in die Lage, die Wahrnehmungen und Denkergebnisse anderer Menschen zu nutzen. Die Psycholinguistik befasst sich damit, wie Menschen Sprache verwenden (also produzieren und verstehen), wie Sprache erlernt wird und was im Gehirn passiert, wenn bestimmte Aspekte der Sprachverarbeitung gestört sind. Die Themenbereiche Sprachverarbeitung, Spracherwerb und Sprachstörungen stellen somit den Kern des Kapitels dar. Darüber hinaus werden spezifische Fragen behandelt: Was passiert, wenn Kinder mit zwei Sprachen aufwachsen? Sind auch Tiere in der Lage, Sprache zu erlernen?

1.3 Hinweise zur Arbeit mit diesem Buch

Wie alle Bücher der Kurzlehrbuchreihe »Psychologie kompakt« ist auch dieses darauf ausgerichtet, dass die Leser und Leserinnen eine aktive Rolle beim Erarbeiten der Inhalte übernehmen. Es beinhaltet daher eine Reihe von Selbstversuchen, Praxisbeispielen und weiterführenden Fragen, die dazu gedacht sind, das Gelernte zu überdenken, zu hinterfragen und zu festigen. Hierzu gibt es zusätzliche Online-Materialien, die neben weiterführenden Weblinks auch Selbstversuche, ein deutsch-englisches Glossar und Multiple-Choice-Prüfungsfragen mit Antworten bieten. Die Literaturhinweise am Ende jedes Kapitels sind ebenfalls als eine Einladung gedacht, sich mit den faszinierenden Aspekten der Allgemeinen Psychologie weiter zu beschäftigen. Darüber hinaus soll die lockere Struktur des Textes mit Definitionen, verschiedenen Kästen und Zusammenfassungen Anlässe bieten, einzelne Themen herauszugreifen und Anhaltspunkte zum gezielten Lernen zu finden. Außerdem haben wir uns bemüht, eine Darstellungsform zu finden, die nicht nur bloßes Faktenwissen enthält, sondern auch die Zusammenhänge zwischen den einzelnen Themenbereichen aufzeigt: Wahrnehmung, Aufmerksamkeit und kognitive Kontrolle, Denken und Sprache sind einzeln gar nicht vorstellbar, sondern ergeben erst durch ihr Zusammenspiel einen Sinn.

2 Wahrnehmung

Was Sie in diesem Kapitel erwartet

Wenn wir unsere Augen öffnen, fällt Licht auf unsere Netzhaut. Dieses Licht ist durch die vielen Gewebeschichten unseres optischen Apparats gewandert, dabei immer wieder gestreut und gebrochen worden und stellt jetzt ein etwas unscharfes Abbild unserer visuellen Umwelt dar. Während diese Umwelt sich in drei Raumdimensionen erstreckt, ist das Abbild nur zweidimensional. Da dasselbe zweidimensionale Bild aber durch eine Vielzahl von dreidimensionalen Objekten erzeugt werden kann, ist es nicht eindeutig, und das visuelle System ist darauf angewiesen zu erraten, welcher Reiz dem Netzhautbild am plausibelsten zugrunde liegen könnte. Der Künstler Shigeo Fukuda hat diese Probleme illustriert, indem er eine auf den ersten Blick unförmige Skulptur aus über 2000 miteinander verlöteten Nagelscheren konstruierte (die Zahl der benötigten Heftpflaster ist nicht bekannt). Wird diese Skulptur aus einem ganz bestimmten Winkel beleuchtet, wirft sie den Schatten eines Segelschiffs mit fein herausgearbeiteten Konturen von Tauwerk und Takelage (Seckel, 2005; s. weiterführende Literatur, »Webseiten zum Thema«). Wie findet das visuelle System die richtige Interpretation zum mehrdeutigen Bild auf der Netzhaut?

Wir werden in diesem Kapitel immer wieder sehen, dass unsere Wahrnehmungsfunktionen stark auf Eigenschaften unserer Umwelt abgestimmt sind. Außerdem werden wir erkennen, dass der eigentliche Zweck unserer Wahrnehmungsfunktionen nicht ein »Kino im Kopf« ist, d. h. eine Revue von Bildern und Klängen. Stattdessen ist unsere Wahrnehmung darauf ausgerichtet, uns das Handeln in unserer wahrgenommenen Umwelt zu erlauben. Manchmal ist diese Verknüpfung so schnell und automatisch wie beispielsweise bei der Abwehr eines Schneeballs, manchmal ist sie hingegen von der unmittelbaren Reaktion abgekoppelt und gestattet uns überlegtes, reflektiertes Handeln. Wahrnehmung ist also nicht nur unser »Fenster« zur Welt, sondern auch unsere »Tür«: Sie erlaubt es uns, aus der Privatheit unseres Sinneserlebens herauszutreten und auf unsere Umwelt einzuwirken.

Wir beschränken uns weitgehend auf die beiden am besten erforschten Sinnessysteme: das visuelle und das auditive System. Darüber hinaus besitzen wir eine Reihe von weiteren Sinnessystemen, die wir hier nur kurz behandeln können: die chemischen Sinne (Riechen und Schmecken), den Gleichgewichtssinn, den Tastsinn sowie Temperatur- und Schmerzwahrnehmung.

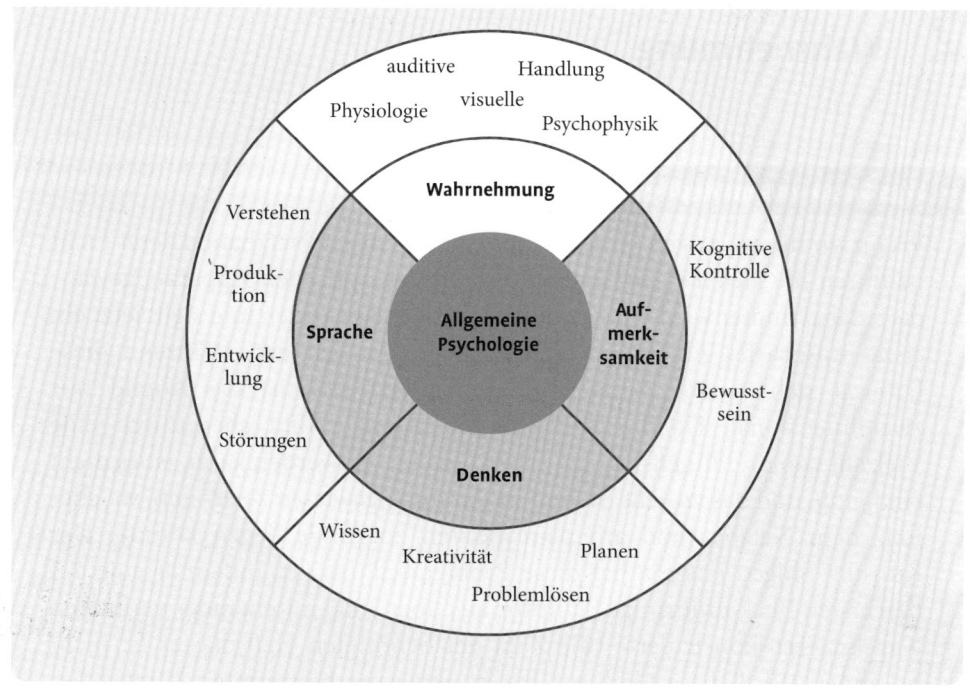

2.1 Psychophysik

2.1.1 Sinnesmodalitäten und Wahrnehmungsspezifität

Unsere Sinnesorgane wandeln physikalische Signale (z. B. Lichtsignale oder mechanische Schwingungen) in elektrische Impulse (Aktionspotentiale) von Nervenzellen um. Den im Gehirn eintreffenden Aktionspotentialen kann man es aber nicht ansehen, aus welchem Sinnesorgan sie stammen. Der deutsche Physiologe Johannes Müller hat zur Lösung dieses Zuordnungsproblems bereits im 19. Jahrhundert das Gesetz der »spezifischen Sinnesenergien« postuliert: Information aus jedem Sinnessystem kommt zunächst in eindeutig bestimmten Empfangsgebieten des Gehirns an. So landet Information aus dem Auge zunächst im primären visuellen Kortex, Information aus dem Ohr im primären auditiven Kortex usw.

Das Prinzip der Wahrnehmungsspezifität ist nur deswegen sinnvoll, weil die Rezeptoren im Lauf der Evolution so verbessert wurden, dass sie optimal nur von einer bestimmten Art von Reiz, dem »adäquaten Reiz«, erregt werden können (Lichtreize im visuellen, Schallwellen im auditiven System). Wird ein Aktionspotential auf andere Art als vorgesehen ausgelöst, z. B. durch einen Schlag aufs Auge, dann führt auch dies zu visuellen Empfindungen.

Die Empfindlichkeit einiger unserer Sinnessysteme ist erstaunlich groß. Das visuelle System ist unter besonders günstigen Umständen wahrscheinlich in der Lage, ein einzelnes Photon (die kleinste physikalisch vorstellbare Lichtmenge) in eine bewusste Sinnesempfindung umzuwandeln (Hecht et al., 1942). Solche herausragenden Leistungen des Auges lassen sich heute mithilfe adaptiver optischer Verfahren genau untersuchen (Harmening et al., 2014; Hunter et al., 2011). Auch die Sensitivität des auditiven Systems bewegt sich an der Grenze des physikalisch Möglichen: Wäre unser Gehör noch empfindlicher, würden wir das Prasseln der Luftatome auf unserem Trommelfell hören können.

2.1.2 Methoden der Psychophysik

Die **Psychophysik** ist eine Forschungstradition innerhalb der Wahrnehmungspsychologie und beschäftigt sich mit dem Zusammenhang zwischen physikalischen Reizen und bewusster Wahrnehmung. Dabei geht es vor allem darum, einen quantitativen Zusammenhang zwischen Reiz und Empfindungsstärke herzustellen. Damit kann man dann z. B. die Frage beantworten, wie klein der kleinste Reiz ist, der gerade noch wahrgenommen werden kann (Absolutschwelle), und wie klein der kleinste Unterschied zwischen zwei Reizen sein kann, der gerade noch bemerkt wird (Differenzschwelle). Diese Ziele mögen zunächst bescheiden klingen, aber psychophysische Methoden verraten viel über die Funktionsweise des sensorischen Systems. Darüber hinaus gibt es viele Anwendungsmöglichkeiten der Psychophysik in all jenen Bereichen, in denen Informationstechnologien und menschliche Sinneswahrnehmung aufeinandertreffen.

Verschiedene Methoden. Psychophysiker verwenden verschiedene Methoden, um die Absolutschwelle etwa für Lichtblitze oder Töne zu bestimmen (Gescheider, 1997; Abb. 2.1). Bei der *Methode der konstanten Reize* werden unterschiedlich starke Reize in zufälliger Reihenfolge dargeboten, und die Versuchsperson muss angeben, ob sie den jeweiligen Reiz wahrgenommen hat oder nicht. Bei der *Grenzmethode* werden verschieden starke Reize in auf- oder absteigender Reihenfolge dargeboten, und die Versuchsperson muss den Punkt angeben, an dem sie den Reiz zum ersten Mal wahrnimmt oder nicht mehr wahrnimmt. Bei der *Herstellungsmethode* schließlich kann die Versuchsperson den Reiz selbst so einstellen, dass er gerade sichtbar oder hörbar ist. Auf ähnliche Weise kann man auch die Differenzschwelle bestimmen: Hier wird der Reiz nicht allein, sondern zusammen mit einem Referenzreiz dargeboten, und es gilt zu beurteilen, bei welchem physischen Reizunterschied die Reize verschieden erscheinen.

Methoden: Psychometrische Funktion und Schwellenmessung

Psychometrische Funktionen beschreiben den Zusammenhang zwischen der Stärke eines Reizes und der Wahrscheinlichkeit, den Reiz entdecken oder klassifizieren zu können. Dabei wird die Reizstärke systematisch in vielen Zwischenschritten variiert.

Abbildung 2.1 beschreibt ein sog. Entdeckungsexperiment, bei dem immer wieder sehr kurzzeitig ein schwacher Lichtpunkt vor dunklem Hintergrund präsentiert wird. Die Aufgabe der Versuchsperson ist es, in jedem Durchgang anzugeben, ob ein Lichtpunkt präsentiert wurde oder nicht. Die Intensität des Lichtpunkts wird systematisch verändert; die verschiedenen Intensitäten werden in zufälliger Reihenfolge präsentiert (Methode der konstanten Reize).

Wahrnehmungsschwellen können anhand psychometrischer Funktionen definiert werden. Um eine Schwelle zu errechnen, wird zunächst ein Wert festgelegt, der von der psychometrischen Funktion überschritten werden muss: In Abbildung 2.1 ist dies der gebräuchliche 50-%-Punkt. Der Schwellenwert liegt dann bei derjenigen Reizintensität, bei der die psychometrische Funktion diesen festgelegten Wert überschreitet. Unter einer Schwelle versteht man also die Reizstärke, bei der die Versuchsperson eine bestimmte Erkennungsleistung erreicht. Liegt ein Reiz unterhalb der Wahrnehmungsschwelle, ist er dadurch nicht etwa »unsichtbar«, sondern seine Entdeckungswahrscheinlichkeit ist einfach kleiner als 50 %.

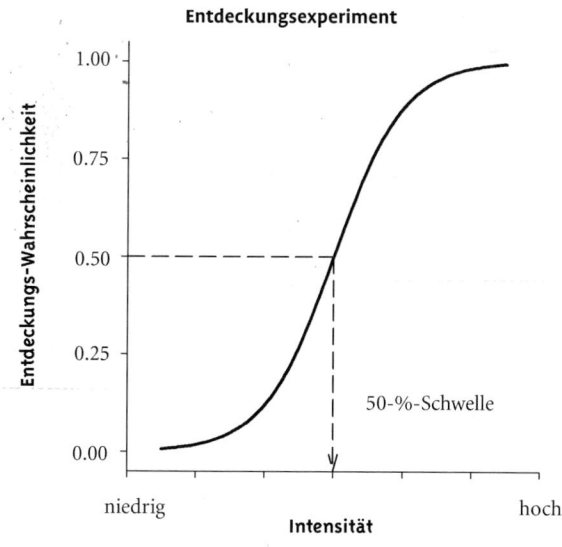

Abbildung 2.1 Psychometrische Funktion in einem Entdeckungsexperiment. Eine Versuchsperson soll in jedem Durchgang angeben, ob ein Reiz präsentiert worden ist oder nicht. Die Wahrscheinlichkeit, diesen Reiz zu entdecken (auf der y-Achse abgetragen) wächst mit der Intensität des Reizes an (auf der x-Achse abgetragen). Dieser Zusammenhang ist typischerweise s-förmig, da sehr intensive Reize ja fast mit Sicherheit entdeckt und sehr schwache Reize übersehen werden sollten. Die Intensität, bei der die Versuchsperson den Reiz in 50 % der Fälle entdeckt, wird 50-%-Schwelle genannt.

Webersches Gesetz. Bei der Bestimmung von Differenzschwellen ergibt sich ein interessantes Phänomen: Je höher die Intensität zweier Reize, desto schlechter wird ihre Unterscheidbarkeit. Wenn man z. B. entscheiden muss, ob eine Tasse Kaffee ein oder zwei Stück Zucker enthält, ist dies viel leichter, als wenn man entscheiden muss, ob sie elf oder zwölf Stück Zucker enthält. Obwohl die Reizdifferenz zwischen den beiden Tassen in beiden Fällen gleich groß ist, fällt die Unterscheidung im zweiten Fall viel schwerer. Der Mediziner Ernst Heinrich Weber (1864) postulierte als erster eine quantitative Regel für das Unterscheidungsvermögen zweier Reize. Er bezeichnete die Wahrnehmungsschwelle zweier Reize (also den physikalischen Unterschied, der gerade noch wahrnehmbar ist), als *gerade merklichen Unterschied* (just noticeable difference, JND), und postulierte, dass der JND immer proportional zur Größe des Vergleichsreizes ist. Wenn man ein Gewicht von 1000 g z. B. um 10 % (100 g) erhöhen muss, damit der Unterschied gerade wahrnehmbar ist, dann muss man ein Gewicht von 2000 g ebenfalls um 10 % erhöhen – also um 200 g. Dieser Zusammenhang ist als Webersches Gesetz bekannt. Das Webersche Gesetz beschreibt die empirischen Daten über einen breiten Wertebereich recht genau, nur für sehr schwache Reize gilt es nicht.

> **Definition**
>
> **Webersches Gesetz:** Die Unterschiedsschwelle ΔS zweier Reize ist proportional zur Größe des Vergleichsreizes S, also $\Delta S = k \cdot S$. Dabei ist k die sog. Weber-Konstante (in unserem Beispiel 10 %), die für jede Reizmodalität unterschiedlich ist.

Fechnersches Gesetz. Der Physiker und Philosoph Gustav Theodor Fechner (1860) weitete das Webersche Gesetz zu einem Zusammenhang zwischen Erlebnisstärke und Reizstärke aus. Er nahm an, dass die Unterschiedsschwelle nicht nur ein konstanter Prozentsatz der Reizstärke sei, sondern dass die einzelnen Unterschiedsschwellen auch erlebnismäßig gleich seien und insofern ein Maß der Erlebnisintensität E darstellen könnten. In diesem Fall könnte man die erlebte Intensität des Reizes ausdrücken, indem man einfach die Zahl der JNDs zählt, die in diesem Reiz enthalten sind. Aus dieser Idee ergibt sich ein logarithmischer Zusammenhang, das Fechnersche Gesetz:

> **Definition**
>
> **Fechnersches Gesetz:** Die Empfindungsstärke E ist proportional zum natürlichen Logarithmus der Reizstärke S, also $E = c \cdot ln\ S$. Dabei ist c wieder eine für jede Reizmodalität verschiedene Konstante, die sog. Fechner-Konstante.

Stevenssches Gesetz. Das Fechnersche Gesetz ist leider nicht voll gültig. Es sagt unter anderem voraus, dass ein Reiz, der z. B. 20 JNDs über der Absolutschwelle liegt, als genau doppelt so stark erlebt werden sollte wie einer, der nur 10 JNDs über der Absolutschwelle liegt. Diese Voraussage hat sich aber empirisch nicht bestätigt.

Der Psychophysiker Stanley S. Stevens schlug daher einen anderen quantitativen Zusammenhang vor: Er meinte, dass sich der Zusammenhang zwischen Reiz- und Empfindungsstärke am besten als eine Potenzfunktion darstellen lässt, die durch die sog. Stevens-Konstante charakterisiert ist. Ist die Stevens-Konstante kleiner als 1, dann werden immer weitere Zunahmen als immer unerheblicher wahrgenommen (wie in unserem Zucker-Beispiel, wo das Hinzufügen des zwölften Stücks Zucker zu einer viel kleineren wahrgenommenen Differenz führt als das Hinzufügen des zweiten Stücks). Ist die Stevens-Konstante hingegen größer als 1, dann werden immer weitere Zunahmen als immer erheblicher wahrgenommen (das ist z. B. für die Schmerzwahrnehmung bei elektrischen Schocks der Fall).

> **Definition**
>
> **Stevenssches Gesetz:** Die Empfindungsstärke E ist eine Potenzfunktion der Reizstärke S, also $E = b \cdot S^a$ (Stevens, 1957). Dabei ist die Konstante b nur zur Skalierung nötig, um die E- und S-Variablen in den gleichen Einheiten ausdrücken zu können; die eigentlich wichtige Größe ist die Stevens-Konstante a, die wieder für jede Reizmodalität unterschiedlich ist. Ist a kleiner als 1, steigt die Empfindungsstärke mit zunehmender Reizstärke immer langsamer an. Ist a größer als 1, steigt sie immer schneller. Das Gesetz sagt voraus, dass der Logarithmus der Empfindungsstärke linear vom Logarithmus der Reizstärke abhängen sollte, $ln\ E = ln\ b + a \cdot ln\ S$.

2.1.3 Signalentdeckungstheorie

Während in den bisher geschilderten psychophysischen Ansätzen lediglich die Eigenschaften des sensorischen Systems betrachtet werden, berücksichtigt die Signalentdeckungstheorie auch das Entscheidungsverhalten des Beobachters

(Green & Swets, 1966). Wenn man z. B. entscheiden soll, ob ein schwacher Lichtreiz präsentiert wurde oder nicht, muss die Entscheidung unter Unsicherheit getroffen werden. Die Signalentdeckungstheorie nimmt an, dass der Beobachter dabei ein feststehendes Kriterium benutzt: Wenn eine Empfindungsstärke das Kriterium übersteigt, entscheidet der Beobachter, dass ein Reiz präsentiert wurde; ist die Empfindungsstärke dagegen geringer als das Kriterium, entscheidet er, dass kein Reiz präsentiert wurde. Mit dieser Strategie kann der Beobachter richtig oder falsch liegen. Wird korrekterweise entschieden, dass ein Reiz präsentiert wurde, nennt man das einen *Treffer*; wird dagegen irrtümlich die Präsentation eines Reizes gemeldet, nennt man das einen *Falschen Alarm* (Tab. 2.1). Je besser der Beobachter entscheiden kann, ob ein Reiz präsentiert worden ist (je höher also die *Sensitivität* des Beobachters ist), desto mehr Treffer und desto weniger Falsche Alarme werden erzielt. Je nachdem, ob ein strenges oder laxes Kriterium verwendet wird, kann aber selbst bei konstanter Sensitivität ein ganz unterschiedliches Antwortverhalten resultieren. Bei einem laxen Kriterium entscheidet der Beobachter schon bei sehr geringen Empfindungsstärken, dass ein Reiz präsentiert worden ist – das erhöht zwar die Zahl seiner Treffer, führt aber auch zu vielen Falschen Alarmen. Bei einem strengen Kriterium hingegen entscheidet er nur bei sehr hohen Empfindungsstärken zugunsten des Reizes: Damit werden zwar wenige Treffer, aber auch weniger Falsche Alarme erzielt. Stellen wir uns als Beispiel zwei Röntgenärzte vor, die Tumore auf Röntgenbildern entdecken sollen. Ein Arzt mit einem strengen Kriterium wird nur in drastischen Fällen einen Tumor melden, ein Arzt mit einem laxen Kriterium hingegen schon beim leisesten Verdacht. Der entscheidende Fortschritt der Signalentdeckungstheorie gegenüber früheren Verfahren ist daher, dass das tatsächliche Unterscheidungsvermögen des Beobachters (seine *Sensitivität*) von seiner generellen *Antwortneigung* (engl. *response bias*; strenges oder laxes Kriterium) getrennt werden kann.

Tabelle 2.1 Klassifikation von Antworten in der Signalentdeckungstheorie. Englische Begriffe werden in Klammern angegeben, da sie auch in der deutschsprachigen Literatur geläufig sind

	Reiz präsentiert	Kein Reiz präsentiert
Beobachter entscheidet: »**Reiz präsentiert**«	Treffer (Hit)	Falscher Alarm (False Alarm)
Beobachter entscheidet: »**Kein Reiz präsentiert**«	Verpasser (Miss)	Korrekte Ablehnung (Correct Rejection)

2.1.4 Entscheidungsmodelle und Criterion Content

Die Psychophysik versucht nicht nur, die subjektive Wahrnehmung zu quantifizieren und zu skalieren, sondern das gesamte Entscheidungsverhalten der Versuchsperson in einer Wahrnehmungsaufgabe zu verstehen (Green & Swets, 1966). Es gibt daher spezialisierte Entscheidungsmodelle für die verschiedensten Arten von psychophysischen Experimenten (Macmillan & Creelman, 2004). Allen diesen Modellen ist gemeinsam, dass sie das Entscheidungsverhalten der Versuchsperson in den psychophysischen Prozess einzurechnen versuchen. Dabei ist es auch entscheidend, welche Information die Versuchsperson tatsächlich für ihre Entscheidung heranzieht. Falls die Aufgabe etwa verlangt, freundliche Gesichter von unfreundlichen zu unterscheiden, ist es nicht garantiert, daß die Versuchsperson tatsächlich die gezeigte Emotion erfasst, sondern vielleicht löst sie die Aufgabe, indem sie lediglich einen kleinen Bildausschnitt im Bereich des Mundwinkels betrachtet. Der spätere Nobelpreisträger Daniel Kahneman hat 1968 den Begriff des *Criterion Content* eingeführt, um die Information zu beschreiben, die die Versuchsperson tatsächlich für ihre Entscheidung verwendet. Criterion Content und Entscheidungsmodell sind die wichtigsten Eigenschaften, die eine psychophysische Aufgabe charakterisieren.

Praxiswissen

Psychologie trifft auf Technologie
Psychophysische Methoden und Modelle sind nicht nur im Wahrnehmungslabor interessant. Sie spielen eine entscheidende Rolle an den vielfältigen Schnittstellen zwischen Informationstechnologie und menschlicher Wahrnehmung. Hier einige Beispiele:
- ▶ Bedienungsfreundliche Lautstärkeregler sind so gestaltet, dass gleichmäßiges Drehen des Reglers zu einer proportionalen Erhöhung der wahrgenommenen Lautheit führt.
- ▶ Bei der Konstruktion von Hörgeräten muss die Sensitivität des auditiven Systems für bestimmte Tonfrequenzen in verschiedenen Hörsituationen berücksichtigt werden.
- ▶ Bei der Kompression von Bild- und Toninformation in Computermedien (z. B. JPG-Bilder und MP3-Audiodateien) wird vor allem die Information eingespart, für die die menschliche Wahrnehmung am wenigsten empfindlich ist.

Fazit

Die Psychophysik verwendet verschiedene Methoden, um physikalische Reize in quantitative Beziehung zur subjektiven Wahrnehmung zu setzen (z. B. Webersches und Fechnersches Gesetz). Besonders umfassend ist das Stevenssche Gesetz, das die wahrgenommene Reizgröße als Potenzfunktion der physikalischen Reizstärke darstellt. Methoden der Signalentdeckungstheorie können eingesetzt werden, um die tatsächliche Sensitivität eines Beobachters von seinen persönlichen Antwortneigungen zu trennen. Eine psychophysische Aufgabe wird durch Entscheidungsmodell und Criterion Content charakterisiert. Psychophysik spielt eine entscheidende Rolle an der Schnittstelle zwischen Informationstechnologie und menschlicher Wahrnehmung.

2.2 Visuelle Wahrnehmung

2.2.1 Licht und optische Aspekte der Wahrnehmung

Licht. Wir können ein Objekt sehen, wenn Licht von der Oberfläche des Objekts reflektiert wird, in unser Auge fällt und im Gehirn eine Helligkeitsempfindung hervorruft. Unter Licht versteht man elektromagnetische Strahlung im Wellenlängenbereich zwischen 400 und 700 Nanometern (nm, 1 nm = 1 Millionstel mm). Elektromagnetische Strahlung außerhalb dieses engen Bereichs können wir nicht visuell wahrnehmen; es gibt aber Lebewesen, die auch Infrarotstrahlung (Wärmestrahlung oberhalb von 700 nm; z. B. einige Schlangenarten) oder ultraviolette Strahlung (unterhalb von 400 nm; z. B. Honigbienen) wahrnehmen können. Licht geringer Wellenlänge erscheint uns blau, Licht hoher Wellenlänge rot; dazwischen liegen die Spektralfarben (Regenbogenfarben), die man z. B. bei einem Blick durch ein Prisma wahrnehmen kann. Im Allgemeinen ist das Licht, das auf unsere Augen trifft, aber aus vielen Wellenlängen gemischt.

Wellenlängen. Wir können Objekte sehen, wenn diese das Licht in ihrer Umgebung so reflektieren, dass ein Teil davon auf unsere Augen trifft. Die Wellenlängen, die vom Objekt reflektiert werden, bestimmen seine wahrgenommene Farbe, während andere Wellenlängen absorbiert werden und unser Auge nicht erreichen. Ein Stoppschild sieht also deshalb rot aus, weil es rot erscheinendes Licht hoher Wellenlängen reflektiert und Licht aller anderen Wellenlängen absorbiert. Ähnlich ist es bei transparenten Gegenständen: Ein rotes Glasfenster lässt Licht hoher Wellenlängen durch das Glas treten, aber absorbiert die restlichen Wellenlängen. Weiße Oberflächen reflektieren alle Wellenlängen ungefähr gleichmäßig; schwarze

Flächen absorbieren alle Wellenlängen ungefähr gleichmäßig. Weil Licht bei der Absorption in Wärme umgewandelt wird, heizen sich dunkle Oberflächen im Sonnenlicht auf.

Evolution optischer Systeme. Das visuelle System hat sich aus einer Art Wettrüsten konkurrierender Arten entwickelt (Land & Nilsson, 2002). Einfachste Lebewesen sind zwar ohne visuelle Wahrnehmungsfähigkeiten lebensfähig, aber sie sind darauf angewiesen, dass ihnen ihre Beute quasi in den Mund schwimmt. Doch schon die einfachsten Wahrnehmungsleistungen verschaffen diesen Tieren einen evolutionären Vorteil vor konkurrierenden Arten. Die einfachsten visuellen Systeme bestehen aus sog. Augenflecken auf der Körperoberfläche von Einzellern, die so mit den Fortbewegungsmechanismen des Tierchens verschaltet sind, dass es sich z. B. von der hellen Meeresoberfläche wegbewegt. Fortgeschrittenere Systeme bestehen aus mehreren Augenflecken, die schon eine grobe Ortung von Licht und Schatten ermöglichen. Diese Ortungsfähigkeiten verbessern sich drastisch, wenn die Sinneszellen in einer Art Grube angeordnet sind. Macht man den Eingang der Grube sehr eng, kann das System sogar wie eine Lochkamera funktionieren, und es kann ein scharfes Bild auf die Sinnesrezeptoren projiziert werden. Leider ist die verbleibende Lichtmenge dann sehr schwach. Es bietet daher einen Vorteil, wenn sich in der Öffnung eine Linse entwickelt, die mehr Licht einlässt und die das Licht bündeln und fokussieren kann. Eine solche Aufrüstung des visuellen Systems findet auch auf neuronaler Ebene statt: Während das visomotorische System von Einzellern aus einer direkten biochemischen Kopplung der Augenflecken mit dem Fortbewegungssystem besteht, ist bei Säugetieren und besonders Primaten der größte Teil ihres riesigen Gehirns mit visueller Wahrnehmung und visuell gesteuerter Motorik beschäftigt.

Das Auge

Unser Auge ist ein komplizierter optischer Apparat, der die Funktion hat, ein möglichst scharfes Bild unserer Umgebung auf die lichtempfindliche Netzhaut zu werfen. Damit muss das Auge im Prinzip dieselben Anforderungen erfüllen, die auch für eine Filmkamera gelten. Im Verlauf der Evolution haben sich tatsächlich Strukturen im Auge entwickelt, die mit den Komponenten einer modernen Kamera vergleichbar sind.

Optischer Apparat. Die Netzhaut oder Retina ist der lichtsensitive Teil des Auges. Sie entspricht dem Film in einer Kamera. Bevor das Licht die Retina erreicht, muss es einen komplizierten optischen Apparat durchlaufen: Es dringt zuerst durch die transparente Hornhaut, wird dann von der Linse gebündelt und dringt anschließend durch den gallertartigen Glaskörper. Schließlich muss das Lichtsignal noch mehrere Zellschichten der Netzhaut und ein Geflecht von Blutgefäßen durchqueren, bevor es die lichtempfindlichen Elemente der Netzhaut, die Photorezeptoren, erreicht. Wie in einer Kamera gibt es eine Blende, die Iris, die eingesetzt

Abbildung 2.2 Querschnitt durch das menschliche Auge. Das von einem Objekt reflektierte Licht wird durch die Linse gebündelt. Wird das Objekt fixiert, liegt es auf der Sehachse, d. h. es wird in der Fovea der Retina scharf abgebildet. Die Retina (Netzhaut) ist die lichtempfindliche Schicht des Auges; sie ist von weiteren Hautschichten umhüllt (Sclera und Chorioidea). An der Stelle, an der der Sehnerv das Auge in Richtung Gehirn verlässt, befindet sich der blinde Fleck des Auges (hier Papille genannt). Das Licht fällt zunächst durch die transparente Cornea

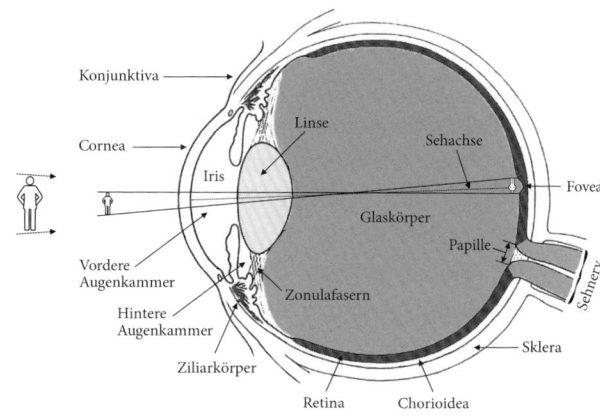

(Hornhaut), die das Auge vor mechanischen Reizen schützt und ein Fortsatz der Conjunctiva (Bindehaut) ist. Es dringt dann durch die flüssigkeitsgefüllte vordere Augenkammer und die Pupille der Iris (Regenbogenhaut), die wie die Blende einer Kamera funktioniert: Die Iris kontrolliert die Größe der Pupille und reguliert auf diese Weise, wieviel Licht auf die Retina fällt. Dann passiert das Licht die Linse und den gallertartigen Glaskörper, der dem Auge seine stabile runde Form gibt. Damit auf der Retina ein scharfes Bild erzeugt werden kann, muss die Dicke der Linse je nach Abstand des Objektes verstellt werden. Dies geschieht im Bereich der hinteren Augenkammer durch einen ringförmigen Muskel (Ziliarkörper), der über die Zonulafasern an den Rändern der Linse zieht (nach Schmidt & Schaible, 2001).

werden kann, um den Lichteinfall ins Auge zu regulieren: Bei starkem Licht ist sie eng gestellt, sodass die Pupillen klein werden, bei schwachem Licht öffnet sie sich weit. (Da Personen mit großen Pupillen als sympathischer beurteilt werden, finden Rendezvous am besten bei schummrigem Licht statt.)

Linse. Auch die Linse ist verstellbar. Sie bewegt sich allerdings nicht wie in einer Kamera vor und zurück, sondern ändert ihre Dicke durch den Zug eines ringförmigen Muskels, in den sie eingespannt ist. Fixieren wir ein weit entferntes Objekt, wird dieser Muskel entspannt. Der Muskelring weitet sich dabei und zieht an der Linse, sodass diese sich abflacht und ihren Brennpunkt so verändert, dass das fixierte Objekt scharf auf der Netzhaut abgebildet wird. (Die meisten anderen Objekte werden tatsächlich unscharf abgebildet.) Fixieren wir hingegen einen nahen Gegenstand, muss unsere Linse kugeliger sein, um die Lichtstrahlen stärker brechen zu können. In diesem Fall wird der Ringmuskel der Linse angespannt und dadurch enger, sodass der Zug auf die Linse vermindert wird und die Linse kugeliger wird. Durch diesen Mechanismus kann auch ein dicht vor dem Auge gelegenes Objekt noch scharf auf der Netzhaut abgebildet werden.

Akkomodation. Die systematische Verstellung der Linse je nach Entfernung des fixierten Objekts wird Akkomodation genannt. Im Alter fällt die Akkomodation schwerer, weil der Ringmuskel an Spannung und die Linse an Elastizität verliert; sie wird beim Betrachten naher Objekte nicht mehr rund genug und beim Betrachten weit entfernter Objekte nicht mehr flach genug (Altersweitsichtigkeit, Presbyopie). Deshalb entfernt sich der Nahpunkt (der kleinste Abstand, in dem Objekte noch scharf gesehen werden können) mit zunehmendem Lebensalter immer weiter vom Auge, und wir müssen schließlich die mangelnde Brechkraft der Linse durch eine Lesebrille ausgleichen. Andere Fehlsichtigkeiten (Kurz- und Weitsichtigkeit) entstehen zumeist, wenn der Augapfel zu lang oder zu kurz für das optische System ist, sodass das Licht nicht mehr scharf auf der Netzhaut abgebildet wird. Auch in diesem Fall müssen wir mit künstlichen Linsen nachhelfen. Für das Akkomodationsproblem hat die Evolution übrigens auch andere Lösungen gefunden: Beim Oktopus z. B. bleibt die Form der Linse unverändert, stattdessen wird der gesamte Augapfel durch Muskeln plattgedrückt.

> **Fazit**
>
> Licht ist ein Gemisch von elektromagnetischen Strahlen unterschiedlicher Wellenlänge, das von Objekten der Umwelt in unser Auge reflektiert wird. Das Auge ist ein optisches System, das dazu dient, ein möglichst scharfes Bild der Umwelt auf die lichtsensitive Netzhaut zu projizieren und dabei die Entfernung des fixierten Objekts und die Lichtmenge zu berücksichtigen.

2.2.2 Die Netzhaut

Transduktion von Licht in Nervenimpulse. Damit das Gehirn visuelle Information verarbeiten kann, müssen Lichtsignale in Nervenimpulse umgewandelt werden. Die Umsetzung von Licht in ein elektrisches Signal wird photoelektrische Transduktion genannt und findet in der Retina statt. Die Retina enthält zwei Typen von Photorezeptoren, *Stäbchen* und *Zapfen*. Diese enthalten spezialisierte Eiweißmoleküle, die Sehfarbstoffe, die bei der Absorption von Licht ihre Form ändern. Durch einen faszinierenden biochemischen Prozess (beschrieben bei Stryer, 1991) kann schon die Absorption eines einzelnen Photons eine Kaskade von Prozessen in Gang setzen, die am Ende zum Aufbau eines elektrischen Potentials in der Membran der Zelle führt.

Architektur der Netzhaut. Die Netzhaut besteht aus verschiedenen Typen von Zellen, die so miteinander verschaltet sind, dass schon hier die ersten Schritte der visuellen Verarbeitung stattfinden (Tessier-Lavigne, 1991). Die Photorezeptoren (Zapfen und Stäbchen) sind über die Bipolarzellen mit den Ganglienzellen verschaltet. Ganglienzellen sind die »Output-Zellen« der Netzhaut und geben die visuelle Information ans Gehirn weiter. Dabei ist das Verschaltungsverhältnis entscheidend. Werden sehr viele Rezeptoren mit einer einzigen Ganglienzelle verschaltet, hat das eine verstärkende Wirkung: Selbst bei schwachem Lichteinfall kann die Ganglienzelle aktiviert werden, auch wenn die einzelnen Rezeptorzellen nur schwach aktiv sind. Die Ganglienzelle ist dann aber auch für einen großen Teil der Netzhaut zuständig und trägt nur wenig zum räumlichen Auflösungsvermögen des Systems bei. Für ein gutes räumliches Auflösungsvermögen ist es hingegen nötig, jede Rezeptorzelle mit einer eigens für sie zuständigen Ganglienzelle zu verschalten; nur muss dann der Lichteinfall auch ausreichend sein, um schon einzelne Rezeptorzellen zu aktivieren.

> **!** Unsere **Retina** folgt einem Kompromiss zwischen Auflösungsvermögen und Lichtempfindlichkeit: Das **Zapfensystem** hat ein hohes räumliches Auflösungsvermögen, ist aber auf ausreichenden Lichteinfall angewiesen, während das **Stäbchensystem** auch bei sehr schwachem Licht funktioniert, dafür aber ein schlechtes Auflösungsvermögen hat.

Es gibt in jedem der beiden Augen eine Stelle, die weder Zapfen noch Stäbchen enthält: Das ist der sog. Blinde Fleck, an dem die Axone der Ganglienzellen den Sehnerv bilden und das Auge in Richtung Gehirn verlassen. Die an dieser Stelle fehlende visuelle Information wird mit Information aus der unmittelbaren Nachbarschaft ergänzt, sodass der Blinde Fleck normalerweise nicht auffällt. Außerdem liegen die Blinden Flecke der beiden Augen nicht an korrespondierenden Stellen der Netzhäute, sodass die blinde Stelle des einen Auges durch Information aus dem anderen Auge ergänzt wird.

Die Zapfen sind vor allem im Bereich des schärfsten Sehens, der Fovea centralis, und deren unmittelbarer Umgebung konzentriert; in der Fovea ist tatsächlich jede Zapfenzelle mit einer einzigen Ganglienzelle verschaltet (Tessier-Lavigne, 1991). Außerdem ist die Dichte der Photorezeptoren (vor allem der Zapfen) dort sehr hoch (ca. 50 000 pro mm^2). Zur Peripherie hin nimmt die Dichte der Zapfen immer weiter ab (auf bis zu 1 000 pro mm^2). Gleichzeitig nimmt auch die Anzahl der Ganglienzellen zur Peripherie hin ab; jede Ganglienzelle ist in der Peripherie für immer mehr Photorezeptoren zuständig (Konvergenzprinzip). Entsprechend nimmt das räumliche Auflösungsvermögen zur Peripherie hin rasch ab. Das Vorhandensein von drei verschiedenen Zapfentypen erlaubt uns das Farbensehen (s. u.).

In Dämmerung und Dunkelheit sind die Zapfen nicht zu gebrauchen. Hier kommen die Stäbchen ins Spiel. Sie sind gleichmäßiger über die Netzhaut verteilt als die Zapfen, kommen allerdings nicht in der Fovea vor (daher haben wir nachts Schwierigkeiten, einen lichtschwachen Stern zu fixieren). Da viele Stäbchen mit wenigen Ganglienzellen verschaltet sind, wirken ihre Signale bei der Aktivierung der Ganglienzelle zusammen, sodass bereits sehr schwache Lichtsignale entdeckt werden können. Das Vorhandensein der zwei verschiedenen Photorezeptortypen in der Retina bewirkt also, dass unsere Wahrnehmung unter ganz unterschiedlichen Beleuchtungsbedingungen funktioniert.

Hell- und Dunkeladaptation. Wenn wir vom hellen Tageslicht in einen dunklen Raum kommen, sehen wir zunächst einmal gar nichts: Das schwache Licht reicht nicht mehr aus, um das Zapfensystem zu aktivieren, und das empfindliche Stäbchensystem muss sich zunächst vom hellen Tageslicht erholen. Dies bedeutet, dass biochemische Vorgänge in den Stäbchen die Sehfarbstoffe wieder in ihren Ausgangszustand versetzen müssen, in welchem diese auf neue Lichtreize reagieren können. Für den ersten, schnellen Anstieg in der Dunkeladaptation während der ersten fünf Minuten ist die Erholung im Zapfensystem verantwortlich. Gleichzeitig erholen sich auch die Sehfarbstoffe im Stäbchensystem. Der sogenannte Kohlrausch-Knick markiert den Zeitpunkt, an dem das Stäbchensystem empfindlicher wird als das Zapfensystem. Nach ca. 30 Minuten ist schließlich die maximale Empfindlichkeit erreicht. Treten wir jetzt wieder ins Licht hinaus, werden beide Systeme von Aktivität überflutet, und wir fühlen uns geblendet: Wir benötigen eine kurze Phase der Helladaptation, um uns an die neuen Lichtverhältnisse anzupassen.

Die Vorstellung, dass Sinneszellen nach längerer Aktivität einfach »ermüden«, ist allerdings irreführend. Vielmehr sind Adaptationsphänomene ein Zeichen dafür, dass sich das System beim Aufenthalt in bestimmten Wahrnehmungsumwelten neu kalibriert: Es verschiebt seinen Empfindlichkeitsbereich so, dass die Umwelt mit größtmöglicher Effizienz wahrgenommen werden kann. Adaptation gibt es in allen Wahrnehmungssystemen, und sie kann verschiedenste Aspekte der Wahrnehmung betreffen.

> **Definition**
>
> **Adaptation** bezeichnet allgemein die Tatsache, dass wiederholte Reizung mit dem gleichen Stimulus zu einer Abnahme der Reizantwort führt. Adaptation stellt eine ständige Neukalibrierung dar, durch die sich das Wahrnehmungsytem auf die derzeitigen Umweltgegebenheiten einstellt.

Farbadaptation

Schließen Sie die Augen und wenden Sie Ihr Gesicht der Sonne zu. Die Sonne scheint durch die geschlossenen Lider, und Sie sehen ein homogenes Rot. Wenn Sie jedoch eine Weile warten, lässt der Roteindruck nach und wird immer mehr zu einem neutralen Farbton. Wenn Sie jetzt die Augen öffnen, erscheint die Welt bläulich. (Machen Sie sich keine Sorgen: Der Effekt verschwindet innerhalb einer Minute.)

Sie können diesen Versuch variieren, indem Sie ein Auge abdecken, sodass nur wenig Sonnenlicht durch das geschlossene Lid dringt. Warten Sie, bis der Roteindruck im unbedeckten Auge nachgelassen hat, und schauen Sie dann Ihre Umgebung abwechselnd mit dem einen und dem anderen Auge an. Durch das zuvor abgedeckte Auge erscheint die Welt in normalen Farben, durch das rotadaptierte Auge sieht sie bläulich aus. Mit farbig getönten Brillen können Sie natürlich ähnliche Effekte erzielen: Nach längerer Adaptation an eine Brille bestimmter Farbe erscheint die Umgebung in der entsprechenden Komplementärfarbe.

Achtung: Bitte schauen Sie niemals mit geöffneten Lidern in die Sonne – die starke Strahlung kann Ihre Netzhaut nachhaltig schädigen.

2.2.3 Von der Netzhaut zum Gehirn

Die besondere Bedeutung der visuellen Wahrnehmung für Menschen und andere Primaten kann man an der Größe und der Anzahl der beteiligten Gehirnareale abschätzen. Neben dem primären visuellen Kortex (V1), der etwa 15 % der gesamten Großhirnrinde ausmacht, wurden bisher mehr als 30 verschiedene visuelle Areale beschrieben (Felleman & Van Essen, 1991). Insgesamt sind etwa 60 % der Großhirnrinde an der Wahrnehmung, Interpretation und Reaktion auf visuelle Reize beteiligt.

Nachdem die Lichtinformation im Auge in die elektrischen Signale der Ganglienzellen übersetzt worden ist, verlässt sie über den Sehnerv, der aus den Axonen der Ganglienzellen gebildet wird, das Auge in Richtung Gehirn. Kurz vor Eintritt ins Gehirn verzweigen sich die Sehnerven aus beiden Augen und bilden das Chiasma opticum (Sehnervkreuzung). Von dort gelangt die Information über verschiedene Faserverbindungen in den visuellen Kortex (Mason & Kandel, 1991). Die wichtigste Sehbahn verläuft über den im Thalamus liegenden Seitlichen Kniehöcker (Corpus geniculatum laterale; CGL) zum primären visuellen Kortex (V1) im Okzipitalkortex (Abb. 2.3 und 2.4).

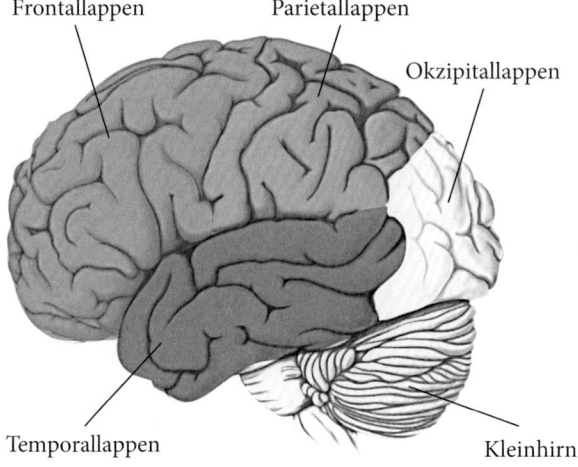

Frontallappen   Parietallappen

Okzipitallappen

Temporallappen

Kleinhirn

Abbildung 2.3 Kortex des Vorderhirns. Der Kortex lässt sich grob in Okzipitallappen, Parietallappen, Temporallappen und Frontallappen unterteilen. Der dorsale Pfad der visuellen Verarbeitung verläuft vom Okzipital- zum Parietallappen; der ventrale Pfad vom Okzipital- zum Temporallappen. Zusätzlich ist in der Abbildung das Kleinhirn (Cerebellum) zu sehen, das kein Teil des Vorderhirns ist (nach Schandry, 2003).

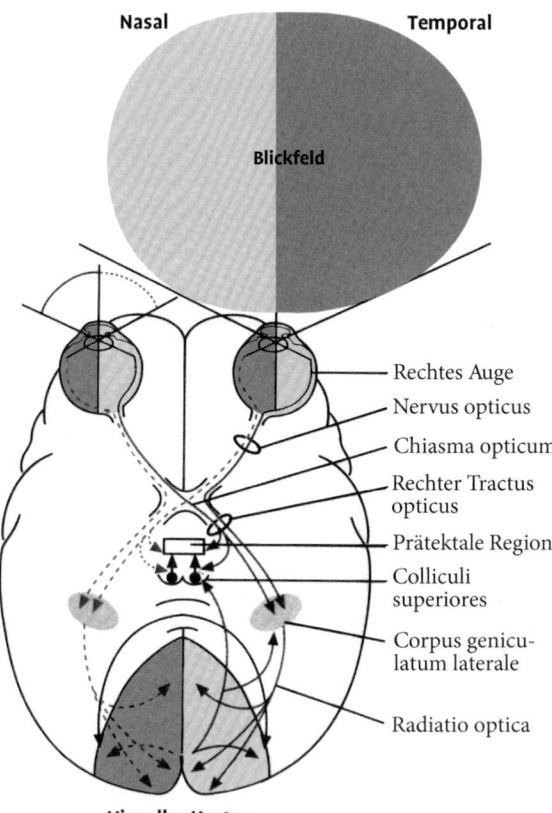

Nasal   Temporal

Blickfeld

Rechtes Auge

Nervus opticus

Chiasma opticum

Rechter Tractus opticus

Prätektale Region

Colliculi superiores

Corpus geniculatum laterale

Radiatio optica

Visueller Kortex

Abbildung 2.4 Querschnitt durch das visuelle System. Die Sehnerven (linker und rechter Nervus opticus) der beiden Augen kreuzen sich im Chiasma opticum und bilden dadurch einen linken und einen rechten optischen Trakt (Tractus opticus). Der größte Teil der Nervenfasern führt zum CGL im Thalamus; von dort fächern sich die Nervenfasern auf (Sehstrahlung oder Radiatio optica) und erreichen den primären visuellen Kortex. Eine weitere Bahn verläuft über die prätektale Region zum Colliculus superior, dem visuellen Zentrum des Mittelhirns. Da sich im Chiasma nur die Nervenfasern der nasenwärts gelegenen Teile der Netzhaut überkreuzen, nicht aber die der schläfenwärts gelegenen Teile, empfängt am Ende der rechte visuelle Kortex Information über die linke (kontralaterale) Hälfte des visuellen Feldes. Für den linken visuellen Kortex ist es entsprechend umgekehrt (nach Thews et al., 1999).

Das visuelle Signal wird in Areal V1 sowie in den angrenzenden Arealen V2, V3, V4 und V5 (auch mediotemporaler Kortex, MT genannt) in vielfältiger Weise analysiert. Dazu wird jeder Teil des Gesichtsfelds im Hinblick auf Farbe, Orientierung, Bewegung, räumliche Tiefe usw. untersucht. Von V1 ausgehend scheint die kortikale Verarbeitung der visuellen Information über zwei Hauptpfade zu verlaufen, über einen dorsalen Verarbeitungsweg, der zum Parietalkortex verläuft, und über einen ventralen Verarbeitungsweg, der zum Temporalkortex zieht. Parietal- und Temporalkortex sind wiederum mit dem Frontalkortex verbunden, der für komplexe Entscheidungsvorgänge und Handlungssteuerung zuständig ist. Ein alternativer Verarbeitungsweg verläuft über den Colliculus superior, das visuelle Zentrum des Mittelhirns. Dieser Kern spielt eine wichtige Rolle bei der Umsetzung von visueller Information in Blick- und Orientierungsbewegungen (Sparks, 1999).

Das Chiasma opticum sorgt zunächst dafür, dass das CGL auf jeder Seite des Gehirns Informationen aus beiden Augen erhält (Abb. 2.4). Das linke CGL erhält dabei die Informationen aus dem rechten visuellen Feld, während das rechte CGL Informationen aus dem linken visuellen Feld enthält. Im visuellen Kortex wird die Information aus beiden Augen wieder kombiniert, wobei aber jede Gehirnhälfte für Information aus dem ihr gegenüber liegenden (kontralateralen) Teil des visuellen Felds zuständig bleibt.

Fazit

Die Photorezeptoren der Netzhaut unterscheiden sich in ihrer Lichtempfindlichkeit: Die Zapfen sind für das Sehen von Farbe und Helligkeit bei Tageslicht verantwortlich, die Stäbchen für das Sehen unter schwachen Lichtverhältnissen. Der Übergang von einem Sehsystem zum anderen erfordert Licht- oder Dunkeladaption. Unterschiedliche Konvergenz auf die retinalen Ganglienzellen führt dazu, dass nur die Zapfen das Sehen mit hoher räumlicher Auflösung erlauben. Visuelle Information erreicht das Gehirn über verschiedene Pfade. Der wichtigste davon führt über das Corpus geniculatum laterale (CGL) des Thalamus zum primären visuellen Kortex (V1). Durch die Beschaffenheit der Sehbahnkreuzung wird jede Hälfte des visuellen Felds in der kontralateralen Hirnhälfte verarbeitet.

2.2.4 Grundprinzipien der visuellen Verarbeitung

Um die Verarbeitung visueller Information im Kortex zu verstehen, sollte man die folgenden Grundprinzipien beachten:

Konvergenz und Divergenz. Die Kodierung der visuellen Information im Sehnerv erfolgt sehr sparsam: Die über 100 Millionen Rezeptorzellen in jeder Retina werden von nur rund 1 Million Fasern im Sehnerv weitergeleitet (konvergente Verschaltung). Als Resultat davon ist jede kortikale Zelle für einen mehr oder weniger großen Ausschnitt des visuellen Felds verantwortlich, ihr sog. *rezeptives Feld*. Auf diese sparsame Kodierung folgt aber eine ungeheure Auffächerung der Information: Der 1 Million Nervenzellen in jedem Sehnerv stehen Dutzende von Milliarden kortikaler Zellen gegenüber, die alle mit visueller Verarbeitung beschäftigt sind (divergente Verarbeitung).

Multiple Karten des visuellen Felds. Jedem Ort auf der Retina entspricht ein Ort im CGL, im primären visuellen Kortex, sowie in vielen höheren visuellen Arealen, und benachbarte Orte der Retina werden auf benachbarte Orte in diesen Arealen abgebildet. Als Resultat enthält das Gehirn eine Vielzahl von »Karten« der Netzhaut (retinotope Karten) oder, genereller, des visuellen Felds. Jede dieser Karten ist dabei auf eine andere Reizeigenschaft spezialisiert, z. B. auf Farbe, Form, Tiefe oder Bewegung. Man kann sich das Ganze wie einen modernen Atlas vorstellen, der das gleiche Land mehrfach hinsichtlich Bevölkerungsdichte, Niederschlagsmenge, Industriestandorten usw. abbildet.

Spezialisierte Verarbeitungspfade. Das visuelle System scheint gleichzeitig zwei Grundziele zu verfolgen: Der ventrale Verarbeitungspfad (über den Temporallappen) ist für Objekterkennung und den Aufbau einer bewussten Repräsentation der Welt zuständig (s. Abb. 2.3). Der dorsale Verarbeitungspfad (über den Parietallappen) ist auf die Lokalisation von Reizen – vor allem relativ zum Körper – spezialisiert und ermöglicht die schnelle Übersetzung visueller Information in gezielte motorische Bewegungen.

2.2.5 Konvergenz und Divergenz

Rezeptive Felder

Klassischerweise wird das rezeptive Feld einer visuell aktiven Zelle als derjenige Bereich des visuellen Felds aufgefasst, in dem visuelle Reize die Zelle erregen können (Mason & Kandel, 1991). Die rezeptiven Felder retinaler Ganglienzellen sind kreisförmig und weisen eine Zentrum-Umfeld-Organisation auf.

Das **klassische rezeptive Feld** einer visuellen Zelle bezeichnet den Ausschnitt des visuellen Felds, in dem Reize erscheinen müssen, um die Zelle in Erregung zu versetzen. Zum modernen Begriff des rezeptiven Felds gehören die genauen Reizeigenschaften, die die Zelle erregen können, und die Möglichkeit, dass auch Reize außerhalb des klassischen rezeptiven Felds die Verarbeitungseigenschaften der Zelle beeinflussen können.

On-Center- und Off-Center-Zellen. Etwa die Hälfte der Ganglienzellen sind On-Center-Zellen, die erregt werden, wenn ein Lichtreiz ins Zentrum ihres rezeptiven Felds fällt, aber gehemmt werden, wenn er ins Umfeld fällt. Die restlichen Ganglienzellen sind Off-Center-Zellen, die durch Licht im Umfeld erregt und durch Licht im Zentrum gehemmt werden. Bei beiden Zelltypen führt eine gleichzeitige Belichtung beider Bereiche allenfalls zu einer schwachen Antwort, weil sich Erregung und Hemmung gegenseitig etwa aufheben. In der Fovea beträgt der Durchmesser der Feldzentren nur einige Bogenminuten, in der Peripherie dagegen etwa 3–5 Grad Sehwinkel (1 Grad Sehwinkel entspricht ungefähr der Breite des Zeigefingers auf Armlänge, 1 Grad entspricht 60 Bogenminuten). Die charakteristische Zentrum-Umfeld-Struktur der Ganglienzellen dient der Verstärkung von lokalen Bildkontrasten. Zusätzlich hemmen sich benachbarte Ganglienzellen gegenseitig.

Laterale Hemmung. Eine mögliche Folge dieser gegenseitigen Hemmung, die sog. Mach-Bänder (entdeckt von dem Physiker Ernst Mach im 19. Jahrhundert), ist in den Abbildungen 2.5 a zu sehen. Die Betrachtung der Bänder in Abbildung 2.5 a führt zu dem illusorischen Eindruck, dass die einzelnen Bänder nicht homogen sind, sondern einen leichten Farbverlauf haben: Sie scheinen an der Grenze zum jeweils dunkleren Band heller zu sein und an der Grenze zum jeweils helleren Band dunkler. Unterbricht man die Grenzen zwischen den Bändern (Abb. 2.5 b), verschwindet dieser Eindruck weitgehend. Schon Mach schloss aus dieser Illusion auf gegenseitige Hemmung benachbarter visueller Zellen, die auch *laterale Hemmung* genannt wird. Die laterale Hemmung bezeichnet ein allgemeines Verschaltungsprinzip im Gehirn, nach dem sich benachbarte Zellen oder Zellen mit ähnlichen Verarbeitungseigenschaften wechselseitig hemmen. Auf diese Weise werden Unterschiede zwischen diesen Zellen betont, was die Empfindlichkeit des Gesamtsystems erhöht. Nach Mach werden die Zellen in einem homogen hellen oder dunklen Feld alle gleichmäßig von ihren ähnlich aktiven Nachbarn gehemmt. An den Grenzen zwischen hellen und dunklen Bereichen werden die Zellen jedoch nur noch von der Hälfte ihrer Nachbarn gehemmt und reagieren dadurch stärker, als es durch den Reiz gerechtfertigt wäre. Auf der hellen Seite der Kontrastgrenze wird deshalb ein zu heller Wert signalisiert, während auf der dunklen Seite ein zu dunkler Wert signalisiert wird. So könnten die illusorischen Mach-Bänder entstehen. Mach ging sogar noch weiter und berechnete aus seinen Beobachtungen die Größe der rezeptiven Felder der retinalen Zellen, lange bevor die Eigenschaften von Zellen physiologisch gemessen werden konnten.

Viele visuelle Phänomene lassen sich durch laterale Hemmung erklären, aber nicht immer stimmt diese Erklärung. Die grauen Punkte, die an den Kreuzungspunkten des Hermann-Gitters zu liegen scheinen (Abb. 2.5 c), wurden lange Zeit durch laterale Hemmung erklärt: Zellen mit rezeptiven Feldern auf den »Kreuzungen« würden von vier Seiten gehemmt, Zellen mit rezeptiven Feldern auf den »Straßen« aber nur von zwei Seiten; und durch die starke Hemmung sähen Kreuzungspunkte dunkler aus. Heute weiß man, dass diese Erklärung nicht stimmen kann (Schiller & Carvey, 2005), denn schon eine leichte Versetzung der Quadrate verringert die Illusion, obwohl sie kaum etwas an der lateralen Hemmung ändern sollte (Abb. 2.5 d).

Laterale Hemmung dient der Verstärkung von lokalen Kontrasten. Diese Kontrastverstärkung ist auch dringend notwendig, weil durch die wiederholte Brechung und Streuung des Lichts im optischen Apparat des Auges alle Objekte nur unscharf auf die Netzhaut projiziert werden können.

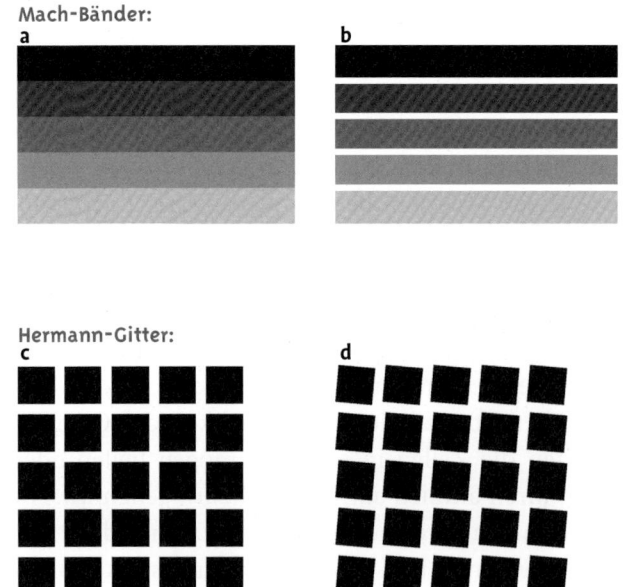

Mach-Bänder:
a   b

Hermann-Gitter:
c   d

Abbildungen 2.5 a Die Streifen links oben sind eigentlich homogen in ihrer Farbe, scheinen aber einen leichten Farbverlauf zu haben, sodass sie an der Grenze zu einem dunkleren Streifen heller, an der Grenze zu einem helleren Streifen jedoch dunkler erscheinen (Mach-Bänder). **b** Trennt man die Streifen voneinander, verschwindet die Illusion. **c** An den Kreuzungspunkten des Hermann-Gitters scheinen sich dunkle Punkte zu befinden, mit Ausnahme des direkt fixierten Kreuzungspunktes. **d** Schon kleine Versetzungen der Quadrate verringern diese Illusion.

Der kortikale Vergrößerungsfaktor

Wie wir gesehen haben, ist hochauflösendes Sehen nur mit der Fovea centralis möglich, weil hier die Dichte der Zapfen besonders groß ist (tatsächlich gibt es in der Fovea keine Stäbchen) und nur eine einzige Ganglienzelle für jeden Zapfen zuständig ist. Obwohl die Fovea nur einen winzigen Teil der Netzhautfläche ausmacht, beansprucht sie einen großen Teil der Ganglienzellen der Netzhaut sowie einen großen Teil der visuellen Kortexareale. Auch im CGL und im primären visuellen Kortex bleibt dieses Missverhältnis bestehen: Die Fovea und ihre direkte Umgebung werden durch etwa die Hälfte der Neuronenmasse in CGL und V1 repräsentiert, während die gesamte Peripherie durch die andere Hälfte repräsentiert ist (Mason & Kandel, 1991).

Dieses enorme Missverhältnis zeigt, wie aufwendig die Verarbeitung von hochauflösender Information ist: Eine gleichmäßig hohe Auflösung über die ganze Retina hinweg würde einen riesigen Kortex erfordern. Hochauflösendes Sehen auf einen kleinen Bereich zu konzentrieren, hat aber andere Konsequenzen. So besitzen wir ein komplexes Steuerungssystem für Kopf- und Augenbewegungen, das dazu dient, interessante Objekte in den Bereich der Fovea zu bringen. Vor allem durch Blickbewegungen ist es möglich, trotz begrenzter Verarbeitungskapazität jeden Teil des visuellen Felds mit hoher räumlicher Auflösung zu analysieren (s. Kasten »Augenbewegungen« in Abschn. 2.2.8).

Rezeptive Felder im primären visuellen Kortex (V1)

David Hubel und Torsten Wiesel erforschten in ihren bahnbrechenden Arbeiten, für die sie 1981 den Nobelpreis erhielten, als erste die Eigenschaften von V1-Zellen. Anders als die Neurone in der Retina oder im CGL antworten V1-Neurone nur schwach oder gar nicht auf punktförmige Lichtreize, aber sehr heftig auf kurze Lichtstreifen. Je nach Art des visuellen Reizes, der die größte Antwort hervorrief, unterschieden Hubel und Wiesel (1959) drei Neuronentypen:

▶ »Einfache Zellen«. Sie besitzen längliche rezeptive Felder mit einer erregenden Zone in der Mitte und flankierenden hemmenden Zonen. Sie reagieren auf Lichtstreifen oder Balken einer bestimmten Orientierung; die Reaktion ist umso stärker, je genauer der visuelle Reiz auf den erregenden Streifen des rezeptiven Felds passt. Daraus ergibt sich die sog. Tuning-Kurve der Zelle: Je besser die Orientierung des Reizes der des rezeptiven Felds entspricht, desto stärker die Antwort der Zelle. Viele dieser Zellen haben darüber hinaus eine Präferenz für Reize, die sich in eine bestimmte Richtung bewegen. Einfache Zellen entstehen nach Hubel und Wiesel durch eine einfache Zusammenschaltung ringförmiger rezeptiver Felder, wie sie in den Ganglienzellen der Retina, im CGL sowie in der Eingangsschicht des primären visuellen Kortex zu finden sind.

- ▶ **»Komplexe Zellen«.** Sie reagieren ebenfalls selektiv auf Reize einer bestimmten Orientierung; deren genaue Lage im rezeptiven Feld ist aber egal. Komplexe Zellen entstehen nach Hubel und Wiesel durch eine einfache Zusammenschaltung einfacher Zellen mit gemeinsamer Orientierungsselektivität.
- ▶ **»Endinhibierte« oder »hyperkomplexe Zellen«.** Sie antworten auf Streifen, Ecken oder Winkel einer bestimmten Länge, die sich in einer bestimmten Richtung über ihr rezeptives Feld bewegen.

Die Organisation von V1: Windmühlen und Eiswürfel

Orientierungssäulen. Mithilfe von Messungen der elektrischen Aktivität einzelner Zellen wurde festgestellt, dass der primäre visuelle Kortex eine überraschend regelmäßige Struktur besitzt. Er besteht zunächst aus sechs verschiedenen Schichten, von denen eine als Eingangsschicht und eine als Ausgangsschicht dient. Übereinander liegende Zellen verschiedener Schichten haben rezeptive Felder, die sich alle an derselben Position im visuellen Feld befinden, und sie besitzen eine ähnliche Orientierungsselektivität, d. h. diese Zellen bevorzugen dieselbe Orientierung eines visuellen Reizes. Eine solche Säule von Zellen mit ähnlichen Eigenschaften wird Orientierungssäule genannt. Nebeneinander gelegene Orientierungssäulen sind für ähnliche Orientierungen zuständig; geht man immer weiter von einer Säule zur nächsten, so ändert sich die Orientierungsselektivität ganz allmählich.

Mithilfe eines optischen bildgebenden Verfahrens, bei dem ein direktes Abbild der Aktivität der Neurone an der Kortexoberfläche erstellt wird, konnte für V1 eine regelmäßige windmühlenartige Anordnung der Orientierungssäulen um ein in der Mitte liegendes Zentrum nachgewiesen werden (Bonhoeffer & Grinvald, 1991). In jedem Windmühlenrad kommt jede Orientierungssäule nur einmal vor. Neben den Orientierungssäulen wurden auch noch sog. Augendominanzsäulen festgestellt. So zeigt etwa die Hälfte der Neurone bei der Reizdarbietung eine deutliche Präferenz für das linke oder rechte Auge.

Eiswürfelmodell. Die spezialisierten Säulensysteme ergeben eine einfache, bauklotzartige Struktur, die manchmal als Eiswürfelmodell bezeichnet wird (Hubel & Wiesel, 1968). Nach diesem Modell kann man den primären visuellen Kortex in Hypersäulen unterteilen, von denen jede etwa einen Quadratmillimeter groß ist. Jede Hypersäule besteht aus zwei Augendominanzsäulen (eine für das linke und eine für das rechte Auge), und jede Augendominanzsäule enthält einen vollständigen Satz von Orientierungssäulen (Windmühlenflügeln für alle möglichen Orientierungen). Eine Hypersäule ist also ein kleines Verarbeitungsmodul, das für einen bestimmten Ausschnitt des visuellen Felds verantwortlich ist und die Kapazität hat, die Orientierung und Bewegungsrichtung einer Kontur in diesem kleinen Bildausschnitt zu bestimmen. Die Hypersäulen bilden somit die entscheidende Grundlage für nachfolgende Prozesse der Formanalyse.

Fazit

Zellen in CGL und visuellem Kortex haben rezeptive Felder, die denjenigen Teil des visuellen Felds umfassen, von dem diese Zellen erregt werden können. Dabei werden verschiedene Zelltypen von verschiedenen Arten von Reizen erregt, z. B. durch einfache Lichtpunkte, orientierte Lichtbalken oder Bewegung in einer bestimmten Richtung. Zellen mit benachbarten rezeptiven Feldern neigen dazu, sich wechselseitig zu hemmen (laterale Hemmung), und zeigen häufig eine Form von Zentrum-Umfeld-Organisation. Die spezialisierten Zellen des primären visuellen Kortex sind in einer einfachen, bauklotzartigen Struktur organisiert. Die so genannten Hypersäulen bilden dabei einfache Module für die grundlegende visuelle Verarbeitung eines kleinen Ausschnitts des visuellen Felds.

2.2.6 Multiple Karten des visuellen Felds

Das Gehirn als Atlas: Spezialisierte Karten

Retinotope Karten. Durchläuft man das visuelle System von der Retina über das CGL und den primären visuellen Kortex hin zu höheren visuellen Arealen, begegnet man immer wieder neuen Abbildungen des visuellen Felds (Gattass et al., 2005). So besitzen benachbarte Ganglienzellen der Retina stark überlappende rezeptive Felder und melden ihre Information an benachbarte Zellen im CGL, die wiederum zu benachbarten Zellen in V1 projizieren. Die Mehrzahl dieser Abbildungen ist daher *retinotop*, d. h. sie stellen eine direkte räumliche Abbildung des optischen Bilds auf der Retina dar. In den meisten retinotopen Karten des Gehirns ist die Region der Fovea centralis stark überrepräsentiert.

Konturen und Scheinkonturen. Die Verarbeitung von Form, Bewegung und Farbe wird in den an V1 angrenzenden visuellen Arealen V2 und V3 fortgesetzt. Auch sie enthalten jeweils eine retinotope Karte des visuellen Felds sowie verschiedene Zelltypen, die auf ganz bestimmte Reizmerkmale spezialisiert sind. Ihre Informationen bekommen diese Zellen von den entsprechend spezialisierten Zellen in V1. Die Verarbeitung in V2 ist aber schon etwas ausgefeilter als in V1: Hier finden sich die ersten Zellen, die nicht nur auf echte Konturen von Reizen reagieren, sondern ebenso auf sog. *Scheinkonturen* (von der Heydt, 1994). Einige solche Scheinkonturen sind in Abbildung 2.6 dargestellt. Die Verarbeitung von Scheinkonturen ist ein Zeichen dafür, dass V2 bereits in der Lage ist, die verschiedenen Segmente einer Kontur zu einer gemeinsamen Konturlinie zusammenzufassen und sinnvoll fortzusetzen, während die Zellen in V1 nur kleine, unverbundene Ausschnitte der Kontur erfassen können.

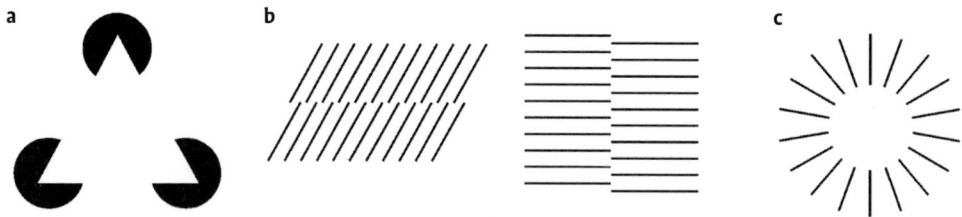

Abbildung 2.6 Verschiedene Typen von Scheinkonturen. **a** Das Kanisza-Dreieck. **b** Scheinkonturen durch versetzte Gitter. **c** Ehrenstein-Figur

Die Areale V4 und MT. Zwei besonders wichtige Meilensteine der visuellen Verarbeitung sind die Areale V4 und MT (Zeki, 1993). V4 enthält viele farb- und orientierungsspezifische Zellen, die zum Teil selektiv auf komplexe geometrische Muster ansprechen, und spielt eine entscheidende Rolle bei der Wahrnehmung von Formen und Farben. MT und seine Nachbarareale reagieren nicht nur auf einfache Bewegungsrichtungen, sondern auch auf komplexe Bewegungsmuster.

Rekurrente Verarbeitung

Netzwerke von Arealen. Die Verarbeitung in den verschiedenen spezialisierten Karten des visuellen Systems darf man sich nicht wie ein Fließband vorstellen, auf dem die Information von einem Areal zum nächsthöheren weitergereicht und dabei immer weiter verarbeitet wird. Wenn Areal A Informationen »vorwärts« (»feedforward«) an Areal B meldet, gibt Areal B nämlich immer auch Informationen »rückwärts« (als »Feedback«) an Areal A zurück (Lamme & Roelfsema, 2000). Der ständige Austausch von solchen Feedforward- und Feedback-Informationen führt zur Bildung von Verarbeitungsschleifen, sog. rekurrenter, also wiederkehrender Informationsverarbeitung. Stellen wir uns z. B. einen farbigen, bewegten Lichtreiz vor, der in V1 verarbeitet wird. Farb- und bewegungsempfindliche Zellen geben ihre Resultate zunächst feedforward über einige Zwischenschritte an spezialisierte Areale wie V4 und MT weiter. Diese Areale melden ihre Resultate wieder zurück an V1, das die Information wiederum an spezialisierte Areale weiterverteilt. Die Informationsverarbeitung in solchen rekurrenten Schleifen führt dazu, dass auch komplexe Information schnell allen spezialisierten Arealen zur Verfügung steht. Insbesondere V1 kann man sich als Verteilungsstation vorstellen, die Information aus spezialisierteren Arealen immer wieder in einer einzigen Karte des visuellen Felds zusammenfasst und aussendet. Auf diese Weise stehen dann z. B. dem farbsensitiven Areal V4 Bewegungsinformationen aus MT zur Verfügung.

Änderung von Verarbeitungseigenschaften über die Zeit. Wenn man die Eigenschaften einer einzelnen Zelle verstehen will, kommt es daher nicht nur darauf an, in welchem Areal sich die Zelle befindet, sondern auch, an welchem Verarbeitungsschritt sie zu jedem Zeitpunkt beteiligt ist. Lamme et al. (1999) konnten zeigen, dass Zellen im primären visuellen Kortex ihre Kodierungseigenschaften ändern, während sie noch auf den Reiz reagieren. Wenn eine Zelle in V1 beispielsweise auf einen bestimmten Reiz zu reagieren beginnt, hängt ihre Reaktion zunächst nur von der Orientierung des Reizes ab. Nach etwa 100 Millisekunden hängt die Zellantwort aber zusätzlich davon ab, ob der Reiz Teil einer Figur oder Teil des Hintergrunds ist. Diese Information muss die Zelle durch Feedback von »höheren« visuellen Arealen erhalten haben.

> **Fazit**
>
> Die Organisation in Form von retinotopen Karten ist ein Grundmerkmal des visuellen Systems. Dabei enthalten verschiedene visuelle Areale Karten für unterschiedliche Reizmerkmale wie Farbe, Form und Bewegung; sie sind mit einem modernen Atlas vergleichbar. Diese Karten sind miteinander durch rekurrente Beziehungen verknüpft und tauschen ständig Informationen aus, sodass dieselben Zellen zu unterschiedlichen Zeitpunkten der Verarbeitung unterschiedliche Funktionen übernehmen können.

2.2.7 Spezialisierte Verarbeitungspfade

Corpus geniculatum laterale (CGL)

Die wichtigsten Nervenbahnen. Der weitaus größte Teil der retinalen Ganglienzellen projiziert zum CGL, der wichtigsten subkortikalen Schaltstation zwischen Auge und visuellem Kortex (Mason & Kandel, 1991; s. Abb. 2.4). Das CGL ist Teil des Thalamus, eines Bündels von Umschaltstationen für die verschiedensten Sinnesmodalitäten – man kann sich den Thalamus als eine Art Telefonzentrale für alle Sinnesinformationen vorstellen. Die Weitergabe von Signalen verläuft nicht nur vom CGL zum primären visuellen Kortex, sondern es gibt auch Rückprojektionen aus dem visuellen Kortex in den Thalamus. Auch hier bilden sich also rekurrente Verarbeitungsschleifen. Zusätzlich laufen im Thalamus Informationen aus dem Rückenmark, dem Hirnstamm, dem Kleinhirn und anderen Arealen zusammen. Offenbar spielt der Thalamus eine wichtige Rolle bei der Aufmerksamkeitsregulierung und der Integration von Informationen aus verschiedenen Sinnesmodalitäten.

Magno- und Parvozellen, M- und P-Zellen. Das CGL jeder Hirnhälfte ist in sechs Schichten organisiert, drei für jedes Auge. Jede dieser Schichten enthält eine vollständige retinotope Karte des Gesichtsfelds, und alle diese Karten passen genau übereinander. Die relativ großen Neurone der beiden innersten Schichten werden als Magno-Zellen bezeichnet, die kleineren der äußeren Schichten als Parvo-Zellen. Eine entsprechende Unterscheidung findet sich bereits in der Retina; dort werden die verschiedenen Zelltypen M- und P-Zellen genannt. Sie haben unterschiedliche Eigenschaften (Schiller et al., 1990), die sich auch in den Magno- und Parvo-Zellen des CGL widerspiegeln. M-Zellen und Magno-Zellen weisen große rezeptive Felder auf, sind nahezu farbunempfindlich und liefern schnelle, kurz anhaltende Signale, die wichtig für die Analyse von visueller Bewegungsinformation sind. Die P-Zellen und Parvo-Zellen haben kleine rezeptive Felder und sind farbselektiv; sie spielen eine entscheidende Rolle für das hochauflösende Sehen von Form und Farbe.

Dorsaler und ventraler Strom: Haben wir zwei visuelle Systeme?

Separate Verarbeitungsströme. Lange Zeit hat man vermutet, dass die Magno- und Parvo-Schichten des CGL den Ausgangspunkt für zwei separate kortikale Verarbeitungsströme bilden: einen magno-dominierten *dorsalen Strom* im Parietallappen und einen parvo-dominierten *ventralen Strom* im Temporallappen. Mittlerweile ist zwar klar, dass sich Informationen aus den Magno- und Parvo-Zellen des CGL sehr früh vermischen, nämlich schon auf dem Weg durch die Zellschichten des primären visuellen Kortex (Sincich & Horton, 2005). Die Existenz von zwei visuellen Verarbeitungsströmen mit recht unterschiedlichen Funktionen ist heute aber weitgehend unstrittig. Ungerleider und Mishkin (1982) postulierten als erste eine funktionale Unterscheidung der beiden Systeme: Nach ihren Untersuchungen an Affen mit künstlich herbeigeführten Hirnläsionen ist der ventrale Strom (der »Was-Pfad«) für die Erkennung von visuellen Objekten zuständig, während der dorsale Strom (der »Wo-Pfad«) für die Lokalisation von Objekten zuständig ist. Heute ist sehr viel mehr über die Funktionsweise dieser beiden Ströme bekannt (Merigan & Maunsell, 1993; Cloutman, 2013).

Der ventrale Strom. Der ventrale Strom verläuft von V1 über das Areal V4 in den Temporallappen hinein. Je weiter man dem ventralen Strom in Richtung des vorderen Pols des Temporallappens folgt, desto größer werden die rezeptiven Felder der Zellen und desto komplexer werden ihre Verarbeitungseigenschaften. Am Ende stehen Zellen, die auf ganz spezifische Reize reagieren wie etwa Gesichter oder Gebäude. Manche Zellen sind sogar so spezialisiert, dass sie nur auf ganz bestimmte Gesichter reagieren; meist spielen aber mehrere Zellen zusammen, um einen komplexen Reiz zu kodieren (Quian Quiroga et al., 2008). Dieses Wahrnehmungssystem ist eng mit dem Hippocampus verknüpft, der für das Einspeichern von Informationen ins Langzeitgedächtnis notwendig ist. Insgesamt ist der ventrale Strom entscheidend für das bewusste Sehen von Objekten und Farben.

Der dorsale Strom. Auch über den dorsalen Strom wissen wir heute sehr viel mehr. Im Großen und Ganzen hat sich die Vorstellung von Ungerleider und Mishkin bestätigt: Der dorsale Strom ist tatsächlich damit beschäftigt, die Positionen von Reizen in verschiedenen räumlichen Referenzsystemen auszudrücken, z. B. relativ zur Hand, zur Kopfrichtung oder zur Blickachse. Laut Milner und Goodale (1995) sollte man diese Funktionen aber nicht als bloße Lokalisation beschreiben, sondern vor allem als visomotorische Funktionen (s. folgendes Fallbeispiel). Diesen Autoren zufolge ist der dorsale Strom damit beschäftigt, visuelle Information auszuwerten, um damit visuell geleitete Körperbewegungen zu steuern. Reize werden hier relativ zu verschiedenen Teilen des Körpers lokalisiert, wobei sich die Lokalisation in Abhängigkeit von der Körperhaltung ständig ändert. Dementsprechend ist der dorsale Strom viel schneller als der ventrale, denn im dorsalen Strom müssen die visuellen Reize praktisch in »Echtzeit« verarbeitet werden. Auf diese Weise sind gezielte Reaktionen in außerordentlich kurzer Zeit möglich, z. B. beim Fangen eines Balls im Flug oder beim Flipper-Spielen. Das Endprodukt dieses Verarbeitungsstroms ist also nicht das visuelle Erleben (Wahrnehmung als »Kino im Kopf«), sondern das motorische Handeln (Wahrnehmung als »Tür zur Welt«). Allerdings ist heute auch klar, dass dorsaler und ventraler Strom nicht völlig unabhängig voneinander funktionieren, sondern auf viele gemeinsame Areale zurückgreifen.

Methoden: Doppeldissoziationen in der Neuropsychologie

Läsionen des dorsalen und ventralen Stroms sind ein Beispiel für neurologische Doppeldissoziationen: Eine Schädigung des einen Teilsystems führt jeweils zu bestimmten Funktionsausfällen, lässt aber die Funktionen des anderen Teilsystems intakt. Eine solche Doppeldissoziation ist theoretisch bedeutsam, denn sie weist auf die funktionale Unabhängigkeit der Teilsysteme hin. Läsionen des ventralen Stroms führen beispielsweise zu *Agnosie*, der Unfähigkeit, bestimmte Objekte wie z. B. Gesichter (Prosopagnosie) zu erkennen. Läsionen in einem Bereich an der Unterseite des Temporallappens können auch zum Verlust des Farbensehens führen (Cerebrale Achromatopsie). Läsionen des dorsalen Stroms (Cooper & O'Sullivan, 2016) führen hingegen zu komplexen visomotorischen Einschränkungen, z. B. Problemen beim zielgerichteten Zeigen, bei der Kontrolle der Körperorientierung im Raum oder beim effizienten Greifen von Gegenständen (Optische Ataxie). Aus theoretischer Sicht ist aber wichtig, dass jede dieser Läsionen die Funktionen der intakten Areale unangetastet lässt.

Patientin D. F.

Die von Milner und Goodale (1995) beschriebene Patientin D. F. hatte eine Kohlenmonoxidvergiftung erlitten, die vor allem Schäden in Arealen des ventralen Stroms zur Folge hatte. Als Resultat davon hatte D. F. eine schwere Objekterkennungsagnosie – sie war nicht in der Lage, Objekte zu identifizieren oder zu beschreiben. Es war ihr beispielsweise nicht möglich, die Orientierung eines drehbaren Briefschlitzes an einem Briefkasten anzugeben, weder verbal noch pantomimisch. Überraschenderweise waren viele ihrer spontanen visomotorischen Fähigkeiten aber intakt. Wenn man sie nämlich bat, einen Brief in den Briefschlitz zu stecken, konnte sie dies spontan und fehlerfrei tun. Ihre Hand drehte sich schon vor Erreichen des Briefschlitzes in die korrekte Orientierung, was deutlich zeigt, dass die motorische Handlung visuell gesteuert war.

D. F. gilt als Beispiel dafür, dass die Funktionen des dorsalen Pfads erhalten bleiben können, wenn der ventrale Pfad stark geschädigt ist. Patienten mit Läsionen des dorsalen Pfads haben in dieser Aufgabe übrigens das umgekehrte Problem: Sie können die Orientierung des Briefschlitzes zwar perfekt beschreiben, brauchen aber beim Einstecken eines Briefs mehrere Versuche, weil ihre Hand den Briefschlitz nicht in der korrekten Orientierung erreicht. Auch dies ist also ein Beispiel für eine Doppeldissoziation der Funktionen des ventralen und dorsalen Pfads.

Fazit

Das Gehirn verfügt über zwei visuelle Verarbeitungsströme: einen ventralen Strom für Objekterkennung und bewusstes Sehen, und einen dorsalen Strom für räumliche und visomotorische Verarbeitung. Diese Ströme lassen sich grob bis zu verschiedenen Zelltypen im CGL und möglicherweise auch in der Retina zurückverfolgen, sind aber an keiner Stelle streng getrennt. Dass die beiden Ströme unterschiedliche Funktionen erfüllen, zeigt sich vor allem in Patienten mit Läsionen des dorsalen oder ventralen Stroms.

2.2.8 Spezifische Wahrnehmungsleistungen

Helligkeit

Physikalische Größen: Illuminanz, Luminanz, Reflektanz. Wir können ein Objekt sehen, wenn Licht von der Oberfläche des Objekts reflektiert wird, in unser Auge fällt und im Gehirn eine Helligkeitsempfindung hervorruft. Die Intensität des Lichts, welches auf das Objekt trifft (die Illuminanz, I) kann man in physikalischen Einheiten angeben (die gebräuchlichste Einheit ist cd/m^2, »Candela pro Quadratmeter«, ein Maß für die sog. Leuchtdichte). Ein Teil dieses einfallenden Lichts wird von der Objektoberfläche in Richtung unseres Auges reflektiert. Den Prozentsatz des einfallenden Lichts, den die Oberfläche reflektiert, nennt man die Reflektanz (R) der Oberfläche; die Lichtmenge, die nach dieser Reflektion noch das Auge erreicht, nennt man die Luminanz (L) der Oberfläche. Diese drei physikalischen Größen hängen auf einfache Weise zusammen: $L = I \cdot R$. Wenn also ein Licht von $60 \, cd/m^2$ auf eine Fläche mit einer Reflektanz von 0.5 (also 50 %) fällt, führt das zu einer Luminanz der Fläche von $30 \, cd/m^2$. Eine weiße Oberfläche hat eine Reflektanz von etwa 0.9 (90 %); sie gibt fast alles einfallende Licht wieder ab. Eine schwarze Oberfläche besitzt hingegen eine Reflektanz von etwa 0.1 %. Der Rest des einfallenden Lichts wird absorbiert und in Wärme umgewandelt (deswegen kann das weiße Dach eines in der Sonne stehenden Autos kühl bleiben, obwohl die schwarzen Sitze im Wageninnern glühend heiß sind).

Psychologische Größen: Lightness und Brightness. Diesen leicht mit einem Photometer zu messenden physikalischen Größen (Rodieck, 1998) stehen die empfundenen Helligkeiten von Lichtquellen und Oberflächen entgegen. Die wahrgenommene Luminanz einer Oberfläche nennt man *Brightness*; die wahrgenommene Reflektanz einer Oberfläche *Lightness*.

Tabelle 2.2 Physikalische und psychologische Größen der Helligkeitswahrnehmung

Physikalische Größe	Psychologische Größe
Illuminanz (= Leuchtdichte der Lichtquelle)	Brightness einer Lichtquelle (= wahrgenommene Illuminanz)
Luminanz (= Leuchtdichte des von der Oberfläche ins Auge reflektierten Lichts)	Brightness einer Oberfläche (= wahrgenommene Luminanz)
Reflektanz (= Prozentsatz des von der Oberfläche reflektierten Lichts)	Lightness einer Oberfläche (= wahrgenommene Reflektanz)

Unser visuelles System ist im Alltag mit einer außerordentlich großen Spannbreite von Helligkeitsreizen konfrontiert. Wenn Sie zum Beispiel ein Buch an einem Regentag lesen, erscheint Ihnen das Papier weiß und die Schrift schwarz. Das ändert sich nicht, wenn Sie das Buch im Sonnenschein lesen – die jeweilige Lightness der Oberfläche bleibt also ungefähr gleich, obwohl sich die Luminanz sehr stark ändert. Verblüffenderweise reflektiert die schwarze Schrift im Sonnenschein aber mehr Licht in Ihr Auge als das weiße Papier an einem Regentag! Die stärksten Luminanzen, mit denen unser System noch zurechtkommt (z. B. auf einem Schneefeld an einem sonnigen Wintertag) sind mehrere Milliarden mal größer als die der schwächsten Reize, die wir unter günstigen Bedingungen gerade noch erkennen können.

Helligkeitskonstanz. Die Wahrnehmung gleichbleibender Lightness trotz wechselnder Beleuchtung bezeichnet man als Helligkeitskonstanz. Sie illustriert das Bestreben des visuellen Systems, Eigenschaften der physikalischen Oberflächen herauszufinden und dabei von wechselnden Beleuchtungsbedingungen abzusehen. Dieses Prinzip wird durch die Helligkeitsillusion in Abbildung 2.7 illustriert.

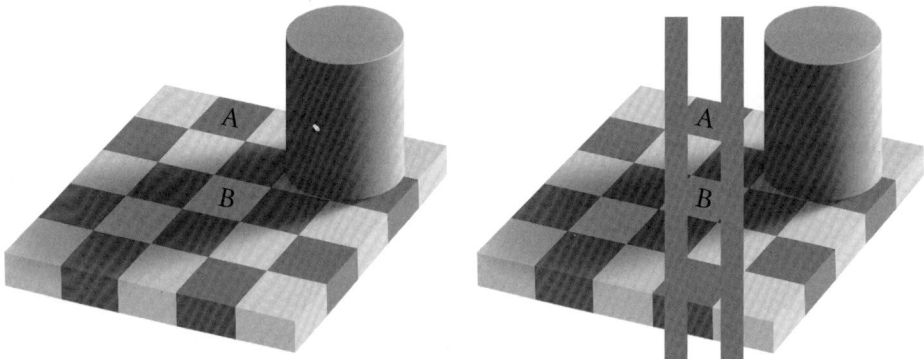

Abbildung 2.7 Adelsons Schachbrett-Illusion (Adelson, 2000). Stellen wir uns vor, dass die Computergraphik eine reale dreidimensionale Szene beschreibt. Alle weißen Felder in diesem Schachbrettquader haben dann dieselbe Reflektanz (d. h. denselben Farbanstrich); ebenso alle schwarzen Felder. Im Schatten des Zylinders ist aber die Illuminanz geringer und somit auch die Luminanz sowohl der schwarzen als auch der weißen Felder. Trotzdem scheinen uns die Felder in der Schattenzone nicht in anderen Farben bemalt zu sein als die entsprechenden Felder in der Lichtzone; sie erscheinen nur eben unterschiedlich beleuchtet. Mit anderen Worten: Die weißen Felder im Licht- und Schattenbereich besitzen zwar unterschiedliche Brightness, aber die gleiche Lightness. Die tatsächliche Luminanz der weißen Felder in der Schattenzone ist hingegen identisch mit der Luminanz der schwarzen Felder in der Lichtzone, wie man im rechten Teil der Abbildung sehen kann.

Die Illusion beruht darauf, dass das visuelle System das von der Oberfläche eintreffende Licht nicht als absolute Größe interpretiert, sondern relativ zu den im Reiz erkennbaren Beleuchtungsverhältnissen. Wenn von zwei Oberflächen gleicher Luminanz eine im Licht und eine im Schatten liegt, wird die im Schatten liegende als die mit der höheren Reflektanz interpretiert (denn sie gibt ja die gleiche Lichtmenge ab, obwohl sie schwächer beleuchtet wird). Folglich wird ihr eine höhere Lightness zugeordnet. Gilchrist (2006) konnte zeigen, dass bei klug konstruierten Reizen sogar eine schwarze Pappe für weiß gehalten werden kann und eine weiße Pappe für schwarz, wenn nur der Beleuchtungskontext entsprechend interpretiert wird.

Transparenzwahrnehmung. Eine ähnliche Konstanzleistung sieht man in Abbildung 2.8. Die kleinen Rechtecke in dieser Abbildung haben alle dieselbe physikalische Luminanz: Sie sind im gleichen Grauton gedruckt, sehen jedoch völlig verschieden aus.

Diese Illusion beruht in erster Linie auf der Wahrnehmung von Transparenz (Adelson, 2000). Das System macht offenbar die Annahme, dass die Rechtecke hinter dunklen transparenten Bändern liegen, und versucht, die »wahre« Reflektanz der Rechtecke zu berechnen: Die Rechtecke hinter den transparenten Bändern müssen ja eine besonders hohe Reflektanz haben, um trotz der Abdunklung noch die gleiche Luminanz zu zeigen wie die Rechtecke in der Mitte der Abbildung.

Transparente Flächen wirken als Filter, die unterschiedliche Lichtmengen durchlassen. Das hindurchtretende Licht ist ein Kompromiss zwischen der ursprünglichen Lichtquelle und dem Transparenzfilter. Dies können Sie sich leicht vorstellen, wenn Sie dunkle und helle Transparenzfilter vergleichen. Ein dunkler Filter (z. B. das Glas einer Sonnenbrille) reduziert die Luminanz aller Lichter um einen konstanten Faktor (z. B. 50 %). Ein heller Filter komprimiert ebenfalls die Spannweite der Luminanzen, hebt aber zusätzlich die dunklen Luminanzen an (eine schwarze Fläche sieht durch Milchglas betrachtet deshalb grau aus).

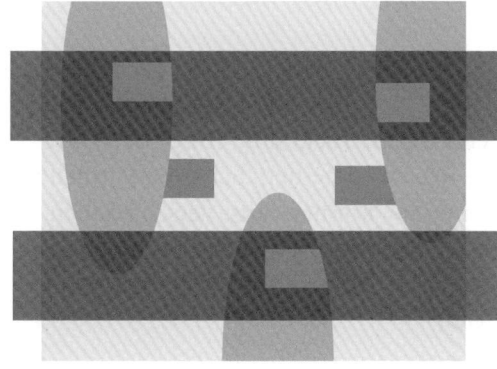

Abbildung 2.8 Eine Illusion der Transparenzwahrnehmung. Diese Täuschung ist eine Variante der »Snake Illusion« von Adelson (2000).

Psychologie trifft auf Technologie: »Amerikanische Nacht«

In älteren Kinofilmen werden häufig Luminanzfilter eingesetzt, um Nachtszenen zu simulieren, die man wegen der Eigenschaften von 35-mm-Filmmaterial nicht ohne weiteres bei Nacht drehen konnte. Häufig sind diese Filter blau getönt (lassen also kurze Wellenlängen leichter durch als lange), um Mondlicht zu simulieren. Leider sieht diese »american night« nicht realistisch aus, vor allem wenn die Szene in Wirklichkeit bei Sonnenschein gedreht wurde.

Das Problem liegt in den Bildkontrasten. Kontrast beruht auf dem Verhältnis von Luminanzen. Ein dunkler Filter verringert zwar alle Luminanzen (z. B. um 50 %), aber die Kontrastverhältnisse bleiben dabei konstant. Da Sonnenschein viel höhere Kontraste erzeugt als Mondlicht, ist die »amerikanische Nacht« leicht als Fälschung zu erkennen, weil Luminanzen und Kontraste nicht zusammenpassen. Dasselbe Problem tritt übrigens bei der Vorführung von modernen 3D-Filmen auf: Die verwendeten Brillen reduzieren die Helligkeit des projizierten Bildes, während die Kontraste erhalten bleiben. Diesen unschönen Effekt hat der Filmkritiker Roger Ebert anspielungsreich als »the dying oft the light« bezeichnet.

Die hier gegebenen Erklärungen gelten streng genommen nur für sehr einfache visuelle Umgebungen, in denen die Objekte matte Oberflächen besitzen und homogen beleuchtet werden. In Wirklichkeit verhält sich Licht natürlich viel komplexer. Es wird zwischen verschiedenen Oberflächen hin- und hergeworfen, sodass sich Oberflächen mit hoher Reflektanz wie neue Lichtquellen verhalten; es wird in transparenten Gegenständen gebrochen; es erzeugt Glanzpunkte auf glatten Oberflächen und vieles andere mehr. Die Wahrnehmung von Helligkeit in komplexen, realistischen Umgebungen ist daher noch nicht vollständig verstanden.

Hausaufgabe: Schatten jagen

Suchen Sie Ihre nähere Umgebung nach interessanten Schatten ab, am besten an einem sonnigen Tag. Sie werden bemerken, dass einige Schatten scharf konturiert sind, während andere weich erscheinen. Schatten können aber auch überraschend komplex sein: Sie können aus verschiedenen Segmenten bestehen, mehrere »Schichten« haben und sogar farbig erscheinen. Fotografieren Sie den interessantesten Schatten, den Sie finden können, und schicken Sie ihn uns per E-Mail!

Farbe

Absorptionsspektren. Wenn Licht von einer Oberfläche in unser Auge reflektiert wird, besteht es normalerweise aus einer Mischung vieler verschiedener Wellenlängen. Unsere Retina besitzt drei Arten von Zapfen, deren Sehfarbstoffe etwas unterschiedlich auf verschiedene Wellenlängen reagieren. Alle Zapfen reagieren auf einen breiten Bereich von Wellenlängen (ihr sog. Absorptionsspektrum), aber ihre maximale Empfindlichkeit liegt in unterschiedlichen Wellenlängenbereichen. Die K-Zapfen reagieren am besten auf **k**urzwelliges Licht (manchmal findet sich auch die Bezeichnung »S-Zapfen« von engl. **s**hort), während die M- und L-Zap-

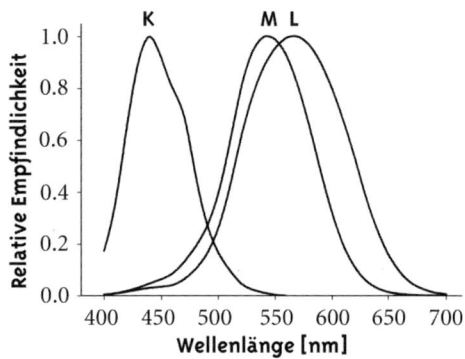

Abbildung 2.9 Die Absorptionsspektren der drei Zapfenpigmente der Retina. Die Pigmente unterscheiden sich in ihrer Empfindlichkeit für Lichter verschiedener Wellenlängen. Die Kurven sind hier so normiert, dass ihre maximale Empfindlichkeit jeweils bei 1 liegt.

fen vor allem auf **m**ittel- und **l**angwelliges Licht ansprechen (Abb. 2.9). Die Absorptionsspektren der einzelnen Zapfentypen, vor allem der M- und L-Zapfen, überlappen stark.

Univarianzprinzip. Wenn wir einen farbigen Reiz betrachten, erregt dieser die drei Zapfenarten in einem ganz bestimmten Verhältnis (Gegenfurtner, 2003). Überwiegen in einem Reiz die niedrigen Wellenlängen, dann aktiviert er die K-Zapfen stark und die M- und L-Zapfen schwach, und der Reiz erscheint blau. Überwiegen hingegen die hohen Wellenlängen, sind die K-Zapfen nur schwach und die L-Zapfen etwas stärker aktiviert als die M-Zapfen, und der Reiz erscheint rot. Wir können so viele Farben unterscheiden, wie wir Aktivitätsmuster der K-, M- und L-Zapfen auseinanderhalten können, z. B. Aktivität im Verhältnis 4:2:1 oder 1:3:4 (Univarianzprinzip). Führen zwei physikalisch unterschiedliche Lichtmischungen zum selben Aktivitätsmuster, z. B. 1:3:2, sehen die Lichter farblich identisch aus (sog. metamere Farben).

> ❗ Ein Wort der Vorsicht: Das Gesagte gilt nur für isolierte Farbreize unter konstanten Sichtbedingungen. Wie wir weiter unten beim Thema »Farbkonstanz« sehen werden, kann die Erscheinung von Farbreizen stark von dem Kontext abhängen, in dem sie präsentiert werden.

Konkurrierende Theorien. Thomas Young und Hermann von Helmholtz stellten bereits im 19. Jahrhundert fest, dass man zur Mischung einer Farbe aus dem Lichtspektrum im Allgemeinen drei Farben verschiedener Wellenlängen benötigt. Diese Entdeckung führte sie zu der Idee, dass die Farbwahrnehmung auf drei unterschiedlichen Rezeptortypen basieren könnte. Freilich bestand damals noch keine Möglichkeit, diese Theorie physiologisch zu überprüfen. Stattdessen entwickelte sich eine Debatte mit einem anderen Theoretiker, Ewald Hering. Hering postulierte drei Gegenfarb-Mechanismen, schwarz-weiß, rot-grün und blau-gelb, die jeweils entgegengesetzt auf Licht unterschiedlicher Intensität und Wellenlänge reagieren sollten. Diese Idee ergab sich z. B. aus der Beobachtung farbiger Nachbilder.

Selbstversuch

Gegenfarben
Schauen Sie in die Online-Materialien zum Buch. Fixieren Sie die beiden oberen Teile der Abbildung Web-1 immer abwechselnd, insgesamt etwa eine Minute lang, und schauen Sie dann auf den Fixationspunkt auf dem unteren weißen Feld. Sie sollten für kurze Zeit ein Abbild der Originalreize in Gegenfarben erkennen: Rot wird zu Türkis, Grün zu Pink, Gelb zu Blau, und Blau zu Gelb.

Gegenfarbkanäle. Überraschenderweise behielten sowohl Young und Helmholtz als auch Hering Recht mit ihren Theorien. Psychophysiker konnten mithilfe von Farbabgleich-Experimenten die Absorptionsspektren der drei Sehfarbstoffe bestimmen, lange bevor diese biochemisch isoliert werden konnten, was die Hypothese von Young und Helmholtz bestätigte. Und obwohl Herings Vorstellungen von Gegenfarbmechanismen im Detail nicht ganz richtig waren, gibt es tatsächlich Gegenfarbkanäle auf der Ebene der Ganglienzellen der Retina. Die Ganglienzellen unterscheiden sich darin, wie sie die Information aus den K-, M- und L-Zapfen verknüpfen. Dabei ergeben sich drei Gegenfarbkanäle, die auch auf Ebene des CGL noch getrennt bleiben (Gegenfurtner, 2003):

▶ Der **Rot-Grün-Kanal** vergleicht die Aktivität der Mittel- und Langwellen-Zapfen. Dazu betrachtet er die Differenz der M- und L-Signale $(L - M)$. Aus dieser Differenz lässt sich ablesen, ob ein Reiz eher dem roten oder eher dem grünen Bereich des Lichtspektrums zuzuordnen ist. Mit der Differenzbildung lässt sich auch die Tatsache ausgleichen, dass L- und M-Zapfen ähnliche Absorptionsspektren haben.

▶ Der **Blau-Gelb-Kanal** fasst zunächst die M- und L-Signale zusammen und vergleicht diese durch Differenzbildung mit der Aktivität der K-Zapfen, also $K - (L + M)$. Aus dieser Differenz lässt sich ablesen, ob ein Reiz eher dem blauen oder dem gelben Bereich des Lichtspektrums zuzuordnen ist.

▶ Der **Hell-Dunkel-Kanal** fasst die Signale der M- und L-Zapfen zusammen $(L + M)$ und benutzt diese Kombination als Maß für die wahrgenommene Helligkeit (Brightness) eines Reizes. Auch die Helligkeitswahrnehmung beruht also auf der Aktivität der Zapfen und nicht etwa auf der Aktivität der Stäbchen.

Wer kann welche Farben sehen? Unter den Säugetieren sind die Primaten die einzigen, die drei Zapfentypen aufweisen. Worin der evolutionäre Vorteil des dritten Sehfarbstoffs besteht, ist unklar. Auf jeden Fall besitzen andere Säugetiere nur zwei Zapfentypen; sie können zwar zwischen Blau und Gelb unterscheiden, nicht aber zwischen Rot und Grün. Das gilt übrigens auch für Stiere beim Stierkampf. Überraschenderweise gibt es aber eine ganze Anzahl von Nicht-Säugern, die drei Sehfarbstoffe besitzen, z. B. Goldfische.

Auch innerhalb unserer eigenen Spezies gibt es Unterschiede in der Anzahl der Sehfarbstoffe (Nathans, 1990). Angeborene Farbfehlsichtigkeit tritt besonders häufig bei Männern auf. Die Gene für die M- und L-Zapfen befinden sich auf dem X-Chromosom, von dem Männer nur eines besitzen, und wenn es bei der Zellteilung zu Fehlern bei der Kopie dieses Chromosoms kommt, kann der genetische Code für einen oder mehrere Zapfentypen verlorengehen. Circa 2 % aller Männer (aber nur 0,4 % aller Frauen, die ja eine weitere Kopie des Gens auf dem zweiten X-Chromosom besitzen) sind rot-grün-blind, und weitere 4–6 % aller Männer weisen eine Rot-Grün-Schwäche auf. Interessanterweise wird eine solche Farbfehlsichtigkeit oftmals erst sehr spät und nur zufällig bemerkt.

Praxiswissen

Psychologie trifft auf Technologie: Farbräume und Farbtechnologien

Um Farben wissenschaftlich zu beschreiben, muss man der Tatsache Rechnung tragen, dass unser Farbeindruck letztlich von drei Stellgrößen abhängt, nämlich den Aktivitäten der drei Zapfenarten. Dementsprechend sind auch die Beschreibungssysteme für Farben zumeist dreidimensional. Die wichtigsten Beschreibungssysteme unterscheiden zwischen den drei Dimensionen Farbwert, Luminanz und Sättigung. Der Farbwert ist einfach die Lage der Farbe im Farbkreis (z. B. rot, grün, blau…). Die Luminanz beschreibt die Intensität des farbigen Lichts. Die Sättigung schließlich beschreibt, wie stark der Anteil von weißem Licht an der Farbe ist: Eine Spektralfarbe enthält kein weißes Licht und hat maximale Sättigung, während dezente Pastelltöne einen hohen Anteil von weißem Licht und somit eine niedrige Sättigung haben.

Es gibt viele verschiedene Beschreibungs- und Klassifikationssysteme für Farben, je nach beabsichtigtem Verwendungszweck. Viele Farbtechnologien sind darauf angewiesen, Farben von einem Klassifikationssystem in ein anderes zu übersetzen. Damit beispielsweise ein Tintenstrahldrucker ein Bild erzeugen kann, das genauso aussieht wie das auf dem Bildschirm, muss das Farbsignal von einer Beschreibung von LED-Spannungen in eine Beschreibung verschiedener Tintenmischungen übertragen werden.

Farbkonstanz. Ebenso wie die Reflektanz von Oberflächen unter verschiedenen Beleuchtungsstärken als konstant wahrgenommen wird, erscheint auch die Farbe von Oberflächen unter verschiedenfarbigen Beleuchtungen weitgehend konstant (Foster, 2011). Bei der Farbkonstanz besteht die Leistung des visuellen Systems darin, die tatsächlichen Eigenschaften der Oberflächen herauszufinden und dabei von Eigenarten der Beleuchtung abzusehen. Hundertprozentig sicher funktioniert dieser Mechanismus übrigens nicht: In vielen Supermärkten wird z. B. das Fleisch mit rötlichem Licht beleuchtet, damit es appetitlicher aussieht. Abbildung Web-2 (s. Online-Materialien) zeigt, dass physikalisch identische Oberflächen in völlig unterschiedlichen Farben erscheinen können, wenn sie durch ein farbiges Medium oder unter verschiedenen Beleuchtungen betrachtet werden. Von den beiden großen Quadraten in der Abbildung sieht eines bräunlich und das andere bläulich aus. In Wirklichkeit haben sie aber beide denselben neutralen Grauton, wie Sie erkennen können, wenn Sie jedes der Quadrate durch ein kleines Guckloch betrachten.

Was verraten uns visuelle Täuschungen?

Die vielen visuellen Täuschungen, die Sie in diesem Kapitel gesehen haben, könnten Sie zu der Vermutung bringen, dass unser visuelles System nicht sonderlich gut funktioniert. Es »erfindet« graue Punkte im Hermann-Gitter, es verwechselt Hell und Dunkel in der Schachbrett-Illusion, es lässt ein graues Feld mal blau und mal gelb erscheinen. Wir könnten also fragen, ob visuelle Täuschungen nicht eigentlich die Unzulänglichkeiten der menschlichen Wahrnehmung aufzeigen.

Wir glauben, dass gerade das Gegenteil der Fall ist: Visuelle Täuschungen zeigen erst, wie intelligent das visuelle System mit mehrdeutigem Reizmaterial umgeht. Mehrdeutigkeit entsteht überall in der visuellen Wahrnehmung. Die Netzhautbilder, mit denen unsere Wahrnehmung beginnt, sind zweidimensional; die physische Welt ist aber dreidimensional, sodass dasselbe Bild von vielen verschiedenen Objekten erzeugt worden sein kann. In der Farbwahrnehmung ist es ähnlich: Wir haben nur drei Zapfentypen, um das kontinuierliche Wellenlängen-Spektrum des Lichts zu bewerten, und das gleiche Muster von Zapfenaktivitäten kann durch ganz verschiedene Lichter verursacht worden sein. Das visuelle System ist daher ein Meister darin, unvollständige Information durch kluge Zusatzannahmen zu ergänzen, um zu einer plausiblen Auflösung der Mehrdeutigkeit zu gelangen. Diese Zusatzannahmen sind im Laufe einer Evolutionsgeschichte entstanden, in denen sich das visuelle System an Gesetzmäßigkeiten in seiner visuellen Umwelt angepasst hat.

Ein gutes Beispiel dafür ist der sogenannte Ames-Raum. Dies ist ein Raum, der ausschließlich aus schiefen Winkeln konstruiert ist. Einäugig durch ein Guckloch betrachtet erscheint er aber rechtwinklig. Beim Betrachten dieses Raums bricht die Größenkonstanz zusammen: Zwei Menschen in den entfernten Ecken des Raums erscheinen ganz unterschiedlich groß, obwohl sie eigentlich nur unterschiedlich nahe am Betrachter stehen. Das visuelle System macht hier die Voraussetzung, dass der Raum genau deswegen rechtwinklig *erscheint*, weil er auch in Wirklichkeit rechtwinklig *ist* – es hat in seiner Evolutionsgeschichte gelernt, dass ein schiefes Objekt allenfalls durch einen verrückten Zufall rechtwinklig wirken würde. Diese geometrische Interpretation des Raums wird jetzt auf die Größenschätzung der Personen angewandt, und erst dadurch entsteht die Täuschung. Die Illusion ist also nicht die Folge der Unzulänglichkeit des Systems, sondern der intelligenten Anwendung von plausiblen Vorannahmen auf mehrdeutige Reize.

Fazit

In der Helligkeits- und Farbwahrnehmung versucht das visuelle System, Aussagen über die Beschaffenheit von sichtbaren Oberflächen zu machen. Dabei muss es die Betrachtungsbedingungen einrechnen, die sich durch Licht und Schatten, farbige Beleuchtung oder Betrachtung durch transparente Medien ergeben. Das Ergebnis dieser Verarbeitung sind Helligkeits- und Farbkonstanz. Farbwahrnehmung wird durch die Existenz dreier Zapfenarten mit unterschiedlichen Eigenschaften der Lichtabsorption möglich. Die K-, M- und L-Zapfen werden dabei so verschaltet, dass sich Gegenfarbmechanismen ergeben (ein Rot-Grün-Kanal, ein Blau-Gelb-Kanal und ein Hell-Dunkel-Kanal). Bei Störungen des Farbensehens fehlen ein oder mehrere dieser Rezeptorarten. Verschiedene Systeme der Farbklassifikation ermöglichen es, vergleichbare Farben mit unterschiedlichen Technologien herzustellen. Visuelle Täuschungen zeigen, dass das visuelle System bei der Interpretation mehrdeutiger Reize plausible Vorannahmen nutzt.

Bewegung

Optischer Fluss. Unsere visuelle Welt ist voller Bewegung. Zum einen betrachten wir ständig Objekte, die sich von selbst bewegen. Zum anderen führt unsere Eigenbewegung aber auch dazu, dass unablässig Bewegung auf unserer Netzhaut entsteht. Wenn wir uns z. B. vorwärts bewegen und geradeaus schauen, wandern alle auf unsere Netzhaut projizierten Bildpunkte immer weiter nach außen. Wenn wir dagegen aus dem Fenster eines fahrenden Zugs schauen und einen entfernten Punkt fixieren, wandern alle nicht fixierten Objekte in einem komplexen Bewegungsmuster über unsere Netzhaut (Bewegungsparallaxe). Die durch Eigenbewegung des Beobachters erzeugten Bewegungsmuster nennt man »optischen Fluss«.

Eine wichtige Leistung unseres visuellen Systems besteht darin, zu entscheiden, welche Bewegungen auf der Retina durch unsere Eigenbewegung und welche durch die Bewegung der betrachteten Objekte zu Stande kommen (Nakayama, 1985). Nach Gibson (1958) gewinnt unser visuelles System allein aus dem optischen Fluss ausreichende Information über Eigenbewegung und Bewegung der Umwelt. Eigenbewegung des Beobachters führt zu optischem Fluss im gesamten Gesichtsfeld, während Objektbewegung auf lokale Veränderungen im optischen Fluss beschränkt ist. Der optische Fluss liefert daher auch wichtige Rückmeldung darüber, ob eine Eigenbewegung auch wie erwartet abgelaufen ist.

Unser visuelles System ist besonders auf die Wahrnehmung biologischer Bewegung spezialisiert, also die charakteristischen Bewegungsmuster von Tieren und Menschen. Das System ist so gut auf diese Bewegungsmuster eingestellt, dass schon außerordentlich spärliche Bewegungsinformation ausreicht, um ein sich bewegendes Lebewesen zuverlässig zu entdecken und sogar die Art der Bewegung zu beschreiben (Derrington et al., 2004; für Beispiele solcher Reize s. weiterführende Literatur, »Webseiten zum Thema«).

Scheinbewegungen. Nicht immer ist echte, kontinuierliche Bewegung eines Reizes nötig, damit wir ihn als bewegt wahrnehmen. Der Gestaltpsychologe Max Wertheimer machte schon Anfang des 20. Jahrhunderts Experimente mit Scheinbewegungen. Hierzu ließ er in einem dunklen Raum zwei nebeneinander liegende Lichtpunkte nacheinander aufleuchten, um etwa 60 Millisekunden zeitversetzt. Das Resultat war ein deutlicher Bewegungseindruck vom ersten Punkt zum zweiten. Viele der Bewegungen, die wir im Alltag beobachten, sind in Wirklichkeit Scheinbewegungen nacheinander präsentierter stationärer Objekte (Beispiele sind die »wandernden« Lichter an Leuchtreklamen oder die sequentiell präsentierten Bilder in Kino und Fernsehen). Bewegung kann man selbst dann sehen, wenn sich das Bild des Objekts auf der Netzhaut überhaupt nicht bewegt. Ein Beispiel dafür ist »induzierte Bewegung«, z. B. die scheinbare Bewegung des Mondes durch ziehende Wolken.

Bewegungsdetektoren. Das visuelle System verfügt über eine Vielzahl von Bewegungsdetektoren, die auf unterschiedlich komplexe Bewegungsreize reagieren. Im primären visuellen Kortex gibt es Zellen, die auf die Bewegungen von orientierten Kanten und Balken reagieren (Livingstone & Hubel, 1987, 1988). Diese Zellen werden von einer bestimmten Bewegungsrichtung bevorzugt aktiviert und reagieren auf Bewegungen in anderen Richtungen entsprechend schwächer. Besonders bedeutsam für die Analyse von Bewegungsinformation ist das Areal MT, weil es über Neurone mit großen rezeptiven Feldern verfügt, die sensitiv auf Bewegungsrichtung reagieren (Newsome et al., 1989). Die im Areal MT analysierte Bewegungsinformation wird außerdem auch für die Ausführung von Augenbewegungen zu bewegten Objekten hin verwendet. Läsionen im Areal MT führen bei Affen allerdings nur zu kurzfristigen Beeinträchtigungen des Bewegungssehens; es müssen hier also noch weitere Areale beteiligt sein. Das in der unmittelbaren Nachbarschaft von MT gelegene Areal MST im temporalen Kortex reagiert beispielsweise besonders gut auf die Bewegungsmuster, die sich beim optischen Fluss durch Eigenbewegung des Beobachters ergeben (Graziano et al., 1994).

Fallbeispiel

Eine Patientin ohne Bewegungswahrnehmung

Zihl, von Cramon und Mai (1983) berichten in einer Studie von der Patientin L. M., die infolge einer beidseitigen Schädigung des Okzipitallappens nicht mehr in der Lage war, kontinuierliche Bewegung zu sehen (Akinetopsie). Sie beschrieb den Verlust dieser Fähigkeit als außerordentlich beeinträchtigend und sogar gefährlich. Beim Überqueren der Straße fiel es ihr z. B. schwer, die Entfernung herannahender Autos richtig einzuschätzen: Die Autos schienen in einem Moment noch weit entfernt zu sein und waren im nächsten schon bedrohlich nahe. Beim Eingießen von Flüssigkeiten war sie darauf angewiesen, einen Finger ins Glas zu halten, da sie die kontinuierliche Bewegung des Flüssigkeitsspiegels nicht verfolgen konnte. Auch in sozialen Situationen war sie beeinträchtigt, da sie z. B. die Gestik ihrer Gesprächspartner nicht verfolgen konnte.

Raum, Größe und Tiefe

Obwohl unsere visuelle Umwelt sich in drei Raumdimensionen erstreckt, ist das optische Abbild auf unserer Netzhaut nur zweidimensional. Dies hat zur Folge, dass das Netzhautbild nicht eindeutig ist – jedem Bild auf der Netzhaut kann im Prinzip eine Vielzahl von dreidimensionalen Objekten entsprechen, die alle dasselbe zweidimensionale Bild erzeugen würden. Wie findet das visuelle System die richtige dreidimensionale Interpretation zum zweidimensionalen Netzhautbild?

Größenwahrnehmung und Größenkonstanz. Eine wichtige Aufgabe des visuellen Systems ist die Einschätzung der Größe von Objekten und ihrer Entfernung zum Betrachter. Je weiter ein Objekt vom Auge entfernt ist, desto kleiner ist natürlich sein Abbild (in Grad Sehwinkel) auf der Netzhaut. Umgekehrt können zwei unterschiedlich große Objekte den gleichen Sehwinkel einnehmen, wenn z. B. das größere Objekt weiter vom Betrachter entfernt ist als das kleinere. Das bedeutet, dass der Sehwinkel allein keine verlässliche Größe darstellt, um die tatsächliche Größe von Objekten zu schätzen.

Definition

Die Fähigkeit, einem Objekt unabhängig von seiner Entfernung (d. h. unabhängig vom Sehwinkel) immer dieselbe Größe zuzuordnen, nennt man **Größenkonstanz**.

Es ist offensichtlich, dass das System zur Erreichung der Größenkonstanz Information über die Objektentfernung berücksichtigen muss. Bei der Entfernungsschätzung von Objekten verwendet das visuelle System ein ganzes Arsenal von sog. Tiefenhinweisen (Hershenson, 1998).

Monokulare Tiefenhinweise. Monokulare Tiefenhinweise sind solche, die man mit nur einem Auge wahrnehmen oder aus einer zweidimensionalen bildlichen Darstellung erschließen kann. Solche Tiefenhinweise sind z. B. die perspektivische Verzerrung von Linien hin zu einem geometrischen Fluchtpunkt am Horizont, die relative Größe und Höhe von Objekten im Blickfeld und die gegenseitige Verdeckung von Objekten. Sehr weit entfernte Objekte erscheinen zudem durch atmosphärische Unreinheiten blasser und bläulicher als näher gelegene Objekte. Auch das Gedächtnis für Größeninformation spielt eine Rolle: Wenn man weiß, wie groß ein Objekt in Wirklichkeit ist, hilft dies bei der Einschätzung der Entfernung. Zusätzliche Tiefenhinweise ergeben sich, wenn sich der Beobachter bewegt: Es kommt zu verschiedenen Formen von Bewegungsparallaxe (komplexen Bewegungsmustern von Objektbildern auf der Netzhaut) und zu Änderungen in der gegenseitigen Verdeckung von Objekten, die alle Hinweise auf die räumliche Staffelung von Objekten geben.

Das fliegende Würstchen

Führen Sie Ihre Zeigefinger ungefähr 30 cm vor Ihren Augen zusammen, sodass sie eine waagerechte Linie bilden. Schauen Sie zunächst auf den Berührungspunkt der beiden Zeigefinger, und entspannen Sie dann ihre Augen so, dass Sie einen Punkt hinter den Zeigefingern fokussieren – vielleicht einen bestimmten Punkt auf der Wand.

Dadurch entsteht ein Doppelbild Ihrer Zeigefinger. Wenn Sie jetzt zwischen den Fingerspitzen eine kleine Lücke entstehen lassen, sieht es so aus, als würde ein würstchenförmiges Segment zwischen Ihren Fingerspitzen schweben. Das Ganze erfordert vielleicht ein wenig Übung.

Das »fliegende Würstchen« illustriert eine einfache Grundtatsache des beidäugigen Sehens: Alle Gegenstände, die wir gerade nicht fokussieren, werden auf unterschiedliche Stellen der beiden Netzhäute abgebildet und erzeugen so Doppelbilder. Da wir im Alltag normalerweise nur die Objekte beachten, die wir auch fokussieren, werden die Doppelbilder von unserem Aufmerksamkeitssystem weitgehend ausgeblendet.

Binokulare Tiefenhinweise und Tiefensehen. Da unsere Augen einige Zentimeter weit auseinander stehen, sehen sie die Welt aus leicht unterschiedlichen Perspektiven. Wenn ein Objekt sehr weit entfernt ist, wirft es ungefähr das gleiche Bild auf jede der beiden Netzhäute. Wenn es sich aber näher am Betrachter befindet, sind die Bilder deutlich unterschiedlich. Das visuelle System verwendet diese sog. Querdisparation, um einen dreidimensionalen Tiefeneindruck herzustellen.

Bela Julesz (1971) lieferte mithilfe stereoskopisch dargebotener Zufallsmuster den Nachweis, dass die Querdisparation allein, ohne monokulare Hinweise, zur Wahrnehmung räumlicher Tiefe führen kann (Abb. 2.10). Etwa zeitgleich fanden Hubel und Wiesel (1970) im visuellen Kortex (V1) von Affen Neurone, die auf Querdisparation reagierten und deren Degeneration zu einem Verlust des dreidimensionalen Sehens führte.

Um den Eindruck eines einzelnen dreidimensionalen Objekts herzustellen, muss das visuelle System die leicht unterschiedlichen Bilder auf den beiden Netzhäuten fusionieren. Den Disparitätsbereich, in dem das möglich ist, nennt man den Panum-Bereich. Sind die beiden Bilder erst einmal fusioniert, lassen sie sich nur schwer voneinander trennen: Wenn man die Disparität der beiden Bilder immer weiter erhöht, bleiben sie lange fusioniert, selbst wenn die Querdisparation den Panum-Bereich überschreitet. Bestimmte Punkte im Raum können wegen der Geometrie der Augen überhaupt keine Querdisparation erzeugen; sie werfen ihr Bild immer auf korrespondierende Punkte in den beiden Netzhäuten. Diese Punkte bilden gemeinsam ein kompliziertes geometrisches Gebilde, das Horopter genannt wird und von Blickrichtung und Fixationspunkt des Beobachters abhängt.

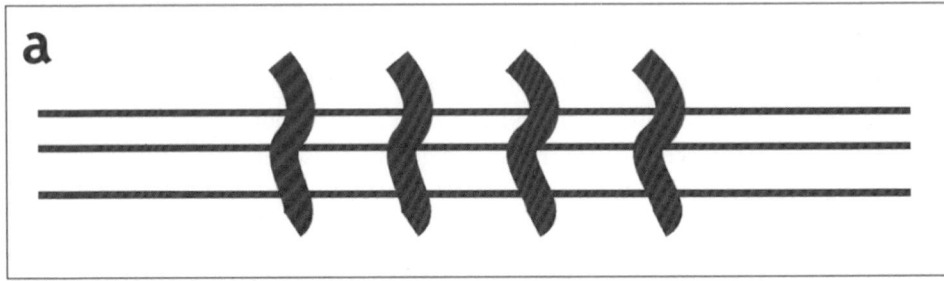

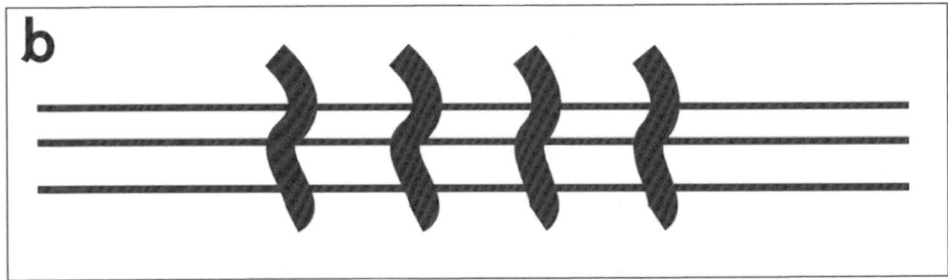

Abbildungen 2.10 a, b Zwei Stereogramme, die Sie durch »freies Fusionieren« betrachten können. Dazu müssen Sie so »schielen«, dass die beiden zentralen Figuren zu einem Bild verschmelzen. Die beiden Nachbarfiguren sollen Ihnen lediglich helfen, ein stabiles Bild zu erreichen. **c** Durch das Schielen ergeben sich Doppelbilder. Wenn sich das Bild stabilisiert hat, sollten Sie die zentrale Figur mit räumlicher Tiefe sehen, flankiert von insgesamt vier weiteren Figuren. Die kleinen Schlangenlinien sollten sich in **a** und **b** in unterschiedlicher Richtung um die waagerechten Linien herumwinden.

Psychologie trifft auf Technologie: 3D-Kino und die menschliche Wahrnehmung
Der Erfolg von James Camerons Film »Avatar« hat zu einer neuen Welle von
3D-Filmen geführt, die sich unsere Fähigkeit des binokularen Sehens zunutze
machen. Besonders Animations-, Action- und Fantasyfilme werden durch
3D-Effekte angereichert. Nur wenige Filme werden tatsächlich auch mit
doppelten Linsensystemen gedreht; in den meisten Filmen werden 3D-Ef-
fekte nur nachträglich durch digitale Bearbeitung eingefügt.

Filmexperten diskutieren heftig darüber, ob 3D-Effekte der Filmästhetik
eher nutzen oder schaden, denn die Verwendung der Dreidimensionalität
schränkt die Verwendung anderer Stilmittel wie Kamerafahrten, Schnitt und
Veränderungen des Bildfokus ein und lässt das Bild dunkler, kontrastärmer
und paradoxerweise auch künstlicher erscheinen (s. Exkurs »Aufmerksamkeitslenkung im Film« in Kap. 3, Abschn. 3.2.4). Einige Schwierigkeiten
haben aber auch direkt mit unserer Wahrnehmung zu tun. So berücksichtigen Filme meist nicht, dass unsere dreidimensionale Wahrnehmung
nur über eine Spanne von ungefähr zehn Metern funktioniert; über größere
Distanzen verwenden wir ausschließlich die monokularen Tiefenhinweise,
die das Kino schon immer zur Verfügung hatte (der grandiose 3D-Film
»Gravity« von Alfonso Cuarón, gefilmt von Kameramann Emmanuel Lubez-
ki, beachtet diese Einschränkung konsequent). Zudem sind die verwendeten
Disparitäten oft zu groß für typische Kinosäle, und vor allem Zuschauer auf
vorderen Plätzen sehen oft nur Doppelbilder statt dreidimensionaler Ein-
drücke. Ein besonderes Problem ergibt sich daraus, dass die Blickdistanz auf
die Leinwand nicht mehr mit der wahrgenommenen Distanz der dreidimensionalen Objekte übereinstimmt, was uns dazu zwingt, unsere Blickachsen
ständig auf andere Raumtiefen einzustellen, dabei aber die ganze Zeit die
Bildebene der Leinwand zu fokussieren. Vor allem dieses letzte Problem ist
nicht allein mit technischen Verbesserungen zu lösen. Zusammen verursachen diese Faktoren bei manchen Zuschauern Kopfschmerzen oder Übelkeit.

Das visuelle System kann sowohl kontinuierliche als auch Scheinbewegung
wahrnehmen und ist besonders auf die Analyse biologischer Bewegung und
auf optischen Fluss spezialisiert. Bewegungsreize und Eigenbewegung er-
leichtern stark die Wahrnehmung räumlicher Beziehungen, und umgekehrt
liefert der optische Fluss wichtige Rückmeldung über die Eigenbewegung.
Daneben spielen monokulare Tiefenhinweise wie perspektivische Verzer-

rung und gegenseitige Verdeckung eine wichtige Rolle, sowie unsere Fähigkeit, die Querdisparation der beiden Netzhautbilder in dreidimensionale Wahrnehmungseindrücke zu verwandeln. Die korrekte Wahrnehmung von Objektdistanzen ist eine wichtige Voraussetzung für die Größenkonstanz.

Objekte und Gesichter

Objekterkennung. Menschen verfügen über die erstaunliche Fähigkeit, Objekte schnell und akkurat erkennen zu können. Dass das Erkennen von Objekten (genauer: die Identifizierung und Kategorisierung) alles andere als ein trivialer Vorgang ist, zeigen die Probleme bei der Entwicklung von Bilderkennungssystemen für Computer. So erfordert die Objekterkennung unter anderem die Trennung von Figur und Grund, die Berücksichtigung wechselnder Darbietungs- und Beobachtungsbedingungen (z. B. Beleuchtung, Perspektive, Entfernung), die Organisation von Einzelmerkmalen (z. B. Kontur, Farbe) zu sinnvollen Einheiten sowie die Ergänzung verdeckter Objektteile.

Objektkonstanz. Besondere Schwierigkeiten ergeben sich, wenn Objekte aus unterschiedlichen Beobachterperspektiven erkannt werden sollen. Diese Fähigkeit nennt man Objektkonstanz. Hierfür spielen Vorerfahrung und Gedächtnis eine entscheidende Rolle, besonders wenn nicht sichtbare Teile eines Objekts erschlossen werden müssen. Einige Theoretiker nehmen an, dass das visuelle System Objektkonstanz erreicht, indem es einfach verschiedene Ansichten eines Objekts speichert (Riesenhuber & Poggio, 2000).

Frühe und späte Verarbeitungsstadien. Wie funktioniert Objekterkennung im Gehirn? Hier lassen sich frühe und späte Verarbeitungsstadien unterscheiden. Die frühe Verarbeitung wird auch als »Bottom-up«-Verarbeitung bezeichnet, was der theoretischen Vorstellung entspricht, dass Erkennungsleistungen allein aus der retinal verfügbaren Information extrahiert werden (z. B. die Erkennung von Objektkonturen, Winkeln, Bewegungsrichtungen und auffälligen Regionen eines Objekts). Komplementär dazu besteht die spätere Verarbeitung (auch als »Top-down« bezeichnet) darin, dass fehlende Informationen aus dem Gedächtnis ergänzt werden. Hier spielen also Vorerfahrung und Lernen eine wichtige Rolle. Ein wichtiger Zwischenschritt der Objekterkennung besteht darin, zusammengehörige Elemente zu sinnvollen Einheiten zusammenzufassen. Die dabei gültigen Regeln werden historisch als Gestaltgesetze bezeichnet.

Gestaltgesetze der visuellen Wahrnehmung. Die psychologische Schule der Gestalttheorie um Max Wertheimer hat sich in den 1920er Jahren bemüht, die Regeln anzugeben, nach denen visuelle Elemente zu sinnvollen Einheiten zusammengefasst oder »gruppiert« werden. Diese Regeln sind als Gestaltgesetze bekannt. Die wichtigsten Gestaltgesetze sind die folgenden:

- **Gesetz der Ähnlichkeit** (Abb. 2.11 a): Elemente werden eher mit ähnlichen Elementen gruppiert als mit unähnlichen (z. B. nach Farbe, Form).
- **Gesetz der Nähe** (Abb. 2.11 b): Elemente werden eher mit nahen als mit weiter entfernten Elementen gruppiert.
- **Gesetz der guten Fortsetzung** (Abb. 2.11 c): Elemente werden bevorzugt so gruppiert, dass sich kontinuierliche Linien ohne abrupte Brüche ergeben.
- **Gesetz des gemeinsamen Schicksals** (Abb. 2.11 d): Elemente, die sich in gleicher Richtung und Geschwindigkeit bewegen, werden bevorzugt gruppiert.
- **Gesetz der Prägnanz** (Abb. 2.11 e): Mehrdeutige Elemente werden bevorzugt so interpretiert, dass sich »prägnante« Formen ergeben, z. B. einfache, symmetrische geometrische Figuren wie Kreise, Dreiecke und Quadrate.

Zellspezialisierungen. Aus Läsionsstudien, Patientenuntersuchungen und der Verwendung bildgebender Verfahren ist bekannt, dass Objekterkennung vor allem im ventralen Pfad erfolgt, der vom primären visuellen Kortex aus zum Temporalkortex verläuft (Lehky & Tanaka, 2016). Im temporalen Kortex konnten Bereiche identi-

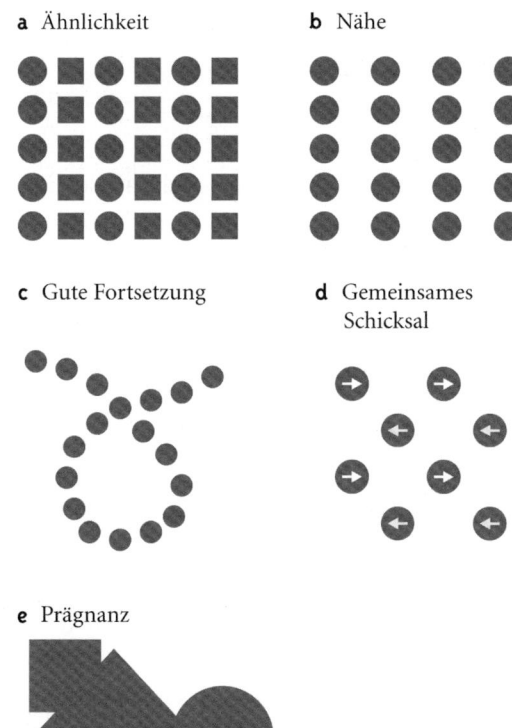

a Ähnlichkeit **b** Nähe

c Gute Fortsetzung **d** Gemeinsames Schicksal

e Prägnanz

Abbildungen 2.11 Gestaltgesetze. **a** Gruppierung durch Ähnlichkeit. **b** Gruppierung durch Nähe. **c** Gruppierung durch gute Fortsetzung führt hier dazu, dass eine einzelne Kette von Elementen wahrgenommen wird, die eine Schleife bildet. **d** Gruppierung durch gemeinsames Schicksal führt hier dazu, dass zwei Gruppen von Punkten wahrgenommen werden, die sich gegeneinander verschieben. **e** Das Gesetz der Prägnanz führt dazu, dass hier trotz unvollständiger Information einfache und vollständige geometrische Formen wahrgenommen werden.

fiziert werden, die spezifisch auf bestimmte Objektkategorien antworten. Untersuchungen an Affen zeigten, dass einige Zellen des inferotemporalen Kortex (IT) nur auf Hände oder Gesichter ansprechen. Unter den gesichtsspezifischen Zellen gibt es sogar solche, die nur auf bestimmte Betrachtungsperspektiven von Gesichtern (z.B. Frontal- oder Profilansicht), bestimmte Gesichtselemente oder Gesichtsausdrücke ansprechen oder gar nur auf die Gesichter bestimmter Personen reagieren (Quian Quiroga et al., 2008). Bei anderen Zellen genügen aber schon Grundelemente wie zwei Punkte und ein Strich, um eine Reaktion auszulösen (Perrett et al., 1985).

> **!** Im menschlichen Gehirn scheinen auch für die Repräsentation und Erkennung einiger anderer Objektkategorien spezialisierte Bereiche zu existieren, wie man mithilfe bildgebender Verfahren herausfinden konnte. So reagiert die »Fusiform Face Area« an der Unterseite des Temporallappens vor allem auf Gesichter. Gleich daneben gibt es die »Parahippocampal Place Area«, die vor allem auf Bilder von »Landmarken« wie Häusern und Plätzen reagiert (Tong et al., 2006). Diese verblüffende Spezialisierung lässt sich aber nur für wenige Objektkategorien finden. Die beiden hier genannten Areale haben allerdings noch weitere Funktionen. Gleichzeitig basieren so komplexe Funktionen wie Gesichtererkennung und Navigation natürlich nicht nur auf einer einzigen Hirnregion (Epstein, 2008; Weiner & Grill-Spector, 2012).

Großmutterzellen. Die Kodierung von Objekten kann allerdings nicht ausschließlich über immer stärker spezialisierte einzelne Zellen erfolgen. Wenn wir für jedes denkbare Objekt (aus jeder denkbaren Perspektive betrachtet) eine spezialisierte Zelle benötigen würden, wäre der Bedarf an solchen Zellen astronomisch hoch. Solche höchst spezialisierten Zellen werden spotthaft »Großmutterzellen« oder »Gelbe-Volkswagen-Zellen« genannt, weil sie ausschließlich auf die genannten Objekte reagieren sollen. In den meisten Fällen sind für das Kodieren von spezifischen Objekten ganze Zellverbände verantwortlich, deren gemeinsames Erregungsmuster das Objekt eindeutig spezifiziert (»sparse coding«, Quian Quiroga et al., 2008). Völlig ungelöst ist allerdings das Problem, wie das visuelle System die so kodierte Information wieder ausliest: Wenn eine Zelle aktiv ist, die ausschließlich für Bilder der eigenen Großmutter zuständig ist, oder wenn ein Neuronenverband ein bestimmtes Aktivitätsmuster liefert, woher weiß das visuelle System dann, welchem Objekt dieses Aktivitätsmuster zugeordnet ist? Ein weiteres ungelöstes Problem ist, warum die Objekterkennung so schnell und zuverlässig funktioniert (s.u.). Tatsächlich muss man heute sagen, dass die Objekterkennung noch immer zu den am wenigsten verstandenen Leistungen des visuellen Systems gehört.

Die Low-Route-Hypothese: Wie schnell ist die Objekterkennung?

Fragestellung. Wie schnell kann das visuelle System Bilder von Tieren von Bildern unbelebter Objekte unterscheiden?

Methoden. Thorpe et al. (1996) zeigten Versuchspersonen nacheinander Bilder von natürlichen Szenen. Die Aufgabe der Versuchspersonen war es, eine Reaktionstaste gedrückt zu halten und immer dann so schnell wie möglich loszulassen, wenn sich auf einem Bild ein Tier befand.

Ergebnisse und Schlussfolgerungen. Die Reaktionszeiten waren dabei eindrucksvoll kurz (300 ms). In einem gleichzeitig aufgezeichneten Elektroenzephalogramm (EEG) zeigte sich sogar, dass bereits nach 150 ms Unterschiede zwischen den Gehirnströmen bei Bildern mit und ohne Tier bestanden. Da es ca. 50–80 ms dauert, bis der visuelle Reiz überhaupt im primären visuellen Kortex angelangt ist, bleiben somit nur noch 70–100 ms für die kortikale Verarbeitung bei der Klassifikation der natürlichen Szenen.

Noch verblüffender ist die Verarbeitungsgeschwindigkeit der Amygdala, einer Gehirnstruktur, die an emotionalen Reaktionen beteiligt ist. Méndez-Bertolo et al. (2016) konnten zeigen, dass die menschliche Amygdala innerhalb von nur 70-80 ms auf angstvolle Gesichter reagieren kann. Für neutrale oder fröhliche Gesichter findet sich dieser Effekt nicht. Diese Ergebnisse stützen die sog. »Low-Route-Hypothese« von LeDoux (1996), nach der das Gehirn über sehr schnelle, spezialisierte Verarbeitungspfade zur Erkennung von emotional relevanten Reizen verfügt.

Fazit

Eine wichtige Vorstufe der Objekterkennung ist die Segmentierung des visuellen Felds in zusammengehörige Einheiten. Diese Gruppierungsregeln werden durch die historischen Gestaltgesetze beschrieben. Objekte können außerordentlich schnell klassifiziert werden. Das Gehirn stützt sich hier teilweise auf Populationen von hoch spezialisierten Zellen; die Existenz solcher »Großmutterzellen« kann unsere Wahrnehmungsleistungen aber nicht vollständig erklären. Für emotional relevante Reize könnte es besonders schnelle und effiziente Verarbeitungspfade geben. Die Erkennung von Objekten und Gesichtern ist eine der am wenigsten verstandenen Leistungen des visuellen Systems.

2.3 Auditive Wahrnehmung

Die wohl erstaunlichste Leistung unseres auditiven Systems ist die Analyse auditiver Szenen (Bregman, 1994). Sitzen wir z.B. mit geschlossenen Augen in einem Café, wird es uns nicht schwerfallen, mitzubekommen, was in unserer Umgebung geschieht. Wir können entschlüsseln, wo im Raum Personen kommen oder gehen, ob neue Gäste das Café betreten, ob es draußen regnet, ob die Straße vor dem Café stark befahren ist und vieles andere mehr. Gleichzeitig können wir noch der Hintergrundmusik und einer Unterhaltung am Nebentisch zuhören. Tatsächlich können sich von Geburt an blinde Personen sehr sicher in ihrer Umgebung bewegen. Es ist verblüffend, dass wir all diese Informationen einzig und allein über winzige Vibrationen unserer zwei Trommelfelle aufnehmen.

2.3.1 Schall und akustische Aspekte der Wahrnehmung

Schall und Schallwellen. Schall bildet die Grundlage der auditiven Wahrnehmung. Unter Schallwellen versteht man mechanisch erzeugte Schwankungen im Luftdruck, die sich wellenartig um das auslösende Ereignis herum ausbreiten. In einem homogenen Medium erfolgt die Ausbreitung konzentrisch und mit Schallgeschwindigkeit (343 m/s in Luft).

Sinustöne. Die physikalisch einfachsten Schallereignisse sind Sinustöne, auch »reine Töne« genannt. Misst man z.B. die Änderung im Luftdruck an einer beliebigen Stelle über einem Lautsprecher, der einen Sinuston erzeugt, dann sieht man ein einfaches periodisches Muster: Der Luftdruck nimmt über die Zeit abwechselnd zu und ab und folgt dabei wie ein Uhrpendel einer perfekten, periodischen Sinusfunktion (Abb. 2.12 a).

Frequenz und Amplitude. Die Zahl der Schwingungen pro Sekunde nennt man Frequenz des Tons; sie wird in Hertz (Hz) gemessen (1 Hz = 1 komplette Schwingung pro Sekunde). Die maximale Auslenkung aus der Ruhelage nennt man Amplitude. Je größer die Amplitude eines Sinustons, desto lauter wird er empfunden (Abb. 2.12 b). Je höher seine Frequenz, desto höher wird seine Tonlage empfunden (Abb. 2.12 c).

Klang und Geräusch. Die meisten Schallereignisse, die uns im Alltag begegnen, sind keine Sinustöne, sondern mehr oder weniger komplexe Überlagerungen vieler solcher Töne (Abb. 2.12 d). Bleibt das resultierende Wellenmuster periodisch, spricht man von einem Klang; wiederholt es sich nicht, spricht man von einem Geräusch.

Fourieranalyse. Ein wichtiger mathematischer Satz namens Fourier-Theorem besagt, dass man jedes periodische Wellenmuster als Überlagerung von einfachen Sinuswellen verschiedener Frequenz darstellen kann (genauer gesagt, als gewich-

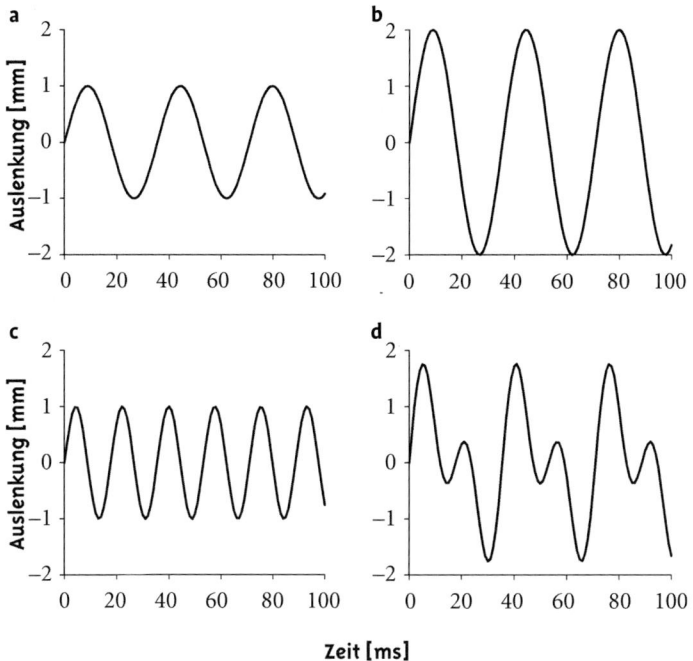

Abbildungen 2.12 Sinustöne. **a** Bei einem reinen Ton oder Sinuston verhält sich die Schwingung wie eine Sinusfunktion. **b** Dieselbe Frequenz wie in a bei doppelter Amplitude. **c** Dieselbe Amplitude wie in a bei doppelter Frequenz. **d** Die Summe (Überlagerung) von b und c ergibt wieder eine periodische Funktion. Mithilfe der Fourieranalyse kann diese wieder in ihre Anteile b und c zerlegt werden.

tete Summe von Sinus- und Cosinusfunktionen). Wir werden später noch sehen, dass das auditive System offenbar in der Lage ist, komplexe Klänge in ihre einfacheren Sinus-Komponenten zu zerlegen (ein Vorgang, den man *Fourieranalyse* nennt).

> **!** Genau wie das Licht verhält sich auch der Schall in den seltensten Situationen so, dass er einer einfachen physikalischen Beschreibung zugänglich wäre. So wie Lichtwellen immer wieder reflektiert, gestreut und gebrochen werden, sind auch Schallwellen verschiedensten Störungen unterworfen, die sich mit dem ursprünglichen Schallsignal überlagern, bevor sie unser Ohr erreichen. Deshalb klingt dasselbe Schallereignis im Zimmer anders als auf dem Hinterhof, und dort wieder anders als auf freiem Feld.

2.3.2 Auditives System

Außenohr. Schallwellen erreichen zunächst unsere Ohrmuschel und gelangen dann durch den Gehörgang zum Trommelfell (Abb. 2.13). Die komplizierte Form unserer Ohrmuschel hat den Effekt, verschiedene Schallfrequenzen unterschiedlich zu absorbieren, zu reflektieren und zu brechen. Dadurch findet bereits eine subtile Modifikation des Signals statt, die z. B. Frequenzen im menschlichen Sprachbereich besonders betont. Die Schallmodifikation durch die Ohrmuschel spielt auch beim Richtungshören eine Rolle. Säugetiere besitzen je nach Erfordernis ihrer Umwelt ganz unterschiedlich geformte Ohrmuscheln, und viele Tiere können die Ohrmuscheln zur Schallortung auch bewegen.

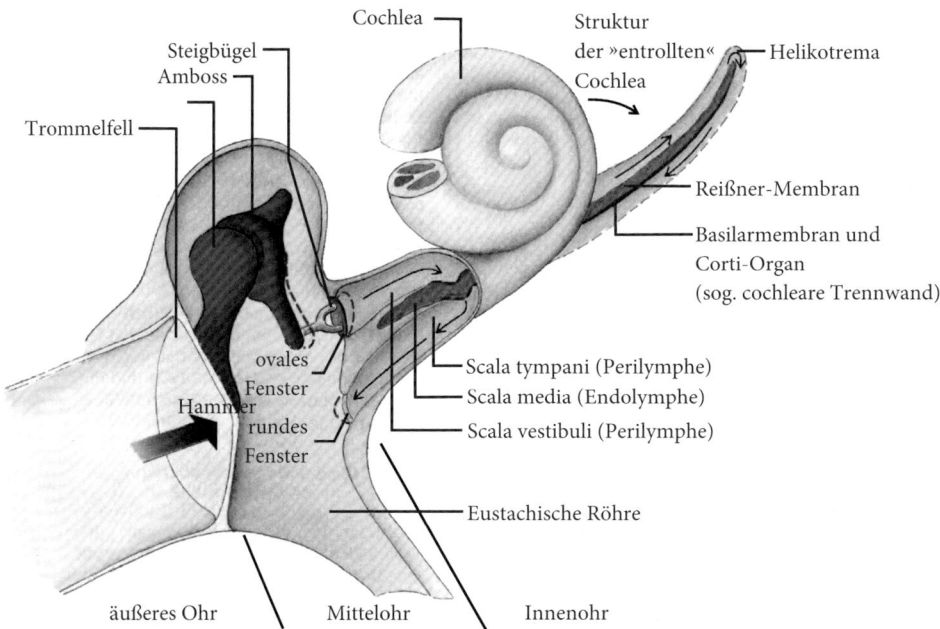

Abbildung 2.13 Das Ohr. Der Schall erreicht das Trommelfell durch das Außenohr und versetzt es in Schwingung. Durch einen Hebelmechanismus in der luftgefüllten Paukenhöhle (Mittelohr), der aus den Gehörknöchelchen Hammer, Amboss und Steigbügel (mit Fußplatte) besteht, wird die Schwingung verstärkt und über das ovale Fenster an die flüssigkeitsgefüllte Cochlea weitergegeben. Die Cochlea (im Innenohr) ist ein schneckenförmig aufgerollter Tunnel mit drei »Spuren« (Scala tympani, Scala media und Scala vestibuli), die durch die Reißner-Membran und die Basilarmembran getrennt sind. Die Schallschwingung läuft über die Scala vestibuli in die Cochlea ein und erregt die schallempfindlichen Sinneszellen des Corti-Organs. Die Schallschwingung läuft dann über die Spitze der Hörschnecke (Apex oder Helicotrema) und die Scala tympani wieder in Richtung Mittelohr zurück und verlässt die Cochlea über das runde Fenster. Das Mittelohr ist über die eustachische Röhre mit dem Mund-Nasenraum verbunden (nach Klinke & Silbernagel, 2005).

Mittelohr. Das Mittelohr ist ein luftgefüllter Hohlraum, über den Schallsignale vom Trommelfell auf die Sinnesrezeptoren der Cochlea (Hörschnecke) im Innenohr übertragen werden. Das durch den Schall in Schwingung versetzte Trommelfell überträgt diese Schwingung auf die flüssigkeitsgefüllte Cochlea über einen kleinen Hebelmechanismus, der aus den drei kleinsten Knochen des menschlichen Körpers besteht (nach ihrer äußeren Form Hammer, Amboss und Steigbügel genannt). Dabei findet eine deutliche Verstärkung der Schwingung statt, weil die Hebelbrücke geringfügige Schwingungen des großflächigen Trommelfells in eine Art Stempelbewegung des Steigbügels übersetzt.

Innenohr. Das Innenohr besteht aus der etwa erbsengroßen Cochlea, die die Sinnesrezeptoren für auditive Reize beherbergt, und den Bogengängen, die mechanische Rezeptoren für den Gleichgewichtssinn enthalten. Die Cochlea ist ein schneckenförmig aufgerollter, flüssigkeitsgefüllter, mehrspuriger Tunnel. Wenn das Trommelfell schwingt, wird die Schwingung durch die Knochenbrücke verstärkt, und der Steigbügel versetzt durch das ovale Fenster die gesamte Flüssigkeit in der Cochlea in Schwingung. Die Schwingung wird durch die ganze Länge des Tunnels bis zur Spitze der Schnecke übertragen und läuft dann in einem separaten, parallelen Tunnel wieder zum Mittelohr zurück. Dort wird die Schwingung durch das membranbespannte runde Fenster wieder an das Mittelohr übertragen und somit neutralisiert; andernfalls würde sie in der Cochlea wieder in sich selbst zurücklaufen.

Wird die Flüssigkeit im Innenohr in Schwingung versetzt, bewegt sie auch die Basilarmembran, die längs durch den gesamten Schneckengang von der Basis bis zur Spitze der Cochlea verläuft. Auf der Basilarmembran sitzen die eigentlichen Sinnesrezeptoren der auditiven Wahrnehmung, die sog. Haarzellen. Wenn sich die Basilarmembran auf und ab bewegt, bewegen sich die Haarzellen mit. Dabei stoßen sie mit ihren empfindlichen Enden (den Stereocilien) gegen eine weitere Membran, die Tektorialmembran. Dadurch werden die Stereocilien verbogen und setzen dabei eine Kaskade von biochemischen Prozessen in Gang, die zum Aufbau eines elektrischen Potentials in der Außenhaut der Haarzelle führen. Auf diese Weise wird ein mechanischer Schwingungsreiz in elektrische Aktivität übersetzt, die am Ende vom Gehirn interpretiert werden kann. Das gesamte System aus Haarzellen, Stereocilien und Tektorialmembran ist als Corti-Organ bekannt.

Es gibt zwei Sorten von Haarzellen, innere und äußere. Die etwa 3000 inneren Haarzellen sind die eigentlichen Überträger von Schallinformation ins Gehör; ihre Axone machen ungefähr 90 % des Hörnervs aus. Die etwa 12 000 äußeren Haarzellen werden vom zentralen Nervensystem kontrolliert und haben offenbar die Aufgabe, die mechanischen Eigenschaften der Basilarmembran zu verändern, indem sie einzelne Segmente der Membran steifer oder schlaffer machen (Ashmore, 1994). Auf diese Weise können sie das System empfindlicher für bestimmte Frequenzbereiche machen oder auch vor der Beschädigung durch laute Schallereignisse schützen.

Vom Ohr zum Gehirn. Elektrische Signale vom Innenohr werden über den Hörnerv (den auditiven Teil des vestibulo-cochlearen Nervs) zum Gehirn weitergeleitet. Der Weg der auditiven Information über verschiedene Schaltstellen in Hirnstamm, Mittelhirn und Thalamus ist recht komplex (Kelly, 1991 a). Die erste Schaltstation im Gehirn liegt nicht im Thalamus (wie beim visuellen System), sondern bereits im Hirnstamm. Auch hier gibt es eine Kreuzung, ähnlich dem Chiasma opticum im visuellen System: Der größte Teil der Information aus dem linken Ohr wechselt über zur rechten Gehirnhälfte und umgekehrt. Wie im visuellen System ist jede Gehirnhälfte größtenteils für auditive Information von der kontralateralen Seite des Kopfes zuständig.

Nach einigen Schaltstationen im Hirnstamm verzweigt sich die Information auf verschiedene Verarbeitungspfade. Ein Pfad erreicht den oberen Olivenkern; dieser erhält Signale aus beiden Ohren und spielt eine wichtige Rolle bei der Lokalisation von Schallereignissen. Ein anderer Pfad verläuft zum Colliculus inferior. Dieser Kern ist das auditive Zentrum des Mittelhirns, so wie der Colliculus superior das visuelle Zentrum des Mittelhirns ist; er spielt eine wichtige Rolle bei der Übersetzung auditiver Information in Blick- und Orientierungsbewegungen. Vom Colliculus inferior aus erreicht die auditive Information dann das Corpus geniculatum mediale im Thalamus und von dort aus verschiedene Bereiche des auditiven Kortex, vor allem den primären auditiven Kortex (A1).

Wichtige Verarbeitungspfade im visuellen System:
► Retina – Corpus geniculatum laterale (CGL) – primärer visueller Kortex (V1)
► Retina – Colliculus superior

Wichtige Verarbeitungspfade im auditiven System:
► Cochlea – Hirnstamm – Corpus geniculatum mediale (CGM) – primärer auditiver Kortex (A1)
► Cochlea – Hirnstamm – Culliculus inferior

2.3.3 Grundprinzipien der auditiven Verarbeitung

Die frühen auditiven Verarbeitungswege weisen insgesamt mehr Umschaltstationen und Verzweigungen auf als die visuellen. Sie lassen sich aber anhand ähnlicher Grundprinzipien beschreiben.

Konvergenz und Divergenz. Während die Kodierung der visuellen Information im Sehnerv extrem sparsam, also mit hoher Konvergenz erfolgt, gibt es im Hörnerv sogar eine Divergenz der Information: Mit den etwa 3000 inneren Haarzellen sind mehrere Zehntausend Nervenfasern des Hörnervs verbunden. Im Gehirn erfolgt noch einmal eine ungeheure Auffächerung der Information, wenn die vom Hörnerv übertragene Information von Milliarden von Zellen weiterverarbeitet wird.

Multiple Karten des auditiven Signals. Ein faszinierendes Kennzeichen des visuellen Systems sind die zahlreichen *retinotopen Karten*, die wie ein moderner Atlas das visuelle Feld immer wieder neu abbilden. Im auditiven System gibt es eine ähnliche Organisation in sog. *tonotopen Karten*. Diese Karten zeichnen sich dadurch aus, dass benachbarte Schallfrequenzen an benachbarten Orten der Karte verarbeitet werden. Tonotope Karten finden sich z. B. im Colliculus inferior des Mittelhirns, in dem jedes Frequenzband in einem eigenen Streifen von Zellen verarbeitet wird (Serviere et al., 1984), sowie im primären auditiven Kortex (A1) und angrenzenden auditiven Arealen (Ozaki & Hashimoto, 2007). In diesen letzteren Arealen gibt es auch eine Form von lateraler Hemmung: Einzelne Zellen werden von bestimmten Frequenzen erregt und von benachbarten Frequenzen gehemmt (Rhode & Greenberg, 1994). Wie im visuellen System dient dieses Prinzip der Kontrastverstärkung. Obwohl schon die Rezeptorzellen der Cochlea auf bestimmte Frequenzbereiche eingestimmt sind, ist diese Einstimmung zu ungenau, um ähnliche Frequenzen klar voneinander zu trennen. Dieses Trennungsvermögen wird – ähnlich wie im visuellen System – durch laterale Hemmung verbessert.

Spezialisierte Verarbeitungspfade. Menschen und andere Primaten besitzen eine ganze Reihe von auditiven kortikalen Arealen, die wie die visuellen Areale eine Spezialisierung aufweisen (Read et al., 2002). Der primäre auditive Kortex (A1) im oberen Temporallappen reagiert auf einfache Schallereignisse wie Sinustöne oder Geräusche. Andere Areale beschäftigen sich wahrscheinlich bevorzugt mit der Lokalisation von Schallquellen, mit der Erkennung und Klassifikation auditiver Ereignisse, mit der Verarbeitung und Wiedererkennung von Musik und – besonders wichtig – mit der Verarbeitung gehörter Sprache. Möglicherweise besitzen wir – analog zum visuellen System – getrennte Verarbeitungsströme für Identifikation und Lokalisation von auditiven Ereignissen (Kaas & Hackett, 1999).

> **Fazit**
>
> Schall ist eine mechanische Schwingung des Luftdrucks, die vom Außenohr aufgenommen, vom Mittelohr verstärkt und durch die Haarzellen des Innenohrs in elektrische Signale umgewandelt wird. Zu intensiver Schall kann die Haarzellen zerstören. Bereits im Ohr setzen verschiedene Mechanismen an, die z. B. die für die Sprachwahrnehmung wichtigen Frequenzen besonders betonen. Auditive Information erreicht den primären auditiven Kortex über eine Vielzahl von Zwischenstationen in Hirnstamm, Mittelhirn und Thalamus. Die

grundlegenden Verarbeitungsprinzipien sind ähnlich wie im visuellen System durch Konvergenz und Divergenz der Verschaltung, durch atlasartige Organisation in tonotopen Karten sowie durch die Existenz spezialisierter Verarbeitungspfade für verschiedene Arten von Schallereignissen geprägt.

2.3.4 Physikalische und psychologische Messgrößen

In der auditiven Wahrnehmung ist es wie in der visuellen Wahrnehmung entscheidend, physikalische und psychologische Größen auseinanderzuhalten (Tab. 2.3). Die subjektive Wahrnehmung der Lautheit eines Tons hängt zwar stark von der Amplitude seiner Schwingung ab, aber auch noch von anderen Faktoren. Ebenso hängt die subjektive Höhe des Tons zwar stark von seiner Frequenz ab, aber sie ist eben eine subjektive Empfindung und kein mit einem physikalischen Messgerät erfassbares Schallereignis.

Tabelle 2.3 Physikalische und psychologische Größen der Tonwahrnehmung

Physikalische Größe	Psychologische Größe
Frequenz (= messbar in Hz)	Tonhöhe
Schalldruckpegel (= messbarer Schall in dB)	Lautheit

2.3.5 Spezifische Wahrnehmungsleistungen

Lautheit
Schalldruckpegel. Die Lautheit eines Schallereignisses hängt vor allem von der physikalischen Stärke des Schalls ab. Diese Reizstärke wird als Schalldruck bezeichnet und in Newton pro Quadratmeter (N/m^2) gemessen. Häufig wird der Schalldruck aber in den sog. Schalldruckpegel transformiert, der in der Dezibelskala gemessen wird.
Dezibelskala. Die Dezibelskala ist eine logarithmische Skala, die nach folgender Gleichung definiert ist:

Schalldruckpegel in dB $= 20 \cdot \log_{10} (p/p_0)$

Dabei ist p der von der Schallwelle ausgelöste Schalldruck (in Newton$/m^2$), $\log_{10}$ ist der Logarithmus zur Basis 10, und p_0 ist ein Referenzschalldruck von 0.00002 N/m^2, ein unter günstigen Bedingungen gerade noch hörbarer Schall. Gibt man den Schalldruck in Dezibel an, spricht man vom »Schalldruckpegel«. Schalldruck und Schalldruckpegel sind also zwei unterschiedliche Größen, die man nicht verwechseln darf: Die eine wird in N/m^2 gemessen, die andere in dB.

Warum verwenden Wissenschaftler die etwas unanschauliche Dezibelskala? Der Bereich der Schallstärken, den unser Gehör erfassen kann, ist ungeheuer groß: Der von einem startenden Düsenflugzeug erzeugte Schalldruck ist etwa zehn Millionen mal größer als der Schalldruck eines gerade noch wahrnehmbaren Tons im optimalen Frequenzbereich. Die Dezibelskala konvertiert diesen großen Zahlenbereich in eine handhabbare Zahlenspanne.

Tabelle 2.4 Schalldruckpegel einiger Alltagsereignisse. Schallereignisse mit noch niedrigerem Schalldruckpegel sind unhörbar; Schallereignisse mit noch höherem Schalldruckpegel führen zu Schmerz oder Zerstörung der Hörorgane

Schallereignis	Schalldruckpegel
Gerade noch hörbarer Ton (Absolutschwelle)	0 dB
Raschelnde Blätter	20 dB
Ruhige Straße	40 dB
Gesprächslautstärke	60 dB
Verkehrslärm	80 dB
New Yorker U-Bahn	100 dB
Rockkonzert	120 dB
Düsenflugzeug beim Start in unmittelbarer Nähe	140 dB

Lautheit als psychologische Größe. Da Lautheit eine psychologische (d. h. subjektiv empfundene) und keine physikalische Größe ist, kann man sie auch nicht mit physikalischen Geräten messen. Man kann ein Maß der Lautheit entwickeln, indem man Versuchspersonen Töne mit verschiedenen Schalldruckpegeln präsentiert und sie bittet, der subjektiven Lautheit der Töne Zahlenwerte zuzuordnen. Andere Techniken bestehen etwa darin, den Versuchspersonen einen Ton vorzugeben und sie dann zu bitten, den Schalldruckpegel so einzustellen, dass der Ton genau doppelt oder halb so laut wirkt wie zuvor. Tatsächlich kann man mit solchen Techniken konsistente und zuverlässige Skalen der Lautheit entwickeln. Diese Skalen kann man dann mit dem physikalischen Schalldruck (in N/m^2) vergleichen. Dabei zeigt sich, dass die Lautheit wie viele andere psychophysische Maße einem Potenzgesetz folgt, und zwar mit einer Stevens-Konstante von ca. 0.5 (s. Abschn. 2.1.2). Die Lautheit steigt mit zunehmendem Schalldruck also immer langsamer an: Eine Erhöhung des Schalldrucks um den Faktor 10 führt nicht zu einer Verzehnfachung der Lautheit, sondern nur zu einer Verdreifachung. Die

Dezibelskala ist hier tatsächlich leichter zu interpretieren: Jede Erhöhung des Schalldruckpegels um 10 dB entspricht ungefähr einer Verdopplung der Lautheit.

Hörbarkeitskurve. Stellt man für verschiedene Sinustöne den Schalldruckpegel so ein, dass der Ton gerade hörbar ist (also an der Hörbarkeitsschwelle), so findet man, dass die Sensitivität des Gehörs stark von der Frequenz des Tons abhängt. Am empfindlichsten ist unser Gehör für Frequenzen zwischen 500 und 2000 Hz, dem Frequenzbereich gesprochener Sprache. Ober- und unterhalb dieses Frequenzbereichs müssen Töne mit höherem Schalldruck präsentiert werden, um gerade hörbar zu sein. Töne mit gleichem Schalldruckpegel erscheinen also nicht immer gleich laut, und gleich laut erscheinende Töne haben nicht immer denselben Schalldruckpegel.

> **!** Dies erinnert wieder daran, dass man physikalische und psychologische Maße streng auseinanderhalten muss. Lautheit und Schalldruckpegel sind so verschieden wie ein Schmerz im Fuß und ein Stein im Schuh!

Kodierung des Schalldrucks in der Cochlea. Je mehr Schalldruck ein Schallereignis aufweist, desto stärker bringt es die Basilarmembran zum Schwingen. Die stärkere Auslenkung der Basilarmembran führt dazu, dass die Haarzellen stärker gegen die Tektorialmembran gedrückt und auch stärker verbogen werden. Je stärker die Krümmung der Haarzellen, desto größer wird das in ihnen aufgebaute elektrische Potential. Zu starker Schalldruck kann die Haarzellen beschädigen oder zerstören.

Exkurs

Hörschäden durch Lärm

Ein Pistolenschuss oder Silvesterknaller in der Nähe des Ohrs oder auch die fortgesetzte Beschallung mit Industrielärm oder zu lauter Musik kann die Stereocilien der Haarzellen zu Hunderten umknicken und zerstören. Als Resultat bleibt häufig ein chronisches Ohrgeräusch (Tinnitus), welches als sehr belastend und quälend erlebt werden kann. Soweit wir heute wissen, können zerstörte Haarzellen vom Körper nicht regeneriert werden. Es ist daher wichtig, sich wirksam vor Lärm zu schützen, z. B. mit Ohrstöpseln. Dies gilt übrigens nicht nur für die Besucher von Rockkonzerten, sondern z. B. auch für Orchestermusiker: Im Orchestergraben können bei Stücken wie Beethovens Coriolan-Ouvertüre mit ihren kanonenschlagähnlichen Akkorden erhebliche Lärmpegel erreicht werden. Schon eine einzelne Trompete kann 120 Dezibel erreichen und gehörschädigend wirken.

Tonhöhe

Der hörbare Frequenzbereich des Schalls liegt ungefähr zwischen 20 Hz und 20 000 Hz. Noch niedrigere Frequenzen (Infraschall) kann man nicht mehr auditiv, sondern bestenfalls als Vibrationen wahrnehmen; noch höhere Frequenzen (Ultraschall) können ebenfalls nicht auditiv wahrgenommen werden. Andere Spezies sind allerdings durchaus in der Lage, solche Frequenzen wahrzunehmen – Fledermäuse stoßen z. B. Schreie im Ultraschallbereich aus und orientieren sich an den resultierenden Echos, und auch Hundepfeifen bewegen sich im Ultraschallbereich.

Je höher die Frequenz, desto höher ist im Allgemeinen die wahrgenommene Tonhöhe. Skalen der subjektiven Tonhöhe können auf ähnliche Weise konstruiert werden wie solche der subjektiven Lautstärke. Dabei gibt es aber einige Besonderheiten. Erstens hängt die Tonhöhe nicht linear von der Frequenz ab. Im Bereich bis etwa 4000 Hz führt eine Verdopplung der Frequenz zu etwas mehr als einer Verdopplung der wahrgenommenen Tonhöhe; in höheren Frequenzbereichen schwächt sich der Zusammenhang stark ab. Zweitens ist unsere Tonhöhenwahrnehmung auf eigentümliche Weise organisiert: Eine Verdopplung der Frequenz führt zu einem höheren, aber als gleichartig wahrgenommenen Ton. Dieser Zusammenhang bildet die Grundlage der Musik.

Exkurs

Die Physik der Musikinstrumente

Spielt man einen Ton auf einem herkömmlichen Musikinstrument, so erzeugt man nicht nur den Grundton, sondern noch eine Reihe weiterer Töne. Zu jedem Grundton (s. Abschn. 2.3.1) gibt es eine Reihe von sog. Obertönen, deren Frequenzen ganzzahlige Vielfache der Frequenz des Grundtons sind. Diese Obertöne überlagern sich und ergeben den spezifischen Klang des Instruments. Die ersten Obertöne zum »Kammerton a« (440 Hz) sind also Sinustöne von 880, 1320, 1760 und 2200 Hz. Spielt man denselben Ton auf verschiedenen Musikinstrumenten, sind immer dieselben Grund- und Obertöne im Spiel; die relative Stärke der verschiedenen Obertöne ist jedoch von Instrument zu Instrument unterschiedlich. Deswegen klingt das »a« auf einer Gitarre anders als auf einer Bratsche.

Der fundamentalste Baustein der Musik (oder zumindest der meisten Musiktraditionen) ist die Tonleiter. Spielt man eine aufsteigende Tonleiter auf einem Klavier (z. B. die C-Dur-Tonleiter mit den Tönen c-d-e-f-g-a-h), dann erhöhen sich die Grundfrequenzen der Töne immer weiter. Spielt man über das Ende der Tonleiter hinaus, scheinen sich dieselben Töne jedoch in einer höheren Tonlage zu wiederholen: Nach dem h geht es weiter mit neuen Tönen c'-d'-e'-f' usw. Eine vollständige Tonleiter umfasst eine »Oktave«: Der Ton eine Oktave über dem c ist also wieder ein c.

Schon der griechische Philosoph Pythagoras soll herausgefunden haben, dass man die Länge einer Saite genau halbieren muss, um einen Ton um eine Oktave zu erhöhen. Die Halbierung der Saitenlänge führt aber zu einer Verdopplung der Frequenz, mit der die Saite schwingt. Dies ist tatsächlich eine physikalische Gesetzmäßigkeit: Verdoppelt man die Frequenz eines beliebigen Tons, so gelangt man immer zum gleichartigen Ton der nächsthöheren Oktave. Der »Kammerton a« hat beispielsweise eine Frequenz von 440 Hz – das nächsthöhere »a« liegt also bei 880 Hz und das nächsttiefere bei 220 Hz. Allerdings folgt unser auditives System diesem Prinzip nicht perfekt: Konstruiert man Tonleitern streng nach den mathematisch korrekten Zahlenverhältnissen, können gemeinsam angeschlagene Töne dissonant klingen. Deshalb muss man Musikinstrumente systematisch um unmerkliche Beträge »verstimmen«, damit Akkorde auch in verschiedenen Tonlagen immer konsonant wirken. Diese »temperierte Stimmung« ermöglichte im 18. Jahrhundert die Entwicklung von Klavieren mit großem Oktavumfang sowie die Komposition von Stücken in beliebigen Tonarten (z. B. Bachs »Wohltemperiertes Klavier«, einem Zyklus von Präludien und Fugen, der sich durch alle Tonarten zieht). Dies führte letztendlich zu einer Revolution in der Harmonielehre der klassischen Musik, da man erst jetzt innerhalb eines Stücks frei von einer Tonart zur anderen wechseln konnte. Ganz zu schweigen von der Harmonik des Jazz, wo die Tonarten innerhalb weniger Takte mehrmals wechseln können. Welche Tonleitern aber letztlich als »stimmig«, also konsonant, erlebt werden, hängt auch von den musikalischen Hörgewohnheiten und der Musikkultur ab. Zum Beispiel ist ein indonesisches Gamelan-Orchester auf andere Tonintervalle gestimmt als ein klassisches Orchester (Sethares, 2005).

Praxiswissen

Plattentipps: So klingt Physik
▶ Johann Sebastian Bach: »Das wohltemperierte Klavier (Band I und II)« (BWV 846–893). Das Meisterwerk, das erst durch die temperierte Stimmung ermöglicht wurde. Zu jeder Tonart gibt es je ein Präludium und eine Fuge. Demselben Prinzip folgend und ebenso unverzichtbar: Dmitri Schostakowitsch, »Präludien und Fugen« (op. 87).
▶ Karlheinz Stockhausen: »Studie 1« (1953) und »Studie 2« (1954). Die zwei Kompositionen, die die elektronische Musik begründeten. Nummer 1 ist aus lauter reinen Sinustönen zusammengesetzt. Nummer 2 folgt dem umgekehrten Prinzip: Es besteht aus reinem Rauschen (d. h.

alle Frequenzen kommen gleich stark vor), aber einige Frequenzbereiche sind »abgeschattet«. Keine Angst: Die Stücke sind kurz.

▶ Lou Reed: »Metal Machine Music: The Amine β Ring« (1975). Was passiert, wenn man ein paar elektrische Gitarren direkt vor sehr große Verstärker stellt, sodass der Schall aus dem Verstärker die Saiten der Gitarren zum Schwingen bringt? Feedback! Reed nahm es auf und schnitt Spuren in verschiedenen Geschwindigkeiten zusammen. Sollten Sie es schaffen, das gesamte Doppelalbum am Stück zu hören, schreiben Sie uns eine E-Mail.

Wie kann das auditive System zwischen Tönen verschiedener Frequenzen unterscheiden? Offenbar folgt es einer Doppelstrategie und kodiert die Tonhöhe gleichzeitig auf verschiedene Arten (Tramo et al., 2005; Yuskaitis et al., 2015).

a Ortskodierung der Frequenz:

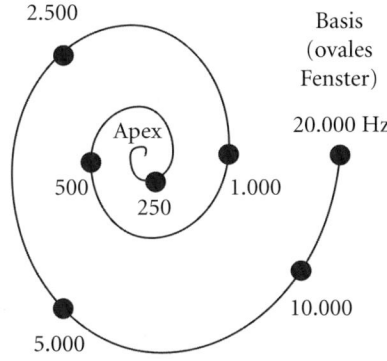

b Volleykodierung der Frequenz:

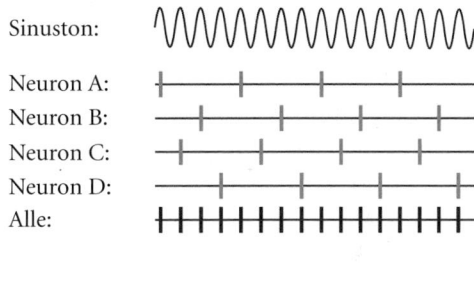

Abbildungen 2.14 Kodierung der Tonhöhe in der Cochlea des Innenohrs. **a** Ortskodierung. Da die Basilarmembran an verschiedenen Stellen unterschiedlich steif ist, schwingt die Basis bei hochfrequenten Tönen am stärksten, während die Spitze (Apex) bei niedrigfrequenten Tönen am stärksten schwingt. Deshalb können Sinneszellen an unterschiedlichen Positionen unterschiedliche Tonhöhen signalisieren. Die Cochlea enthält daher eine tonotope Karte der Tonhöhe. **b** Volleykodierung. Vor allem bei sehr hohen Frequenzen funktioniert die Ortskodierung nicht mehr sehr gut. Hier wird ein zweites Prinzip wichtig: Nervenzellen im auditiven System neigen dazu, synchron mit der Schallwelle zu feuern. Auch wenn die maximale Feuerrate einer Zelle begrenzt ist, können mehrere Zellen, die »phasenverschoben« feuern, gemeinsam sogar sehr hochfrequente Signale erzeugen.

Ortskodierung. Die Basilarmembran der Cochlea hat nicht in allen Abschnitten dieselbe Breite und Steifigkeit. Dies führt dazu, dass die Schwingungseigenschaften der Membran von der Frequenz des Tons abhängen. Bei hochfrequenten (»hohen«) Tönen schwingt die Membran so, dass die stärkste Auslenkung in der Nähe der Basis der Hörschnecke erfolgt; bei niedrigfrequenten (»tiefen«) Tönen erfolgt die stärkste Auslenkung in der Nähe der Spitze. (Der Physiologe Georg von Békésy erhielt für diese Entdeckung den Nobelpreis.) Hohe Töne erregen also vor allem die Sinneszellen an der Basis der Hörschnecke, während tiefe Töne vor allem Zellen an der Spitze erregen. Verschiedene Sinneszellen sind damit für verschiedene Frequenzbereiche zuständig, je nachdem, an welcher Stelle der Cochlea sie sich befinden. Dieses Kodierungsprinzip ist als Ortskodierung bekannt. Die Cochlea ist also die erste tonotope Karte im auditiven System, und diese Tonotopie setzt sich in anderen Teilen des auditiven Systems fort.

Die eigentliche Frequenzkodierung in der Cochlea erfolgt zwar durch die inneren Haarzellen, aber die äußeren Haarzellen spielen eine wichtige Rolle für die Erhöhung der Diskriminationsfähigkeit zwischen ähnlichen Frequenzen. Die äußeren Haarzellen können, gesteuert vom zentralen Nervensystem, ihre Länge verändern und so die mechanischen Eigenschaften der Basilarmembran beeinflussen. Dadurch wird die Frequenzkodierung sehr viel genauer als die physiologischen Eigenschaften der inneren Haarzellen dies zunächst vermuten lassen würden (Ashmore, 1994).

Volleykodierung. Ortskodierung allein würde bestenfalls ausreichen, um grobe Frequenzbereiche von Schallereignissen abzuschätzen, und würde besonders gut bei einfachen Sinustönen funktionieren. Die meisten Klänge, denen wir im Alltag begegnen, bestehen aber aus einer Überlagerung vieler Sinustöne unterschiedlicher Amplitude und Frequenz. Statt jeden komplexen Klang einzeln zu kodieren, wäre es für das auditive System also ökonomisch, ihn in seine einfachen Sinuskomponenten zu zerlegen und nur die relative Stärke dieser Komponenten zu kodieren. Mit anderen Worten, es wäre für das System von Vorteil, eine Art von Fourieranalyse komplexer Klänge durchführen zu können (s. o.).

Das auditive System setzt neben der Ortskodierung daher noch ein anderes Kodierungssystem ein, das als Volleykodierung bekannt ist (Frisina, 2001). Hier wird die Frequenz eines Tones durch die Rate der Aktionspotentiale kodiert, die von der Zelle erzeugt werden. Im einfachsten Fall erfolgen die Aktionspotentiale tatsächlich im Rhythmus der Sinuswelle; ein 50-Hertz-Ton wird also tatsächlich mit 50 Aktionspotentialen pro Sekunde weitergemeldet. Bei höheren Frequenzen kann solch ein Aktivitätsmuster nur durch das Zusammenspiel mehrerer Zellen geleistet werden; bei sehr hohen Frequenzen senden die Zellen schließlich nur noch bei jedem zweiten oder dritten Wellenberg ein Signal. Der Vorteil dieses Systems gegenüber der Ortskodierung ist, dass mehrere Frequenzen gleichzeitig übertragen werden können, z. B. bei komplexen Klängen: Mehrere Populationen von Zellen können dann die verschiedenen Frequenzen der Sinuskomponenten des Klangs aufnehmen. Dies ist bei der Ortskodierung praktisch nicht möglich, weil ein komplexer Klang nicht unbedingt auch unterscheidbare Auslenkungsspitzen auf der Basilarmembran erzeugt.

Effekt des fehlenden Grundtons. Die gleichzeitige Kodierung mehrerer in einem Klang enthaltener Sinusschwingungen ist unter anderem entscheidend dafür, verschiedene Musikinstrumente auseinanderzuhalten. Das System ist sogar in der Lage, fehlende Komponenten zu ergänzen. Zum Beispiel kann man auf einem Synthesizer leicht einen Klavierton »a« erzeugen, bei dem die Grundfrequenz von 440 Hz fehlt. Da aber noch alle Obertöne (Vielfache von 440 Hz) in ihrem für das Klavier charakteristischen Stärkeverhältnis vorhanden sind, kann das auditive System den Grundton eindeutig rekonstruieren, und der Synthesizerton klingt wie ein ganz gewöhnliches, auf dem Klavier gespieltes »a«.

Schallortung

Menschen sind recht gut in der Lage, die räumliche Position einer Schallquelle relativ zum Kopf zu orten. Viele auditive Zellen im Kortex besitzen räumliche rezeptive Felder und reagieren nur auf Schallereignisse aus einer bestimmten Raumrichtung. Die Ortung von Schallquellen erfolgt im Allgemeinen durch einen Vergleich der Schallmuster, welche die beiden Ohren erreichen. Hierbei wertet das System mehrere Informationsquellen aus.

Laufzeitunterschiede. Befindet sich eine Schallquelle links von uns, dann erreicht der Schall unser linkes Ohr geringfügig früher als das rechte. Diese *Laufzeitdifferenz* beträgt oftmals nur wenige Millionstel Sekunden, erfordert also ungeheuer empfindliche Auswertungsmechanismen. Laufzeitunterschiede werden im medialen Teil des im Hirnstamm gelegenen oberen Olivenkerns verarbeitet (McAlpine, 2001).

Intensitätsunterschiede. Außerdem wirft der Kopf einen *Schallschatten*: Erreicht der Schall uns von links, bekommt das rechte Ohr weniger Schall ab als das linke. Dieses Phänomen betrifft vor allem hohe Frequenzen; Schallwellen niedriger Frequenz werden hingegen kaum gedämpft und können daher auch kaum geortet werden. Das ist der Grund, warum eine Stereoanlage nur einen einzigen Basslautsprecher braucht, der an einer beliebigen Stelle im Raum stehen kann. Intensitätsunterschiede werden im lateralen Teil des oberen Olivenkerns ausgewertet (McAlpine, 2001).

Unterschiede in Frequenzmustern. Durch einen Vergleich der beiden Ohren kann man natürlich nur zwischen links und rechts unterscheiden. Für die Ortung der räumlichen Höhe einer Schallquelle wird die Tatsache ausgenutzt, dass unsere Ohrmuschel den Schall unterschiedlich beeinflusst, je nachdem aus welcher Richtung er auf die Ohrmuschel trifft. Die charakteristische Betonung bestimmter

Frequenzen kann als Hinweis auf die räumliche Höhe der Schallquelle verwendet werden.

Bewegungshinweise. Die Ortung einer Schallquelle wird deutlich einfacher und präziser, sobald sich die Schallquelle oder der Hörer bewegen. So wie im visuellen System die Bewegung des Reizes oder die Eigenbewegungen des Beobachters charakteristische optische Flussfelder auf der Netzhaut auslösen, haben verschiedene Arten von Bewegungen auch ganz charakteristische Veränderungen des Schallsignals zur Folge, die sowohl Laufzeit- und Intensitäts- als auch Frequenzunterschiede betreffen.

Figurerkennung

Das auditive System steht genau wie das visuelle vor der Aufgabe, verschiedene Wahrnehmungselemente (z. B. Töne, Klänge, Geräusche) zu sinnvollen Einheiten zu gruppieren. Dabei verwendet es ganz ähnliche Gestaltgesetze wie das visuelle System, wie man besonders gut am Beispiel der Musik zeigen kann.

▶ **Gesetz der Ähnlichkeit:** Elemente werden eher mit ähnlichen Elementen gruppiert als mit unähnlichen. Auf diese Weise kann man z. B. einem Gitarrensolo folgen, weil dessen Töne alle von einem Instrument mit klar vom musikalischen Hintergrund unterscheidbarem Klang kommen.

▶ **Gesetz der Nähe:** Töne werden eher mit Tönen ähnlicher Tonhöhe gruppiert als mit Tönen anderer Tonlage. Auf diese Weise kann man mit etwas Übung den verschiedenen Melodieströmen eines mehrstimmigen Klavierstücks folgen. Dieses Prinzip lässt sich auch auf die räumliche Nähe von Schallereignissen anwenden.

▶ **Gesetz der guten Fortsetzung:** In vielen Stücken der klassischen Musik kommt es vor, dass zwei Melodieverläufe einander »kreuzen«: Die eine Melodie beginnt zunächst in einer tieferen Tonlage, erreicht aber am Ende eine höhere Tonlage als die andere. Wenn das Stück geschickt komponiert und gespielt ist, kann man die Melodieverläufe trotzdem verfolgen und hört nicht etwa eine Melodie, die erst höher und dann tiefer wird, und eine zweite, die erst tiefer und dann höher wird.

▶ **Gesetz des gemeinsamen Schicksals:** Elemente, die sich räumlich in gleicher Richtung und Geschwindigkeit bewegen, werden bevorzugt gruppiert. Auf diese Weise können wir uns mit geschlossenen Augen in einer Umgebung orientieren, in der sich Schallquellen bewegen oder wir uns in Eigenbewegung befinden.

▶ **Gesetz der Prägnanz:** Elemente werden bevorzugt so gruppiert, dass sich »prägnante« Formen ergeben. In vielen Bereichen der klassischen Musik, des Jazz und der Popmusik gibt es feststehende Wendungen oder Phrasen, die sofort als Einheit erkannt werden.

Lautheit und Tonhöhe sind psychologische Größen und müssen von physikalischen Eigenschaften des Schalls streng unterschieden werden. Die Lautheit hängt vor allem von der Amplitude einer Schallwelle ab, die Tonhöhe vor allem von ihrer Frequenz. Das auditive System erfasst die Tonhöhe über eine Doppelstrategie, nämlich durch Ortskodierung auf der Basilarmembran der Cochlea und durch Volleykodierung in den Aktivitätsraten auditiver Zellen. Unser Gehör ist besonders sensitiv für Frequenzen im Bereich der gesprochenen Sprache. Schallquellen können durch die Analyse von Laufzeit-, Amplituden- und Frequenzunterschieden an den beiden Ohren lokalisiert werden. Physikalische und psychologische Prinzipien der Schallwahrnehmung bestimmen gemeinsam die Eigenschaften von Tonleitern und Musikinstrumenten. Für die Wahrnehmung von auditiven Figuren, z. B. Melodien, lassen sich ähnliche Gestaltgesetze formulieren wie für die visuelle Wahrnehmung.

2.4 Gleichgewicht und Propriozeption

Vestibuläres System. Das Gleichgewichtsorgan, vestibuläres System genannt, ist wie die Cochlea Teil des Innenohrs (Kelly, 1991 b). Es liefert Information an die Vestibularis-Kerne des Hirnstamms, der sie an eine ganze Reihe von anderen Zielarealen weiterleitet. Das vestibuläre System besteht aus drei flüssigkeitsgefüllten, halbkreisförmigen Tunneln, den Bogengängen, die fast genau im rechten Winkel zueinander stehen. Sie enthalten Haarzellen, die durch Bewegungen der Flüssigkeit im Innern der Bogengänge verbogen werden und dabei elektrische Potentiale erzeugen. Die Bogengänge funktionieren wie ein System von Wasserwaagen: Wird der Kopf gedreht, so werden die trägen Flüssigkeiten in den Bogengängen in Bewegung versetzt und stimulieren die Haarzellen. Je nach Richtung der Kopfdrehung werden bestimmte Bogengänge stärker aktiviert als andere, was Rückschlüsse auf die Richtung der Drehung erlaubt. Diese Information ist wichtig, um Kopf- und Körperbewegungen durch kompensatorische Augenbewegungen auszugleichen, damit die wahrgenommene Welt im Gleichgewicht bleibt, während wir in Bewegung sind. Diese Augenbewegungen, den vestibular-okularen Reflex, werden wir in Abschnitt 2.8 näher behandeln.

Zusätzlich zu den Bogengängen gibt es zwei kleine, ebenfalls mit Flüssigkeit und Haarzellen gefüllte Hohlräume (genannt Utrikel und Sakkulus). Im Gegensatz zu den Bogengängen reagieren sie nicht auf Rotationsbeschleunigungen, sondern auf lineare Beschleunigungen in horizontaler Richtung (wie z. B. das Anfahren eines Zuges im Bahnhof) oder vertikaler Richtung (wie z. B. die Beschleunigung eines Fahrstuhls). Sie können daher auch signalisieren, ob sich der Körper in Ruhe befindet oder Beschleunigungskräften unterworfen ist. Auf gleichförmige Bewegung (konstante Geschwindigkeit ohne Richtungsänderungen) reagieren diese Sinnesorgane nicht.

Praxiswissen

Psychologie trifft auf Technologie: Wie man einen Flugzeugabsturz verpasst
Wenn Piloten bei Nacht oder Nebel die Orientierung verlieren, kann es geschehen, dass das Flugzeug in einen so genannten »spiral dive« gerät. Obwohl die Maschine dabei in starken Kreiselbewegungen auf den Boden zurast, ist die Gefahr für den Piloten kaum zu bemerken: Im »spiral dive« heben sich physikalische Kräfte in einer Weise auf, dass sie für das menschliche Gleichgewichtsempfinden nicht mehr erkennbar sind – bemerken kann man lediglich die höhere g-Kraft (Belastung des Körpers durch Beschleunigung), mit der man in den Sitz gepresst wird, und lautere Windgeräusche. Piloten müssen lernen, die Gefahr anhand der Instrumente zu erkennen. Der Kolumnist des »New Yorker« Malcolm Gladwell berichtet über einen verblüffenden Selbstversuch, in dem er zu erraten versucht, wann der Pilot seines Flugzeugs zwischen stabilem Flug und »spiral dive« wechselt (Gladwell, 2010).

Propriozeption. Natürlich reicht es nicht aus, nur die Bewegungen des Kopfes relativ zur Umwelt zu erfassen – für motorisches Handeln ist die korrekte Repräsentation der gesamten Körperstellung entscheidend (Dijkerman & de Haan, 2007). Eine wichtige Rolle spielt dabei die Wahrnehmung der Stellung des Körpers im Raum (Propriozeption). Neben dem Halten des Gleichgewichts ist solche Information entscheidend für das Zusammenspiel von Wahrnehmung und Motorik (z. B. die Vermeidung von Kollisionen, das Fangen eines Balls oder das Greifen eines Objekts). Die Stellung und Bewegung der Gliedmaßen wird durch ein System von Dehnungsrezeptoren kodiert (Muskelspindeln und Golgi-Sehnenorgane), die in den Muskelfasern sowie der Haut um die Sehnen sitzen, welche die Muskeln mit dem Knochenskelett verbinden. Durch eine komplexe Zusammenarbeit dieser Rezeptoren können motorische Kommandos aus dem Zentralnervensystem mit der tatsächlichen Stellung der Gelenke verglichen werden.

2.5 Taktile Sinne

Unsere Tastsinne spielen eine besonders wichtige Rolle für zielgerichtete Handlungen (Dijkerman & de Haan, 2007). Wenn wir nach einem Objekt greifen, geben uns erst taktile Reize Aufschluss darüber, ob wir das Objekt sicher im Griff haben, ob es umkippen oder uns durch die Finger rutschen wird. Tastempfindungen der Füße ermöglichen die sichere Bewegung in unebenem Gelände. Taktile Wahrnehmung spielt nicht zuletzt eine ganz besondere Rolle in unserem emotionalen Leben, insbesondere der Sexualität. Neben dem rein mechanischen Tastsinn besitzt unsere Haut spezialisierte Rezeptoren für die Wahrnehmung von Wärme und Schmerz.

Taktile Rezeptoren. Unsere Haut besitzt mehrere Arten von Sinnesrezeptoren für taktile Reize (Valbo & Johansson, 1984). Gemeinsam vermitteln diese Rezeptoren ein detailliertes Bild der räumlichen und zeitlichen Struktur des Tastreizes.

- ▶ **Pacini-Körperchen** haben große rezeptive Felder und reagieren auf Vibration, z. B., wenn eine texturierte Oberfläche über die Hand oder die Finger rutscht.
- ▶ **Meissner-Körperchen** haben kleine rezeptive Felder und adaptieren schnell an taktile Reize. Sie reagieren besonders gut auf Beginn und Ende von feinen, gut lokalisierbaren Tastreizen.
- ▶ **Merkel-Scheiben** haben ebenfalls kleine rezeptive Felder, adaptieren aber nur langsam. Sie reagieren kontinuierlich, solange ein Tastreiz verfügbar bleibt.
- ▶ **Ruffini-Endungen** haben große rezeptive Felder und adaptieren nur langsam an neue Reize. Sie signalisieren Streckungen und Scherbewegungen der Hautoberfläche.
- ▶ **Freie Nervenendigungen** signalisieren Temperatur und Schmerz.

Somatosensorischer Kortex. Die verschiedenen taktilen Rezeptoren senden ihre Information über das Rückenmark und den Thalamus an den somatosensorischen Kortex. Der somatosensorische Kortex zeichnet sich dadurch aus, dass er eine topographische Karte der Körperoberfläche enthält, sodass benachbarte Regionen der Körperoberfläche auch in benachbarten Regionen der neuronalen Karte repräsentiert sind. Analog zur retinotopen Abbildung im visuellen Kortex und zur tonotopen Abbildung im auditorischen Kortex spricht man hier vom *somatotopen* Abbildungsprinzip. Der somatosensorische Kortex ist wiederum mit visomotorischen Arealen verbunden und so direkt an der Handlungssteuerung beteiligt. Er zeichnet sich durch seine große Plastizität aus: Ändert sich das Körperschema (z. B. durch das Körperwachstum bei Kindern, durch den Verlust von Gliedmaßen oder den Gebrauch neuer Werkzeuge oder Prothesen), dann ändert sich auch die neuronale Repräsentation (Buonomano & Merzenich, 1998). Dabei kann es aber auch zu Problemen kommen. Wenn Menschen bei Unfällen beispielsweise einen Arm verlieren, leiden sie häufig unter »Phantomschmerzen«: Sie können den verlorenen Arm noch fühlen, und häufig scheint er sich in einer unangenehmen und unbequemen Position zu befinden. Teile des somatosensorischen Kortex, die keinen Input mehr von dem fehlenden Arm erhalten, können auch von angrenzenden Gebieten der Karte »übernommen« werden: So haben einige Patienten bei Berührung der Wange den Eindruck, dass ihr Phantomarm berührt werde (Ramachandran & Rogers-Ramachandran, 2000).

Selbstversuch

Temperaturadaptation
Bereiten Sie drei Schalen mit Wasser vor: Eine mit heißem, eine mit lauwarmem, und eine mit kaltem Wasser. Legen Sie eine Ihrer Hände in die Schale mit heißem und die andere in die Schale mit kaltem Wasser. Warten Sie eine Minute und legen Sie dann beide Hände in die Schale mit lauwarmem Wasser. Das Wasser wird sich für die wärmeadaptierte Hand kühl und für die kälteadaptierte Hand warm anfühlen.

Temperatur und Schmerz. Freie Nervenendigungen in der Haut reagieren direkt auf Temperaturänderungen. Starke Hitze und Kälte oder starke mechanische Reizung (z. B. bei Verletzung der Haut) führen allerdings zu Schmerzempfindungen. Man kann sich leicht vorstellen, dass die Empfindung von Schmerz außerordentlich wichtig für das biologische Überleben ist: Patienten ohne Schmerzempfinden fügen sich häufig unwillentlich schwere Verletzungen zu, die unbemerkt und unbehandelt bleiben.

Schmerzrezeptoren können auf verschiedene Reize spezialisiert sein, z. B. auf körpereigene Botenstoffe, die bei Verletzung der Haut ausgeschüttet werden, auf Hitze oder auf bestimmte chemische Stoffe. Ein interessantes Beispiel ist der »Vanilloid-Rezeptor 1«, der nicht nur auf plötzliche Temperaturanstiege reagiert, sondern auch auf eine Chemikalie namens Capsaicin, die z. B. in Chilischoten enthalten ist. Dieser Rezeptor sorgt dafür, dass wir Chili als heiß und sogar schmerzhaft empfinden können (Caterina et al., 1997). Es gibt auch andere Rezeptoren, die nur auf Hitze, nicht aber auf Capsaicin reagieren. Ein weiterer Typ von Rezeptor reagiert in ähnlicher Weise auf Menthol wie auf Kältereize.

Schmerzinformationen werden über das Rückenmark und eine Mittelhirn-Region namens Periaquäduktales Grau zum Thalamus und zu kortikalen Arealen weitergegeben. Das für die Schmerzwahrnehmung wichtigste kortikale Areal ist der cinguläre Kortex im Frontallappen (z. B. Coghill et al., 2003).

2.6 Chemische Sinne

Geschmackssinn

Beim Schmecken treten Moleküle der Nahrung in unmittelbare Wechselwirkung mit den Sinnesrezeptoren. Wir nehmen Geschmacksreize über spezialisierte Sensoren, die Geschmacksknospen, auf der Oberfläche der Zunge wahr. Sie sind in kleinen Fortsätzen (Papillen) auf der Zungenoberfläche angeordnet. Davon gibt es drei Sorten:

▶ **Pilzpapillen** sind der am häufigsten vorkommende Typ; sie sind über die gesamte Zungenoberfläche verteilt.

▶ **Wallpapillen** finden sich am rückwärtigen Ende der Zunge.

▶ **Blattpapillen** befinden sich an den seitlichen Rändern der Zunge.

Eine Zeit lang glaubte man, bestimmte Papillenarten seien auch für die Wahrnehmung ganz bestimmter Geschmacksqualitäten zuständig. Heute weiß man aber, dass die verschiedenen Papillenarten recht ähnlich, aber nicht identisch auf Geschmacksreize reagieren. Die Wallpapillen reagieren z. B. auf bittere Reize etwas stärker als auf salzige, während es bei den Pilzpapillen umgekehrt ist. Jede Geschmacksrichtung erregt also alle Arten von Rezeptoren, aber zu leicht unterschiedlichen Anteilen (Bartoshuk & Beauchamp, 1994). Das gesamte Reaktions-Profil der Rezeptortypen muss also als Code für die Geschmackswahrnehmung dienen, ganz ähnlich, wie es in der Farbwahrnehmung der Fall ist.

Es gibt verschiedene Arten, Geschmacksempfindungen zu klassifizieren. Traditionell werden die Geschmacksqualitäten »süß«, »sauer«, »salzig« und »bitter« unterschieden. Möglicherweise kann man einige dieser Geschmacksempfindungen weiter aufteilen. Viele Forscher sind davon überzeugt, dass es noch eine fünfte Geschmacksqualität gibt, die »umami« genannt wird (das ist ein japanischer Ausdruck, der ungefähr »Wohlgeschmack« bedeutet; umami soll ein fleischartiger Geschmack sein). Man nimmt an, dass komplexere Geschmackserlebnisse aus Mischungen dieser Grundqualitäten bestehen. Salzige und saure Stoffe beeinflussen direkt die elektrischen Eigenschaften der Zellmembran. Die übrigen Geschmacksqualitäten beeinflussen die Sinnesrezeptoren indirekt durch die Beeinflussung chemischer Botenstoffe. Das Geschmackserleben wird übrigens durch eine Anzahl von Faktoren beeinflusst, wie z. B. Temperatur. Bei höheren Körpertemperaturen steigt die Empfindlichkeit für süße Inhaltsstoffe, während sie gleichzeitig für bittere oder salzige Stoffe abnimmt. Saure Geschmacksqualität wird nicht von der Temperatur beeinflusst. Aufgrund von Gewöhnung (Adaptation) hängt das Geschmackserleben auch davon ab, in welcher Reihenfolge man Inhaltsstoffe zu sich nimmt. Orangensaft schmeckt z. B. nach dem Zähneputzen deutlich bitterer als vorher. Adaptation kann auch erklären, warum man beim Essen gelegentlich nachsalzen muss, auch wenn das Essen anfangs als salzig genug empfunden wurde.

Geruchssinn

Ohne Geruchssinn ist die Geschmackswahrnehmung nicht sehr intensiv, wie jeder weiß, dem eine Erkältung schon einmal für kurze Zeit den Geruchssinn blockiert hat. Der komplexe »Geschmack« von Nahrungsmitteln ist also in erster Linie ein Geruchserlebnis. Viele Tierarten sind außerordentlich empfindlich für Gerüche; der Mensch hat diese Fähigkeit im Laufe seiner Entwicklung zum Teil eingebüßt. Trotzdem sind auch wir in der Lage, ungefähr 350 chemische Substanzen und etwa 5000 verschiedene Mischungen dieser Substanzen zu unterscheiden, selbst wenn diese unser Riechsystem in nur winzigen Mengen erreichen. Auch beim Riechen treten Moleküle von Geruchsstoffen in unmittelbare Wechselwirkung mit den Sinnesrezeptoren. Die Moleküle werden von der Flüssigkeit der Riechschleimhaut gebunden und aktivieren nur ganz bestimmte Rezeptorzellen – dabei ist jede der 350 Rezeptorarten selektiv für einen ganz bestimmten chemischen Stoff, der zu dem Rezeptor passt wie ein Schlüssel zum Schloss (Bartoshuk & Beauchamp, 1994). Die Rezeptoren befinden sich in kleinen Fortsätzen, die aus der Riechschleimhaut der oberen Nasenhöhle herausragen. Ihre Axone sind direkt mit einem Teil des Gehirns, dem Riechkolben, verbunden, der olfaktorische Information an verschiedene Zentren im Gehirn weitermeldet: den primären olfaktorischen Kortex auf der Innenseite des Temporallappens, den Thalamus, Hypothalamus und die Amygdala. Geruchsinformation ist damit direkt an motivationalen und emotionalen Prozessen beteiligt. Bei vielen Tierarten schließt dies die Steuerung von sexuellen Reaktionen über sog. Pheromone ein. Ob Pheromone auch in der menschlichen Sexualität eine Rolle spielen, ist immer noch umstritten und wird zurzeit erforscht (Wysocki & Preti, 2004).

Fazit

Der Gleichgewichtssinn funktioniert nach dem Prinzip einer Wasserwaage; dabei werden Rotations- und geradlinige Beschleunigungen getrennt erfasst. Die Haut enthält verschiedene Arten von mechanischen Rezeptorzellen, die verschiedene Aspekte taktiler Reize sowie Temperatur und Schmerz signalisieren können. Auch bei der taktilen Wahrnehmung zeigt sich wieder das Prinzip der Kartenbildung, diesmal in Form eines Abbilds der Körperoberfläche im somatosensorischen Kortex (somatotope Abbildung). Der Geschmackssinn kodiert verschiedene Geschmacksreize über leicht unterschiedliche Antwortprofile in den Geschmacksrezeptoren der Zunge; ohne Geruchssinn ist aber kein intensives und komplexes Geschmacksempfinden möglich. Der Geruchssinn funktioniert über Eiweißmoleküle der Riechschleimhaut, die auf ganz bestimmte Geruchsstoffe spezialisiert sind.

2.7 Synästhesie

Wenn die Sinne verschmelzen. Für die meisten von uns finden alle Sinneswahrnehmungen in streng getrennten Sinneskanälen statt. Das soll heißen, dass ein Lichtreiz immer als visueller Reiz wahrgenommen wird, ein Schallreiz hingegen immer als auditiver Reiz. Bei näherer Betrachtung fallen Ihnen aber vielleicht Ausnahmen ein. Wenn Sie sich mit geschlossenen Lidern die Augen reiben, sehen Sie farbige Lichtpunkte. Und das kreischende Geräusch von Fingernägeln auf einer Schiefertafel – ist das wirklich nur eine auditive Wahrnehmung oder sind dort auch taktile oder sogar Schmerzempfindungen beteiligt?

Bei nicht wenigen Menschen können Sinnesempfindungen tatsächlich die Modalitäten kreuzen – bei ihnen kann ein Lichtreiz eine Tonempfindung auslösen oder ein Ton eine Farbempfindung. Dieses Phänomen nennt man Synästhesie. Synästhetische Wahrnehmungen sind sehr stabil, erfolgen unwillkürlich und unterliegen keinerlei kognitiver Kontrolle, so als würden die beteiligten Sinneseindrücke für diese Person einer festen, dauerhaften Verknüpfung unterliegen. Synästhesie hat wohl keinen Krankheitswert, sondern es handelt sich um eine neurologische Besonderheit, die von den Betroffenen nicht als störend, sondern oft sogar als Bereicherung empfunden wird.

Synästhesien können auch innerhalb einer Sinnesmodalität auftreten. Eine häufige Form ist die Graphem-Farb-Synästhesie, in der Buchstaben oder Ziffern fest mit bestimmten Farbempfindungen verknüpft sind. Die Ziffern erscheinen dann farbig oder sind von einem farbigen Schein umgeben. Eine andere Form ist die Synästhesie von Klang und Farbe oder von Klang und Form, die zum Beispiel dazu führt, dass das Hören von Musik lebhafte Empfindungen von farbigen Formen auslöst. Synästhesie ist in Verhaltenstests objektivierbar: Ziffer-Farb-Synästheten können schneller kopfrechnen, wenn die Ziffern in den »richtigen« Farben präsentiert werden, verglichen mit inkompatiblen Farben (Cytowic & Eagleman, 2009). Zudem zeigen mehrere Arbeiten, dass bei synästhetischen Wahrnehmungen tatsächlich alle sensorisch einschlägigen Hirnareale aktiviert werden, z. B. visuelle und auditive (Neckar & Bob, 2014; ein kritischer Überblick findet sich bei Hupé & Dojat, 2015).

Exkurs

Synästheten in der Kunst

Für den Maler und Bauhaus-Lehrer Wassily Kandinsky waren Farben und Formen fest assoziiert – Kreise sollten demnach blau sein, Quadrate rot. In vielen seiner Gemälde versuchte er »Farbklänge« zu verwirklichen. Die komplexen Klanggebilde des Komponisten Olivier Messiaen rühren zum

Teil von Farbempfindungen her, die er beim Hören von Akkorden hatte. Auch Franz Liszt und Duke Ellington waren Synästheten. Besonders deutlich hört man den Einfluss der Synästhesie in der Musik des Techno-Avantgardisten Aphex Twin, dessen ungewöhnliche Klangtexturen speziell dafür gemacht zu sein scheinen, synästhetische Empfindungen von Farbe oder Form auszulösen.

2.8 Wahrnehmung und Handlung

Die Fähigkeit, unsere Umwelt wahrzunehmen, dient in erster Linie der Steuerung von Handlungen, um erfolgreich mit unserer Umwelt zu interagieren. In den meisten Beispielen dieses Kapitels ist die wahrnehmende Person nicht einfach nur passiver Betrachter, sondern setzt sich aktiv mit der Umwelt auseinander – vom simplen Greifen nach Objektes bis hin zu komplexen sozialen Handlungen. In diesem Abschnitt befassen wir uns mit dem Zusammenhang zwischen Wahrnehmung und Handlung – wie die sinnliche Wahrnehmung unserer Umwelt unsere Handlungen steuert, und wie motorische Handlungen umgekehrt die Wahrnehmung beeinflussen können. Der Fokus liegt hierbei mit wenigen Ausnahmen auf willentlich ausgeführten Handlungen, nicht aber auf einfachen Reflexen, bei denen Gehirnprozesse keine oder nur eine untergeordnete Rolle spielen (wie z. B. beim Kniesehnenreflex, der vom Kinderarzt zur Kontrolle der Oberschenkelmuskelfunktion getestet wird). In vorangegangenen Abschnitten haben wir uns schon kurz mit dem Gleichgewichtssinn auseinandergesetzt. Auch die Ausführung von Augen-, Hand-, Kopf- und Körperbewegungen sowie der Akt des Sprechens durch gesprochene Sprache oder Gesten (s. Kap. 5) gehören zur Handlungskontrolle. All diese Bewegungen basieren auf einem sensorischen Input-Signal (z. B. das vibrierende Handy auf dem Tisch), das über sensomotorische Transformationsmechanismen in ein motorisches Output-Signal zur Kontrolle von Muskelbewegungen (z. B. Greifen nach dem Handy) umgewandelt wird. Die wahrscheinlich einfachste Form der motorischen Handlung, die gleichzeitig enge Verbindungen mit der visuellen Wahrnehmung aufweist, ist die Augenbewegung.

2.8.1 Augenbewegungen

Unsere Augen sind ständig in Bewegung. Augenbewegungen sind notwendig, weil wir nicht mit jedem Teil unserer Retina gleich gut sehen können. Wenn wir uns für ein visuelles Objekt interessieren oder eine motorische Handlung (z. B. eine

Greifbewegung) visuell kontrollieren wollen, müssen wir das optische Bild von Objekt oder Hand durch Augenbewegungen nah an den Punkt des schärfsten Sehens, die Fovea, bringen (Gegenfurtner, 2016; Land, 1999). Bis zu dreimal pro Sekunde führen wir Blicksprünge, sog. Sakkaden, aus, mit denen wir unsere visuelle Umgebung erfassen. Während einer Sakkade erreicht das Auge eine Geschwindigkeit von bis zu 1000 Grad Sehwinkel pro Sekunde. Sakkaden sind kurze Bewegungen und dauern im Schnitt nur ca. 30–50 ms. Wenn das Auge auf einem Objekt ruht, spricht man von Fixation. Auch dann ist das Auge allerdings nie absolut bewegungslos. Während einer Fixation werden kleine, dynamische Augenbewegungen, sog. Mikrosakkaden, ausgeführt. Einige Forscher gehen davon aus, dass diese Mikrosakkaden dazu dienen, das fixierte Bild auf der Netzhaut nicht verblassen zu lassen (Martinez-Conde et al., 2006). Neben Sakkaden, Mikrosakkaden und Fixation gibt es noch andere Typen von Augenbewegungen. Glatte Augenfolgebewegungen (engl. smooth pursuit) beispielsweise führen wir aus, wenn wir den Bewegungsverlauf eines sich kontinuierlich bewegenden Objekts (eines fahrenden Autos oder eines fliegenden Vogels) verfolgen. Die Bewegungsinformation, die zur Ausführung dieser Augenbewegungen notwendig ist, wird größtenteils im Areal MT verarbeitet. Daher wird angenommen, dass Bewegungswahrnehmung und Augenfolgebewegungen eng zusammenhängen (Spering & Montagnini, 2011). Diesen Zusammenhang kann man sich in psychophysischen Experimenten zunutze machen: Die objektive Messung von Augenfolgebewegungen kann ein Indikator für die subjektive Wahrnehmung von Bewegung sein. Das folgende Beispiel zeigt allerdings, dass unsere Augen auch Objekte verfolgen können, die wir nicht bewusst wahrnehmen.

Experiment

Entsprechen unsere Augenbewegungen immer unserer bewussten Wahrnehmung?

Fragestellung. Unzählige experimentelle Untersuchungen haben ergeben, dass Augenbewegungen und Wahrnehmung eng zusammenhängen. Dennoch gibt es Beispiele, in denen Augenbewegungen scheinbar empfindlicher auf bestimmtes Reizmaterial reagieren als die bewusste Wahrnehmung (Tavassoli & Ringach, 2010), mit anderen Worten: Es scheint Situationen zu geben, in denen wir nicht sehen, was wir tun.

Um dieser Frage weiter nachzugehen, verwendeten Spering und Kollegen (2011) ein in der Psychologie beliebtes Paradigma: den binokulären Wettstreit (»binocular rivalry«). Hierbei werden Versuchspersonen durch eine besondere Versuchsanordnung zwei Bilder so gezeigt, dass jedes nur von einem Auge gesehen wird. Das Bild auf der linken Bildschirmhälfte wird vom linken Auge gesehen, das Bild auf der rechten Bildschirmhälfte vom rechten Auge. Versuchspersonen fügen nun in ihrer Wahrnehmung die Bilder zusammen – aber nicht so, dass die Bilder übereinanderliegen oder sich vermischen. Es wird immer entweder das eine oder das andere Bild kurzzeitig wahrgenommen, als befänden sich die beiden Bilder im konstanten Wettstreit miteinander (Tong et al., 2006).

Methoden. Spering et al. (2011) zeigten Versuchspersonen Bilder von Gittermustern, von denen sich eines in eine horizontale Richtung (nach rechts oder links), das andere in eine vertikale Richtung (nach oben oder unten) bewegten. Die Versuchspersonen sollten dann die wahrgenommene Bewegungsrichtung berichten, während gleichzeitig ihre Augenbewegungen aufgezeichnet wurden.

Ergebnisse und Schlussfolgerungen. Die Ergebnisse waren unerwartet: Während die Versuchspersonen ganz im Sinne des binokulären Wettstreits immer nur eine Bewegungsrichtung sahen, also z. B. entweder »nach unten« oder »nach rechts«, folgten ihre Augen der mittleren Bewegungsrichtung, also z. B. diagonal nach unten rechts. Interessanterweise sahen die Versuchspersonen in keinem der Versuchsdurchgänge diagonale Bewegung (und diagonale Bewegungsrichtungen wurden tatsächlich auch nie gezeigt). Dennoch folgten die Augen schlicht der mittleren Bewegungsrichtung, ohne dass sich die Versuchspersonen dessen bewusst waren.

Diese Dissoziation zwischen bewusster Wahrnehmung und Augenbewegung deutet darauf hin, dass visuelle Bewegungsinformation im Gehirn unterschiedlich verarbeitet werden kann, je nachdem ob die Information dem Wahrnehmungs- oder dem Bewegungssystem zur Verfügung gestellt wird. Zu ähnlichen Schlussfolgerungen kamen auch Milner & Goodale (1995) mit ihrer Theorie der parallelen visuellen Verarbeitungspfade. Es ist jedoch unumstritten, dass sowohl die Bewegungsinformationen für Wahrnehmung als auch die für die Augenbewegungen im Areal MT (im dorsalen Pfad) verarbeitet werden. Visuelle Information für die Steuerung von Augenbewegungen könnte aber parallel über einen zweiten, schnelleren Verarbeitungspfad durch den Hirnstamm nach MT gelangen (Spering & Carrasco, 2015), was die beobachteten Dissoziationen erklären könnte.

Sakkaden und Augenfolgebewegungen dienen in erster Linie dazu, das Bild eines interessanten Objekts auf die Fovea zu bringen. Es gibt aber auch Typen von Augenbewegungen, die ein unbewegtes Objekt stabil auf der Fovea halten, während wir uns selbst bewegen. Solche Augenbewegungen kompensieren z. B. die Auswirkungen von Kopf- oder Körperbewegungen auf das Netzhautbild. Der optokinetische Reflex (OKR) wird visuell, durch großflächige Bewegung im ganzen Gesichtsfeld ausgelöst. Dieser Reflex lässt sich zum Beispiel gut nachvollziehen, wenn man Mitfahrende, die im Bus oder Zug aus dem Fenster schauen, beobachtet. Die visuelle Umgebung wird mit den Augen schnell und glatt verfolgt. Stößt die Augenbewegung an ihre natürliche Grenze, wird eine schnelle Rückstellsakkade ausgeführt und die »vorbeifliegende« Umgebung wird wieder glatt verfolgt. So entsteht ein Muster aus glatter Folgebewegung und schneller, nystagmischer Sakkade, das einem Sägeblatt ähnelt (»saw-tooth-pattern«). Im Gegensatz dazu wird der vestibulo-okulare Reflex (VOR) intern durch neuronale Aktivität in den Bogengängen des Innenohrs (Gleichgewichtsorgan) ausgelöst. Die Funktionsweise dieses wichtigen Reflexes kann man im Selbstversuch leicht veranschaulichen.

Selbstversuch

Vestibulo-okularer Reflex (VOR)
Bewegen Sie Ihren Zeigefinger entlang der horizontalen Richtung etwa 20 cm entfernt vor Ihrem Gesicht hin und her, und verfolgen Sie Ihren Finger mit den Augen. Beginnen Sie langsam und steigern Sie dann die Bewegungsgeschwindigkeit. Sehen Sie, dass Ihr Finger bei hoher Bewegungsgeschwindigkeit nur noch verschwommen zu sehen ist? Das glatte Augenfolgebewegungssystem stößt bei höheren Geschwindigkeiten schnell an seine Grenzen. Halten Sie jetzt dagegen Ihren Finger unbewegt und bewegen Sie anstattdessen Ihren Kopf hin und her, als würden Sie ihn zum Neinsagen schütteln. Fixieren Sie Ihren Finger. Beginnen Sie wieder langsam und bewegen Sie dann den Kopf so schnell wie möglich. Sehen Sie, dass auch bei schneller Kopfbewegung der Finger noch klar und deutlich zu sehen ist? Was passiert hier?

Kopfbewegungen werden durch schnelle Augenbewegungen in die entgegengesetzte Richtung, den VOR, kompensiert; eine Kopfbewegung nach rechts löst einen VOR nach links aus und umgekehrt. Der VOR funktioniert in alle Bewegungsrichtungen, also auch vertikal (Kopfnicken) und um die Sagittalachse (Torsion; Kopfrotation von Schulter zu Schulter). Diese Augenbewegungen sorgen dafür, dass unsere Umgebung meistens stabil erscheint, selbst wenn wir uns schnell bewegen. Der Einfluss solcher vestibularer Reflexe auf den Gleichgewichtssinn lässt sich leicht veranschaulichen, wenn Sie auf einem Bein balancierend die Augen schließen. Die meisten gesunden Erwachsenen können diesen Zustand mindestens 5 Sekunden halten. Wenn das Vestibularsystem allerdings beeinträchtigt ist, dann ist auch der Gleichgewichtssinn erheblich gestört.

Die beschriebenen Augenbewegungen werden z. T. von unterschiedlichen Bereichen im Gehirn gesteuert – die Kontrolle von horizontalen und vertikalen Augenbewegungen ist z. B. im Hirnstamm anatomisch getrennt. Deshalb kann die Analyse von Augenbewegungen auch zur Diagnose von Hirnverletzungen dienen (Leigh & Zee, 2015).

2.8.2 Handbewegungen

Im Vergleich zu Augenbewegungen sind zielgerichtete, willentlich ausgeführte Handbewegungen viel komplizierter. Obwohl uns das Greifen nach dem Handy oder der Kaffeetasse scheinbar mühelos gelingt, liegt solchen Handlungen ein komplexes Steuerungsnetzwerk zugrunde. Es verbindet visuelle Kortexareale im Okzipitallappen (Verarbeitung sensorischer Information, wie z. B. Größe der Tasse und räumliche Orientierung), motorische Kortexareale im Parietallappen (Handlungsplanung und Zielauswahl) und Motoneuronen in der grauen Substanz des Rückenmarks (Handlungsausführung), um die Muskeln der Schulter-, Arm-, Hand- und Fingergelenke zu steuern. Hier wollen wir uns jedoch in erster Linie mit der visuellen Steuerung solcher Bewegungen beschäftigen. Erinnern wir uns an die in Abschn. 2.2.7 beschriebene Patientin D. F. (Milner & Goodale, 1995). Die Dissoziation zwischen Wahrnehmung und Handlung bei dieser Patientin zeigt, dass visuelle Information für Wahrnehmung und Handlung im Gehirn zumindest teilweise getrennt verarbeitet werden kann. Die im folgenden Abschnitt angeführten Arbeiten zeigen aber, dass viele Handlungen eng mit unserer Wahrnehmung zusammenhängen.

Die neuronale Kontrolle von Handbewegungen wurde u. a. von Hideo Sakata und Giacomo Rizzolatti an Affen untersucht (s. Jeannerod et al., 1995). In diesen Studien führten die Versuchstiere einfache Greifbewegungen aus, und zwar entweder unter Tageslichtbedingungen (mit visueller Kontrolle) oder im Dunkeln (aus dem Gedächtnis). Einzelzellableitungen im anterior intraparietalen Areal (AIP) ergaben drei Klassen von Neuronen: Visuell-dominante Neurone waren im Hellen aktiv, motorisch-dominante im Dunkeln, und visuell-motorische Neurone feuerten unabhängig von den Lichtbedingungen. Dieses Areal scheint also ganz wesentlich damit befasst zu sein, sensorische Information in motorische Signale zu übersetzen. Rizzolatti und Kollegen fanden im ventralen prämotorischen Kortex Neurone, welche die Art einer Greifbewegung kodierten, also selektiv aktiv waren, je nachdem, ob das Tier einen Pinzettengriff (Greifen kleiner Objekte mit Daumen und einem weiteren Finger), einen Griff mit einzelnen Fingern oder einen Griff großer Objekte mit der ganzen Hand ausführte. Interessanterweise waren einige der Neurone in diesem Areal auch dann selektiv aktiv, wenn der Affe die jeweiligen Zielobjekte nur betrachtete.

Dieser Befund deutet darauf hin, dass diese Neurone in der Handlungsplanung eine Rolle spielen.

Bei all diesen Prozessen spielt die visuelle Wahrnehmung eine fundamentale Rolle. Stellen wir uns eine Situation vor, in der das Greifobjekt nicht statisch, sondern dynamisch ist, z. B. beim Fangen eines Balls. Zur erfolgreichen Handlungsausführung ist es hier wichtig, dass die Flugbahn des Balls fortlaufend überwacht und die Handbewegung dynamisch angepasst wird. Diese Art von Handlungskontrolle erfolgt über *Regelkreise*, z. B. nach dem Prinzip der *Reafferenz* (von Holst & Mittelstaedt, 1950). Von jedem motorischen Kommando wird eine Kopie gespeichert, die sog. *Efferenzkopie* (engl. auch »corollary discharge«). Die Efferenzkopie beschreibt den Soll-Zustand des motorischen Systems, z. B. eine bestimmte Handposition relativ zum Ball. Wenn dieses Kommando dann ausgeführt wird, kann das Feedback vom motorischen System verwendet werden, um den Soll-Zustand mit dem Ist-Zustand zu vergleichen. Ergibt sich eine Diskrepanz, wird eine Korrekturbewegung eingeleitet, die nach dem gleichen Prinzip geregelt wird. Gleichzeitig können auf der Basis von motorischen Zustandssignalen auch Vorhersagen über Handlungskonsequenzen gemacht werden (Feedfoward-Modelle), und unser visuelles System kann die zukünftige Flugbahn des Balls antizipieren. Die meisten Handlungen basieren also sowohl auf Feedback zur Bewegungskontrolle als auch auf Feedforward-Information zur Bewegungsvorhersage. Wo und wie genau die Verrechnung von sensorischen Signalen und motorischen Feedbacksignalen im Gehirn erfolgt, ist Gegenstand der aktuellen Forschung zu diesem Thema (Crapse & Sommer, 2008).

Experiment

Fragestellung. Greif- und Manipulationshandlungen der Hand werden ganz wesentlich durch Vorhersage bestimmt. Wenn wir z. B. nach unserer Kaffeetasse greifen, öffnet und orientiert sich die Hand antizipatorisch in Abhängigkeit der zu greifenden Objektgröße und -orientierung (Henkel der Tasse). Probieren Sie es doch einmal aus und beobachten Sie Ihre Hand beim Greifen von Objekten unterschiedlicher Orientierung, z. B. eines auf dem Tisch liegenden Stifts, oder dem Henkel der Kaffeetasse. Wie die Hand sich gleichzeitig an das Objekt anpasst und auf unerwartete Objekteigenschaften reagiert, untersuchten Johansson und Kollegen (1991) in einer Serie von innovativen Experimenten zu Greif- und Manipulationsbewegungen während der Interaktion mit einem einfachen, blockförmigen Gegenstand. Dabei wollten die Autoren v. a. die Frage beantworten, wo Information über Objekteigenschaften, wie z. B. das Gewicht, mit Feedback-Information integriert wird, um die Griffstärke festzulegen.

Methode. Dazu instruierten sie Versuchspersonen, einen kleinen Block-gegenstand mit Daumen und Zeigefinger zu greifen, anzuheben und wieder abzusetzen. Die Blöcke wogen entweder 200, 400 oder 800 Gramm. Über feinste Mikroelektroden, die in die Axone sensorischer Mechanorezeptoren in der Haut am Arm oberhalb des Ellenbogens eingeführt wurden (ein schmerzfreies Verfahren, das man Mikroneurographie nennt), maßen die Versuchsleiter dann die Griffstärke (»grip force«), also wie fest man das Objekt ergreift, und die Gewichtskraft (»load force«), also mit wieviel Kraft man das Objekt anhebt.

Ergebnisse und Schlussfolgerungen. Kannten die Versuchspersonen das Gewicht des zu hebenden Blocks zu Beginn einer Greifbewegung, dann entsprach die angewendete Kraft genau den Objektgegebenheiten. So stieg z. B. die Griffstärke proportional mit dem Gewicht des Objekts an. War das Gewicht allerdings schwerer als angenommen (folgte z. B. auf eine Serie mehrerer 400-g-Gewichte plötzlich ein 800-g-Gewicht), entglitt den Versuchspersonen das Objekt zunächst, aber die Griffstärke wurde unmittelbar, noch vor dem Anheben, angepasst. Diese Untersuchungen erlauben Rückschlüsse auf die sensorischen »Kontrolleinheiten« in den Mechanorezeptoren der Haut, die der Bewegungskontrolle über Feedback zugrunde liegen (s. auch Flanagan et al., 2006). Neuronale Signale von taktilen Neuronen in der Haut kodieren Information über den Kontakt zwischen Haut und Objekt, z. B. den zeitlichen Verlauf, die Stärke, Richtung und räumliche Verteilung der Greifhandlung, sowie über die Reibung zwischen Haut und Objekt, ob einem das Objekt also z. B. entgleitet. Diese Signale können dann im Gehirn mit der im Gedächtnis gespeicherten Erwartung verglichen werden, sodass sich auch hier wieder ein Regelkreis ergibt.

Obwohl wir viele zielgerichtete Handlungen mit expertenhafter Genauigkeit ausführen können, gibt es doch erhebliche Variabilität bei motorischen Handlungen. Oftmals entzieht es sich unserer bewussten Kontrolle, warum z. B. beim Tennis der eine Ball übers Netz ging, der nächste jedoch nicht, obwohl sich die Schlaghandlung genau gleich anfühlte. Wie lässt sich diese Variabilität erklären? Prinzipiell gibt es für motorische Variabilität zwei Ursachen: Variabilität oder Rauschen (»neural noise«) in der sensorischen Verarbeitung (z. B. bei der Einschätzung der Ballposition und der eigenen Schlagarmposition) und Variabilität in der motorischen Kontrolle und Ausführung (bei der Muskelkontraktion). Dabei gibt es einen festen Zusammenhang zwischen dem Ausmaß der Variabiliät und der Bewegungsstärke, z. B. der Bewegungsgeschwindigkeit oder

-latenz, der als »speed-accuracy trade-off« beschrieben wird: Mit zunehmender Bewegungsgeschwindigkeit (oder abnehmender Bewegungslatenz) nimmt die Bewegungsgenauigkeit ab, wie im Fitts'schen Gesetz beschrieben (Schmidt, 1979; Jeannerod, 1988).

Definition

Fitts'sches Gesetz: In seiner Originalversion besagt dieses, dass die Zeit, die benötigt wird, um ein Ziel z. B. durch eine Zeigebewegung zu erreichen, eine Funktion der Distanz zum Ziel und dessen Größe ist. Je weiter entfernt und/oder je kleiner das Ziel ist, desto länger dauert also die Bewegung.

Auch viele andere Befunde beschreiben Bewegungsungenauigkeiten. So sind Bewegungen z. B. generell genauer, wenn sie zu Objekten entlang der kardinalen Raumachsen (horizontal oder vertikal) ausgeführt werden, verglichen mit den diagonalen Achsen. Bewegungen in die untere Gesichtsfeldhälfte sind genauer als Bewegungen in die obere.

2.8.3 Motorisches Lernen und Kortikale Plastizität

Menschen haben erstaunlich ausgeprägte Fähigkeiten, neue motorische Handlungen zu erlernen oder existierende Handlungen zu verändern, um sich optimal an ihre Umwelt anzupassen. Motorisches Lernen kann unmittelbar (»online«) erfolgen, wie in den Versuchen von Johansson und Kollegen (1991) beschrieben, oder längere Zeit der Übung in Anspruch nehmen, z. B. beim Fahrradfahren oder Klavier spielen lernen. Die aktuelle Forschung zum motorischen Lernen setzt sich auch intensiv mit der Frage auseinander, welche Faktoren zum Erlernen motorischer Handlungen oder Wiedererlernen nach Verletzung oder Schlaganfall hilfreich sein können. In diesem Kontext ist die Frage relevant, inwiefern sich eine Handlung durch bloßes Beobachten erlernen lässt. Ein interessantes und vieldiskutiertes Konzept ist das des Spiegelneuronen-Systems (»mirror-neuron system«), das erstmals von Rizzolatti und Kollegen (1996) beschrieben wurde (für eine Übersicht siehe Rizzolatti & Craighero, 2004). Das Spiegelneuronensystem unterliegt möglicherweise ganz allgemein der Fähigkeit, Handlungen, Gedanken oder Gefühle anderer vorhersagen zu können (soziale Kognition, Empathie), auch wenn es an dieser Auffassung mittlerweile Kritik gibt (Caramazza et al., 2014).

Spiegelneurone: Nervenzellen im motorischen Kortex, die nicht nur bei der Ausführung einer einfachen Handlung (z. B. Greifen, Ziehen, Halten) aktiv sind, sondern auch dann reagieren, wenn eine andere Person (oder ein anderer Affe) bei der Ausführung der gleichen Handlung beobachtet (sozusagen »gespiegelt«) wird.

Betrachtet man motorisches Lernen vor allem als Erwerb oder Erneuerung (»updating«) eines internen Handlungsmodells (Wolpert et al., 1995), kann Lernen möglicherweise auch durch Beobachten erfolgen, oder zumindest durch Beobachten beschleunigt werden (Mattar & Gribble, 2005). Das Spiegelneuronensystem ist allerdings nur dann aktiv, wenn eine Handlung schon einmal selbst ausgeführt wurde; dieses Prinzip funktioniert also nicht für das Erlernen komplett neuer Handlungen.

In seinen Studien an Patienten mit Querschnittslähmung ging Richard Andersen noch einen Schritt weiter und untersuchte, ob die bloße Fähigkeit, sich eine Handlung vorzustellen, ausreicht, um diese mithilfe einer Gehirn-Computer-Schnittstelle auszuführen. Dazu implantierte das Forschungsteam um Andersen Elektroden im posterior parietalen Gehirnareal (PPC) eines Patienten, der in Folge einer Rückenmarksverletzung vom Hals abwärts gelähmt war. Der Patient lernte dann, nur auf Basis seiner eigenen Hirnströme – abgeleitet beim Vorstellen komplexer Handlungen – einen robotergesteuerten Arm zielgerichtet zu bewegen (Aflalo et al., 2015). Diese Untersuchung hilft uns, die Funktion des PPC bei der Handlungsplanung zu verstehen und stellt außerdem eine innovative Rehabilitationsmöglichkeit für Menschen mit körperlichen Behinderungen vor.

Zusammenfassung

▶ Die Wahrnehmung verschiedener Aspekte der Umwelt ermöglicht es Organismen, zielgerichtet auf äußere Ereignisse zu reagieren und so auf die Umwelt einzuwirken.

▶ Das Gehirn besitzt spezialisierte Verarbeitungspfade für die verschiedenen Sinnesmodalitäten (z. B. Sehen und Hören) und auch für verschiedene Merkmale innerhalb der Sinnesmodalitäten (z. B. Farbe und Bewegung).

▶ Die Verarbeitung ist außerdem durch Konvergenz und Divergenz der Verschaltung gekennzeichnet, was zur Entstehung von rezeptiven Feldern mit bestimmten Verarbeitungseigenschaften führt.

▶ Ein weiteres Merkmal ist die Bildung von multiplen Karten in den verschiedenen Sinnessystemen, welche nach Art eines modernen Atlanten die Aufschlüsselung der Reize nach bestimmten Merkmalen erlauben (z. B. retinotop, tonotop oder somatotop).

▶ Eine wichtige Voraussetzung der Erkennung von Szenen und Objekten ist die sinnvolle Gruppierung der verschiedenen Reizelemente, die sich mithilfe der Gestaltgesetze der Wahrnehmung beschreiben lässt.

▶ Bei Synästheten können die Empfindungen die Sinnesmodalitäten kreuzen, sodass z. B. musikalische Klänge auch visuelle Bilder hervorrufen.

▶ Wahrnehmung und Handlung hängen eng miteinander zusammen. Wahrnehmung beeinflusst motorische Handlungen über Feedback- und Feedforward-Mechanismen, die häufig in Form von Regelkreisen organisiert sind. Handlung und bewusste Wahrnehmung können auf unterschiedlichen visuellen Informationen beruhen und voneinander dissoziiert sein, z. B. bei der Ausführung von Hand- oder Augenbewegungen.

Denkanstöße

▶ Wie müsste man eine Brille konstruieren, die die linke Hälfte der Welt rot und die rechte grün erscheinen lässt? Erklären Sie anhand Ihrer Kenntnis des visuellen Systems, warum man nicht einfach das eine Glas rot und das andere grün färben kann.

▶ Stellen Sie sich eine blinde und eine taube Person vor, die gemeinsam eine unbekannte Umgebung durchqueren. Bei welchen Aufgaben wäre eine der Personen jeweils stärker oder schwächer benachteiligt? Was würde sich in einer veränderten Umwelt ändern, z. B. bei Dunkelheit? Wie würden die beiden kommunizieren, um praktische Probleme zu lösen?

▶ Das visuelle System verfügt über eine ganze Anzahl von Konstanzleistungen, z. B. Größen-, Helligkeits- und Farbkonstanz. Wozu könnten diese Konstanzleistungen dienen? Was würde passieren, wenn sie wegfielen? Sind sie nicht eigentlich eine Form von visuellen Täuschungen? Können Sie sich ähnliche Konstanzleistungen in anderen Sinnesmodalitäten vorstellen?

▶ Zeigen Sie anhand Ihres liebsten Musikstücks die Gestaltgesetze der auditiven Wahrnehmung auf. Über welche Wahrnehmungsleistungen müssen Musiker verfügen, um ein Stück gemeinsam zu spielen?

▶ Synästhetische Empfindungen sind im Allgemeinen spezifisch für die betreffende Person. Viele Synästheten zeigen aber charakteristische Ähnlichkeiten in ihren Empfindungen: So assoziieren viele Ton-Farb-Synästheten tiefe Töne mit dunklen und hohe Töne mit hellen Farben. Wie würden Sie solche Gemeinsamkeiten erklären?

Prüfungsfragen

(1) Erklären Sie das Phänomen der Helligkeitskonstanz mithilfe der entsprechenden Fachbegriffe. Erläutern Sie das Phänomen anhand eines Beispiels.

(2) Beschreiben Sie die räumliche Verteilung verschiedener Arten von Photorezeptoren auf der menschlichen Retina. Welche Konsequenzen hat diese Verteilung für das Sehen bei Tag und bei Nacht?

(3) Beschreiben Sie zwei Mechanismen, wie das Innenohr die Höhe von Tönen codiert.

(4) Was versteht man unter den Gestaltgesetzen der Wahrnehmung? Beschreiben Sie mindestens vier anhand von Skizzen.

Weiterführende Literatur

▶ Goldstein, E. B. (2015). Wahrnehmungspsychologie (9. Aufl.). Berlin: Springer. – Ein umfassendes, anschauliches und leicht verständliches Lehrbuch.

▶ Goodale, M. & Milner, D. (2013). Sight unseen. An exploration of conscious and unconscious vision. Oxford, UK: Oxford University Press. – Eine gut lesbare Einführung mit vielen Beispielen und Fallgeschichten in die wichtigen Arbeiten von Goodale und Milner zur Theorie paralleler visueller Verarbeitungspfade im Gehirn.

▶ Rodieck, R. W. (1998). The first steps in seeing. Sunderland, MA: Sinauer. – Ein detailliertes, reich illustriertes Buch, das sich vollständig dem Licht und der Netzhaut widmet.

▶ Rosenbaum, D. A. (2009). Human motor control. San Diego, CA: Academic Press. – Eine umfassende Einführung in motorische Handlungen.

▶ Rosenzweig, M. R., Breedlove, S. M. & Watson, N. V. (2005). Biological psychology: An introduction to behavioral and cognitive neuroscience (4th ed.). Sunderland, MA: Sinauer. – Ein hervorragendes Lehrbuch über die physiologischen Grundlagen.

▶ Snowden, R., Thompson, P. & Troscianko, T. (2006). Basic vision: An introduction to visual perception. Oxford: Oxford University Press. – Ein schönes, gut lesbares Lehrbuch mit hervorragenden Illustrationen.

▶ Bruce, V., Green, P. R. & Georgeson, M. A. (2003). Visual perception: Physiology, psychology and ecology. Taylor & Francis. – Dieses etwas anspruchsvollere, aber sehr originelle Lehrbuch bürstet den gewöhnlichen Lehrbuchstoff gehörig gegen den Strich, indem es Wahrnehmung als Anpassungsleistung von Tieren und Menschen an ihre ökologische Umgebung darstellt.

Webseiten zum Thema:

▶ Eine Webseite zu Schattenskulpturen von Shigeo Fukuda und anderen Künstlern: http://www.designfloat.com/blog/2011/03/23/shadow-art-reality-that-we-imagine/ (Stand: 20.10.2016). Falls der Link veraltet ist, hilft die Google-Suche nach »designfloat shadow art«.

▶ »Illusion of the Year Contest«: http://illusionoftheyear.com/.

▶ Demo zu biologischer Bewegung aus dem Labor von Nikolaus Troje (Queen's University, Kingston, Ontario): https://www.biomotionlab.ca/Demos/BMLwalker.html (Stand: 20.10.2016). Falls der Link veraltet ist, hilft die Google-Suche nach »biomotion walker«.

▶ Visuelle Illusionen auf der Webseite von Prof. Dr. Michael Bach, Freiburg (http://michaelbach.de/ot). Falls der Link veraltet ist, hilft die Google-Suche nach »michael bach illusions«.

▶ Einige auditive Illusionen (http://listverse.com/2008/02/29/top-10-incredible-sound-illusions/). Falls der Link veraltet ist, hilft die Google-Suche nach »incredible sound illusions«.

3 Aufmerksamkeit, Bewusstsein und kognitive Kontrolle

Was Sie in diesem Kapitel erwartet

Ein Gast sitzt im Biergarten und versucht schon seit einiger Zeit, die Kellnerin auf sich aufmerksam zu machen. Eigentlich sollte das einfach sein: Die Kellnerin erscheint immer wieder im Garten und reagiert offenbar auf andere Gäste, die ganz in seiner Nähe sitzen. Häufig schaut sie genau in seine Richtung, scheint aber trotzdem sein Winken nicht zu sehen. Was geschieht hier?

Die Kellnerin verhält sich so, als wären eine intakte visuelle Wahrnehmung und das Blicken in eine bestimmte Richtung nicht ausreichend, um eine Person zu bemerken. Damit dies geschieht, muss die Person offenbar auch *beachtet* werden. Aufmerksamkeit scheint für die bewusste Wahrnehmung also von entscheidender Bedeutung zu sein: Wenn man ein Objekt nicht beachtet, kann man es direkt anschauen, ohne dass es einem ins Bewusstsein dringt.

Moderne Theorien rücken Aufmerksamkeitsphänomene in den Mittelpunkt der kognitiven Neurowissenschaften und weisen ihnen eine entscheidende Bedeutung für das Funktionieren verschiedenster kognitiver Prozesse zu. Aufmerksamkeit versetzt uns in die Lage, aus einer Vielzahl von Reizen die für uns wichtigen Informationen herauszufiltern, und sie hält das kognitive System flexibel, indem sie die Verarbeitungsprozesse an die augenblicklichen Aufgabenerfordernisse anpasst. Beachtete Reize werden schneller und genauer verarbeitet als unbeachtete, und Aufmerksamkeit kann sogar darüber entscheiden, ob visuelle und auditive Reize überhaupt unser Bewusstsein erreichen. In einem weiteren Sinne ist Aufmerksamkeit an unserer Handlungssteuerung beteiligt: Sie wird eingesetzt, um Handlungsteile auszuwählen, zu verwerfen, zu koordinieren und in die richtige Reihenfolge zu bringen. Hier spricht man auch von »kognitiver Kontrolle«.

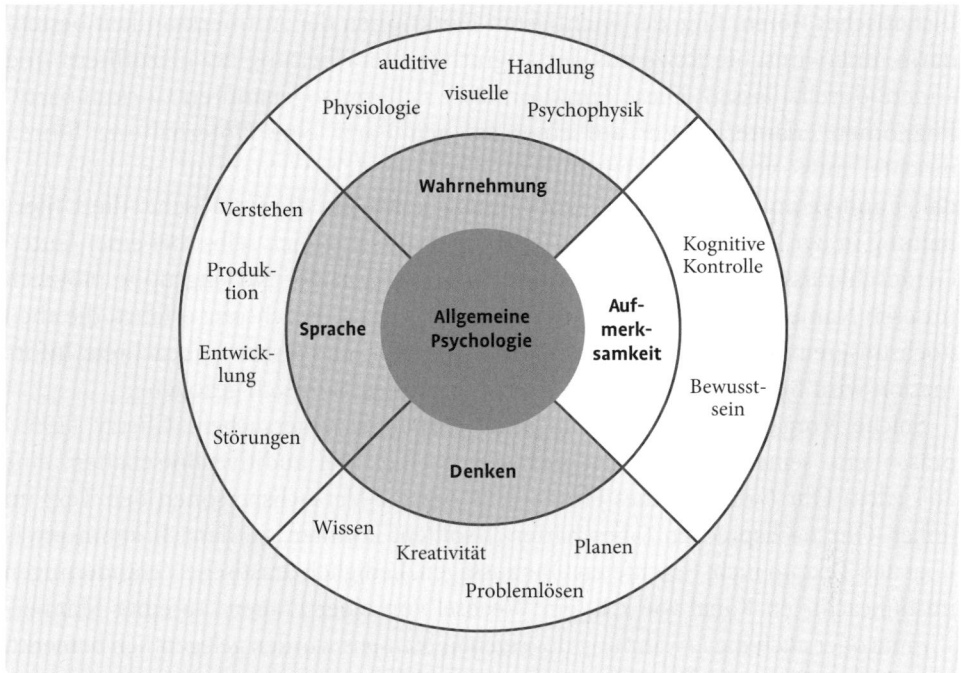

3.1 Auditive Aufmerksamkeit

3.1.1 Dichotisches Hören und Filtermodelle

Im Jahre 1890 leitete der Philosoph William James das Aufmerksamkeitskapitel seines Buches »The Principles of Psychology« mit dem provokanten Satz ein: »Everybody knows what attention is«. Was dann folgte, war die vielleicht einsichtsreichste Beschreibung von Aufmerksamkeitsphänomenen in der Geschichte dieser Forschung, und viele moderne Forschungsansätze erinnern noch immer an Abschnitte aus James' Meisterwerk. Im Folgenden möchten wir einige dieser Forschungsansätze vorstellen und zeigen, was Aufmerksamkeit so entscheidend für unser geistiges Funktionieren macht. Dabei werden wir immer wieder auf das folgende Konzept zurückkommen:

> **!** Aufmerksamkeit bezeichnet eine flexible Anpassung des Informationsflusses im kognitiven System in Abhängigkeit von aktuellen Reizen und Aufgaben. Sie verändert die Informationsverarbeitung zugunsten der beachteten Information.

Dichotisches Hören. Eine der wichtigsten Funktionen der Aufmerksamkeit besteht darin, unerwünschte Reize aus der kognitiven Verarbeitung herauszufiltern und andere durchzulassen. Diese Funktion lässt sich am sogenannten Cocktailparty-Phänomen erläutern. Wer auf einer solchen Party eine Unterhaltung führen möchte, muss versuchen, die Stimme des Gesprächspartners zu beachten und dabei andere auditive Reize zu ignorieren: die Musik, die Geräusche, die Unterhaltung in der Nebengruppe. Dies wird uns wahrscheinlich selbst bei einer lauten Geräuschkulisse gut gelingen. Nennt aber jemand in der Nebengruppe plötzlich unseren Namen, besteht eine gute Chance, dass er die Beachtung erfährt, die eben noch unserem eigentlichen Gesprächspartner galt: Die bisher unbeachtete Information wird nun beachtet; sie hat Aufmerksamkeit »auf sich gezogen«.

Solche Vorgänge kann man auch experimentell untersuchen. Cherry (1953) präsentierte seinen Versuchspersonen gleichzeitig zwei auditive Botschaften, eine auf jedem Ohr (»dichotisches Hören«). Wenn die Versuchspersonen den Text im linken Ohr nachsprechen (»beschatten«) sollten, konnten sie danach kaum etwas über den Text im nicht beachteten Ohr aussagen. Lediglich drastische Veränderungen im unbeachteten Kanal wie z.B. ein Wechsel von einer Frauen- zu einer Männerstimme oder auch die Erwähnung des eigenen Namens wurden gelegentlich bemerkt.

Broadbents Filtermodell. Ausgehend von solchen experimentellen Daten entwickelte Donald Broadbent (1958) das erste formale Aufmerksamkeitsmodell, das zugleich eines der ersten Modelle kognitiver Vorgänge war, das sich explizit an der Architektur von Computern orientierte (Abb. 3.1). In Broadbents Modell trifft

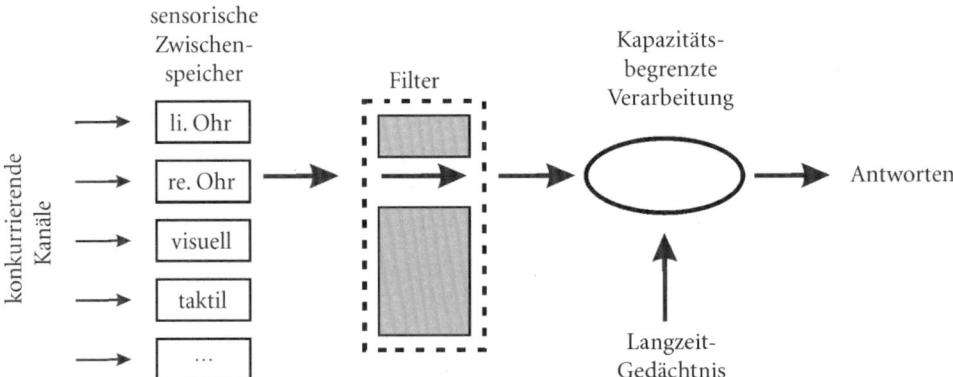

Abbildung 3.1 Broadbents Modell der selektiven Aufmerksamkeit. Von den vielen Reizströmen (z.B. den konkurrierenden Botschaften auf einer Cocktailparty), die in den sensorischen Zwischenspeichern vorliegen, wird nur eine durch das Filtersystem gelassen, um einer weiteren Verarbeitung unterzogen zu werden (z.B. einer Identifikation der Reize mithilfe von Information aus dem Langzeitgedächtnis). Die Filterung ist nötig, weil diese Verarbeitung eine begrenzte Kapazität hat. Erst nach der kapazitätsbegrenzten Verarbeitung ist eine angemessene Antwort oder Handlung möglich.

sensorische Information in streng getrennten Kanälen ein und wird in einem sensorischen Speicher abgelegt, der diese Information für sehr kurze Zeit (einige hundert Millisekunden) in zunächst noch unverarbeiteter Form aufbewahrt. Um weiterverarbeitet zu werden, muss die Information einen Filter passieren, der immer nur Information aus einem einzigen Kanal durchlässt, z. B. nur auditive Information aus dem rechten Ohr (»Alles-oder-Nichts-Filter«). Information aus allen anderen Kanälen bleibt unverarbeitet. Aufmerksamkeit besteht darin, den Filtermechanismus von einem Kanal zum anderen zu verschieben. Um zwei dichotisch dargebotenen Informationsströmen gleichzeitig folgen zu können, muss man den Filter diesem Modell zufolge rasch zwischen den Kanälen wechseln lassen.

3.1.2 Frühe oder späte Selektion?

Broadbents Modell nimmt an, dass unbeachtete Informationen schon sehr früh aus dem System herausgefiltert werden, auf jeden Fall aber, bevor sie vollständig identifiziert werden können. Es ist daher ein Beispiel für ein System der »frühen Selektion« (»early selection«): Reize werden anhand grundlegender Reizmerkmale ausgewählt, und nur die ausgewählten Reize werden inhaltlich verarbeitet. Treisman (1964) schlug eine etwas mildere Variante vor, nach der unbeachtete Information nicht vollständig blockiert, sondern nur abgedämpft wird. Dieses Modell konnte erklären, warum sehr auffällige Reize (wie der eigene Name) die Filterung überwinden können.

Es dauerte nicht lange, bevor Theoretiker eine dezidierte Gegenposition zu Early-Selection-Modellen entwickelten. Deutsch und Deutsch (1963) präsentierten ein Modell, in dem die Selektion nicht vor der Identifikation der Reize erfolgte, sondern erst danach (»späte Selektion«, »late selection«). Ein solches Modell erfordert die parallele Verarbeitung aller gleichzeitig dargebotenen Reize: Aufmerksamkeit wird hier nicht verwendet, um die einströmende Informationsmenge auf das Nötigste zu reduzieren, sondern um bereits identifizierte Objekte für höhere kognitive Leistungen auszuwählen, die mit Wahrnehmungsleistungen im engeren Sinne nichts mehr zu tun haben.

Die Debatte um frühe versus späte Selektion in der auditiven wie der visuellen Wahrnehmung hat die Aufmerksamkeitsforschung lange geprägt, aber zu keiner Einigung geführt. Inzwischen ist klar, dass es kein einheitliches Aufmerksamkeits-»System« gibt, sondern dass Aufmerksamkeitsprozesse auf jeder Stufe der Verarbeitung stattfinden können, sowohl vor als auch nach der inhaltlichen Verarbeitung der Reize (Allport, 1989). Viele moderne Theorien kombinieren daher Eigenschaften von frühen und späten Selektionsmodellen.

Wir können Aufmerksamkeit einsetzen, um relevante Information von irrelevanter zu trennen, z. B. beim dichotischen Hören. Theorien selektiver Aufmerksamkeit unterscheiden sich vor allem darin, ob die Selektion vor der inhaltlichen Analyse erfolgt (wie in Broadbents klassischem Filtermodell) oder danach. Eine vollständige Theorie der Aufmerksamkeit muss vermutlich beide Aspekte kombinieren.

3.2 Visuelle Aufmerksamkeit

3.2.1 Räumliche und merkmalsbasierte Aufmerksamkeit

In unserem Eingangsbeispiel bemerkt die Kellnerin einen Gast, wenn sie ihre räumliche Aufmerksamkeit auf dessen Tisch richtet. Posner et al. (1980) entwickelten eine Aufgabe, in der die Wirkung räumlicher Aufmerksamkeit auf die visuelle Verarbeitung von Zielreizen experimentell untersucht werden kann (s. u.). Die dort erläuterte Unterscheidung zwischen *endogen* und *exogen* gesteuerter Aufmerksamkeit (Yantis & Jonides, 1990) beschreibt zwei Wege, wie die Kellnerin den Gast beachten könnte: Sie könnte sich entschieden haben, ihre Aufmerksamkeit kontrolliert zu verlagern, um etwaige neue Gäste zu erfassen (»endogene Aufmerksamkeit«), oder ihre Aufmerksamkeit könnte vom aufgeregten Winken des Gastes angezogen worden sein (»exogene Aufmerksamkeit«).

Experiment

Das Posner-Paradigma

Fragestellung. Im Posner-Paradigma kann die räumliche Verlagerung visueller Aufmerksamkeit untersucht werden.

Methoden. In jedem Versuchsdurchgang erscheint einer von zwei möglichen Zielreizen, z. B. die Buchstaben »p« oder »q« (Abb. 3.2). Aufgabe der Versuchsperson ist es, so schnell wie möglich zu entscheiden, um welchen der beiden Buchstaben es sich handelt, indem sie eine von zwei Tasten drückt. Sie weiß aber nicht, an welcher räumlichen Position auf dem Computerbildschirm der Zielreiz erscheinen wird, und der Zielreiz wird so kurz präsentiert, dass keine Blickbewegung zum Zielreiz ausgeführt werden kann.

Die Aufmerksamkeit der Versuchsperson wird durch »Hinweisreize« (Cues) gesteuert. Dabei wird zwischen exogenen und endogenen Hinweisreizen unterschieden. Ein exogener Hinweisreiz (a) besteht z.B. im Aufblinken des Rahmens um eine der beiden Zielpositionen; er soll die Aufmerksamkeit unwillkürlich anziehen. Ein endogener Hinweisreiz (b) markiert die zu beachtende Position nur symbolisch, z.B. durch einen Pfeil. Markiert der Hinweisreiz die Position, an der später auch der Zielreiz erscheint, nennt man ihn *valide*. Markiert er irreführenderweise die falsche Position, nennt man ihn *invalide*.

Ergebnisse und Schlussfolgerungen. Valide Hinweisreize führen zu kürzeren Reaktionszeiten auf den Zielreiz als invalide Hinweisreize, und in schwierigen Unterscheidungsaufgaben erhöhen sie auch die Antwortrichtigkeit. Dies spricht dafür, dass die Zuwendung visueller Aufmerksamkeit die Verarbeitung des beachteten Reizes schneller und effizienter macht.

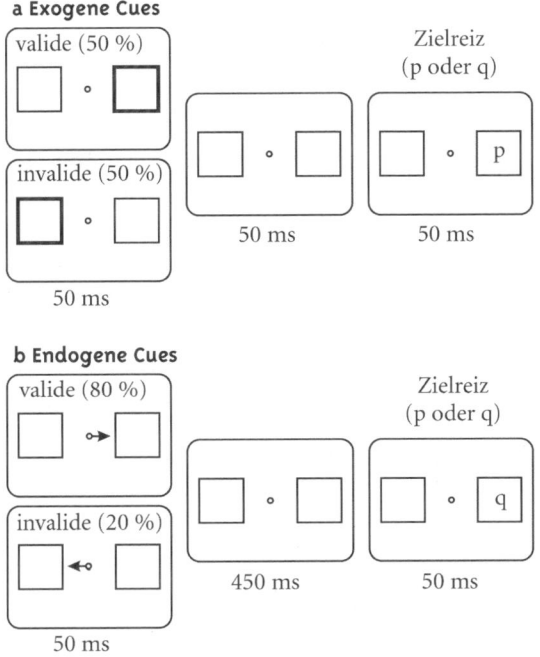

Abbildung 3.2 Das Posner-Paradigma. **a** Unmittelbar vor dem Zielreiz erscheint ein exogener Hinweisreiz an einer der beiden möglichen Zielpositionen links oder rechts vom zentralen Fixationspunkt. In diesem Fall besteht der exogene Hinweisreiz im Aufblinken des Rahmens um eine der beiden Zielpositionen. In diesem Fall erscheint ein Pfeil als endogener Hinweisreiz. In 80 % aller Durchgänge ist dieser Hinweisreiz valide, kündigt also die Position des Zielreizes korrekt an.

Viele Befunde stützen die Vorstellung, dass exogene Hinweisreize die visuelle Aufmerksamkeit automatisch auf sich ziehen, während die Wirkung endogener Hinweisreize unter der kognitiven Kontrolle der Versuchsperson steht. So wirken exogene Hinweisreize auch dann, wenn ihre Position rein zufällig gewählt wird und keine Vorhersagekraft bzgl. der Position des Zielreizes hat. Im Gegensatz dazu funktionieren endogene Hinweisreize nur, wenn sie eine gewisse Vorhersagekraft für die Zielreizposition besitzen. Häufig wird ein Verhältnis von 80 % zu 20 % zwischen validen und invaliden Hinweisreizen gewählt. Ein weiterer Unterschied besteht im Zeitverlauf der Aufmerksamkeitseffekte: Endogene Hinweisreize sind am effektivsten, wenn sie dem Zielreiz etwa 300 bis 500 Millisekunden vorausgehen, erfordern also eine gewisse kognitive Vorbereitungszeit. Exogene Hinweisreize hingegen entfalten ihre größte Wirkung bereits bei einer Vorlaufzeit von nur 100 Millisekunden. Damit sind sie geeignet, die laufende kognitive Verarbeitung jederzeit zu unterbrechen und eine unwillkürliche Orientierungsreaktion auszulösen (z. B. auf einen Hund, der plötzlich vor das Auto läuft).

Die Popularität des Posner-Paradigmas hat dazu geführt, dass visuelle Aufmerksamkeit immer wieder mit einem Scheinwerferstrahl verglichen wurde, der bestimmte Positionen des Blickfelds »erhellt« – was bedeuten soll, dass an diesen Positionen größere Verarbeitungsressourcen zur Verfügung gestellt werden, welche die Verarbeitung schneller und genauer machen. Da sich an beachteten Positionen auch die Diskriminationsleistung erhöht, könnte man statt vom »Scheinwerfer der Aufmerksamkeit« auch vom »Vergrößerungsglas der Aufmerksamkeit« sprechen. Es ist nicht überraschend, dass solche Metaphern die Phantasie vieler Wissenschaftler entzündet haben. So legen viele Arbeiten nahe, dass der Scheinwerferstrahl eng oder weit gestellt werden (Eriksen & Yeh, 1985), eine Ringform annehmen (Müller & Hübner, 2002) und sich sogar in zwei getrennte Strahlen teilen kann (McMains & Somers, 2004).

! Allerdings scheint es nicht immer die räumliche Position als solche zu sein, auf die sich die Aufmerksamkeit richtet. Studien zur objektbasierten Aufmerksamkeit haben gezeigt, dass sich Aufmerksamkeit leichter innerhalb von visuellen Objekten verschieben lässt als von einem Objekt zum anderen, selbst wenn Verschiebungsstrecke und -richtung in beiden Fällen gleich sind (Egly et al., 1994). Des Weiteren ist es leichter, zwei Merkmale desselben Objekts zu beachten als zwei Merkmale zweier verschiedener Objekte (Duncan, 1984). Solche Befunde legen nahe, dass die Aufmerksamkeit nicht einfach Positionen im Raum auswählt, sondern die Objekte, die sich an diesen Positionen befinden.

3.2.2 Neuronale Grundlagen der visuellen Aufmerksamkeit

Die Versuche von Moran und Desimone. Aufmerksamkeit hat beobachtbare Auswirkungen auf das Verhalten von einzelnen Nervenzellen (Treue, 2004). Zellen reagieren stärker auf einen Reiz, wenn dieser in einer beachteten Region des Gesichtsfelds liegt – dies erklärt die niedrigeren Reaktionszeiten auf solche Reize. Aufmerksamkeit kann aber auch eine feinere Selektivität der Zellen auslösen, sodass die Zelle auf eine schmalere Bandbreite von Reizen reagiert – dies erklärt die höhere Antwortgenauigkeit für beachtete Reize. Moran und Desimone (1985) führten eine Studie mit Makakenaffen durch, in welcher sie zwei Reize in einem einzelnen rezeptiven Feld einer Zelle im kortikalen Areal V4 darboten (einem Areal, das bei Makakenaffen viele farb- und orientierungsselektive Zellen enthält). Auf einen der Reize war die Zelle spezialisiert, er löste also für sich genommen starke Aktivität aus; der andere Reiz war dagegen ungeeignet, die Zelle zu aktivieren. Präsentierte man beide Reize gleichzeitig im rezeptiven Feld der Zelle, lösten sie zusammen eine mittelstarke Antwort aus. Eine Überraschung ergab sich aber, wenn der Affe durch eine Besonderheit der Aufgabe seine Aufmerksamkeit auf nur einen der Reize richtete. In diesem Fall bestimmte nur noch der beachtete Reiz das Verhalten der Zelle: Sie verhielt sich so, als sei ihr rezeptives Feld um den beachteten Reiz herum geschrumpft und hätte den unbeachteten Reiz ausgeschlossen (Abb. 3.3). Bei solchen Befunden ist es nicht verwunderlich, dass visuelle Aufmerksamkeit auch das räumliche Auflösungsvermögen des visuellen Systems erhöhen kann. Ähnliche Beobachtungen sind seither in vielen Kortexarealen gemacht worden, und bildgebende Verfahren haben Einflüsse der Aufmerksamkeit

Ohne Aufmerksamkeitslenkung:

 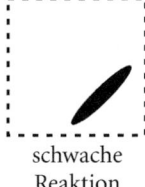 

| starke Reaktion | schwache Reaktion | mittlere Reaktion |

Mit Aufmerksamkeitslenkung:

| starke Reaktion | schwache Reaktion |

Abbildung 3.3 Moran und Desimone (1985) verglichen zunächst, wie Zellen auf einzelne Reize reagierten, die in ihrem rezeptiven Feld (gestricheltes Rechteck) erschienen. Wurde ein optimaler Reiz allein präsentiert, reagierte die Zelle stark; wurde ein ungeeigneter Reiz präsentiert, reagierte sie nur schwach. Präsentierte man beide Reize gleichzeitig im rezeptiven Feld, war die Reaktion ein Kompromiss aus den beiden Einzelreaktionen. Richtete der Versuchsaffe aber seine Aufmerksamkeit (hier durch den Kreis angedeutet) auf den einen oder anderen der beiden Reize, bestimmte nur noch der beachtete Reiz das Verhalten der Zelle, so als hätte sich das rezeptive Feld auf den beachteten Reiz eingeengt.

bereits auf sehr frühen Verarbeitungsstufen wie dem primären visuellen Kortex und sogar dem CGL gefunden.

Merkmalsbasierte Aufmerksamkeit. Einzelzellstudien haben aber auch gezeigt, dass wir nicht nur räumliche Positionen und Objekte, sondern auch bestimmte Reizmerkmale wie Farbe, Form oder Bewegungsrichtung beachten können. In einer Untersuchung von Treue und Martínez-Trujillo (1999) wurde von Zellen in Areal V5 abgeleitet, das bei Makakenaffen viele bewegungsselektive Zellen enthält. Wenn die Aufgabe so beschaffen war, dass der Affe Reize einer bestimmten Bewegungsrichtung beachten musste, dann änderte sich die Sensitivität vieler Zellen, die auf diese Bewegungsrichtung spezialisiert waren – selbst wenn deren rezeptive Felder gar nicht in der Nähe des beachteten Reizes lagen. Man kann sich dieses Phänomen so vorstellen, als wäre an jeder bewegungsselektiven Zelle ein kleiner Lautstärkeregler angebracht: Wird eine bestimmte Bewegungsrichtung mit Aufmerksamkeit versehen, dann werden alle Zellen im visuellen Feld lauter gestellt, die auf diese Bewegungsrichtung spezialisiert sind.

Alles in allem deutet vieles darauf hin, dass visuelle Aufmerksamkeit ähnlich wirkt, als wenn man die physikalische Intensität eines visuellen Reizes erhöhen würde. Physiologische Untersuchungen an Affen haben eindeutig gezeigt, dass visuelle Aufmerksamkeit die Aktivität von Nervenzellen im Gehirn herauf- oder herabsetzen kann. Ebenso beeinflusst die Ausrichtung der visuellen Aufmerksamkeit auch unsere Wahrnehmung. So konnte z.B. gezeigt werden, dass die exogene, reflexive Lenkung der Aufmerksamkeit die Sensitivität für die Wahrnehmung feiner räumlicher Strukturen, also das räumliche Auflösungsvermögen, erhöht. Ebenso erhöht exogene Aufmerksamkeit die Kontrastsensitivität, d.h. bei Darbietung zweier Reize mit gleichem Kontrast wird der beachtete Reiz als kontrastreicher wahrgenommen als der nicht beachtete (Carrasco, 2006).

Experiment

Wie beeinflusst visuelle Aufmerksamkeit unsere Wahrnehmung?

Fragestellung. Aufmerksamkeit erhöht die Effizienz der Reizverarbeitung – aber auf welche Weise? Löst sie einfach nur eine stärkere neuronale Reaktion aus, oder kann sie einen unklaren Reiz auch deutlicher machen?

Methoden. Um diese Frage zu klären, haben Carrasco und Kollegen (Carrasco et al., 2004) das folgende Paradigma verwendet. Auf einem Computermonitor wurden kurzzeitig zwei Gitterreize rechts und links von einem zentralen Fixationspunkt präsentiert (Abb. 3.4). Die beiden Gitterreize konnten sich voneinander in ihrem Kontrast und in ihrer Orientierung unterscheiden. Die Aufgabe der Versuchsperson war es, die Orientierung desjenigen Gitterreizes zu berichten, der ihr kontrastreicher

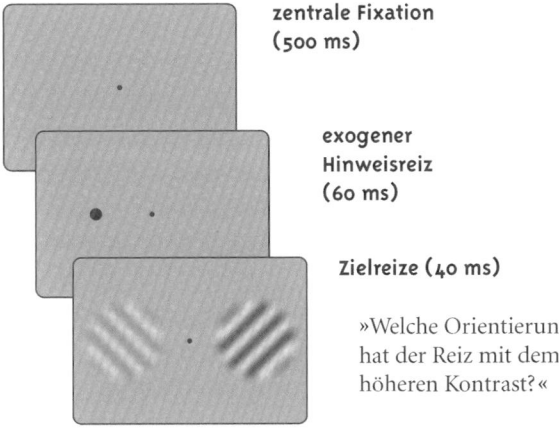

zentrale Fixation
(500 ms)

exogener
Hinweisreiz
(60 ms)

Zielreize (40 ms)

»Welche Orientierun
hat der Reiz mit dem
höheren Kontrast?«

Abbildung 3.4 Das Carrasco-Paradigma. Hier ist ein Versuchsdurchgang dargestellt, in der ein Hinweisreiz an der Stelle des Gitters mit niedrigerem Kontrast erscheint. Durch die unwillkürliche Ausrichtung der Aufmerksamkeit auf diesen Reiz erhöht sich der wahrgenommene Kontrast des Gitters.

erschien, und dabei die Augen in der Bildschirmmitte zu halten. Zusätzlich wurde die Aufmerksamkeit der Versuchsperson durch einen exogenen Hinweisreiz auf einen der beiden Gitterreize gelenkt (in Abb. 3.4: auf den Gitterreiz mit niedrigerem Kontrast, links).

Ergebnisse und Schlussfolgerungen. Wenn beide Gitterreize mit identischem Kontrast dargeboten wurden, berichteten Versuchspersonen häufiger die Orientierung desjenigen Gitterreizes, an dessen Position zuvor ein Hinweisreiz erschienen war. Offenbar schien der beachtete Reiz also einen höheren wahrgenommen Kontrast zu haben als der unbeachtete. Dies war sogar noch dann der Fall, wenn sein tatsächlicher Kontrast in Wahrheit niedriger war als der des unbeachteten Reizes. Diese Untersuchungen legen nahe, dass Aufmerksamkeit genauso wirkt wie eine tatsächliche Erhöhung des Reizkontrastes (Treue, 2004; Carrasco, 2006). Damit zeigen sie, dass die Aufmerksamkeit tatsächlich die Deutlichkeit eines schwachen Reizes verbessern kann.

3.2.3 Visuelle Suche

Im Paradigma der visuellen Suche geht es darum, einen zuvor vereinbarten Zielreiz unter so genannten Distraktoren zu finden. Die Versuchspersonen sehen typischerweise in jedem Durchgang ein neues Suchbild und müssen entscheiden, ob in ihm ein bestimmter Zielreiz enthalten ist (positiver Durchgang) oder nicht (negativer Durchgang). Im Beispiel der Abbildung 3.5 ist es Ihre Aufgabe, so schnell wie möglich den schwarzen senkrechten Balken zu finden.

Pop-out-Effekt. Sie merken sicherlich, dass Ihnen die Suche in den oberen beiden Beispielen sehr leicht fiel: Sie haben den schwarzen senkrechten Balken sofort

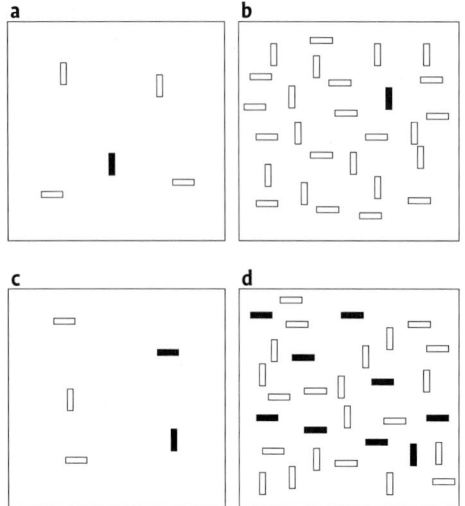

Abbildung 3.5 Visuelle Suche nach einem schwarzen senkrechten Balken

gefunden, er »sprang Ihnen ins Auge«. Dieses Phänomen nennt man »Pop-Out-Effekt«. Er gilt als Hinweis dafür, dass der Zielreiz durch ein Merkmal definiert ist, das ohne aufwendige Aufmerksamkeitsleistungen verarbeitet werden kann. In den unteren beiden Beispielen dauert die Suche länger, weil der Zielreiz sich nicht nur in einem einzelnen Merkmal von den Distraktoren unterscheidet, sondern in zweien. Hier kommt es zu keinem Pop-Out-Effekt mehr; stattdessen muss jeder Balken daraufhin geprüft werden, ob er den Spezifikationen des Zielreizes entspricht. Besonders lange dauert dies in Abbildung 3.5 d, weil hier ein einzelnes Merkmal nicht ausreicht, um den Zielreiz zu identifizieren: Selbst wenn ein Reiz in Farbe oder Orientierung mit dem Zielreiz übereinstimmt, kann es sich immer noch um einen Distraktor handeln. Es müssen also beide Merkmale vorhanden sein, um den Zielreiz zweifelsfrei bestimmen zu können.

Das Paradigma der visuellen Suche (Treisman & Gelade, 1980) wurde entwickelt, um zwischen zwei verschiedenen Arten der Informationsverarbeitung zu unterscheiden: »attentiver Verarbeitung«, für die der Einsatz von Aufmerksamkeit erforderlich ist, und »präattentiver Verarbeitung«, die auf so grundlegenden visuellen Unterscheidungen beruhen soll, dass sie ohne Aufmerksamkeit auskommt. Die Unterscheidung zwischen attentiver und präattentiver Verarbeitung kann anhand der Interpretation der Suchzeiten in verschiedenen Bedingungen getroffen werden.

Die Interpretation von Suchzeiten in der visuellen Suche

Wenn man wie in Abbildung 3.6 die Suchzeit gegen die Anzahl der Distraktoren aufträgt, sieht man für die Pop-Out-Suche (präattentiv, links) ein bemerkenswertes Muster: Die Suchzeiten sind immer gleich und hängen nicht von der Zahl

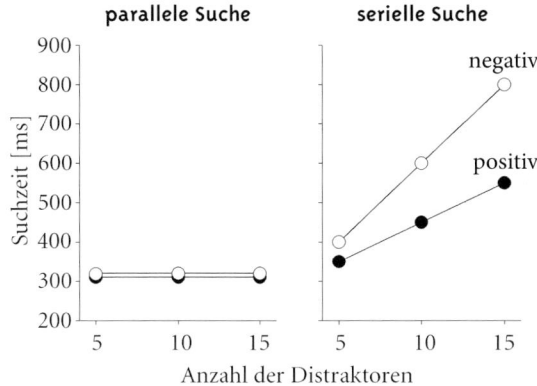

Abbildung 3.6 Interpretation von Suchzeiten. Links: Pop-Out-Suche. Rechts: Konjunktionssuche. In positiven Durchgängen ist der Zielreiz im Suchbild enthalten, in negativen Durchgängen fehlt er.

der Distraktoren ab (»parallele Suche«). Etwas anderes geschieht, wenn sich die Zielreize nicht bloß in einem einfachen Merkmal von den Distraktoren unterscheiden, sondern in einer Konjunktion von Merkmalen, z. B. Farbe und Form (rechts). In Abbildung 3.5 c müssten Sie beispielsweise beide Merkmale prüfen, um den Zielreiz zu finden. Solche Konjunktionssuchen dauern umso länger, je mehr Distraktoren im Bild sind: In positiven wie in negativen Durchgängen steigen die Entscheidungszeiten linear mit der Zahl der Distraktoren an.

Dieser Anstieg wird häufig als Hinweis darauf interpretiert, dass die Konjunktionssuche in einer sequentiellen Prüfung aller Reize besteht, die so lange dauert, bis der Zielreiz gefunden ist (»serielle Suche«, attentiv). An der Steigung der Kurven kann man den Zeitbedarf dieser Vergleiche ablesen: Wenn ein Vergleich beispielsweise 20 Millisekunden dauert, dann sollten sich die Entscheidungszeiten mit jedem weiteren Distraktor um 20 Millisekunden verlängern. In negativen Durchgängen wäre man gezwungen, alle Distraktoren zu prüfen, bevor man die Anwesenheit eines Zielreizes ausschließen könnte (»erschöpfende Suche«); in positiven Durchgängen würde man wahrscheinlich vorher auf den Zielreiz treffen – manchmal früher, manchmal später. Da man in positiven Durchgängen dem Zielreiz etwa nach der Hälfte der Vergleiche begegnen sollte (das wäre der über viele Versuchsdurchgänge ermittelte Durchschnittswert, wenn die Position des Zielreizes völlig zufällig ist), sollte die Steigung der Suchfunktion nur etwa halb so groß sein wie in negativen Durchgängen – nicht, weil die Suche schneller geht, sondern weil im Durchschnitt weniger Reize abgesucht werden müssen. Diese Vorhersagen sind für viele Arten von visueller Suche erfüllt. Nicht alle visuellen Suchen lassen sich jedoch eindeutig als parallel oder seriell klassifizieren.

Treismans Merkmals-Integrations-Theorie. Die einflussreichste Theorie zur visuellen Suche ist Anne Treismans *Merkmals-Integrations-Theorie* (feature integration theory, FIT; Treisman & Gelade, 1980; Treisman, 1988). Treisman greift die in Abschnitt 2.2.6 beschriebene Vorstellung auf, dass das visuelle System unterschiedliche Reizmerkmale auch getrennt verarbeitet. Sie nimmt an, dass das visuelle System über eine Reihe von *Merkmalskarten (feature maps)* verfügt, die das gesamte Blickfeld in Bezug auf jeweils ein bestimmtes Reizmerkmal abbilden, z. B. eine Karte für das Merkmal »schwarz«, eine für das Merkmal »senkrecht« usw. (Abb. 3.7). Alle Merkmalskarten sind mit einer räumlichen *Hauptkarte der Positionen (master map of positions)* verbunden. In diesem Kartensystem kann visuelle Aufmerksamkeit auf zweierlei Weise eingesetzt werden: zur Suche an bestimmten räumlichen Positionen und zur Suche nach bestimmten Reizmerkmalen. Suchen wir z. B. eine bestimmte Position unseres Blickfeldes ab, so aktiviert die Aufmerksamkeit die entsprechende Stelle der Master-Map und damit auch alle entsprechenden Stellen der einzelnen Merkmalskarten. Alle Merkmale, die sich an diesen Stellen befinden, werden zusammengesucht und zu einer Gesamtrepräsentation zusammengebunden, der sogenannten Objekt-Kartei (object file). Das derartig zusammengestellte Objekt kann mit Information aus dem Langzeitgedächtnis verglichen und so identifiziert werden.

Statt eine Position auszuwählen und dann alle mit dieser Position verbundenen Merkmale zusammenzusuchen, können wir auch ein Merkmal auswählen und nach der Position suchen, an der es sich befindet. Bei einer Suche nach einfachen Reizmerkmalen (wie z. B. dem schwarzen Balken unter lauter weißen Balken in Abb. 3.5 a und b) ist dies ganz einfach: Wir benutzen unsere Aufmerksamkeit, um

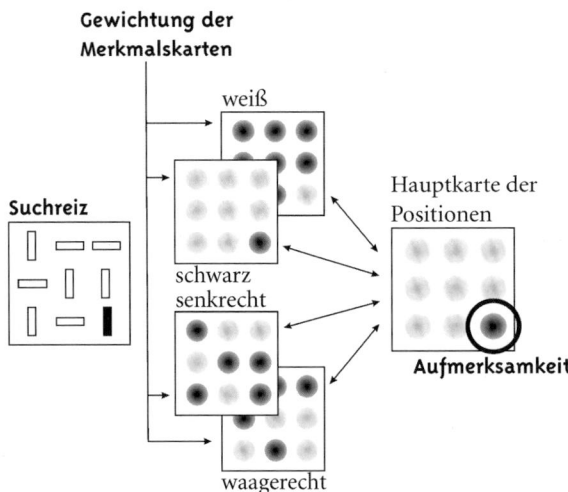

Abbildung 3.7 Grundarchitektur der Merkmals-Integrations-Theorie. Der Suchreiz besteht hier aus einem senkrechten schwarzen Balken unter lauter senkrechten und waagerechten weißen Balken. Jedes Merkmal dieser Reize wird in einer eigenen Merkmalskarte repräsentiert: Die Karte für das Merkmal »weiß« markiert alle weißen Items, die für das Merkmal »senkrecht« alle senkrechten Items usw. Alle Objektpositionen sind in einer Hauptkarte zusammengefasst. Wird die Aufmerksamkeit (hier durch den Ring symbolisiert) auf eine Position in der Hauptkarte gerichtet, werden für diese Position alle Merkmale aus den Merkmalskarten zusammengesucht und zu einer gemeinsamen Objektrepräsentation, der Objekt-Kartei, verbunden. Die Theorie der geleiteten Suche (Wolfe, 1994) erlaubt außerdem die Gewichtung verschiedener Reizmerkmale bei der visuellen Suche: Auf diese Weise kann die Suche z. B. erst auf alle schwarzen Objekte beschränkt werden, und innerhalb dieser Objekte wird dann nach dem senkrechten gesucht.

die gesamte »Schwarz«-Karte zu aktivieren. Da diese Karte mit der Hauptkarte verbunden ist, werden dort alle Positionen aktiviert, an denen sich schwarze Objekte befinden. Um unsere Suchentscheidung zu treffen, müssen wir also nur abwarten, ob eine einzelne Position in der Hauptkarte besonders stark aktiv wird. Wenn sich der Zielreiz nur in einem Merkmal von den Distraktoren unterscheidet, wird bei diesem Vorgehen immer nur eine einzige Position in der Hauptkarte aktiviert, und daher ist die Suchzeit kurz und unabhängig von der Zahl der Distraktoren (dies erklärt den Pop-Out-Effekt). Problematisch wird diese Strategie dann, wenn der Zielreiz durch eine Konjunktion von Merkmalen definiert wird (wie in Abb. 3.5 c und d). Treisman zufolge sind wir dann auf eine serielle Suche angewiesen: Unsere räumliche Aufmerksamkeit muss die Hauptkarte Objekt für Objekt absuchen und jedes Mal eine Objekt-Kartei anlegen, die mit der vorgefassten Repräsentation eines schwarzen senkrechten Balkens verglichen werden muss.

Geleitete Suche. Treismans Modell ist von vielen Theoretikern modifiziert worden. Das wichtigste Konkurrenzmodell ist Jeremy Wolfes Modell der »geleiteten Suche« (Wolfe, 1994; ein weiteres wichtiges Modell ist von Bundesen, 1990; Bundesen et al., 2005). Wolfe geht von einer ähnlichen Organisation mit einer Hauptkarte der Positionen und zahlreichen Merkmalskarten aus (Abb. 3.7). Die Aktivität in den einzelnen Merkmalskarten wird kombiniert und taucht schließlich in der Hauptkarte auf. Es gibt zwei wichtige Mechanismen, welche die Aktivitätsverteilung in der Hauptkarte bestimmen:

(1) Zum einen erzeugen Objekte dann die höchste Aktivität, wenn sie sich von möglichst vielen anderen Objekten so stark wie möglich unterscheiden: Diese Objekte haben eine hohe »Salienz«, also Auffälligkeit. Ein Beispiel dafür sind Pop-Out-Objekte, die sich in irgendeinem Merkmal von allen Distraktoren unterscheiden und deshalb einen hohen Aktivitätsgipfel in der Hauptkarte verursachen (s. Abb. 3.5 a und b). Da sich die Aufmerksamkeit immer auf die am stärksten aktivierte Position der Hauptkarte ausrichtet, ziehen solche Reize die Aufmerksamkeit an.

(2) Zum anderen gibt es die Möglichkeit, die Merkmalskarten unterschiedlich zu gewichten, was unter kognitiver Kontrolle der Versuchsperson erfolgt. Bei einer Konjunktionssuche könnten z. B. die Karten für »schwarz« und »senkrecht« voraktiviert werden, sodass alle dort auftretenden Aktivitäten bevorzugt auf die Master-Map übertragen werden. Das Resultat wäre eine besonders hohe Aktivität an jeder Position, an der sich ein schwarzer senkrechter Balken befindet.

Den Vorteil des Modells der geleiteten Suche gegenüber Treismans Merk-mals-Integrations-Theorie kann man sich an einem Alltagsbeispiel ver-anschaulichen. Angenommen, wir suchen eine bestimmte Person in einer Menschenmenge. Dabei wissen wir nur, dass die Person eine rote Jacke trägt. Die geleitete Suche würde uns erlauben, eine Vorauswahl von allen Personen mit roten Kleidungsstücken zu treffen und innerhalb dieser Menge dann nach unserer Zielperson zu suchen. In Treismans Modell wäre eine solche Vorauswahl nicht möglich, und wir müssten seriell die gesamte Menschenmenge absuchen.

Das Modell der geleiteten Suche ist flexibler als die ursprüngliche Merkmals-Integrations-Theorie, denn letztere unterscheidet nur zwischen paralleler und serieller Suche. Das Modell der geleiteten Suche kann hingegen Suchprozesse jeden Schwierigkeitsgrades erklären. Während in Treismans Theorie die Aufmerk-samkeit eine aktive Rolle bei der Erstellung von Objektrepräsentationen spielt, ist die Ausrichtung der Aufmerksamkeit im Modell der geleiteten Suche eine bloße Folge der räumlichen Aktivierung der Merkmalskarten. Dafür spielen Prozesse der kognitiven Kontrolle eine entscheidende Rolle: Während es bei Treisman eine stereotyp ablaufende serielle Suche gibt, bei der jedes Objekt mit einem erinnerten Suchziel verglichen werden muss, greifen bei der geleiteten Suche die Kontroll-prozesse in den Ablauf der Suche selbst ein, indem sie bestimmte Suchmerkmale hervorheben und andere vernachlässigen. Wir werden weiter unten sehen, dass solche kognitiven Kontrollprozesse eine besonders wichtige Form von Aufmerk-samkeit darstellen.

3.2.4 Modalitätsübergreifende Aufmerksamkeit

Im täglichen Leben sind Sehen, Hören und Tasten nicht unabhängig voneinander: Beim Volleyballspielen sehen wir z. B. unsere Mitspieler, hören am Aufschlag, wie kräftig der Ball geschlagen wurde, und spüren in den Fingern, ob wir den Ball gut weitergegeben haben. Um alle diese Informationen miteinander zu integrieren, müssen auch die Aufmerksamkeitsmechanismen der einzelnen Sinnesmodalitäten untereinander koordiniert werden (Spence, 2010).

Eine solche Koordination nahmen Spence und Driver (1996) vor, indem sie eine Variante des Posner-Paradigmas (s. Abschn. 3.2.1) mit visuellen und auditiven Reizen verwendeten. Die Versuchspersonen mussten möglichst schnell angeben, in welcher Ecke des Bildschirms ein Zielreiz präsentiert wurde, der visuell oder auditiv sein konnte. Zuvor wurde in der Mitte des Bildschirms ein Hinweisreiz präsentiert, der immer visuell war. Die Autoren konnten zeigen, dass dieser visuelle Hinweisreiz die Reaktionen nicht nur für visuelle Zielreize beschleunigte, sondern auch für auditive. Dies geschah selbst dann, wenn der Hinweisreiz auditive Zielreize systematisch falsch ankündigte (sodass er für visuelle Zielreize meistens valide, für auditive aber meistens invalide war). Wenn der Hinweisreiz beispielsweise nach links zeigte, wurde sowohl für visuelle als auch für auditive Zielreize immer eine Reaktion auf der linken Seite beschleunigt, obwohl der Hinweisreiz im Falle auditiver Zielreize fast immer irreführend war. Es scheint also so zu sein, als würde die räumliche Orientierung der Aufmerksamkeit in einer Sinnesmodalität unwillkürlich zu gleichgerichteter Orientierung in anderen Modalitäten führen.

Praxiswissen

Psychologie trifft auf Technologie: Aufmerksamkeit im Film

Im Film wird die Aufmerksamkeit des Betrachters auf verschiedene Weise gesteuert. Die wichtigsten stilistischen Mittel dazu sind Kamerabild, Fokus und Schnitt. Objekte werden besonders stark beachtet, wenn sie im Zentrum des Bildes liegen und scharf fokussiert sind. Verlagert man den Fokus (z.B. von einem Darsteller im Vordergrund zu einer bedrohlichen Gestalt im Hintergrund), verlagert sich auch die Aufmerksamkeit. Kamerabewegungen sind sehr gut dazu geeignet, die Aufmerksamkeit dynamisch zu führen, denn sie erzeugen optische Flussfelder, die bestimmte Objekte und Bildebenen ins Zentrum der Kamerabewegung rücken (s. Abschn. 2.2.8). Schließlich spielt auch der Schnitt eine Rolle: Ein Objekt, das über mehrere Schnitte hinweg immer wieder gezeigt wird, gerät dadurch ins Zentrum der Aufmerksamkeit. Zeichnet man die Blickbewegungen bei der Betrachtung eines Films auf, so zeigt sich, dass diese Stilmittel die Aufmerksamkeit der Zuschauer sehr effektiv leiten können (*attentional synchrony*; Smith, 2013). Carrol und Seeley (2013) bezeichnen Filme deshalb als »attentional engines«. Die amerikanische Filmindustrie hat diese Techniken der Aufmerksamkeitslenkung bereits in den 1930er Jahren so weit perfektioniert, dass selbst kleine Kinder den Geschehnissen in einem Film mühelos folgen können (Monaco, 2009).

3.2.5 Das Neglekt-Syndrom

Schlaganfälle und andere Hirnverletzungen führen häufig zu einer Schädigung des parietalen Kortex. Solche Läsionen können zu der wohl häufigsten klinischen Aufmerksamkeitsstörung führen, dem »Neglekt-Syndrom« (Halligan & Marshall, 1994; Harvey & Rossit, 2012). Diese Störung tritt vor allem nach Schädigung des rechten parietalen Kortex auf; sie betrifft daher vor allem die der Läsion gegenüberliegende (»kontraläsionale«) Hälfte des Gesichtsfeldes. Im anderen, »ipsiläsionalen« Gesichtsfeld bleiben die Funktionen typischerweise erhalten. Neglekt tritt häufig als akutes Symptom nach einem Schlaganfall auf und kann sich mit der Zeit zurückbilden und völlig verschwinden.

Neglekt und Extinktion. Neglekt-Patienten neigen dazu, Reize in ihrem kontraläsionalen, »schlechten« Halbfeld zu ignorieren. Werden sie z. B. gebeten, auf einem Blatt Papier verstreut dargebotene Objekte zu markieren, übersehen sie häufig Objekte auf der kontraläsionalen (also typischerweise der linken) Seite. Im Extremfall kann es vorkommen, dass Patienten nur von der rechten Hälfte ihres Tellers essen oder nur die rechte Hälfte ihres Gesichts rasieren oder schminken. Häufiger ist jedoch das etwas mildere Symptom der »Extinktion«: In diesem Fall wird ein kontraläsionales Objekt nur dann übersehen, wenn es gleichzeitig mit einem ipsiläsionalen Objekt erscheint. Neglekt geht häufig mit Störungen der Raumorientierung und -wahrnehmung einher, was zu Uneinigkeit darüber geführt hat, ob Neglekt eine Störung der Aufmerksamkeit oder der räumlichen Repräsentation ist.

Räumliche Bezugssysteme. Extinktion kann auch dann vorkommen, wenn sich beide Objekte im »schlechten« Halbfeld befinden – in diesem Fall wird eher das weiter kontraläsional gelegene Objekt vernachlässigt. Überhaupt kann sich Neglekt in höchst unterschiedlichen räumlichen Bezugssystemen abspielen. Manche Patienten mit rechtsseitigen Schädigungen ignorieren beispielsweise nicht das linke visuelle Feld, sondern die linke Seite jedes Objekts – ein weiteres Beispiel für objektbasierte Aufmerksamkeit. Ein solcher Neglekt kann mit dem Objekt »mitwandern«, selbst wenn sich das Objekt dabei ins intakte, ipsiläsionale Halbfeld verschiebt (Behrmann & Tipper, 1994). Ein überraschender Befund ist, dass Neglekt auch vorgestellte Räume betreffen kann. In einer Studie von Bisiach und Luzzatti (1978) hatten die Patienten die Aufgabe, sich den Mailänder Domplatz, mit dem sie gut vertraut waren, von der Westseite aus vorzustellen und die angrenzenden Gebäude zu beschreiben. Tatsächlich vernachlässigten sie die Gebäude auf der Nordseite. Sollten sie sich die Szene hingegen von der Ostseite aus vorstellen, wurden Gebäude auf der Südseite vernachlässigt.

Visuelle Aufmerksamkeit kann sich sowohl auf Positionen im Raum (wie im Posner-Paradigma) als auch auf einzelne Reizmerkmale (wie z. B. bei der visuellen Suche) stützen und dabei auch die Grenzen zwischen den Sinnesmodalitäten überschreiten. In beiden Fällen kann die Aufmerksamkeit die Geschwindigkeit und Genauigkeit der neuronalen Verarbeitung erhöhen. Aufmerksamkeitsprozesse können durch Hirnschädigungen systematisch gestört werden, z. B. im Neglekt-Syndrom.

3.3 Visuelles Bewusstsein

Die vielfältigen Daten und Theorien zu Wahrnehmung und Aufmerksamkeit liefern viele faszinierende Einsichten. Sie können aber nicht die grundlegende Tatsache erklären, warum wir *bewusste* Wahrnehmungen haben. Wir könnten uns ja ebenso gut einen Organismus vorstellen, der die gleichen Wahrnehmungsleistungen vollbringen kann wie wir (einschließlich unserer visomotorischen Fähigkeiten), aber dabei keinerlei subjektives Erleben hätte. Dieses Wesen würde Tischtennis spielen und Konzerte besuchen können, ohne jemals etwas bewusst zu hören oder zu sehen. Ein solcherweise bewusstseinsloses kognitives System wird von Philosophen »Zombie« genannt. Was unterscheidet uns von Zombies? Können Psychologie und Neurowissenschaft dazu beitragen, das Phänomen der bewussten Wahrnehmung zu erklären?

Exkurs

Das invertierte Spektrum
Der britische Philosoph John Locke warf im 17. Jahrhundert ein faszinierendes Problem auf: Könnte es sein, dass manche Personen die Farben des Regenbogens in genau umgekehrter Weise wahrnehmen wie wir? Stellen Sie sich vor, solche Personen würden tatsächlich existieren. Wie würden Sie herausfinden, ob sie ein normales oder ein »invertiertes« Spektrum sehen? Und wie würden Sie herausfinden, ob Sie selbst eine solche Person sind? Vermutlich würden Sie es überhaupt nicht herausfinden. Möglicherweise sieht für Sie das Gras genauso aus wie für mich ein Feuerwehrauto aussieht, aber wir beide würden es als »grün« bezeichnen und uns darüber einig sein, dass seine Farbe der von Bäumen und Büschen ähnelt (Locke, 1689/1975).

Der Psychologe David Palmer (1999) diskutiert diese Frage anhand moderner psychophysischer Theorien. Er kommt zu dem Schluss, dass manche Arten von Farbverwechslungen aufgedeckt werden könnten: Wenn Ihr Gelb so aussieht wie mein Blau, könnten wir dies vielleicht durch Vergleich unserer Helligkeitsurteile herausfinden, denn ein stark gesättigtes Gelb sieht für alle Beobachter heller aus als ein stark gesättigtes Blau. Bezüglich der Farben Rot und Grün ist der Farbraum aber symmetrisch: Hier kann man sich eigentlich keinen Test vorstellen, der eine Inversion aufdecken könnte.

Palmer betont, dass es prinzipiell keinen Weg gibt, festzustellen, ob Ihr subjektiver Eindruck einer roten Fläche auch nur die geringste Ähnlichkeit mit der meinen hat (in der Philosophie werden solche rein subjektiven, nicht kommunizierbaren Sinnesempfindungen »Qualia« genannt). Was sich aber über verschiedene Versuchspersonen hinweg vergleichen lässt, sind Relationen zwischen den Qualia. Die Farb-Qualia zweier Beobachter mögen für sich genommen unbestimmbar sein, aber sobald sie die Farben nach ihrer Ähnlichkeit zum gleichen Farbkreis ordnen, wissen wir, dass ihre »privaten« Farbräume nicht beliebig verschieden sein können, sondern Ähnlichkeiten oder Gleichförmigkeiten (»Isomorphien«) aufweisen müssen. Und es sind genau diese Isomorphien, die beiden Beobachtern erlauben, ihre Farbempfindungen zu vergleichen und sich über sie zu verständigen.

3.3.1 Unbewusste Wahrnehmung

Wir haben gesehen, dass im visuellen System eine Vielzahl von Repräsentationen unserer visuellen Umgebung existiert, die alle unterschiedlichen Zwecken dienen. Aber wie kommt es schließlich zu bewusster Wahrnehmung? Ist alle Wahrnehmung bewusst oder gibt es auch unbewusste Wahrnehmung? Obwohl die Existenz von unbewussten Wahrnehmungsprozessen lange Zeit umstritten war, ist heute klar, dass unbewusste Reize das motorische Verhalten beeinflussen können.

Die meisten Experimente zur unbewussten Wahrnehmung verwenden die Methode des *Priming*. Von Priming (Bahnung) spricht man, wenn die Verarbeitung eines Zielreizes *(Target)* durch einen vorhergehenden Bahnungsreiz *(Prime)* beeinflusst wird. Bei Experimenten zum *semantischen Priming* z. B. müssen die Versuchspersonen so schnell wie möglich auf ein Target-Wort reagieren, dem einige hundert Millisekunden zuvor ein Prime-Wort vorausging. Ist der Prime semantisch ähnlich zum Target (z. B. »Bread« gefolgt von »Butter«), erfolgt die Reaktion auf das Target schneller als bei semantisch nicht verwandten Primes

(Marcel, 1983). Häufig versucht man in diesen Experimenten, den Prime »unsichtbar« zu machen, indem man kurz vor oder nach dem Prime einen *Maskierreiz* einblendet (z. B. ein kompliziertes Muster, das den Prime verdeckt). Gelingt es zu zeigen, dass der Prime die Reaktion auf das Target beeinflusst, obwohl er selbst nicht entdeckt oder identifiziert werden kann, gilt dies gemeinhin als Beleg für unbewusste Wahrnehmung. Die Schwierigkeit liegt darin, überzeugend zu zeigen, dass der Prime tatsächlich nicht identifiziert werden kann, denn dieser Test muss sehr streng durchgeführt werden, um überzeugend zu sein (Holender, 1986). Außerdem beeinträchtigen die meiste Formen von visueller Maskierung nicht nur die Sichtbarkeit des Primes, sondern auch seine Fähigkeit, die Reaktion auf das Target zu beeinflussen (Schmidt et al., 2011). Ein weiterer Spezialfall ist *Response Priming*, bei dem es nicht um die Bahnung von semantischer Bedeutung, sondern um motorische Reaktionen geht.

Experiment

Response Priming und unbewusste Wahrnehmung

Fragestellung. Hängen motorische Reaktionen auf visuelle Reize davon ab, ob diese Reize bewusst werden?

Methoden. Das Response-Priming-Paradigma wurde von Neumann und Klotz (1994) entwickelt. Abbildung 3.8a zeigt ein typisches Experiment von Vorberg et al. (2003). Den Versuchspersonen wird zunächst ein Fixationspunkt präsentiert. Danach erscheinen zwei Reize kurz hintereinander, der Prime und der Zielreiz. Beide sind Pfeile, die unabhängig voneinander nach links oder rechts zeigen können. Dabei ist nur der Zielreiz deutlich zu sehen, weil der Zielreiz das Sichtbarwerden des Primes behindert. Der Zielreiz selbst dient hier also als visuelle Maske, indem seine Konturen die Konturen des Primes genau umschließen (dieses spezielle Phänomen nennt man Metakontrast-Maskierung).

Ergebnisse und Schlussfolgerungen. Die Versuchspersonen haben zwei Aufgaben. In der ersten Aufgabe müssen sie angeben, ob der Zielreiz nach links oder rechts zeigt, indem sie so schnell wie möglich eine linke oder rechte Taste drücken. Hierbei zeigt sich, dass der Prime die Reaktionszeiten drastisch beeinflusst: Wenn er in dieselbe Richtung zeigt wie der Zielreiz, beschleunigt er die Reaktionszeiten; wenn er in die falsche Richtung zeigt, verlangsamt er sie. Mit zunehmendem Zeitintervall (*stimulus onset asynchrony*, SOA) zwischen Prime und Zielreiz wird dieser Priming-Effekt immer größer (Abb. 3.8b).

Eine zweite Aufgabe dient dazu, die bewusste Sichtbarkeit des Primes zu messen. Hier müssen die Versuchspersonen versuchen zu erraten, in welche

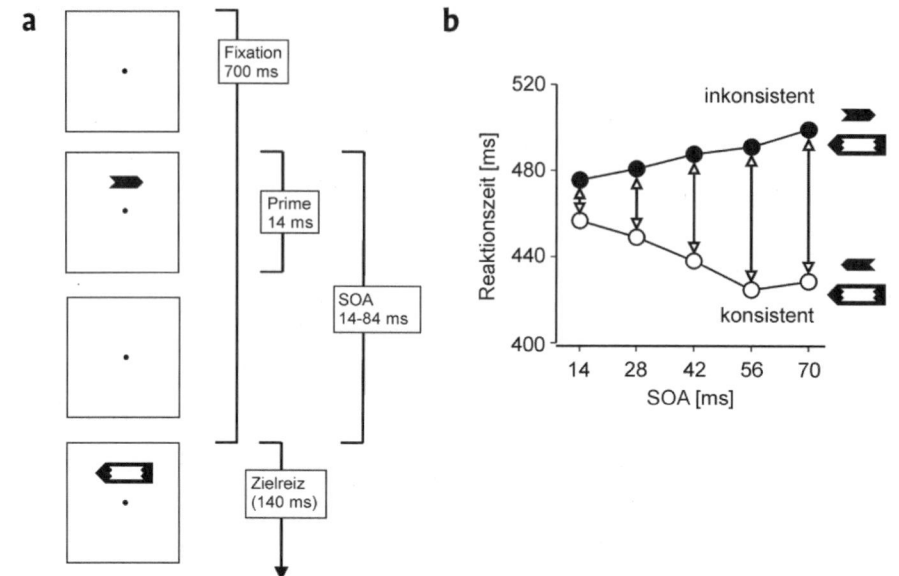

Abbildung 3.8 Das Response-Priming-Paradigma (Vorberg et al., 2003)

Richtung der Prime zeigte. Auf diese Weise kann man unbewusste Wahrnehmung demonstrieren: Priming-Effekte entstehen nämlich selbst dann, wenn die Versuchspersonen nicht in der Lage sind, die Richtung des Primes anzugeben. Verblüffenderweise zeigt sich sogar, dass die Sichtbarkeit des Primes überhaupt keinen Einfluss auf den Priming-Effekt hat: Wenn man den Zielreiz so verändert, dass er den Prime stärker oder schwächer maskiert, ändert sich der Priming-Effekt nicht. Es ist sogar möglich, Bedingungen zu schaffen, in denen der Priming-Effekt immer weiter zunimmt, obwohl die Sichtbarkeit des Primes immer geringer wird – ein paradoxer Effekt, der unmittelbar zeigt, dass die Sichtbarkeit des Primes den Priming-Effekt nicht erklären kann. Im Response-Priming-Paradigma lässt sich also nicht nur »unbewusste« Wahrnehmung nachweisen, sondern es lässt sich zeigen, dass visuelles Bewusstsein und Priming-Effekte unabhängig voneinander sind (Schmidt & Vorberg, 2006).

3.3.2 Neuronale Grundlagen des Bewusstseins

Die Frage, wie visuelles Bewusstsein entsteht oder durch welche Gehirnprozesse es konstituiert wird, hat eine Vielzahl von Theorien auf den Plan gerufen. Leider fehlt es den meisten von ihnen an empirischer Unterstützung, oder sie sind sogar so formuliert, dass sie anhand empirischer Daten nicht bestätigt oder verworfen werden können. Eine bekannte Theorie (Penrose, 1989) behauptet beispielsweise, dass das Bewusstsein in den Mikrotubuli der Nervenzellen entsteht, kleinen röhrenförmigen Teilen des Zellskeletts, die z. B. beim Nährstofftransport oder bei der Teilung der Zelle eine Rolle spielen. Warum gerade in den Mikrotubuli? Weil diese angeblich klein genug sind, um das Entstehen quantendynamischer »Effekte« zu erlauben. Was diese wiederum mit dem Bewusstsein zu tun haben, wird allerdings nicht klar: »Vielleicht macht die Tatsache, dass quantenphysikalische Erklärungen selbst etwas sehr Mysteriöses sind, die Quantenphysik so brauchbar für eine ›Erklärung‹ eines mysteriösen Phänomens, die das Mysterium im Wesentlichen unangetastet lässt« (Grush & Churchland, 1995, S. 247). Im Folgenden werden wir zwei theoretische Modelle vorstellen, die derzeit unter Wissenschaftlern stark diskutiert werden und tatsächlich empirische Unterstützung erfahren haben.

Global Workspace. Der Neurobiologe Bernard Baars hat die Vermutung aufgestellt, dass das Bewusstsein auf einem Zusammenspiel vieler Gehirnareale beruht: Nur wenn große Teile des Gehirns Informationen austauschen könnten, sei die Entstehung bewusster Erlebnisse möglich, während lokal beschränkte Verarbeitung unbewusst bleiben sollte (Baars, 1988; 2013). Er schlägt vor, dass bewusste Wahrnehmung erst dann entsteht, wenn ein weitgespanntes Netzwerk von Zellen oder Zellverbänden einschließlich präfrontalem Kortex aktiv wird, die gemeinsam den sogenannten »Global Workspace« bilden. Den Global Workspace kann man sich wie ein Schwarzes Brett vorstellen, auf dem die Resultate vieler lokaler Verarbeitungsprozesse »veröffentlicht« und somit für andere Prozesse zugänglich werden. Dieser Prozess erklärt eine Haupteigenschaft der bewussten Wahrnehmung: An einen Bewusstseinsinhalt können beliebige kognitive Operationen geknüpft werden, die zum Beispiel mit Gedächtnis-, Urteils- und Entscheidungsprozessen zu tun haben.

Die Theorie des Global Workspace ist intuitiv plausibel, und sie erfährt auch empirische Unterstützung: Tatsächlich führen Reize, die bewusst wahrgenommen werden, zu ausgedehnter Aktivität in weiten Teilen des Gehirns, während Reize, deren bewusste Wahrnehmung durch verschiedene Techniken unterdrückt wird, oft nur zu lokal begrenzter Aktivität führen (Dehaene & Naccache, 2001). Allerdings ergibt sich hier ein Problem von Ursache und Wirkung: Hat die ausgedehnte Aktivität etwas mit der Bewusstheit selbst zu tun oder nur mit all den kognitiven Aktivitäten, die sich an die bewusste Wahrnehmung unweigerlich anschließen? Ein anderes Problem ergibt sich daraus, dass die Zellstrukturen, die für den Global Workspace verantwortlich sein sollen, nicht auf unabhängigem Wege identifiziert werden können. Aus unserer Sicht schränkt die mangelnde empirische Testbarkeit des Modells seinen wissenschaftlichen Nutzen stark ein.

Die Philosophin Elizabeth Irvine (2014) stellt grundsätzlich in Frage, ob »Bewusstsein« ein nützliches wissenschaftliches Konzept ist. In einem klugen und unterhaltsamen Artikel unterscheidet sie zwei Arten, das Konzept zu verwenden. Wer meint, dass das Bewusstsein ein einheitlicher, abgegrenzter, feststehender Forschungsgegenstand sei, glaubt Irvine zufolge an *Konsciousness* (mit einem großen »K«!). Wer hingegen meint, dass Bewusstsein ein Konzept sei, das noch im Fluss sei und sich in verschiedene Facetten auflösen könnte, glaubt Irvine zufolge lediglich an *schmonciousness* (mit einem kleinen »s«). Sie plädiert für diesen zweiten Ansatz und weist darauf hin, dass die vielen Facetten von schmonciousness bereits in der Psychophysik und den Neurowissenschaften detailliert erforscht werden und sich nicht ohne Weiteres zu einer globalen Theorie wie der des Global Workspace zusammenfügen: »Instead of doing a bad science of consciousness, the solution is to abandon the concept and get on with doing good psychology, cognitive science and neuroscience […].« (Irvine, 2014, p. 1).

Feedforward-Wellen vs. rekurrente Verarbeitung. Victor Lamme und Pieter Roelfsema (2000) haben eine Theorie aufgestellt, die klarere Vorhersagen über die Entstehungsbedingungen von bewusster Wahrnehmung erlaubt. Sie argumentieren, dass ein visueller Reiz zunächst eine Welle von Verarbeitungsaktivität auslöst, die im primären visuellen Kortex beginnt und sich schnell über den gesamten Kortex fortpflanzt, von visuellen hin zu motorischen Arealen. Diese Verarbeitungswelle wandert so schnell, dass jede von der Wellenfront erfasste Zelle ihre Aktivität schon mit dem nächsten Aktionspotential weitergeben muss, also kein Feedback mehr über ihre eigene Aktivität aufnehmen kann – so wie der Fall eines Dominosteins nur von früheren Steinen in der Kette abhängt, aber nicht von späteren. Einen solchen Prozess nennt man Feedforward-Prozess. Im »Kielwasser« dieser Feedforward-Welle entstehen freilich sehr schnell rekurrente Prozesse, d. h. Verarbeitungsschleifen, bei denen der Output einer Zelle irgendwann wieder als Input zurückkehrt.

Was haben diese Feedforward-Wellen mit Bewusstsein zu tun? Lamme und Roelfsema glauben, dass die erste Feedforward-Welle grundsätzlich nur zu unbewusster Verarbeitung führt und dass rekurrente Prozesse notwendig sind, damit es zu bewusster Wahrnehmung kommt. Auf diese Weise kann man leicht Effekte der unbewussten Wahrnehmung erklären. Auf dem Feedforward-Weg kann es bereits sehr schnell zu Effekten wie den oben beschriebenen, unbewussten Priming-Effekten kommen, die durch spezialisierte visomotorische Mechanismen gesteuert werden. Gleichzeitig baut sich allmählich über rekurrente Prozesse eine bewusste

Repräsentation der visuellen Umwelt auf. Hierbei kann es auch passieren, dass bestimmte Reize unterdrückt werden, bevor sie das Bewusstsein erreichen (z. B. über die oben beschriebenen Effekte der Rückwärtsmaskierung). Was wir am Ende bewusst sehen, wäre dann das Endprodukt einer komplexen, zeitaufwendigen, rekurrenten Verarbeitung, welche selbst weitgehend unbewusst abläuft. Der große Vorteil dieses Erklärungsansatzes ist, dass er ganz spezifische Vorhersagen darüber gestattet, unter welchen Umständen bewusste Wahrnehmung möglich sein könnte und unter welchen nicht.

3.3.3 Aufmerksamkeit und Bewusstsein

Der Zusammenhang zwischen Aufmerksamkeit und Bewusstsein ist noch immer umstritten. Nach Auffassung vieler Autoren wird uns nur das bewusst, was wir beachten, und unbeachtete Objekte bleiben – wie im Neglekt-Syndrom – unbewusst. Vermutlich ist der Zusammenhang jedoch komplexer.

Change Blindness. Einen experimentellen Zugang zur Beantwortung solcher Fragen bietet das »Change-Blindness«-Paradigma (Rensink et al., 1997). In einem typischen Versuch werden abwechselnd zwei Fotos für jeweils etwa eine Sekunde präsentiert: ein »Original« und eine »Fälschung«, an der irgendein Merkmal verändert wurde. Die Aufgabe der Versuchspersonen ist es, möglichst schnell den Unterschied zwischen den beiden Bildern zu bestimmen. Stellen wir uns z. B. eine Fälschung von Leonardos Gemälde der »Mona Lisa« vor, in der die Abgebildete ein Taschentuch in der Hand hält. Diese Fälschung wird in rascher Folge abwechselnd mit dem Original präsentiert, mit einem leeren Bildschirm dazwischen, der verhindert, dass wir das Tuch blinken sehen.

Überraschenderweise benötigen Versuchspersonen typischerweise viele Bildwiederholungen, um selbst größere Veränderungen des Bildes zu entdecken. Während dieser Zeit suchen sie das Bild seriell ab und prüfen systematisch eine Bildposition nach der anderen. Diese Prüfung erfolgt aber nicht zufällig, sondern ist vom Vorwissen der Versuchsperson geleitet. In einem Experiment von Werner und Thies (2000) sollten Versuchspersonen Änderungen in Bildern aus American-Football-Spielen entdecken. Die Änderungen konnten entweder inhaltlich bedeutsam sein (z. B. für den gerade auszuführenden Spielzug) oder unbedeutende Nebenaspekte des Spiels betreffen. Unbedeutende Änderungen wurden von Football-Experten und -Laien ungefähr gleich schnell (oder gleich langsam) entdeckt. Bei bedeutsamen Veränderungen hatten die Experten jedoch einen klaren Vorteil: Sie konnten diese Veränderungen schneller bemerken als Laien und auch schneller als unbedeutende Veränderungen. Sollten hingegen beide Gruppen Veränderungen in Straßenverkehrsszenen entdecken (für die sie gleichermaßen Expertise besaßen), fand sich bei beiden Gruppen ein Vorteil für inhaltlich bedeutsame

Änderungen. Aus diesen Experimenten kann man schließen, dass inhaltlich bedeutsame Aspekte visueller Szenen bevorzugt verarbeitet und früher abgesucht werden als inhaltlich unbedeutende Aspekte.

> **!** Die Erkenntnisse zur Change Blindness werfen eine interessante Frage auf: Wenn die räumliche Aufmerksamkeit durch inhaltliche Aspekte geleitet werden kann, muss dann nicht inhaltliche Verarbeitung vor Einsatz der Aufmerksamkeit möglich sein? Und wenn ja, wie ist dies mit der Auffassung zu vereinbaren, dass ohne visuelle Aufmerksamkeit kein visuelles Bewusstsein möglich ist? Würde dies nicht bedeuten, dass die der Aufmerksamkeit vorausgehende semantische Verarbeitung unbewusst geschieht? Diese Idee erscheint im Rahmen der traditionellen Aufmerksamkeitsforschung ziemlich radikal, wenn man daran denkt, dass in Theorien zur visuellen Suche präattentive Verarbeitung auf einfachste Reizmerkmale beschränkt ist, die noch weit von einer inhaltlichen Analyse der Reize entfernt sind.

Rensinks Theorie der Proto-Objekte. Rensink (2002; vgl. Lamme, 2003) bietet einen Kompromissvorschlag an, um den Zusammenhang zwischen Aufmerksamkeit und Bewusstsein zu erklären. Im Grunde unterscheidet er dabei zwischen zwei Arten von Bewusstheit. Wenn wir eine Szene betrachten, haben wir zunächst einen unmittelbaren bewussten Eindruck dieser Szene. Diese Repräsentation ist Rensink zufolge aber nicht dauerhaft: Die hier repräsentierten Gegenstände sind bloße »Proto-Objekte«, die sofort vergessen werden, sobald man eine andere Szene betrachtet. Stellen Sie sich z. B. vor, Sie werfen einen raschen Blick aus dem Fenster auf den Parkplatz. Natürlich erreicht diese Szene Ihr visuelles Bewusstsein, aber beim Fortschauen vom Fenster werden Sie nicht mehr sagen können, ob das Proto-Objekt neben der Einfahrt ein Golf oder ein Mercedes war. Rensink zufolge liegt die Rolle der visuellen Aufmerksamkeit darin, Proto-Objekten eine dauerhafte Existenz zu geben, sodass sie im Arbeitsgedächtnis festgehalten und mit Gedächtnisinhalten verglichen werden können. Erst durch die Aufmerksamkeit werden die Objekte also »zugangsbewusst« (Block, 1995): Sie sind kognitiven Kontrolloperationen zugänglich und können z. B. verbal berichtet werden. In Rensinks Theorie kommt der Aufmerksamkeit damit eine ähnliche Rolle wie bei Treisman zu: Solange Objekte nicht beachtet werden, sind sie zwar in gewissem Sinne »da«, aber sie sind nicht kognitiv »verfügbar«. Solche Theorien können erklären, warum uns unsere visuelle Welt trotz unserer beschränkten Verarbeitungskapazität so reich erscheint – und sie legen gleichzeitig nahe, dass wir ohne Aufmerksamkeitsprozesse mit diesem Reichtum gar nichts anfangen könnten.

3.3.4 Das Bindungsproblem

Aufmerksamkeit und das Bindungsproblem. Als sich die Auffassung durchsetzte, dass verschiedene visuelle Merkmale (z. B. Form, Farbe, Bewegungsrichtung) in weitgehend getrennten Bereichen des Gehirns verarbeitet werden, sahen sich die Theoretiker mit einem neuen Problem konfrontiert: Wie werden eigentlich all diese Merkmale wieder zu kohärenten Objekten zusammengefasst? Mit anderen Worten: Wenn wir das Bild eines roten Quadrats und eines grünen Kreises sehen, wie können wir es von dem eines grünen Quadrats und eines roten Kreises unterscheiden – die Einzelmerkmale wären ja identisch? Dieses Problem des visuellen Systems nennt man das »Bindungsproblem«, und es besteht für jedes System, das die eingehenden Reize zunächst in Einzelmerkmale aufgliedert und diese später wieder zusammenfügen muss.

> **!** Es gibt neuropsychologische Befunde, die klar zeigen, dass das visuelle System vor einem Bindungsproblem steht. Schon im vorigen Kapitel haben wir gesehen, dass Menschen mit Synästhesie manchen Objekten Merkmale zuordnen können, die eigentlich zu einer anderen Sinnesmodalität gehören (z. B. einem Klavierakkord eine bestimmte Farbe). Dies könnte man als inkorrekte Bindung von Merkmalen auffassen. Drastischer sind aber Fälle, in denen die Bindung von Merkmalen ganz zusammenbricht. Menschen mit einer Störung namens Simultanagnosie haben Schwierigkeiten, in zusammengesetzten Objekten mehrere Einzelteile zur selben Zeit wahrzunehmen – in einem Gesicht mit Brille nehmen sie vielleicht nur das Gesicht oder nur die Brille wahr, aber niemals beides zusammen (Barton, 2011).

Verschiedene Modelle sind vorgeschlagen worden, um das Bindungsproblem zu lösen. Eine einfache Lösung könnte darin bestehen, komplexe Objekte durch hochspezialisierte Zellen zu repräsentieren, die nur auf eine ganz bestimmte Kombination von Merkmalen reagieren (die »Großmutterzellen« aus Abschn. 2.2.8), oder alternativ durch Zellverbände, die gemeinsam das Objekt kodieren (»sparse coding«). Diese beiden Ansätze können aber nicht erklären, woher das System überhaupt weiß, welche Merkmale zum gleichen Objekt gehören. Dies gilt auch für eine andere Theorie, nämlich »Bindung durch Synchronisation«. Dieser Ansatz geht davon aus, dass alle Merkmalsdetektor-Zellen, die sich auf das gleiche Objekt beziehen, mit der gleichen Rate feuern, sodass am Ende diese Feuerfrequenz eindeutig das Objekt bezeichnet. Alle drei Ansätze teilen noch ein weiteres

Problem: Sie können zwar erklären, wie die Zusammengehörigkeit von Merkmalen im Gehirn signalisiert wird, aber nicht, auf welche Weise dieses Signal dann erkannt oder genutzt wird (Schmidt, 2009). Angenommen, meine Großmutterzelle feuert: Wer oder was in meinem Gehirn weiß, was das zu bedeuten hat?

Treismans Theorie der Merkmalsintegration löst alle diese Probleme auf elegante Weise: Für Treisman ist es die visuelle Aufmerksamkeit, die komplexe visuelle Objekte wie ein Klebstoff zusammenhält. Ohne Aufmerksamkeit könnten Einzelmerkmale nicht zu Objekten gebündelt werden, und alle Merkmale würden unverbunden nebeneinander stehen. Tatsächlich berichten Versuchspersonen in visuellen Aufgaben manchmal Objekte, die gar nicht präsentiert wurden und die offenbar aus den Einzelmerkmalen verschiedener Objekte falsch zusammengesetzt wurden – sogenannte illusorische Konjunktion (Treisman, 1988). Die Theorie der Merkmalsintegration löst zwei Probleme auf einen Streich, denn durch die Aufmerksamkeitszuwendung werden die beachteten Merkmale sowohl auf Zusammengehörigkeit geprüft als auch zu einer gemeinsamen Objektrepräsentation zusammengefasst.

Fazit

Obwohl die Existenz unbewusster Wahrnehmung lange Zeit als umstritten galt, ist heute klar, dass die frühen Stufen der visuellen und visomotorischen Verarbeitung unbewusst ablaufen. Dies kann unter anderem durch Priming-Experimente mit visuell maskierten Reizen gezeigt werden. Experimente zu Response Priming zeigen, dass es sogar Versuchsbedingungen gibt, unter denen die Primes immer weniger sichtbar werden, dabei aber immer stärkere Priming-Effekte erzeugen, sodass Priming und Sichtbarkeit offenbar unabhängig voneinander betrachtet werden müssen. Die Theorie des Global Workspace erklärt Bewusstsein durch eine weitgespannte Aktivierung, die große Teile des Gehirns und insbesondere spezialisierte Zellstrukturen umfasst. Eine alternative Theorie besagt, dass rekurrente Prozesse zwischen verschiedenen Hirnarealen eine notwendige Vorbedingung für das Bewusstwerden visueller Reize sind, während Feedforward-Verarbeitung nur zu unbewusster Verarbeitung führt. Es ist aber zweifelhaft, ob »Bewusstsein« ein einheitliches System bezeichnet und mit einer einzigen Theorie erklärt werden kann.

Das Change-Blindness-Paradigma zeigt, dass Bewusstsein und Aufmerksamkeit eng verknüpft sind und dass unbeachtete Reize häufig unbewusst bleiben. Aufmerksamkeitstheorien können auch erklären, wie das visuelle System das Bindungsproblem löst und verschiedene Merkmale zu kohärenten Objekten zusammenfasst.

3.4 Kognitive Kontrolle

3.4.1 Kognitive Kontrolle und exekutive Funktionen

Bisher haben wir uns in diesem Kapitel mit sensorischen Aspekten der Aufmerksamkeit befasst: Wie sie sich im Raum verteilt, wie sie Objekte und Einzelmerkmale erfasst und deren Verarbeitung moduliert, und wie sie sich auf das visuelle Bewusstsein auswirkt. Im weiteren Kapitel geht es nun um die Rolle der Aufmerksamkeit für die Kontrolle von motorischen und kognitiven Handlungen.

Kognitive Kontrolle (oft wird auch von »exekutiven Funktionen« gesprochen) ist bei fast jeder Alltagshandlung am Werk, z.B. beim Kaffeekochen. Die verschiedenen Teilkomponenten dieser Aufgabe müssen richtig kombiniert und in der richtigen Reihenfolge erledigt werden. Andernfalls würde man vielleicht zuerst das Kaffeepulver in den Filterhalter streuen und erst dann den Filter einsetzen. Natürlich kommen solche Fehlleistungen im Alltag recht häufig vor (Monsell, 1994). Aufgaben, die eine hohe Belastung der kognitiven Kontrollprozesse darstellen, werden häufig als anstrengend empfunden: Im Alltag spricht man dann davon, dass sie viel »Konzentration« erfordern. (Leider hat dieser naheliegende Begriff wenig Eingang in den psychologischen Sprachgebrauch gefunden.)

Um eine erfolgreiche kognitive Kontrolle leisten zu können, muss zunächst entschieden werden, welche Aufgaben Priorität vor anderen genießen sollen. Diesen Aufgaben müssen die nötigen kognitiven Ressourcen zugewiesen werden. Zur Durchführung und Überwachung der beabsichtigten Aufgabe sind Planung, Koordination und Sequenzierung erforderlich. Häufig müssen beabsichtigte Handlungen von konkurrierenden Handlungsmöglichkeiten »abgeschirmt« werden, wenn z.B. in einer kritischen Situation die gewohnte automatische Reaktion auf einen Reiz unterdrückt werden muss. Gegebenenfalls ist auch die Erkennung und Korrektur von Handlungsfehlern erforderlich.

3.4.2 Doppelaufgaben und Aufgabenwechsel

Doppelaufgaben werden häufig benutzt, um zu bestimmen, welche kognitiven Ressourcen durch eine Aufgabe beansprucht werden. In einem Doppelaufgaben-Experiment wird die Versuchsperson üblicherweise gebeten, zwei Aufgaben gleichzeitig durchzuführen. Stört keine der beiden Aufgaben die Ausführung der anderen (z.B. Kaugummikauen und Musikhören), schließt man daraus, dass sie unterschiedliche Ressourcen beanspruchen und deshalb unabhängig voneinander ausgeführt werden können. Stören sich die beiden Aufgaben (z.B. Telefonieren und Autofahren), zieht man die Schlussfolgerung, dass eine der Aufgaben notwendige Ressourcen blockiert, die von der anderen benötigt werden. Häufig schließen sich zwei Aufgaben gegenseitig aus (Pashler, 1994): In diesem Fall kann die eine Aufgabe erst dann bearbeitet werden, wenn die andere abgeschlossen ist.

> **!** Natürlich sind hier nicht Aufgaben gemeint, deren gleichzeitige Ausführung physisch unmöglich ist (z. B. Schlittschuhlaufen und Plätzchen backen), sondern vor allem solche, die kognitiv unvereinbar sind (z. B. im Geiste gleichzeitig bis zehn zählen und das Alphabet aufsagen).

Kosten von Aufgabenwechseln. Eine Methode, kognitive Kontrolle in Aktion zu beobachten, bieten sogenannte »Aufgabenwechsel«, bei denen das Umschalten zwischen zwei Aufgaben untersucht werden kann (Allport et al., 1994). Der am häufigsten verwendete Typ sind zwei Wahlreaktionsaufgaben X und Y, die beide dieselben Reize verwenden. (An dieser Stelle sollten Sie den im folgenden Kasten dargestellten Selbstversuch zum Aufgabenwechsel durchführen.)

Selbstversuch

Aufgabenwechsel

Bearbeiten Sie zwei Aufgaben, und gehen Sie dabei spaltenweise von links nach rechts vor.

(1) In der »A-B-Aufgabe« sagen Sie »*Eins*«, wenn der Buchstabe ein *A* oder ein *a* ist, und »*Zwei*«, wenn er ein *B* oder ein *b* ist.

(2) In der »Groß-klein-Aufgabe« sagen Sie »*Eins*«, wenn der Buchstabe ein *a* oder ein *b* ist, und »*Zwei*«, wenn er ein *A* oder ein *B* ist.

Bearbeiten Sie so schnell wie möglich eine Spalte nach der anderen. Und hier ist der Kniff: Alle zwei Buchstaben wechselt die Aufgabe, Sie müssen also gut aufpassen. Die ersten vier Buchstaben in der ersten Spalte ergeben demnach als richtige Antworten »1−2−1−2«. Alles verstanden? Los geht's:

Vermutlich haben Sie diese Übung als ziemlich anstrengend empfunden. Tatsächlich kann man zeigen, dass das »Umschalten« zwischen zwei kognitiven Aufgaben einen gewissen Zeitaufwand erfordert. Dieser Zeitaufwand wird als »Wechselkosten« bezeichnet.

In der Beispielaufgabe müssen die Aufgaben in der Abfolge X-X-Y-Y … durchgeführt werden. Dieses Versuchsdesign erlaubt es, verschiedene Paare von Durchgängen zu unterscheiden: Durchgänge nach einem Aufgaben-

---

A-B:	A	b	A
A-B:	b	B	A
Groß-klein:	a	A	b
Groß-klein:	A	b	B
A-B:	b	a	a
A-B:	a	a	b
Groß-klein:	B	B	A
Groß-klein:	b	b	b
A-B:	a	A	a
A-B:	B	b	A
Groß-klein:	a	a	B
Groß-klein:	B	a	a
A-B:	B	b	A
A-B:	b	B	B
Groß-klein:	A	B	a
Groß-klein:	b	A	a

Abbildung 3.9 Aufgabenwechsel

wechsel (X-Y oder Y-X) können so mit Durchgängen ohne Aufgabenwechsel verglichen werden (X-X oder Y-Y; Rogers & Maunsell, 1995). Auf diese Weise können die Wechselkosten bestimmt werden. Sie scheinen auch mit viel Übung nicht ganz zu verschwinden. Es scheint also so zu sein, dass das kognitive Kontrollsystem die Vorbereitung auf die neue Aufgabe erst dann abschließen kann, wenn der erste Reiz der neuen Aufgabe präsentiert worden ist.

3.4.3 Automatisierung

Viele Aufgaben können so gut trainiert werden, dass sie kaum noch kognitive Kontrolle benötigen. Solche automatisierten Aufgaben stellen keine Anforderungen mehr an die Konzentrationsleistung und können fehlerfrei ablaufen, obwohl die Aufmerksamkeit der handelnden Person auf etwas anderes gerichtet ist. Diese Fähigkeit ermöglicht es uns, auf dem Nachhauseweg die Gedanken schweifen zu lassen, ohne an jeder Wegkreuzung eine kognitiv kontrollierte Richtungsentscheidung treffen zu müssen. Versuche mit bildgebenden Verfahren haben gezeigt, dass die ausführenden Areale des Gehirns mit zunehmender Übung immer weniger aktiv werden, so als könnten sie die Aufgabe mit immer weniger Aufwand leisten. Nach Posner und Snyder (1975) sind solche automatisierten Aufgaben nicht nur unabhängig von Aufmerksamkeit und Bewusstsein, sondern können auch unwillkürlich auftreten. Ein Beispiel dafür ist der sogenannte Stroop-Effekt, bei dem das unwillkürliche Lesen von Farbwörtern mit der kognitiv kontrollierten Benennung von Farbnamen interferiert. Führen Sie dazu doch einmal den folgenden Selbstversuch durch!

Der Stroop-Effekt

Lesen Sie die beiden Wortlisten so schnell wie möglich laut vor. Bemerken Sie einen Unterschied? Benennen Sie nun so schnell wie möglich die Tintenfarben (»schwarz« und »weiß«), in denen die Wörter gedruckt sind. Was macht die Farbbenennung der zweiten Liste plötzlich so schwierig?

a		b	
↓ Weiß	↓ Weiß	↓ Weiß	↓ Weiß
↓ Schwarz	↓ Weiß	↓ Schwarz	↓ Weiß
Weiß	Schwarz	Weiß	Schwarz
Weiß	Weiß	Weiß	Weiß
Schwarz	Weiß	Schwarz	Weiß
Weiß	Schwarz	Weiß	Schwarz
Schwarz	Schwarz	Schwarz	Schwarz
Schwarz	Weiß	Schwarz	Weiß
Weiß	Schwarz	Weiß	Schwarz
Weiß	Weiß	Weiß	Weiß
Schwarz	Schwarz	Schwarz	Schwarz
Schwarz	Schwarz	Schwarz	Schwarz
Weiß	Schwarz	Weiß	Schwarz
Schwarz	Weiß	Schwarz	Weiß
Weiß	Weiß	Weiß	Weiß
Weiß	Schwarz	Weiß	Schwarz
Schwarz	Weiß	Schwarz	Weiß
Schwarz	Schwarz	Schwarz	Schwarz

Abbildung 3.10 Stroop-Effekt

Wie Sie sicher bemerkt haben, liegt die Schwierigkeit bei der zweiten Liste darin, dass die Farbwörter nicht in den Farben gedruckt wurden, die sie bezeichnen. Diese Inkongruenz stört nicht, solange wir die Wörter lesen; sie wirkt sich aber fatal aus, wenn wir versuchen, die Farben zu benennen, in denen die Wörter gedruckt sind. Offenbar interferiert das Lesen der Wörter mit der Benennung der Farben, aber nicht umgekehrt (Stroop, 1935).

Viele Theorien gehen davon aus, dass der Stroop-Effekt auf einer Art Wettlauf zwischen der stark automatisierten Artikulation desgeschriebenen Wortes und der eher ungewohnten Artikulation der Druckfarbe beruht. Dieser Wettlauf gleicht dem zwischen Hase und Igel und geht für die Farbbenennung regelmäßig verloren: Offenbar kann das Lesen der Wörter nicht völlig unterdrückt werden.

Das Norman-Shallice-Modell. Norman und Shallice (1986) haben ein Modell der Handlungskontrolle vorgeschlagen, das auf dem Zusammenspiel mehrerer Teilprozesse beruht (Abb. 3.11). »Contention Scheduling« (übersetzt etwa: »plangemäße Ausführung mit Wettbewerb«) ist ein Prozess, in dem Handlungen automatisch durch die auslösenden Reizbedingungen (*trigger data*) gesteuert werden. Dabei werden die verschiedenen Handlungsmöglichkeiten durch Kontrolleinheiten (*schema control units*) repräsentiert. Die wechselseitige Hemmung der Kon-

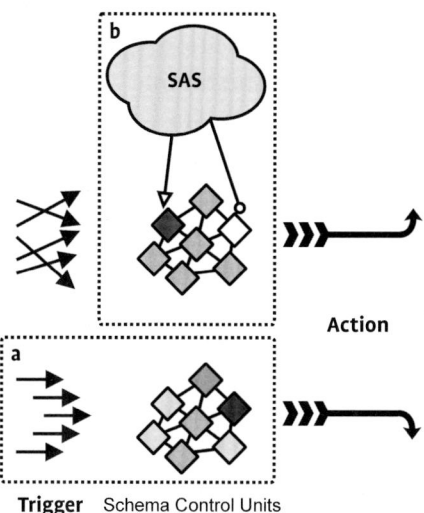

Abbildung 3.11 Das Norman-Shallice-Modell. **a** In Routinehandlungen können bestimmte Reizbedingungen (*trigger data*) fest assoziierte Handlungen auslösen, indem sie die entsprechenden »schema control units« aktivieren (hohe Aktivität ist ganz dunkel dargestellt). Die am stärksten aktivierte Einheit hemmt dann alle anderen (contention scheduling) und löst die zugehörige Handlung aus. In der Abbildung hat eine Einheit oben rechts den Wettbewerb gewonnen, und die Handlung wird automatisch ausgelöst (»getriggert«). **b** In unerwarteten Situationen funktioniert die automatische Reiz-Reaktions-Auslösung nicht mehr. Hier muss das »supervisory attentional system (SAS)« die Schema Control Units direkt kontrollieren. In der Abbildung hemmt das SAS die rechte obere Einheit und aktiviert dafür eine andere. In der Folge wird eine andere Handlung erzeugt als die, die automatisch ausgelöst worden wäre.

trolleinheiten (der »Wettbewerb«) verhindert, dass mehrere Handlungen zugleich ausgelöst werden. Dieses System ergibt eine Art Autopilot, der keine Ressourcen der kognitiven Kontrolle beansprucht und der für die Bewältigung von automatisierten Routineaufgaben ausreicht (Abb. 3.11a). Tritt aber eine unvorhergesehene Situation ein, muss die Handlung unter kognitiver Kontrolle ausgeführt werden: In diesem Fall kommt das »Überwachende Aufmerksamkeitssystem« (*supervisory attentional system*, SAS) ins Spiel, das aktiv in die Kontrolle eingreift und die Kontrolleinheiten aktivieren oder hemmen kann (Abb. 3.11b).

> **Beispiel**
>
> Ein Beispiel ist das hoch automatisierte Autofahren: Solange wir uns auf einer Routineroute durch unsere Heimatstadt befinden, reicht das Contention Scheduling aus, um unsere Handlungen zu steuern. Solange dies der Fall ist, können wir problemlos eine Unterhaltung mit einer Beifahrerin führen oder über eine bevorstehende Prüfung nachdenken. Kommen wir aber an eine unübersichtliche Kreuzung, wird unsere Konversation sofort aufhören, und wir werden unsere kognitiven Kontrollressourcen für das Treffen von Fahrentscheidungen aufwenden müssen.

Direkte Parameterspezifikation. Neumann (1990) hat die Theorie aufgestellt, dass unter geeigneten Umständen sensorische Reize direkt eine mit ihnen verknüpfte

Handlung auslösen können, ohne dass eine bewusste Entscheidung getroffen werden muss. Sein Konzept der »direkten Parameterspezifikation« geht davon aus, dass sich Menschen selbst instruieren können, auf bestimmte Reize mit bestimmten Reaktionen zu reagieren, z. B. beim Aufleuchten eines roten Lichts eine linke und beim Aufleuchten eines grünen Lichts eine rechte Taste zu drücken. Diese Selbstprogrammierung geschieht noch unter kognitiver Kontrolle, etwa während des Lesens der Versuchsinstruktion oder der ersten wenigen Übungsdurchgänge. Ist die Zuordnung von motorischen Reaktionen zu den Reizen eindeutig (d. h. jedem Reiz ist genau eine Reaktion zugeordnet), kann eine Automatisierung einsetzen, bei der die Präsentation des Reizes direkt die entsprechende Reaktion nach sich zieht (hier spricht man auch von »action triggers«; Kunde et al., 2003). Eine zeitraubende bewusste Entscheidung ist dabei aber nicht mehr nötig – die auslösenden Reize müssen nicht einmal im Bewusstsein repräsentiert werden (Vorberg et al., 2003; s. Abschn. 3.3.1). Dies ermöglicht der Versuchsperson, ihre kognitive Kontrolle abzugeben und ihre Handlungen stattdessen unter die Kontrolle der eintreffenden Reize zu stellen.

3.4.4 Neuronale Grundlagen von Planen und Handeln

Der Gehirnbereich, der für kognitive Kontrolle von entscheidender Bedeutung ist, ist offenbar der präfrontale Kortex. Patienten mit Schädigungen dieses Kortexbereichs können eine Vielzahl von Defiziten aufweisen, die von kleinen Planungsschwierigkeiten bis hin zu grob gestörtem Sozialverhalten reichen. Ein dramatischer Fall ist der des Phineas Gage (s. Fallbeispiel)

Fallbeispiel

Der seltsame Fall des Phineas Gage
Phineas P. Gage war ein 25-jähriger Eisenbahnvorarbeiter, dessen Aufgabe es war, Sprengungen für die Verlegung von Schienen vorzunehmen. Dazu musste Gage Löcher bohren, diese mit Schießpulver und Sand füllen, und die Füllung dann mit einer Eisenstange feststampfen. Im September 1848 ereignete sich dabei ein bizarrer Unfall: Das Schießpulver explodierte unerwartet und trieb die etwa einen Meter lange und sechs Kilo schwere Eisenstange unterhalb des linken Auges in Gages Schädel und oberhalb der Stirn wieder hinaus. Beim Eintreffen des Arztes war Gage bei Bewusstsein und erholte sich innerhalb weniger Monate von der schweren Verletzung und einer nachfolgenden Infektion; gegen alle Wahrscheinlichkeit hatte die Eisenstange größere Blutgefäße sowie den Sehnerv verfehlt.

Zeitgenössischen Berichten zufolge zog die schwere beidseitige Verletzung des Frontalhirns jedoch gravierende Persönlichkeitsveränderungen nach sich. Demnach schien Gage nach seiner Verletzung Schwierigkeiten zu haben, planvolle Alltags- und Lebensentscheidungen zu treffen: Er verlor seine Stellung als Vorarbeiter, stellte seine Verletzung im Zirkus zur Schau und arbeitete schließlich als Droschkenfahrer in Chile. Zudem scheint es ihm schwer gefallen zu sein, unerwünschte Handlungstendenzen im Griff zu behalten; er neigte zum wilden Fluchen und zur sexuellen Belästigung. Zwölf Jahre nach seinem Unfall starb er als schwerer Alkoholiker; begraben ließ er sich mitsamt seiner Eisenstange, von der er sich nie getrennt hatte.

Gages Fall ist zwar anekdotisch, stimmt aber im Wesentlichen mit Befunden an anderen Frontalhirnpatienten überein (Passingham, 1993). So haben diese Patienten Schwierigkeiten, in einer Sortieraufgabe von einer einmal befolgten Sortierregel zu einer neuen zu wechseln. Sie sind beeinträchtigt beim Wechsel zwischen verschiedenen Aufgaben und besonders anfällig gegenüber Störreizen bei Aufgaben wie dem Stroop-Test. Häufig sind Funktionen des Arbeitsgedächtnisses beeinträchtigt, z. B. das kurzfristige Behalten handlungsrelevanter Informationen. Alltagsaufgaben, die eine sinnvolle Sequenzierung von Teilhandlungen erfordern (wie z. B. das Kaffeekochen), können zu anspruchsvollen Problemen werden. Bei einigen Patienten löst die Präsentation von handhabbaren Gegenständen wie z. B. Scheren oder Feuerzeugen die damit assoziierten Handlungen aus (»Utilisationsverhalten«), manchmal in unkontrollierbarer Weise. Auch die Kontrolle emotionaler und sexueller Impulse kann beeinträchtigt sein und zu Konflikten mit der sozialen Umwelt führen. Trotz aller potentiellen Probleme bleiben die meisten intellektuellen Leistungen aber intakt; manche Patienten scheinen auch mit größeren Läsionen kaum beeinträchtigt zu sein.

3.4.5 Freier Wille?

Einige Forschungsergebnisse zu kognitiver Kontrolle werfen die philosophische Frage nach der Willens- und Handlungsfreiheit des Individuums auf. Die genaue Bedeutung dieses Begriffs ist unter Philosophen äußerst umstritten; z. B. ob die Freiheit des Handelns ein physikalisches Gesetz von Ursache und Wirkung verletzen würde oder nur unsere Unfähigkeit widerspiegelt, die Ursachen unseres Handelns vollständig zu begreifen. Naturwissenschaftlichen Zündstoff hat die Debatte durch die Forschung von Benjamin Libet erhalten.

Libets Untersuchungen zum Ablauf von Willensentscheidungen

Libets meistdiskutierte Experimente beschäftigten sich mit der subjektiven Wahrnehmung des Zeitpunkts »freier« Willensentscheidungen (Libet et al., 1983). Libet bat seine Versuchspersonen, eine lange Sequenz einfacher Fingerkrümmungen zu erzeugen, wobei ihnen der Zeitpunkt jeder Bewegung frei überlassen blieb. Nach jeder Bewegung sollten sie angeben, wann sie die Entscheidung getroffen hatten, diese Bewegung auszuführen. Dazu beobachteten sie einen Uhrzeiger, der sich schnell im Kreis drehte, und versuchten anhand der Position des Uhrzeigers den genauen Zeitpunkt ihrer Willensentscheidung anzugeben. Gleichzeitig wurde ein EEG über motorischen Arealen des Gehirns abgeleitet, um das sogenannte Bereitschaftspotential zu messen: eine Veränderung der elektrischen Spannung an der Kopfhaut, die der motorischen Reaktion vorausgeht. Diese Ableitungen ergaben eine Überraschung: Das Bereitschaftspotential setzte ziemlich lange (ca. 300 ms) vor dem Zeitpunkt ein, den die Versuchspersonen als den Zeitpunkt ihrer Willensentscheidung angaben.

Obwohl Libets Ergebnisse in der wissenschaftlichen Öffentlichkeit intensiv diskutiert wurden (Libet, 1985), gab es viele Jahre lang kaum Versuche, die Ergebnisse zu replizieren oder auszubauen. Erst überraschend spät gab es systematische Anstrengungen, Libets Befunde zu replizieren (Haggard & Eimer, 1999; Soon et al., 2008). Diese methodologisch sorgfältigeren Studien belegen tatsächlich eine zeitliche Diskrepanz zwischen physiologischen Indikatoren der Bewegungsinitiierung und ihrer bewussten Wahrnehmung.

Libets Hauptbefund wird in der öffentlichen Diskussion sehr häufig in folgender Weise zusammengefasst: »Mein Gehirn entscheidet, bevor ich zu entscheiden glaube.« Oder: »Mein Eindruck, eine freie Entscheidung treffen zu können, ist eine Illusion, und die eigentlichen Entscheidungsprozesse spielen sich außerhalb meiner Kontrolle ab.« Einige Autoren behaupten, die Neurowissenschaft hätte damit gezeigt, dass es keinen »freien Willen« gebe (Roth, 2003), und andere gehen ohnehin davon aus, dass die Verschaltungen unseres Gehirns unser Verhalten so vollständig determinieren, dass von persönlicher Handlungsfreiheit nicht sinnvoll gesprochen werden kann (Singer, 2004). Libet selbst zog keine solchen Schlussfolgerungen zur Willensfreiheit. Er ging stattdessen davon aus, dass die Versuchsperson noch kurz vor der Bewegung in der Lage sei, ein »Veto« gegen die eingeleitete Handlung einzulegen.

Libets Experimente weisen tatsächlich einige methodologische Probleme auf. So ist die Methode des kreisenden Uhrzeigers wahrscheinlich ungeeignet, weil sie einer großen Zahl von Bewegungstäuschungen unterliegt – unter anderem hängen die Zeitschätzungen von der Geschwindigkeit des Uhrzeigers ab. Wichtiger ist aber, dass eine Forschungsgruppe kürzlich zeigen konnte, dass das Libet'sche Veto tatsächlich existiert: Eine eingeleitete Handlung kann noch gestoppt werden, nachdem das Bereitschaftspotential schon begonnen hat (Schultze-Kraft et al., 2016). Dies zeigt klar, dass das Bereitschaftspotential als solches die Handlung nicht determiniert.

Auch ohne diese neuen Befunde wäre es fraglich, welche Schlussfolgerungen sich aus dem Libet-Paradigma ziehen lassen. Eigentlich nur eine: Die Art und Weise, wie wir den Ablauf unserer Willensprozesse *erleben*, ist offenbar systematisch verzerrt. Daraus kann man allerdings nicht schließen, dass es keinen »freien Willen« gibt. Auch unsere übrigen Wahrnehmungsprozesse unterliegen ja zahlreichen Täuschungen, ohne dass daraus die Unmöglichkeit der Wahrnehmung folgen würde. Tatsächlich gibt es keinen Grund zu der Annahme, dass wir unsere kognitive Kontrolle »direkter« wahrnehmen können als die Ergebnisse anderer Wahrnehmungs-, Denk- oder Entscheidungsprozesse. Ein Problem für die Willensfreiheit ergibt sich aus Libets Experimenten nur, wenn man die Repräsentation der Handlungen im Bewusstsein mit der handelnden Person selbst gleichsetzt. Eine Aussage der Form »Mein Gehirn entscheidet, bevor ich zu entscheiden glaube« ist aber irreführend, weil ja sowohl das bewusste »Ich« als auch die Wahrnehmung der Entscheidung sowie die Entscheidung selbst alle Funktionen desselben Gehirns sind. Die Frage der Willensfreiheit bleibt daher offen.

Fazit

Kognitive Kontrolle ist entscheidend für die Planung und den richtigen Ablauf von Alltagshandlungen. Ein wichtiges Modell dafür ist das von Norman und Shallice, das zwischen automatischem, reizgesteuerten Handeln und kognitiv kontrolliertem Handeln unterscheidet. Wie aufwändig kognitive Kontrolle ist, sieht man an der Schwierigkeit von Doppelaufgaben und Aufgabenwechseln. Läsionen des frontalen Kortex können kognitive Kontrollprozesse stark beeinträchtigen. Bei der Wahrnehmung von kognitiven Entscheidungsprozessen (Willenshandlungen) treten systematische Verzerrungen auf: Das Einsetzen der Willenshandlung wird als später wahrgenommen, als durch den Einsatz physiologischer Messungen belegt werden kann. Neuere Forschungsarbeiten zeigen aber, dass solche Befunde wenig über das Konzept des »freien Willens« aussagen.

Zusammenfassung

▶ Aufmerksamkeit ist ein zentrales Konzept in der kognitiven Psychologie und den kognitiven Neurowissenschaften. Aufmerksamkeit erlaubt es uns, aus einer Vielzahl von Reizen die für uns wichtigen Informationen herauszufiltern. Sie hält das kognitive System flexibel, indem sie die Verarbeitungsprozesse an die augenblicklichen Aufgabenerfordernisse anpasst.

▶ Diese Anpassung kann man im Verhalten einzelner Nervenzellen in allen Sinnesmodalitäten beobachten, und der Verlust aufmerksamkeitsrelevanter Areale des Gehirns führt zu deutlichen Beeinträchtigungen von Wahrnehmung und Verhalten (z. B. Neglekt und Extinktion).

▶ Wichtige experimentelle Methoden zur Untersuchung von Aufmerksamkeitsprozessen sind Posners Hinweisreiz-Paradigma und Treismans Paradigma der visuellen Suche. Ferner zeigt das Change-Blindness-Paradigma, dass unbeachtete Reize oft unbewusst bleiben oder nicht zu dauerhaften Repräsentationen verarbeitet werden. Aufmerksamkeitstheorien können möglicherweise auch erklären, wie einzelne visuelle Merkmale zu komplexen Objekten zusammengefasst werden (Bindungsproblem).

▶ Die meisten frühen Verarbeitungsschritte der Wahrnehmung erfolgen wahrscheinlich unbewusst; auch die unmittelbare Reaktion auf Außenreize ist unter Umständen unbewusst möglich. Im Response-Priming-Paradigma können die bewusste Wahrnehmbarkeit des Primes und seine motorische Wirkung sich sogar widersprechen. Das menschliche Wahrnehmungssystem ist überdies aber in der Lage, eine bewusste Repräsentation der Umwelt zu erzeugen, die Informationen aus verschiedenen Sinnesmodalitäten integriert und die als Grundlage für Denk- und Entscheidungsprozesse dienen und sprachlich mitgeteilt werden kann.

▶ Die Theorie des Global Workspace geht davon aus, dass Bewusstsein von einem weitgespannten Netzwerk spezialisierter Zellen oder Zellverbände erzeugt wird, das nur aktiv werden kann, wenn viele Gehirnareale Information austauschen. Die Theorie der Feedforward- vs. rekurrenten Verarbeitung geht davon aus, dass die frühesten Verarbeitungsphasen auf Feedforward-Verarbeitung beruhen und daher unbewusst sind, während für bewusste Wahrnehmung spätere, rekurrente Prozesse notwendig sind. Daneben gibt es viele Theorien des Bewusstseins, die nicht durch empirische Daten gestützt werden oder keine entsprechenden Vorhersagen erlauben. Die Vorstellung, dass das Bewusstsein ein einheitliches System sei, ist mittlerweile umstritten.

▶ In einem weiteren Sinne wird Aufmerksamkeit zur kognitiven Kontrolle von Handlungen eingesetzt, die zu komplex sind, um in automatisierter Weise abgewickelt werden zu können. Wichtige Beispiele solcher Kontrollprozesse sind der Wechsel zwischen verschiedenen Aufgaben sowie die Planung und

Sequenzierung von Handlungen. Unter bestimmten Umständen können Handlungen auch automatisch und unter der Kontrolle der eintreffenden Reize erfolgen (direkte Parameterspezifikation, Automatisierung).

▶ Die bewusste Wahrnehmung kognitiver Kontrollprozesse kann Täuschungen unterliegen, auch wenn dies wenig über eine grundsätzliche Willens- oder Handlungsfreiheit aussagt.

Denkanstöße

▶ Welche Rolle spielt Aufmerksamkeit in Ihrem täglichen Leben? Welche Situationen erfordern kognitive Kontrolle, und wann kommen Sie mit rein automatischer Verarbeitung aus?

▶ Welche experimentellen Befunde sprechen dafür, dass Aufmerksamkeit die Verarbeitung von Reizen schneller, genauer oder effizienter macht? Was sind die neuronalen Mechanismen dabei?

▶ Stellen Sie sich eine Person ohne Aufmerksamkeitsmechanismen vor. Wäre diese Person im täglichen Leben beeinträchtigt? Welche Aufgaben könnte sie leisten, welche nicht? Wäre nur ihre Leistungsfähigkeit betroffen oder auch ihr visuelles Erleben?

▶ Wie könnten Sie herausfinden, ob einer Ihrer Mitmenschen ein »Zombie« im philosophischen Sinne ist – also alle kognitiven Funktionen eines Menschen hat, aber keinerlei subjektives, bewusstes Erleben? Können Sie sich Verhaltensweisen vorstellen, in denen sich »Zombies« von bewusstseinsfähigen Menschen unterscheiden könnten? Wäre es für Sie denkbar, mit einem »Zombie« befreundet oder in ihn verliebt zu sein?

▶ Stellen Sie sich eine Welt vor, in der alle Menschen davon ausgehen, keinerlei Willensfreiheit zu besitzen. Würde sich diese Welt von der unseren unterscheiden, etwa in der Art und Weise, in der politische Konflikte ausgetragen werden? Was ist mit einer Welt, in der die Menschen *tatsächlich* keine Willensfreiheit hätten – wäre sie von einer Welt zu unterscheiden, in der sie frei sind?

Prüfungsfragen

(1) Beschreiben und erläutern Sie den Stroop-Effekt. Wie kommt er wahrscheinlich zustande?

(2) Beschreiben Sie das Libet-Paradigma. Sprechen die Befunde gegen Willensfreiheit?

(3) Wie erklärt die Merkmals-Integrations-Theorie den »Pop-Out-Effekt« bei der visuellen Suche?

(4) Beschreiben Sie das Posner-Paradigma und erläutern Sie die wichtigsten Unterschiede zwischen endogen und exogen gesteuerter Aufmerksamkeit.

Weiterführende Literatur

▶ Styles, E. A. (2006). The psychology of attention (2nd Edition). London: Taylor & Francis. – Ein hervorragendes Lehrbuch, das auf leicht verständliche Weise in die aktuelle Aufmerksamkeitsforschung einführt.

▶ Itti, L., Rees, G. & Tsotsos, J. K. (2005). Neurobiology of attention. Amsterdam, Boston: Elsevier Academic Press. – Hier finden Sie mehr, als Sie jemals über Aufmerksamkeit wissen wollten.

▶ Treisman, A. (1992). Merkmale und Gegenstände in der visuellen Verarbeitung. In W. Singer (Hrsg.), Gehirn und Kognition (S. 134–144). Heidelberg: Spektrum. – Eine populärwissenschaftliche Darstellung der Merkmals-Integrations-Theorie mit zahlreichen Beispielen.

▶ Monsell, S. (1996). Control of mental processes. In V. Bruce (Ed.), Unsolved mysteries of the mind (pp. 93–148). Hove, UK: Erlbaum. – Eine spannende Einführung in die Welt der kognitiven Kontrolle und einer der ersten Artikel dieser neuen Forschungsrichtung.

▶ James, W. (1890/1983). The principles of psychology. Cambridge, MA: Harvard University Press. – James' psychologisches Hauptwerk stützt sich hauptsächlich auf die brillante Intuition und Darstellungskraft des Autors, verwendet aber auch (manchmal etwas krudes) Datenmaterial aus den frühesten psychologischen Laboratorien.

▶ Geyer, C. (Hrsg.) (2004). Hirnforschung und Willensfreiheit. Zur Deutung der neuesten Experimente. Frankfurt a. M.: Suhrkamp. – Dieses Buch versammelt Essays von Wissenschaftlern verschiedenster Fachrichtungen, welche die Kontroverse um Libets Experimente zur Willensfreiheit hervorragend widerspiegeln.

Webseiten zum Thema:
▶ Demos zum Thema »Change Blindness«: http:// nivea.psycho.univ-paris5.fr / #CB (Stand: 24. 1. 2012). Die Sammlung stammt vom Bewusstseinsforscher Kevin O'Regan. Falls der Link veraltet ist, hilft die Google-Suche nach »kevin o'regan change blindness«.

Wikipedia ist für viele Studierende die erste Anlaufstelle, wenn sie Informationen aus dem weltweiten Web beziehen möchten. Die Qualität der verschiedenen Beiträge ist leider sehr unterschiedlich. Gute Beiträge erkennt man daran, dass offensichtlich eine Vielzahl von Autorinnen und Autoren an dem Beitrag beteiligt war, und dass ein gewisser Detailreichtum in Verbindung mit vielen, offenbar seriösen Referenzen besteht. Zwei Beispiele für gelungene Wikipedia-Beiträge können wir Ihnen guten Gewissens empfehlen:

- Die Wikipedia-Seite zum Thema »Response Priming«, die von unserer Arbeitsgruppe an der TU Kaiserslautern erstellt wurde: http://de.wikipedia.org/wiki/Response_Priming (Stand: 24.1.2012).
- Die Wikipedia-Seite zum Thema »Consciousness«: http://en.wikipedia.org/wiki/Consciousness (Stand: 24.1.2012). Die Seite betont vor allem philosophische Aspekte; experimentelle Aspekte kommen leider etwas zu kurz.

4 Denken

Was Sie in diesem Kapitel erwartet

Die Fähigkeit, denken zu können, bestimmt unser Handeln. Denkprozesse sind erforderlich, wenn wir eine Terminabsprache treffen, beim Einkaufen aus zehn Sorten Olivenöl eine Flasche auswählen oder uns entscheiden, ein bestimmtes Fach zu studieren. Diese Handlungen sind von mehr oder weniger komplexen Denkprozessen begleitet, die uns oft selbstverständlich erscheinen. Trotzdem sind die zentralen Fragen der Denkpsychologie nicht einfach zu beantworten. Wie kommen Denkprozesse zustande? Was ist der Inhalt von Denkprozessen? Wie laufen Denkprozesse ab?

Denken kann man nicht direkt beobachten. Woher wissen wir dann aber überhaupt, ob Denken stattgefunden hat? Von außen betrachtet können wir nur aus dem Erreichen eines Handlungsziels auf zugrunde liegende Denkvorgänge schließen. Ein Merkmal der Denkpsychologie ist daher die Verwendung aufwändiger experimenteller Situationen, die den untersuchten Personen konkrete Handlungsschritte abverlangen. Aus dem Verhalten der Versuchspersonen kann dann indirekt auf Denkprozesse geschlossen werden. Die moderne Denkpsychologie hält darüber hinaus eine Vielzahl von Messmethoden bereit, die der direkten Untersuchung mentaler Prozesse dienen. Trotzdem ist über die Entstehung und Funktionsweise von Denkprozessen, d. h. die zugrunde liegenden Mechanismen im Gehirn, noch relativ wenig bekannt. Dieses Kapitel bietet einen Überblick über ein Jahrhundert Denkforschung und soll gleichzeitig Denkanstöße für zukünftige Entwicklungen liefern. Abschnittweise werden unterschiedliche Formen des Denkens wie Schlussfolgern, Entscheiden, Problemlösen, Planen, Intelligenz und Kreativität anhand klassischer Paradigmen behandelt. Denkprozesse sind eng mit anderen mentalen Vorgängen zur Verarbeitung sensorischer Information verbunden. Als wichtige Voraussetzungen des Denkens wurden in den vorangegangenen Kapiteln schon Wahrnehmung (Kap. 2) und Aufmerksamkeit (Kap. 3) behandelt. Ohne die sinnliche Wahrnehmung von Ereignissen, Objekten und Personen und die Lenkung der Aufmerksamkeit auf besonders bedeutsame Teile unserer Wahrnehmung könnten wir nicht sinnvoll mit unserer Umwelt interagieren. Weitere wichtige Bausteine des Denkens sind der Erwerb, die Verfügbarkeit und die Nutzung von Wissen. Wie wir in Kapitel 5 sehen werden, ist Denken außerdem in vielen Fällen eng mit Sprache verbunden.

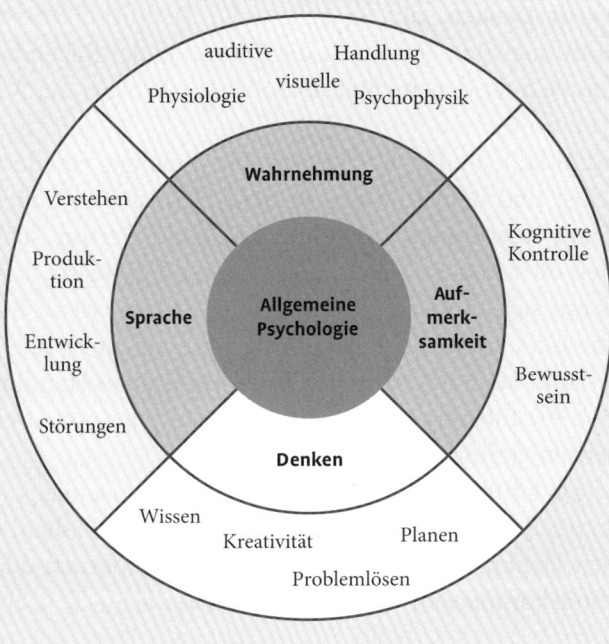

4.1 Gegenstand der Denkpsychologie

Die Denkpsychologie ist ein Teilgebiet der Kognitiven Psychologie und befasst sich mit den inneren (also den mentalen) Prozessen der Verarbeitung von Informationen. Denken umfasst Vorgänge der Informationsaufnahme und -verarbeitung wie Aufmerksamkeit, Mustererkennung und bildhafte Vorstellung. Um beispielsweise eine Rechenaufgabe lösen zu können, müssen wir unsere Aufmerksamkeit dem vorliegenden Problem zuwenden und in der Lage sein, Zahlen und Rechenoperatoren (wie Plus und Minus) zu erkennen und zu unterscheiden. Denken setzt außerdem Wissen voraus (z. B. die Kenntnis von Rechenregeln). Denkprozesse können eine Handlung nach sich ziehen oder diese begleiten. Von Sigmund Freud stammt allerdings die Annahme, dass Denkprozesse an sich Probehandlungen darstellen und nicht unbedingt in eine Handlung münden müssen; er bezeichnete Denken als »innerliches experimentelles Probehandeln« (Freud, 1933 / 1982). Denken stellt somit die Möglichkeit dar, einen Ausschnitt der Realität zu überprüfen, indem eine Handlung innerlich durchgespielt wird, ohne sie tatsächlich auszuführen.

Definition

Für den Begriff **Denken** gibt es zahlreiche Definitionsvorschläge. Den meisten Definitionen gemeinsam ist die Betonung der folgenden Aspekte:

▶ Denken bezeichnet den mental ablaufenden Prozess der Verarbeitung von Informationen.

▶ Inhalt und Ablauf von Denkprozessen sind abhängig von der denkenden Person selbst und dem Kontext, in dem Denken stattfindet: Situation und Aufgabe bestimmen, ob eine denkende Person schlussfolgern, entscheiden oder planen, ein Problem lösen oder kreativ denken muss.

▶ Denken kann sich in der Interaktion mit der Umwelt (z. B. durch eine motorische oder sprachliche Handlung) äußern, muss dies aber nicht. Denken erlaubt auch das mentale Durchspielen von Handlungsalternativen, deren Ausführung mit hohem Aufwand oder potentiell negativen Konsequenzen verbunden wäre.

▶ Denkprozesse können selbst zum Gegenstand des Denkens werden. Die Fähigkeit zu selbstreflexivem Denken (Metakognition) dient der Analyse der eigenen Denkprozesse und ermöglicht den Abbruch oder die Wiederaufnahme komplexer Denkvorgänge sowie die Suche nach möglichen Denkfehlern.

Metakognition

Metakognition bezeichnet den bewussten Einsatz der Fähigkeit, die eigene mentale Aktivität zu überwachen, zu steuern und zu organisieren. Metakognitionen kommen nicht nur bei der Kontrolle von Denkprozessen, sondern auch in anderen kognitiven Bereichen wie Aufmerksamkeit (Meta-Aufmerksamkeit), Gedächtnis (Meta-Gedächtnis) oder Lernen (Meta-Lernen) zum Einsatz. Viele kognitive Prozesse im Alltag funktionieren allerdings auch ohne bewusste Steuerung, da einige Handlungen so weit automatisiert sind, dass wir sie ohne Überwachung und Intervention ausführen können. Den täglichen Weg zur Uni / Schule / Arbeit gehen oder fahren wir in der Regel, ohne darüber nachzudenken. Die Verwendung von Metakognitionen kann aber sehr nützlich sein, wenn es um die Verbesserung der kognitiven Leistung geht. So lässt sich die Behaltensleistung durch den Einsatz von Gedächtnisstrategien (Mnemotechniken) verbessern. Ein Beispiel für Mnemotechniken sind Merksätze wie »Ist der Löffel konkav, bleibt die Suppe brav. Ist der Löffel konvex, macht die Suppe klecks.« Ein anderes Beispiel ist das Bilden größerer, bedeutungshaltiger Einheiten aus einzelnen Einheiten wie Wörtern oder Zahlen, das so genannte Chunking. Durch Chunking kann die Behaltensleistung von langen Zahlen- oder Buchstabenfolgen, also die Kapazität des Kurzzeitgedächtnisses, verbessert werden.

Aus der denk- und gedächtnispsychologischen Forschung zu Metakognitionen sind Techniken entstanden, die in verschiedenen Praxisfeldern der Psychologie erfolgreich angewendet werden. Ein solches Praxisbeispiel stellt die Kognitive Verhaltenstherapie psychischer Störungen dar.

Praxiswissen

Kognitive Verhaltenstherapie: Techniken zur Metakognition

Diese Therapierichtung basiert auf der Annahme, dass bestimmte dysfunktionale Denkmuster eine psychische Störung mitverursachen können (Hautzinger, 2003). Entsprechend ist das Ziel der therapeutischen Intervention, die kognitive Störung zu beheben. Im Fall der Depression ist die kognitive Störung z. B. gekennzeichnet durch festgefahrene Denkschemata, automatische Gedanken und selektive Wahrnehmung negativer Ereignisse. Eine depressive Person mit Versagensängsten, die häufig starkem Leistungsdruck ausgesetzt ist, könnte eine übertreibende Verallgemeinerung der Art »ich bin ein Versager, weil ich nie etwas schaffe« äußern. Ein einzelnes negatives Ereignis (z. B. eine nicht bestandene Prüfung) wäre in diesem Fall Anlass dafür, an eine unendliche Serie von Niederlagen zu glauben. In der Folge würde sich die Patientin oder der Patient einer herausfordernden Situation nicht mehr stellen, und es käme im Sinne einer sich selbst erfüllenden Prophezeiung tatsächlich dazu, dass sich kein Erfolg mehr einstellt. Metakognitive Strategien können helfen, diese automatischen und unbemerkt ablaufenden dysfunktionalen Gedankenschemata zu identifizieren, zu hinterfragen und ggf. zu verändern. Ein therapeutischer Prozess könnte etwa folgendermaßen ablaufen:

▶ Unpassende, fehlerhafte oder unlogische gedankliche Interpretationen interner oder externer Ereignisse werden identifiziert, z. B. anhand der Analyse von Tagebucheinträgen oder Tagesprotokollen, welche die Patientin oder der Patient gebeten wird zu verfassen.

▶ Die fehlerhaften Denkweisen werden schrittweise im Gespräch korrigiert und durch Gedanken ersetzt, die der Situation angemessener sind (ein Prozess, der auch als »kognitive Umstrukturierung« bezeichnet wird). In diesem Schritt arbeitet die Therapeutin oder der Therapeut beispielsweise Gegenargumente heraus, die den Überzeugungen des Patienten widersprechen, oder stellt Vor- und Nachteile gegenüber.

▶ Kognitive Grundannahmen (die »Lebensphilosophie«) der Patientin oder des Patienten werden ggf. verändert, um eine nachhaltige Vorbeugung depressiver Symptome in belastenden Situationen zu erreichen.

▶ Die erlernten kognitiven Techniken werden angewendet, um Selbstkontrolle und positives emotionales Erleben zu ermöglichen.

In der Therapie werden diese Schritte mit Maßnahmen verbunden, die dem Aufbau angenehmer Aktivitäten und der Förderung sozialer Fertigkeiten dienen, damit die Patientin oder der Patient Ablenkung und Erfolg erfährt (für mehr Informationen zum Ablauf therapeutischer Prozesse s. Bartling et al., 2016 zur kognitiven Umstrukturierung s. Wilken, 2015). Dieses Praxisbeispiel zeigt, dass Denken und Nachdenken über das Denken unmittelbare Folgen für unser Handeln haben können. Kognition und Metakognition dienen also dem Verständnis und der Vorbereitung von Handlungen.

4.2 Kurze Geschichte der Denkpsychologie

4.2.1 Denken bei Menschen und Tieren

Die Denkpsychologie ist einer der ältesten Bereiche der Psychologie. Denkvorgänge sind nicht allein dem Menschen vorbehalten. Obwohl einige Wissenschaftler davon ausgehen, dass Denken ohne Sprache nicht möglich ist, zeigen neuere Befunde aus dem Bereich der Tierkognition, dass Tiere nicht nur instinkthaft handeln, sondern zu erstaunlichen Problemlösehandlungen in der Lage sind. Tiere können durch ihre Umwelt navigieren, Objekte erkennen, kategorisieren (z. B. als essbar oder nicht essbar) und sogar zählen. Experimente an Affen haben gezeigt, dass die Tiere logische Rangreihen bilden, Zahlenreihen unterscheiden und einfache Rechenoperationen ausführen können (Nieder, 2005). Allerdings sind komplexe Denkleistungen nicht nur bei Primaten zu finden, sondern z. B. auch bei Vögeln: Weir und Kollegen (2000) zeigten, dass Krähen (die Neukaledonienkrähe oder Geradschnabelkrähe) zu intelligentem Werkzeuggebrauch in der Lage sind, wie er bisher nur bei Menschen und anderen Primaten beobachtet wurde: Diese Krähen konnten spontan (d. h. ohne Vorerfahrung) ein Stück Draht so zu einem Haken formen, dass damit ein Futterbehälter aus einer schmalen, vertikalen Röhre gehoben werden konnte. Auch in ihrem natürlichen Umfeld verwenden diese Krähen Werkzeuge: Um an ihr Futter – Larven, die sich oft tief ins Holz verwesender Baumstämme bohren – zu kommen, bauen Krähen mit ihrem Schnabel feine Bohrinstrumente, mit denen sie so lange in einem Bohrgang stochern, bis die Larve sich in dem Werkzeug verbeißt und aus dem Loch gezogen werden kann (Rutz et al., 2010).

Auch wenn Experimente an Tieren für die Fortschritte der Denkforschung eine bedeutsame Rolle spielen, soll es in diesem Kapitel in erster Linie um Denkprozesse bei Menschen gehen.

4.2.2 Forschungstraditionen der Denkpsychologie

Die moderne Denkforschung beruht auf drei historischen Forschungstraditionen:
- dem gestaltpsychologischen,
- dem behavioristischen und
- dem informationstheoretischen Ansatz.

Gestaltpsychologischer Ansatz. Als Gestaltpsychologen bezeichnet man eine Gruppe deutscher und österreichischer Psychologen, die sich um 1920 mit dem Wahrnehmen, Erleben, Denken und Verhalten auseinandergesetzt haben. Ein Motto der Gestaltpsychologen lautete »Das Ganze ist mehr als die Summe seiner Teile« (zu Gestaltgesetzen s. Abschn. 2.2.8). Dieses Grundprinzip beinhaltet die Annahme, dass Wahrnehmung, Erleben und Denken als Ganzes aufgefasst werden müssen. Die Gestaltpsychologie stellt damit eine Gegenbewegung zu anderen Forschungstraditionen der Psychologie dar, wie z.B. der Psychophysik (s. Abschn. 2.1.2) oder dem Behaviorismus. Mit gestaltpsychologischen Experimenten werden wir uns im Abschnitt 4.5.1 noch ausführlicher beschäftigen.

Behavioristischer Ansatz. Der Behaviorismus geht davon aus, dass Lernen von neuen Verhaltensweisen aus der Kopplung eines spezifischen Reizes (z.B. einer Situation) mit einer bestimmten Reaktion (einer Verhaltensweise) besteht. Die Wahrscheinlichkeit, dass ein bestimmtes Verhalten gezeigt wird, hängt davon ab, ob dieses Verhalten zuvor erfolgreich oder weniger erfolgreich war, also zum erwünschten Ergebnis geführt hat. Ein erfolgreiches Verhalten wird mit einer bestimmten Situation assoziiert und wiederholt angewendet. Die ersten gestaltpsychologischen und behavioristischen Untersuchungen wurden an Tieren durchgeführt.

Von Affen und Katzen: Zwei Klassiker der frühen Denkforschung

Köhlers Affen. Der Gestaltpsychologe Wolfgang Köhler beobachtete in den 1920er Jahren Affen dabei, wie sie Werkzeuge gebrauchten, um an Futter zu kommen. Dabei setzten die Affen verfügbare Gegenstände nicht einfach nur ein, sondern kombinierten diese geschickt. Kisten wurden beispielsweise gestapelt, Stöcke ineinander gesteckt. Seine Forschungsergebnisse dokumentierte Köhler in der berühmt gewordenen Arbeit »Intelligenzprüfungen an Menschenaffen« (Köhler, 1926). Beobachtungen zum intelligenten Werkzeugeinsatz bei Affen stellen die

Geburtsstunde der empirischen Forschung zum Denken und Problemlösen dar. Köhlers wichtigste Behauptung ist, dass die beobachteten Tiere mit Einsicht handelten und den Nutzen eines bestimmten Gegenstands nicht nur zufällig entdeckten. Insofern lassen sich aus dem intelligenten Werkzeuggebrauch Rückschlüsse auf das Vorhandensein grundlegender kognitiver Fähigkeiten bei Tieren ziehen: Spontane Verhaltensweisen, wie z. B. das Greifen nach Futter, müssen unterdrückt werden, und Verhaltensweisen müssen in eine sinnvolle Reihenfolge gebracht werden (s. Abschn. 3.3).

Thorndikes Katzen. Etwa zeitgleich führte der Behaviorist Edward L. Thorndike Experimente durch, in denen Katzen sich aus einem eigens konstruierten Käfig befreien mussten. Die Tiere zeigten zunächst Verhaltensweisen, die sich in früheren Problemsituationen als erfolgreich erwiesen hatten (z. B. kratzen, beißen, miauen). Erst als diese Verhaltensweisen wiederholt nicht zum Erfolg führten, begannen die Tiere, den Käfig zu explorieren. Durch Versuch und Irrtum gelang es ihnen schließlich, den Käfig zu öffnen. Ein erfolgreicher Befreiungsversuch wurde durch Futter belohnt. In nachfolgenden Versuchsdurchgängen nahm die Wahrscheinlichkeit des belohnten Verhaltens relativ zu anderen Verhaltensweisen zu, und die Katzen brauchten immer weniger Zeit, um sich aus dem Käfig zu befreien. Thorndike führte das erfolgreiche Verhalten auf das Erlernen einer Assoziation zwischen Reiz (Käfig) und Reaktion (Betätigung des Öffnungsmechanismus) zurück. Durch die Konsequenz (Futterbelohnung) wurde die Assoziation zwischen Reiz und Reaktion verstärkt. Aus diesen Beobachtungen leitete Thorndike das »Gesetz des Effekts« (*law of effect*) ab, nach dem erfolgreiches (verstärktes) Verhalten häufiger auftritt als nicht verstärktes Verhalten, weil Tiere gelernt haben, dass ihr Verhalten positive oder negative Konsequenzen haben kann. Anders als bei Köhlers Affen kommt es hier also nicht zu einem plötzlichen Übergang von Ratlosigkeit zur fertigen Problemlösung (Einsicht), sondern es werden graduelle Lernprozesse beschrieben. Diese für die Denk- und Problemlöseforschung bedeutsamen Experimente wurden in der Monographie »Animal Intelligence« (Thorndike, 1911) veröffentlicht.

Informationstheoretischer Ansatz. Mit solchen graduellen Prozessen hat sich die informationstheoretische Denkforschung ab den 1950er Jahren im Zuge der so genannten »kognitiven Wende« eingehender beschäftigt. An die Stelle der Auseinandersetzung mit beobachtbarem Verhalten (Werkzeuggebrauch oder Reiz-Reaktions-Verbindungen) trat die Hinwendung zu mentalen, also nicht beobachtbaren Prozessen. Vertreter dieses Forschungsansatzes waren fasziniert vom schrittweisen Ablauf von Denkprozessen, analog zu Verarbeitungsprozessen beim Computer. Prinzipiell wurde davon ausgegangen, dass Denkprozesse mechanisierbar seien, sich also formal abbilden ließen, z. B. durch die Verwendung symbolischer Programmiersprachen. Aus diesem Ansatz hat sich das entwickelt, was heute gemeinhin als »Künstliche Intelligenz« bezeichnet wird. Im Rahmen des informationstheoretischen Ansatzes wurden einfache Problemstellungen wie z. B. Schachaufgaben oder Rechenaufgaben in Computermodellen abgebildet. Bei komplexeren Problemstellungen stößt dieser Ansatz allerdings an seine Grenzen.

Fazit

Drei theoretische Ansätze haben die Denkpsychologie ganz wesentlich beeinflusst:

▶ die Gestaltpsychologie,
▶ der Behaviorismus und
▶ der informationstheoretische Ansatz.

Gestaltpsychologische Ideen beeinflussen die Denkforschung, insbesondere die Problemlöseforschung, bis heute. Neuere Untersuchungen widmen sich z. B. den Prozessen, die der Einsicht beim Problemlösen zugrunde liegen. Behavioristische Untersuchungen hatten Einfluss auf die Denkpsychologie, weil sie das Prinzip »Versuch und Irrtum« als eine mögliche Problemlösestrategie etabliert haben. Im Gegensatz zu gestaltpsychologischen Ansätzen lag hier das Hauptaugenmerk auf dem Endergebnis des Denk- oder Problemlösevorgangs und weniger auf dem Denkprozess selbst – es ging um die Vorhersage und Kontrolle von Verhalten in bestimmten Situationen. Der informationstheoretische Ansatz hat zum Ziel, universell einsetzbare Problemlösestrategien zu identifizieren und über Computermodelle abzubilden. Dieser Ansatz ist allerdings nur bei klar definierten Problemstellungen erfolgreich (s. Abschn. 4.5.1).

4.3 Wissen als Baustein des Denkens

4.3.1 Was ist Wissen?

Die meisten Denkprozesse setzen Wissen voraus. Um beispielsweise eine Schachaufgabe lösen zu können, müssen die Regeln des Schachspiels beherrscht werden, und die Bedeutung der Figuren muss bekannt sein. Ein Verständnis von Wissen als Baustein des Denkens ist also Voraussetzung für die Untersuchung von Denkprozessen. Erworbenes Wissen ist im semantischen Gedächtnis gespeichert. Von dort muss es abgerufen werden, um genutzt werden zu können.

▶ **Deklaratives Wissen** bezeichnet Faktenwissen (z. B. wissen, dass Salsa ein lateinamerikanischer Tanz ist), auch Weltwissen genannt. Es enthält Tatsachen (semantisches Wissen) und selbst erlebte, autobiographische Ereignisse (episodisches Wissen). Dieses Wissen ist in der Regel unmittelbar zugänglich und wird daher auch als explizit bezeichnet.

▶ **Prozedurales Wissen** umfasst Wissen über Abläufe und Fertigkeiten (z. B. wissen, wie man Salsa tanzt). Es ist nicht unmittelbar zugänglich und wird daher auch als implizites Wissen bezeichnet. Allein mit einer noch so vollständigen expliziten Beschreibung der Schrittfolgen und Bewegungsabläufe des Salsatanzens wird man trotzdem nicht Salsa tanzen können.

Deklaratives Wissen ist leichter verbalisierbar als Inhalte des prozeduralen Gedächtnisses, die sich häufig besser vorführen als beschreiben lassen. Experimentelle Untersuchungen haben gezeigt, dass der Repräsentation von deklarativem und prozeduralem Wissen verschiedene Hirnareale zugeordnet werden können.

Fallbeispiel

Was uns Patientenstudien über Wissensrepräsentation verraten

Unser Verständnis von Gehirnfunktionen beruht u. a. auf der Untersuchung von Patienten mit Hirnverletzungen. Die Störung einer spezifischen Funktion infolge einer Hirnläsion kann Aufschluss darüber geben, wo im Gehirn die beeinträchtigte Funktion repräsentiert ist.

Der berühmte Fall des Patienten Henry Gustav Molaison (1926–2008), bis zu seinem Tod 2008 nur als »Patient H. M.« bekannt, erlaubt solche Rückschlüsse (Scoville & Milner, 1957; Squire & Wixted, 2011). H. M. litt seit seiner Kindheit an schweren, unbehandelbaren epileptischen Anfällen. Zur Behandlung der Epilepsie wurden Teile des medialen Temporallappens beidseitig entfernt (Abb. 4.1 a).

Infolge dieser Maßnahme waren die epileptischen Anfälle vermindert, allerdings litt H. M. bei unbeeinträchtigter kognitiver Intelligenz unter profundem Gedächtnisverlust (Amnesie). Während sein Kurzzeitgedächtnis intakt schien, konnte der Patient neu erworbene Information nicht erinnern (anterograde Amnesie) und erkannte Personen, die er täglich sah (wie die behandelnde Ärztin), nicht. Ereignisse, die weiter zurücklagen, konnte H.M. hingegen problemlos berichten (keine retrograde Amnesie). Offenbar bezog sich der Gedächtnisverlust auf den Transfer neu erworbener Information vom Kurzzeit- ins Langzeitgedächtnis.

Trotz dieser Defizite im Bereich deklarativer Information konnte H.M. prozedurales Wissen zum Ausführen motorischer Fähigkeiten speichern. H.M. lernte, eine Figur mit einem Stift zwischen zwei Linien nachzuzeichnen, wobei er seine eigene Hand nur im Spiegel sehen konnte (Abb. 4.1 b). Ebenso wie bei gesunden Versuchspersonen war die Fehlerrate (das Überzeichnen einer der beiden begrenzenden Linien) anfangs hoch. Nach einigen Wiederholungen führte H.M. die Aufgabe jedoch fast fehlerfrei aus. Diese Fähigkeit blieb über mehrere Tage erhalten. Obwohl diese Trainingseffekte im Bereich des Normalen lagen, konnte sich der Patient zu Beginn jeder Trainingseinheit nicht daran erinnern, die Aufgabe schon einmal ausgeführt zu haben. Daraus lässt sich schließen, dass deklarative und prozedurale Informationen im Gedächtnis getrennt gespeichert werden. Den endgültigen Beleg dafür erbrachten Untersuchungen an Affen, bei denen die Hirnläsion des Patienten H.M. rekonstruiert wurde, sowie Patientenstudien, in denen bildgebende Verfahren eingesetzt wurden (für einen Überblick s. Squire & Wixted, 2011).

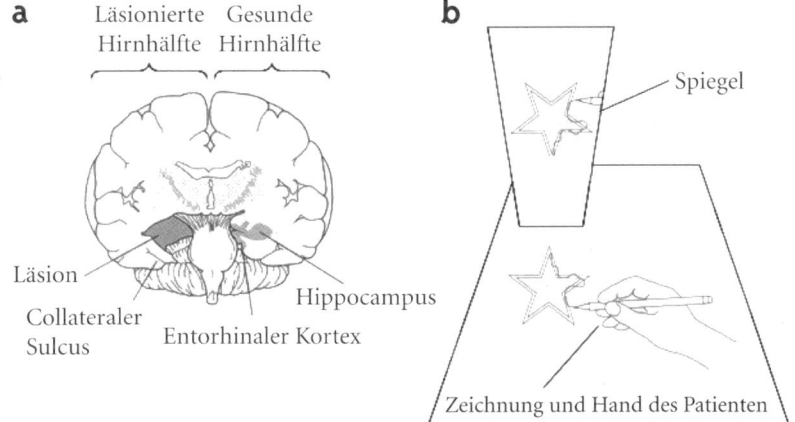

Abbildungen 4.1a Schematischer Querschnitt durch das Gehirn des Patienten H.M. Der zerstörte Hirnbereich (Läsion) befindet sich auf der linken Seite (nach Kandel et al., 2000). **b** Nachzeichenaufgabe, bei der die Hand der Versuchsperson verdeckt ist und nur im Spiegel gesehen werden kann. Der Stift soll zwischen den beiden Linien des Sterns geführt werden (nach Kandel et al., 2000).

4.3.2 Repräsentation von Wissen in Kategorien

Die Fallgeschichte des Patienten H.M. und Befunde aus gedächtnispsychologischen Experimenten haben gezeigt, dass es unterschiedliche, spezialisierte Gedächtnissysteme gibt, in denen verschiedene Information unterschiedlich lange abgespeichert wird. Für unser Verständnis von Wissen als Baustein des Denkens ist aber die Frage bedeutsamer, wie, also in welcher Form, Wissen im Gedächtnis abgespeichert wird.

Die meisten Forscher gehen davon aus, dass Wissen im Gedächtnis in Kategorien gespeichert wird (Murphy, 2004). Solche Kategorien sind für unser Denken und Handeln von zentraler Bedeutung. Die Tatsache, dass wir wissen, was »Regen« bedeutet, hilft uns, unser Verhalten den Erfordernissen des Ereignisses »Regen« anzupassen (wir nehmen z.B. einen Schirm mit und schließen die Fenster). Unser Gedächtnis besteht aus solchen mentalen Repräsentationen von Objekten, Personen, Ereignissen – kurzum, von allen Aspekten unserer sinnlichen Erfahrung.

> **Definition**
>
> Unter **Kategorisierung** versteht man den Prozess, über den Begriffe (Objekte, Personen, Ereignisse), die gemeinsame Merkmale aufweisen, gruppiert und mit einem gemeinsamen »Etikett« versehen werden.

- ▶ Kategorien fassen Begriffe nach bestimmten Ordnungsprinzipien (z.B. Ähnlichkeit) zusammen und grenzen diese gegen Begriffe, die nicht zur Kategorie gehören, ab.
- ▶ Kategorien machen eine sinnvolle Interaktion mit unserer Umwelt überhaupt erst möglich: Ohne sie wäre jedes Objekt, jedes Ereignis und jedes Personenmerkmal einzigartig, und neue Erfahrungen könnten nicht mit bereits vorhandenem Wissen abgeglichen werden, um Vorhersagen zu treffen oder um angemessen zu handeln. Kategorisierung dient dem Verständnis von Situationen, dem Lernen neuer Ereignisse und Zusammenhänge, dem Ableiten von kausalen Schlüssen, der Kommunikation, der Problemlösung, Planung und Handlungssteuerung.
- ▶ Kategorien sind Bestandteile unseres Wissens über die Welt. Folglich werden sie auch nicht isoliert gelernt, sondern stehen im Bezug zu bereits vorhandenen Wissensstrukturen im Gedächtnis. Bereits Gelerntes kann den Erwerb von Kategorien beeinflussen und umgekehrt.

Theorien zu Erwerb und Nutzung von Kategorien

Die psychologische Kategorisierungsforschung hat sich vor allem mit dem Erwerb von Kategorien beschäftigt. Anhänger der »klassischen« Sichtweise von Kategorien (Bruner et al., 1956; für einen Überblick s. Smith & Medin, 1981) gingen davon aus, dass Kategorien begriffliche Abstraktionen sind, die durch die enthaltenen Begriffe und ihre Merkmale eindeutig definiert werden können. Solche Definitionen sind mental repräsentiert. Ein Objekt kann dabei immer eindeutig einer Kategorie zugeordnet werden, es gibt also keine unentschiedenen Fälle (»law of the excluded middle«). Schließlich wurden alle Mitglieder einer Kategorie gleich behandelt, d.h. es gibt keine typischen oder atypischen Repräsentanten einer Kategorie. Nach der klassischen Sichtweise werde Kategorienwissen gelernt, indem Hypothesen über die Eigenschaften von Begriffen gebildet, gezielt getestet und verändert werden. Den Erwerb regelhafter Zusammenhänge von Begriffen haben Bruner und Kollegen in klassischen Experimentserien mit einfachem Reizmaterial untersucht.

Experiment

Erwerb von Kategorien

Fragestellung. Wie werden Kategorien erlernt? Welche Kategorien sind besonders einfach oder schwer zu erlernen?

Methoden. Versuchspersonen wurden Karten mit geometrischen Figuren vorgelegt. Diese unterschieden sich in Form, Anzahl, Farbe und Umrandung.

Der Versuchsleiter wählte eine Kategorie aus (z.B. »schwarz« und »Kreis«), teilte der Versuchsperson aber nicht mit, welche Kategorie das war. Bruner und Kollegen (1956) unterschieden unter anderem die folgenden Kategorientypen:

- ▶ affirmativ: »schwarz«,
- ▶ konjunktiv: »schwarz« und »Kreis«,
- ▶ disjunktiv: »schwarz« oder »Kreis«,
- ▶ konditional: »wenn schwarz, dann Kreis«.

Aufgabe der Versuchsperson war es, herauszufinden, welche Kategorie der Versuchsleiter ausgewählt hatte. Die Versuchsperson musste hierfür Karten auswählen, von denen sie meinte, dass sie zur Kategorie gehören könnten. Bei Präsentation einer gewählten Karte erhielt die Versuchsperson Rückmeldung darüber, ob die Karte zur gesuchten Kategorie gehörte oder nicht. Auf Basis der Rückmeldung bildete die Versuchsperson Hypothesen über die relevanten Klassifizierungsmerkmale und revidierte diese bei negativer Rückmeldung.

Ergebnisse. Einfache Kategorien wurden schnell erlernt, schwierige Kategorientypen erforderten oftmals dutzende von Wiederholungen. Versuchspersonen verwendeten zwei unterschiedliche Strategien der Hypothesentestung:

▶ **Fokusstrategie:** Nach einer positiven Rückmeldung behielten Versuchspersonen ein Merkmal bei und variierten gezielt ein zweites Merkmal (konservativ) oder variierten beide Merkmale (spielerisch).

▶ **Scanning-Strategie:** Es wurde sukzessive eine Hypothese nach der anderen getestet. Bei negativer Rückmeldung wurde gewechselt.

Je schwieriger die Aufgabe war, desto eher wurde die Scanning-Strategie eingesetzt. Der Erwerb disjunktiver Kategorien war am schwierigsten.

Schlussfolgerungen. Die Experimente von Bruner und Kollegen erlauben Einblick in die Prozesse zum Erlernen abstrakter Begriffe und Regeln. Da einfaches und artifizielles Reizmaterial verwendet wurde, sind die Ergebnisse im Hinblick auf Prozesse der Kategorisierung im Alltag aber nur von begrenzter Aussagefähigkeit.

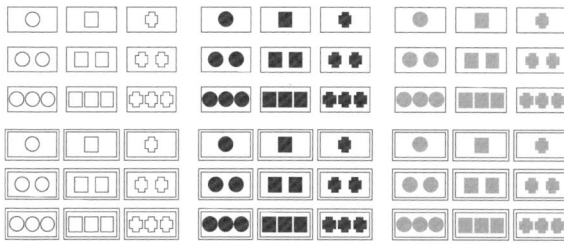

Abbildung 4.2 Versuchsmaterial aus Experimenten von Bruner, Goodnow und Austin (1956) zum Erwerb von Kategorienwissen

Anders als in den Untersuchungen von Bruner et al. (1956) sind wir im Alltag häufig mit Objekten oder Ereignissen konfrontiert, die ebenso gut zur einen wie zur anderen Kategorie gehören können. Sind Gardinen z. B. ein Möbelstück oder nicht? Ist eine Avocado ein Gemüse? Außerdem zeigen empirische Untersuchungen, dass es offenbar typische und weniger typische Vertreter einer Kategorie gibt (Apfel oder Quitte für die Kategorie »Obst«, Amsel oder Pinguin für »Vogel«). Typische Vertreter einer Kategorie werden schneller und im Entwicklungsverlauf früher gelernt und lassen sich leichter und eindeutiger einer Kategorie zuordnen.

Neuere Theorien zur Repräsentation von Kategorien gehen davon aus, dass die Kategorisierung von Begriffen auf deren Ähnlichkeit basiert. Ein neuer Begriff wird dementsprechend der Kategorie hinzugefügt, die schon ähnliche Begriffe enthält. Ein Mitglied einer Kategorie ist dann typisch, wenn es möglichst viele Merkmale mit anderen Vertretern der Kategorie teilt und gleichzeitig den Vertretern anderer Kategorien möglichst unähnlich ist.

Ähnlichkeitsbasierte Modelle

Ähnlichkeitsbasierte Modelle, wie z. B. der Prototypenansatz oder der Exemplaransatz, unterscheiden sich in ihrer Annahme darüber, wie Ähnlichkeit bestimmt wird. Der Prototypenansatz geht insbesondere auf Arbeiten von Eleanor Rosch (1971) zurück und beinhaltet die Annahme, dass Kategorien häufig um einen Prototypen (z. B. Amsel als prototypischer Vogel) gebildet werden. Ein Prototyp ist ein typisches, »gutes« Beispiel für eine Kategorie und weist besonders charakteristische Merkmale auf, die dann abstrahiert werden. Die Entscheidung, ob ein neuer Begriff einer bestimmten Kategorie zugeordnet werden kann oder nicht, fällt auf Basis des Vergleichs der Merkmale des neuen Begriffs mit den im Gedächtnis repräsentierten abstrahierten Merkmalen, die für die Kategorie charakteristisch sind.

Der Exemplaransatz (z. B. Medin & Schaffer, 1978) basiert dagegen auf der Annahme, dass wir Begriffe blitzschnell nach ihrer Ähnlichkeit mit einem im Gedächtnis abgebildeten Vertreter (Exemplar) der Kategorie in diese einordnen oder zurückweisen. Hier fällt die Kategorisierungsentscheidung also auf Basis des Vergleichs mit einem einzigen Beispiel. Dieser Ansatz setzt allerdings voraus, dass wir im Gedächtnis stets eine Anzahl von Exemplaren verfügbar halten.

Skripte als Repräsentationsform von Handlungen

Neben Begriffen sind natürlich auch Handlungen im Gedächtnis repräsentiert. Ein Handlungsskript trifft Vorhersagen darüber, wie sich jemand in einer bestimmten Situation bzw. in Bezug zu einem bestimmten Objekt oder einer Person verhalten wird. So haben wir z. B. eine Routine oder ein Skript für einen Restaurantbesuch (bestehend aus den Komponenten Eintreten, Platznehmen, Bestellen, Warten, Essen, Zahlen, Gehen) oder andere komplexere Handlungsabfolgen dieser Art; ein Skript kann den Anforderungen spezifischer Situationen (wie z. B. Besuch eines Nobelrestaurant vs. Fast-Food-Restaurants) angepasst werden. Ein Skript stellt also die logische Verknüpfung mehrere Begriffe und ihrer Merkmale dar und stellt diese in einen raum-zeitlichen Kontext.

Fazit

Wissen ist im Gedächtnis in Kategorien gespeichert. Theorien zur Kategorisierung unterscheiden sich darin, nach welchen Kriterien ein Begriff in eine Kategorie aufgenommen wird oder nicht:
▶ nach definitorischen Regeln,
▶ nach Ähnlichkeit mit einem charakteristischen Prototyp
▶ oder nach Ähnlichkeit mit einem Exemplar.

Ein Skript umfasst logisch zusammenhängende Merkmale oder Begriffe und ordnet unser Wissen in einen Handlungskontext ein.

4.3.3 Architektur der Wissensrepräsentation

Bisher haben wir verschiedene Arten von Wissen kennengelernt und uns mit dem Erwerb von Kategorien, in denen Wissen im Gedächtnis repräsentiert werden kann, befasst. Wie wird nun aber das im Gedächtnis repräsentierte Wissen abgerufen und genutzt? Die historisch prominenteste Theorie, die sich mit Abruf und Nutzung von Wissen befasst, ist die Theorie des semantischen Gedächtnisses von Allan Collins und Ross Quillian (Collins & Quillian, 1969; Collins & Loftus, 1975).

Diese Theorie geht davon aus, dass ein Begriff in seiner Beziehung zu anderen Begriffen repräsentiert wird. Diese Begriffsrepräsentation ist hierarchisch organisiert: Zum Beispiel nimmt der Begriff »Vogel« eine mittlere Hierarchieebene zwischen den Begriffen »Tier« und »Rotkehlchen« ein (Abb. 4.3 a). Der Begriff »Vogel« stellt gleichzeitig den Oberbegriff einer Kategorie dar, zu der verschiedene Begriffe gehören, die mehr oder weniger prototypisch sein können (z. B. Amsel und Strauß). Mit jedem Begriff sind Eigenschaften verbunden, welche die Repräsentanten einer Kategorie mehr oder weniger zutreffend beschreiben (z. B. »hat Flügel«, »kann fliegen«). Aussagen der Art »ein Vogel kann fliegen« bezeichnet man auch als Propositionen.

> **Definition**
>
> **Propositionen** sind die kleinsten bedeutungsvollen Wisseneinheiten, bilden eine selbstständige Aussage und können als wahr (z. B. ein Vogel hat Flügel) oder falsch (z. B. ein Vogel kann sprechen) bezeichnet werden.

Relationen zwischen Propositionen stellen das Kernstück der Theorie des semantischen Gedächtnisses dar. Daher wird die von der Theorie postulierte Architektur des Gedächtnisses bisweilen auch als propositionales Netzwerk bezeichnet. Zwei Prinzipien sind für das Verständnis des Modells besonders bedeutsam:

▶ Propositionen sind als »Knoten« in einem hierarchisch organisierten Netzwerk repräsentiert. Ein Knoten ist über Pfade mit anderen Knoten im Netzwerk verbunden, d. h. jeder Begriff ist über assoziative Verbindungen mit anderen Begriffen und dessen Merkmalen verbunden (s. Abb. 4.3 a).

▶ Wird ein Begriff aus dem Gedächtnis abgerufen, wird der entsprechende Knoten und mit ihm alle mit diesem Begriff verbundenen Knoten aktiviert. Nach diesem Prinzip der Aktivierungsausbreitung wird Information sowohl gespeichert als auch abgerufen (Collins & Loftus, 1975).

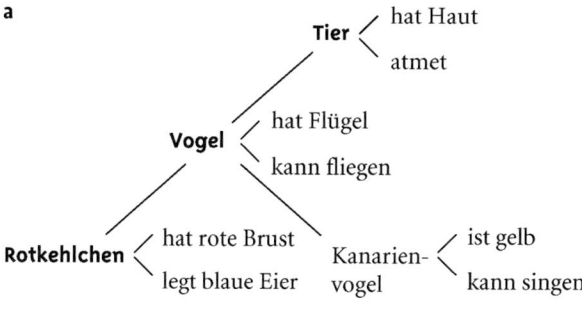

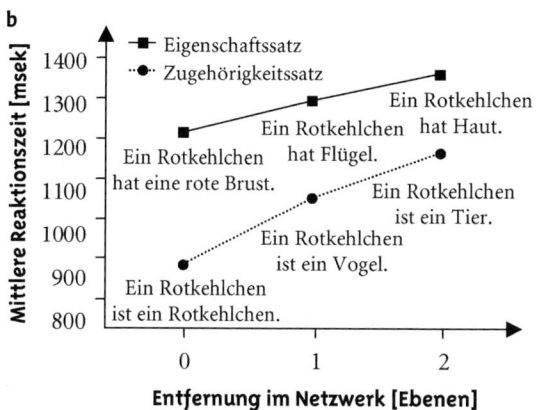

Abbildungen 4.3a Hierarchische Gedächtnisstruktur mit Propositionen auf drei Ebenen, bestehend aus Oberbegriff (Tier) und zwei Unterbegriffen mit ihren jeweiligen Eigenschaften (Begriff und Eigenschaft zusammen bilden eine Proposition). Die Kategorie »Vogel« enthält hier beispielhaft zwei unterschiedlich typische Vertreter. **b** Mittlere Reaktionszeiten in Millisekunden (ms) für die Beurteilung der Richtigkeit von Sätzen aus jeder der drei in a) dargestellten Ebenen im Netzwerk (adaptiert nach Collins & Quillian, 1969)

Experiment

Aktivierungsausbreitung im propositionalen Netzwerk

Fragestellung. Hängt die Zeit, die für die Überprüfung der Zugehörigkeit eines Merkmals (»hat Flügel«) zu einem Begriff (»Rotkehlchen« oder »Strauß«) benötigt wird, von der Distanz der Begriffe im Netzwerk ab? Collins und Quillian (1969) nahmen an, dass die benötigte Abrufzeit eine Funktion des Abstands zwischen den Knoten im Netzwerk sei, wobei der Abstand wiederum eine Funktion der Assoziationsstärke der Verbindung sei.

Methoden. Versuchspersonen mussten dargebotene Sätze der Art »ein Rotkehlchen ist ein Vogel« oder »ein Pinguin ist ein Fisch« möglichst schnell und genau als richtig oder falsch beurteilen. Dabei wurde die Reaktionszeit gemessen, die für die Entscheidung benötigt wurde.

Ergebnisse. Entsprechend der Annahme der Autoren nahmen Reaktionszeiten mit zunehmender Distanz zwischen zwei Begriffen zu (Abb. 4.3b). Je mehr Knoten im Netzwerk aufgesucht werden mussten, desto länger die

Reaktionszeit. Der mittlere Reaktionszeitunterschied zwischen den Sätzen »ein Rotkehlchen ist ein Tier« und »ein Rotkehlchen ist ein Vogel« betrug 75 ms. Dabei waren die Reaktionszeiten für Eigenschaftssätze länger als für Sätze, welche die Zugehörigkeit eines Begriffs zu einer Kategorie bezeichnen.

Schlussfolgerungen. Diese Befunde weisen darauf hin, dass Begriffe im Gedächtnis tatsächlich hierarchisch gespeichert werden und dass die Aktivierung eines Begriffs zu einer Aktivierungsausbreitung im Netzwerk führt. Dabei werden enger assoziierte Begriffe und deren Eigenschaften früher aktiviert als weiter entfernt liegende, weniger eng assoziierte Verbindungen.

Das postulierte Modell ist einfach und plausibel, und es lässt sich empirisch über einfache Reaktionszeitexperimente überprüfen. Eine Reihe von Befunden bleibt jedoch unerklärt:

► Oft zeigen sich innerhalb einer Ebene Reaktionszeitunterschiede. Der Satz »Basketball ist eine Sportart« wird schneller als richtig identifiziert als der Satz »Ringen ist eine Sportart«. Vertreter der Prototypenforschung nahmen an, dass diese Unterschiede mit der Repräsentativität eines Konzepts zusammenhängen. Prototypische Repräsentanten einer Kategorie werden schneller erkannt als untypische.

► Für den Befund, dass Sätze mit untergeordneten Eigenschaften wie »ein Rotkehlchen hat Flügel« schneller identifiziert werden können als Sätze mit übergeordneten Eigenschaften (»ein Rotkehlchen hat Haut«) kann es auch alternative Erklärungen als die Distanz im Netzwerk geben. Untergeordnete Eigenschaften begegnen uns möglicherweise in unserem Umfeld häufiger und werden daher als typischer wahrgenommen.

► Schnelle Falsifikationen trotz großer Distanz im Netzwerk (z. B. »ein Apfel ist ein Stachelschwein«) können nicht erklärt werden. Ebenso problematisch sind langsame Verifikationen trotz geringer Distanz (z. B. »ein Rotkehlchen legt blaue Eier«).

► Über die räumliche und zeitliche Ausdehnung der Aktivierungsausbreitung wurden von den Autoren keine genauen Annahmen formuliert. Wie weit dehnt sich die Aktivierung im Netzwerk aus, und über welchen zeitlichen Bereich?

Trotz dieser Kritikpunkte bleibt die Theorie des semantischen Gedächtnisses ein einflussreiches Modell, das unser Verständnis der Repräsentation von Gedächtnisinhalten entscheidend geprägt hat. Eine prominente Betrachtungsweise darüber, wie Wissen im Gedächtnis abgebildet wird, stammt von der

Forschergruppe um John Anderson (Anderson & Lebiere, 1998). Die ACT-R-Theorie (ACT steht für »adaptive control of thought«) von Anderson und Kollegen unterscheidet verschiedene Wissensspeicher, die Information aus der Umwelt entschlüsseln und verarbeiten, um die Information in eine Routine zur Handlungsausführung umzuwandeln. ACT-R beinhaltet Wenn-Dann-Regeln, so genannte Produktionsregeln, die für die Steuerung einfacher Handlungen auf deklaratives Wissen zurückgreifen. Diese Theorie ist in einer formalen Programmiersprache implementiert und kann angewendet werden, um Lern- und Gedächtnisprozesse zu modellieren (Taatgen & Anderson, 2010; Borst & Anderson, 2013).

> **Fazit**
>
> Das Netzwerkmodell des semantischen Gedächtnisses geht von den Grundannahmen aus, dass Gedächtnisinhalte als Knoten in einem Netzwerk repräsentiert sind und dass der Abruf einer Proposition zu einer Aktivierungsausbreitung im Netzwerk führt. Auf diese Weise werden semantisch bedeutsame Verbindungen zwischen Begriffen und deren Eigenschaften verstärkt. Die ACT-R-Theorie stellt den Versuch dar, eine umfassende Beschreibung aller kognitiven Funktionen zu liefern, die an der Ausführung einer Handlung von der Wahrnehmung bis zur motorischen Aktion beteiligt sind.
>
> Wissen und Wissensrepräsentationen sind zentrale Bestandteile unseres kognitiven Apparats und spielen eine wichtige Rolle bei vielen Prozessen der Wahrnehmung, des Denkens und der Handlungssteuerung. Ist man mit einem Planungs- und Entscheidungsproblem wie z.B. mit einem Umzug von Deutschland nach Amerika befasst, so wird man sein Gedächtnis nach vorangegangenen Problemlösungen (z.B. ein Umzug innerhalb Deutschlands) absuchen (auch Problemlösen mit Analogien genannt), diese in Bezug auf die neue Situation bewerten, und (möglicherweise verändert) einsetzen. Dazu ist es erforderlich, dass Wissen vorhanden ist und abgerufen werden kann. Dieser Abschnitt hat theoretische Ansätze für den Erwerb, die Speicherung und den Abruf von Wissen aus dem Gedächtnis vorgestellt.
>
> Wissen ist im Gedächtnis in Kategorien repräsentiert. Objekte, Personen oder Ereignisse werden Kategorien nach bestimmten Prinzipien zugeordnet.
>
> Vielen Theorien zur Kategorisierung, wie dem Prototypen- und dem Exemplaransatz, liegt die Annahme zugrunde, dass die Zuordnung zu Kategorien nach dem Prinzip der Ähnlichkeit erfolgt.
>
> Kategorien und ihre Mitglieder können in Relation zueinander stehen. Viele Theorien nehmen an, dass die Beziehungen zwischen Katego-

riemitgliedern und ihren Eigenschaften hierarchisch organisiert sind. Wird ein Mitglied einer Kategorie aus dem Gedächtnis abgerufen und dadurch aktiviert, so breitet sich die Aktivierung auch auf benachbarte Begriffe aus.

Kategorien haben eine Reihe von Funktionen und sind abhängig vom Kontext sowie von Personmerkmalen wie Vorwissen; sie beeinflussen ihrerseits wiederum den Erwerb von Kategorien.

In der psychologischen Forschung zu Wissen und Gedächtnis steht die Frage nach der Repräsentation von Inhalten im Mittelpunkt. Es wird untersucht, wo, in welcher Form und für wie lange etwas gespeichert wird und wie diese Information abgerufen werden kann. Die Erforschung von Denkprozessen hat eine ganz andere Tradition und auch einen anderen Fokus: Hier steht der Prozess der Verarbeitung und Verwendung von Information im Mittelpunkt. In den folgenden Abschnitten geht es darum, wie Denkprozesse ablaufen und wodurch dieser Ablauf beeinflusst wird.

4.4 Schlussfolgern

Schlussfolgern ist ein fundamentaler Bestandteil der menschlichen Denkfähigkeit. Ohne die Fähigkeit, aus gegebener Information zu einem Schluss zu kommen, gäbe es kaum wissenschaftliche Erkenntnisse oder technologischen Fortschritt.

Zwei Arten von schlussfolgerndem Denken

Je nachdem, welcher Art die verfügbare Information ist, können zwei Arten von schlussfolgerndem Denken unterschieden werden:

- **Deduktives Schlussfolgern:** Logisches Schlussfolgern auf Basis fest vorgegebener Tatsachen wird als deduktives Schlussfolgern (oder deduktives Schließen) bezeichnet. Deduktives Schließen meint den logischen Übergang von einer oder mehreren Aussagen (Prämissen) zu einer neuen Aussage (Konklusion). Stimmen die Prämissen, ist das Ergebnis formal und inhaltlich immer korrekt. Die psychologische Forschung zum deduktiven Schließen befasst sich damit, wie Menschen Gesetze der Logik anwenden und welche Fehler dabei auftreten können.
- **Induktives Schlussfolgern:** Gründet sich ein Schluss dagegen nicht auf Regeln der Logik, sondern auf empirisch gewonnene Information, aus der eine allgemeine Gesetzmäßigkeit abgeleitet werden soll, spricht man von induktivem Schlussfolgern. Hier stellt sich die Frage, wie Menschen unter Unsicherheit schlussfolgern und entscheiden.

4.4.1 Deduktives Schlussfolgern

Gegenstand der Forschung zum deduktiven Schließen ist die Frage, wie Menschen mit logischen Zusammenhängen umgehen bzw. ob Menschen in der Lage sind, aus gegebenen Aussagen (Prämissen) gültige Schlüsse (Konklusionen) abzuleiten. Mit anderen Worten: Verhalten sich Menschen tatsächlich so, wie es die Regeln der Logik vorschreiben? In diesem Abschnitt werden zunächst zwei Varianten der Logik, die Aussagenlogik und die Prädikatenlogik, vorgestellt. Ein Grundverständnis des »Vokabulars« der Logik hilft, die psychologischen Untersuchungen zum logischen Schließen zu verstehen.

Aussagenlogik

Logische Verknüpfung von Aussagen. Die Aussagenlogik stellt verschiedene Möglichkeiten zur Verfügung, Aussagen miteinander zu verknüpfen, um zu neuen Aussagen zu gelangen. Das entscheidende Konzept ist hier der so genannte Wahrheitswert einer Aussage. Dieser Wahrheitswert kann entweder »wahr« (W) oder »falsch« (F) sein; andere Ausprägungen sind nicht zulässig. Logische Verknüpfungen sind darüber definiert, wie der Wahrheitswert der neuen Aussage von den Wahrheitswerten der einzelnen Aussagen abhängt.

Verneinte Aussage (Negation). Eine Aussage kann nicht gleichzeitig wahr und falsch sein. Die Aussagen A und ¬A (lies: »nicht A«) können nicht gleichzeitig wahr sein. Wenn also eine Aussage A wahr ist, dann muss die Verneinung ¬A falsch sein. Wenn entsprechend eine Aussage A falsch ist, dann muss die Verneinung ¬A wahr sein (s. Tab. 4.1).

Tabelle 4.1 Wahrheitstafel für die Negation

A	¬A
wahr (W)	F
falsch (F)	W

Logische Äquivalenz. Die Aussage A ↔ B (A ist äquivalent zu B) ist immer dann wahr, wenn die Wahrheitswerte der beiden Aussagen übereinstimmen, also beide W oder beide F sind (s. Tab. 4.2).

Tabelle 4.2 Wahrheitstafel für die logische Äquivalenz

A	B	A ↔ B
W	F	F
F	W	F
W	W	W
F	F	W

Und-verknüpfte Aussage (Konjunktion). Die Aussage A ∧ B (lies: »A und B«) ist immer dann (und nur dann) wahr, wenn sowohl A als auch B jeweils wahr sind. Andernfalls ist A ∧ B falsch, wenn nämlich entweder A oder B oder beide Aussagen falsch sind (s. Tab. 4.3).

Tabelle 4.3 Wahrheitstafel für die Konjunktion

A	B	A ∧ B
W	F	F
F	W	F
W	W	W
F	F	F

Nicht-ausschließendes Oder (Disjunktion). Die Aussage A ∨ B (lies: »A oder B«) ist immer dann wahr, wenn mindestens eine der beiden Teilaussagen A oder B wahr ist – also auch dann, wenn beide Teilaussagen wahr sind. A ∨ B ist nur dann falsch, wenn sowohl A als auch B falsch sind (s. Tab. 4.4.).

Tabelle 4.4 Wahrheitstafel für die Disjunktion

A	B	A ∨ B
W	F	W
F	W	W
W	W	W
F	F	F

Materiale Implikation (auch Konditional genannt). Hier werden zwei Aussagen A und B zu einer neuen Aussage verbunden, die besagt, dass A eine hinreichende Bedingung für B ist; dass also B wahr ist, sobald A wahr ist. Die Wahrheitstafel ist diesmal etwas schwieriger nachzuvollziehen. A → B ist nämlich fast immer wahr, es sei denn, die Aussage A ist wahr und die Aussage B ist falsch. Wenn umgekehrt

A falsch und B wahr ist, wird A → B trotzdem der Wahrheitswert W zugeordnet (s. Tab. 4.5).

Tabelle 4.5 Wahrheitstafel für die materiale Implikation / Konditional

A	B	A → B
W	F	F
F	W	W
W	W	W
F	F	W

Betrachten wir hierfür ein Beispiel und überlegen, warum der Wahrheitswert des folgenden Satzes W ist: »Wenn 5 eine gerade Zahl ist, ist 6 eine gerade Zahl«. Die Aussage A (»5 ist eine gerade Zahl«) ist falsch, und die Aussage B (»6 ist eine gerade Zahl«) ist wahr, also ist laut unserer Wahrheitstafel die Aussage A → B ebenfalls wahr. Der Satz »Wenn 6 eine gerade Zahl ist, ist 5 eine gerade Zahl« hat hingegen den Wahrheitswert F, weil diesmal A wahr und B falsch ist. Man kann diese seltsame Definition der Wahrheitswerte in zwei Merksätzen zusammenfassen. Der erste greift die Tatsache auf, dass alle Konditionale mit falschen Wenn-Aussagen immer den Wahrheitswert W ergeben, egal ob die Dann-Aussage wahr oder falsch ist: »Aus Falschem folgt Beliebiges.« Der zweite Merksatz drückt aus, dass Konditionale nur dann den Wahrheitswert F haben, wenn die Wenn-Aussage richtig, die Dann-Aussage aber falsch ist: »Aus etwas Wahrem kann nichts Falsches folgen«.

Logische Gültigkeit und inhaltliche Richtigkeit. Aus diesen Betrachtungen ist schon ersichtlich, dass man den Wahrheitswert einer logischen Aussage nicht mit deren inhaltlicher Richtigkeit verwechseln darf. Die Aussage »der Mond ist aus Käse, also ist heute Mittwoch« ist von der Form »WENN Mond aus Käse, DANN Mittwoch« und hat somit den Wahrheitswert W, so wie alle Konditionale mit falscher Wenn-Aussage. Trotzdem ist er inhaltlich natürlich falsch. Die Aussagenlogik informiert uns lediglich darüber, wie sich Aussagen mit festgelegten Wahrheitswerten logisch korrekt miteinander verknüpfen lassen. Um darüber hinaus zu Ergebnissen zu gelangen, die nicht nur formal gültig, sondern auch inhaltlich richtig sind, müssen wir über die inhaltliche Richtigkeit der einzelnen Aussagen genau Bescheid wissen.

Formale Aussagenlogik

Die Aussagenlogik stellt eine Art Regelwerk für konditionale Schlüsse dar. Diese Art von Schlüssen kommt im Alltag sehr häufig vor. Ein typisches Beispiel ist das folgende:

► Wenn es regnet, ist die Straße nass. (Prämisse 1)
► Es regnet. (Prämisse 2)
► → Die Straße ist nass. (Konklusion)

Diese drei Sätze werden als konditionales Schlussschema bezeichnet. In der allgemeinen Form könnte man das obige Beispiel auch so darstellen:

► Wenn P, dann Q. (Wenn es regnet, ist die Straße nass.)
► Gegeben P. (Es regnet.)
► → Q. (Die Straße ist nass.)

Diese Form des konditionalen Schlussschemas wird als »Modus ponens« (von lat. ponere = setzen, stellen, legen) bezeichnet, eine Schlussfigur, bei der aus zwei Prämissen eine positive Konklusion hergeleitet wird. Eine andere Form ist der »Modus tollens« (von lat. tollere = aufheben, beseitigen), bei dem eine negative Konklusion hergeleitet wird:

► Wenn P, dann Q. (Wenn es regnet, ist die Straße nass.)
► Nicht Q. (Die Straße ist nicht nass.)
► → Nicht P. (Es regnet nicht.)

Modus ponens und Modus tollens bezeichnen zwei wichtige Arten von logisch zulässigen Schlüssen (es gibt noch mehr). Formal nicht zulässig ist dagegen der folgende Schluss:

► Wenn P, dann Q. (Wenn es regnet, ist die Straße nass.)
► Nicht P. (Es regnet nicht.)
► → Nicht Q. (Die Straße ist nicht nass.)

Dass dieses Schlussschema, das auf einer Negation einer der Prämissen beruht, falsch ist, kann an dem Regenbeispiel leicht verdeutlicht werden, denn schließlich kann die Straße ja auch nass sein, weil jemand gerade sein Auto dort gewaschen hat. Ebenso ist es falsch, aus einer gegebenen Konklusion (»die Straße ist nass«) auf die Gültigkeit der Prämisse »es regnet« zu schließen. Dass Menschen mit solchen logischen Schlüssen, insbesondere mit dem Modus tollens, häufig nicht umgehen können, zeigen die klassischen Experimente zur Auswahlaufgabe von Wason (1966).

Die Auswahlaufgabe von Wason (1966)

Fragestellung. Wie gehen Menschen mit Problemen der formalen Logik, insbesondere mit dem Modus tollens um?

Methoden. Versuchspersonen werden vier Karten mit Buchstaben oder Zahlen gezeigt (s. Abb. 4.4 a). Die Aufgabe lautet folgendermaßen: »Drehe diejenigen Karten um, die zeigen können, ob die folgende Aussage korrekt ist: Wenn auf der Vorderseite einer Karte ein Vokal zu sehen ist, dann ist auf ihrer Rückseite eine gerade Zahl.« Dabei sollten so wenige Karten wie möglich, aber so viele wie nötig umgedreht werden.

Ergebnisse und Schlussfolgerungen. Welche Karte sollte man hier zuerst umdrehen? Ein Großteil der untersuchten Stichprobe, 89 % der Versuchspersonen, entschied sich für die Karte mit dem Vokal »E«. Mit dieser Karte kann zwar die in der Instruktion genannte Regel über den Modus ponens verifiziert werden. Wenn sich auf der Rückseite der Karte tatsächlich, wie von der Regel vorhergesagt, eine gerade Zahl befindet, ist aber noch nicht bekannt, ob die Regel stimmt oder nicht. Sie stimmt zwar in diesem einen Fall, wenn aber überprüft werden soll, ob die Regel generell stimmt, sollte ein Beispiel gewählt werden, in dem die Regel auch scheitern kann. Versuchspersonen sollten also versuchen, die Regel zu falsifizieren. Welche Karte sollte umgedreht werden?

Am besten ist hierzu die Karte mit der Zahl »7« geeignet, denn auf ihrer Rückseite darf sich kein Vokal befinden, damit die Regel zutrifft. Findet man doch einen Vokal, so ist die Regel eindeutig falsch. Das Umdrehen dieser Karte entspricht dem Modus tollens (nachzuvollziehen mithilfe der Abb. 4.4 a, in der unter den Karten die Symbole P, nicht P, Q, und nicht Q notiert sind):

▶ Wenn P, dann Q. (Wenn auf der Vorderseite ein Vokal zu sehen ist, dann ist auf der Rückseite eine gerade Zahl.)
▶ Nicht Q. (Auf der Rückseite befindet sich keine gerade Zahl.)
▶ → Nicht P. (Auf der Vorderseite befindet sich kein Vokal.)

Nur 25 % aller untersuchten Versuchspersonen entschieden sich für die Karte mit der Zahl »7«, anhand derer sich die Regel überprüfen lässt. Weitaus mehr Personen (62 %) entschieden sich für die »4«, aus der sich nur ein fehlerhafter Schluss ableiten lässt. Nur 16 % der Versuchspersonen unterlagen dem Irrtum, dass sich die Regel über das Umdrehen des Buchstabens »K« überprüfen lasse: Auf diese Weise kann die Regel jedoch weder bestätigt noch widerlegt werden.

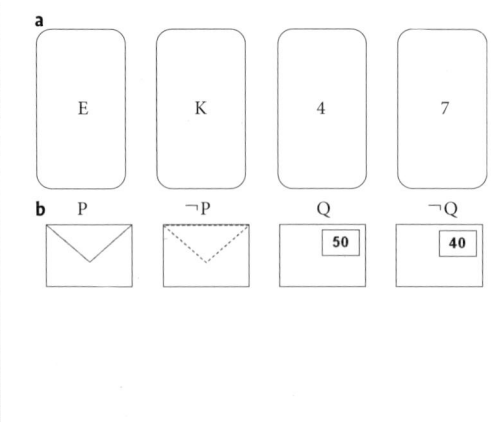

Abbildungen 4.4 Untersuchungsmaterial aus der Selektionsaufgabe. In der Selektionsaufgabe von Wason (1966) mussten Versuchspersonen durch das Umdrehen geeigneter Karten Aussagen auf ihre formale Richtigkeit überprüfen. **a** Karten in der abstrakten Version der Selektionsaufgabe mit logischen Bezeichnungen (P, nicht P, Q, nicht Q). **b** Karten in der semantisch eingekleideten Version der Auswahlaufgabe (s. u.). Die gestrichelte Linie kennzeichnet den offenen Briefumschlag.

Erklärungsansätze: Variation der Auswahlaufgabe von Wason

Warum schneiden Versuchspersonen insgesamt so schlecht in dieser Aufgabe ab? Eine mögliche Erklärung könnte die Abstraktheit der Aufgabe sein. Durch konkrete, aus dem Alltag genommene Inhalte konnte die Leistung der Versuchspersonen tatsächlich verbessert werden. Versuchspersonen wurden hierbei Briefumschläge von vorne oder hinten gezeigt, die entweder offen (in Abb. 4.4b durch gestrichelte Linie gekennzeichnet) oder verschlossen waren und entweder mit einer 40- oder 50-Cent-Marke frankiert waren. Die Regel lautete hier: »Wenn der Briefumschlag verschlossen ist, dann ist er mit einer 50-Cent-Marke frankiert.« In dieser Aufgabe stieg die Wahrscheinlichkeit korrekter Entscheidungen drastisch. Anhand von Abbildung 4.4b können Sie selbst überprüfen, ob die Einbettung der Aufgabe in einen Alltagskontext bei der Lösungsfindung hilft.

In der Literatur finden sich unterschiedliche Erklärungsansätze für die Verbesserung der Leistung in der Auswahlaufgabe bei kontextuellen Einbettungen.

(1) **Heuristiken:** Die Lösung in der Auswahlaufgabe beruht nicht auf logischer Deduktion, sondern auf der Verwendung einfacher Faustregeln (Heuristiken) und den daraus resultierenden Urteilsverzerrungen (s. Abschn. 4.4.2). Versuchspersonen wählen die Karten, die zu den in der Instruktion genannten Instanzen passen, nämlich den Vokal (»E«) und die gerade Zahl (»4«).

(2) **Domänenspezifische Ansätze:** Soll z. B. die Regel »wenn eine Person Alkohol trinkt, muss sie älter als 18 Jahre sein« überprüft werden, so wählen die meisten Versuchspersonen richtig die Karten »trinkt Alkohol« und »ist jünger als 18 Jahre«. Versuchspersonen aktivieren offenbar ein pragmatisches Denkschema, nach dem überprüft wird, ob ein bestimmtes Verhalten

erlaubt ist oder nicht. Das entspricht nun aber genau dem Modus tollens: Wenn die Voraussetzungen nicht erfüllt sind (»ist jünger als 18 Jahre«), darf die Handlung (»trinkt Alkohol«) nicht ausgeführt werden. Der Befund, dass Versuchspersonen in der Alkohol-Variante der Auswahlaufgabe so gut abschneiden, wurde auch durch die »Theorie sozialer Kontrakte« (ein evolutionspsychologischer Ansatz) erklärt. Hier wird angenommen, dass die Situation einen Mechanismus zur Identifizierung eines Betrügers (einer Person, die trotz ihrer Minderjährigkeit Alkohol trinkt) aktiviert.

Prädikatenlogik

Die Prädikatenlogik stellt nach der Aussagenlogik die zweite Variante der Logik dar. Dieser Teilbereich der Logik beschäftigt sich mit der internen Struktur von Aussagen, wie im folgenden Beispiel dargestellt:

▶ Karl ist größer als Thomas. (Prämisse 1)
▶ Thomas ist größer als Miriam. (Prämisse 2)
▶ → Karl ist größer als Miriam. (Konklusion)

Hier ist die Aussage »… ist größer als …« ein so genanntes Prädikat, also etwas, das über ein Objekt ausgesagt werden kann. Die Regel für das Prädikat »ist größer als« lautet hier: Für alle x, y und z gilt: Wenn x größer ist als y und y größer ist als z, dann ist x größer als z.

Definition

Logische Schlussformen, wie sie im vorangegangenen Absatz beschrieben werden, bezeichnet man als **Syllogismen**. Syllogismen bestehen immer aus zwei Prämissen und einer Schlussfolgerung (Konklusion).

In der Prädikatenlogik werden häufig Quantoren (z. B. positive Quantoren wie »alle«, »einige«; negative Quantoren wie »keine«, »einige nicht«) verwendet, z. B. im folgenden, häufig verwendeten Syllogismus:

▶ Alle Menschen sind sterblich.
▶ Sokrates ist ein Mensch.
▶ → Sokrates ist sterblich.

Auch bei Syllogismen kommen Menschen häufig zu falschen Schlussfolgerungen. Ein Problem liegt z. B. darin, dass für eine so genannte All-Aussage der Art »alle Bälle sind Sportgeräte« gelegentlich angenommen wird, dass auch die umgekehrte Form, nämlich »alle Sportgeräte sind Bälle«, gelten müsse. Dies ist jedoch nicht zutreffend. Eine solche Konversion (Umkehr) ist nur möglich für die Aussagen »einige A sind B« (hier gilt auch »einige B sind A«) und »kein A ist B« (hier gilt auch »kein B ist A«). Eine

Konversion ist nicht möglich für All-Aussagen oder Aussagen der Art »einige A sind nicht B« (hier gilt nicht »einige B sind nicht A«). Wenn Personen eine All-Aussage der Art »alle Bälle sind Sportgeräte« oder »alle A sind B« hören, stellen sie sich automatisch Bälle vor (Basketbälle, Volleybälle, Medizinbälle), die ja Sportgeräte sind, nicht aber Sportgeräte (Barren, Reck, Matte), die eindeutig keine Bälle sind. Daher kommen Menschen fälschlicherweise zu dem Schluss, dass »alle B sind A« auch gültig ist.

Fazit

Die empirischen Befunde zu Aufgaben aus dem Bereich des deduktiven Schlussfolgerns belegen eindeutig, dass Menschen häufig Schwierigkeiten im Umgang mit logischen Schlüssen haben. Am schwierigsten scheint der Umgang mit negativen Schlussfolgerungen (Modus tollens) zu sein, wie die Experimente zur Auswahlaufgabe von Wason (1966) eindrucksvoll belegen. Die Ursachen hierfür sind noch weitgehend unklar. Belegt ist jedoch, dass die Leistung beim deduktiven Schließen steigt, wenn die Aufgaben nicht abstrakt dargeboten, sondern in einen Alltagskontext eingebunden werden. Für eine Analyse von Denk- und Urteilsfehlern sind abstrakte Betrachtungsweisen aber trotzdem interessant.

4.4.2 Induktives Schlussfolgern

Möglicherweise deuten die Schwierigkeiten beim Umgang mit Logik darauf hin, dass Menschen letztlich oft keine rationalen Entscheidungen treffen. Dies zeigen die zwei Selbstversuche zum *Reisenden-Dilemma* und dem *Monty-Hall Problem* (s. Online Materialien). Zudem sind Entscheidungssituationen im Alltag meistens dadurch gekennzeichnet, dass nicht ausreichend Information für streng logische Schlüsse zur Verfügung steht. Sollte man den Urlaub lieber frühzeitig buchen oder auf Last-minute-Angebote warten? Oder sogar: Welches Jobangebot soll man annehmen? Ist es Zeit, mit der Partnerin oder dem Partner zusammenzuziehen? Usw. Im Laufe unseres Lebens treffen wir eine Vielzahl folgenschwerer Entscheidungen dieser Art. Mit solchen Situationen befasst sich der Themenbereich des induktiven Schlussfolgerns.

Unter **Entscheidungen** versteht man den Prozess, bei dem Personen zwischen mindestens zwei Alternativen (z. B. Objekte oder Handlungen) wählen und eine Option selektieren, die in eine konkrete Handlung münden kann. Anders als beim Urteilen, bei dem Handlungskonsequenzen weniger bedacht werden, ist beim Entscheiden das Bestreben leitend, erwünschte Konsequenzen zu maximieren und unerwünschte zu minimieren.

Urteilen und Entscheiden mit Heuristiken

Nicht immer steht für Entscheidungen ausreichend Information zur Verfügung: Ein bewusstloser Patient wird in die Notaufnahme eingeliefert. Sekundenschnell muss eine Diagnose erstellt werden, um einer möglicherweise lebensbedrohlichen Entwicklung vorzubeugen. Eine solche Situation zeichnet sich durch Zeitdruck, hohes Risiko und die Unsicherheit der verfügbaren Informationen aus. Es wäre wünschenswert, alle verfügbaren Informationen systematisch zu sammeln, auszuwerten, zu gewichten und dann zu einer Entscheidung zu kommen. Dafür reicht jedoch die Zeit nicht aus. In einer solchen Situation basiert die diagnostische Entscheidung daher häufig auf Wahrscheinlichkeitsurteilen. Entscheidungen in solchen Situationen werden oft auf Basis so genannter »einfacher Heuristiken« getroffen.

In der Denkpsychologie wird eine **Heuristik** als eine Art Faustregel verstanden, die zu einer Aussage verhilft, ohne dass logische Schlüsse erforderlich sind. Eine Heuristik ist eine einfache, aber fehleranfällige Strategie, die zu einer effizienten Problemlösung führt. Der Begriff »Heuristik« leitet sich vom griechischen Verb »heuriskein« (finden, entdecken) ab.

In der Notaufnahmesituation könnte eine Heuristik zur Identifikation eines Herzinfarkts z. B. auf Blutdruck und Alter des Patienten beruhen. Empirische Untersuchungen haben bestätigt, dass Menschen bei Entscheidungen im Alltag Heuristiken verwenden. Heuristiken können zwar gelegentlich zu Urteilsfehlern führen, bringen häufig aber die gleichen oder sogar bessere Entscheidungen hervor als analytische Urteile.

Heuristiken und Urteilsfehler: Das Forschungsprogramm »Kognitive Täuschungen«

Das Forschungsprogramm »Kognitive Täuschungen« der einflussreichen Forscher Daniel Kahneman (der im Jahr 2002 für seine Forschungsarbeiten zu Entscheiden unter Unsicherheit den Nobelpreis für Wirtschaftswissenschaften erhielt) und Amos Tversky (Tversky & Kahneman, 1974) beschäftigt sich mit den möglichen Urteilsfehlern, die aus der Verwendung von Heuristiken resultieren können. Diese kognitiven Täuschungen (in Analogie zu visuellen Täuschungen) stellen systematische Abweichungen zwischen menschlichen Urteilen und Urteilen auf Basis der Wahrscheinlichkeitstheorie dar. Den Autoren zufolge kann die Verwendung von Heuristiken erklären, warum Menschen (ökonomisch oder rational gesehen) unter Unsicherheit, also in Zeitnot oder bei unzureichender Information, nicht immer optimale Entscheidungen fällen. Die Autoren unterscheiden drei elementare Heuristiken, die im Folgenden erläutert werden.

Verfügbarkeitsheuristik. Eine Entscheidung basiert auf der Information, die einem in der Entscheidungssituation am leichtesten in den Sinn kommt, also am ehesten verfügbar ist. Werden Versuchspersonen gefragt, ob mehr Menschen bei Flugzeugunglücken oder bei Autounfällen ums Leben kommen, so wird die Zahl der Flugzeugunglücksopfer überschätzt. Die Auftretenshäufigkeit von schwerwiegenden Ereignissen wird leicht überschätzt, weil sich diese leichter einprägen.

Repräsentativitätsheuristik. Bei einer Entscheidung wird die Person, das Objekt oder Ereignis bevorzugt, das als typisch im Vergleich zu anderen Personen, Objekten oder Ereignissen dieser Art eingeschätzt wird. Betrachten wir die folgende Situation: In der Schlange am Zeitungskiosk steht ein Herr in Anzug und mit Aktenkoffer. Welche Zeitung wird er wohl kaufen? Die meisten Befragten werden es vermutlich für wahrscheinlicher halten, dass diese Person die FAZ kauft, als dass sie die BILD erwirbt. Die Attribute des Kunden (Anzug, Aktenkoffer) stimmen eher mit unserem mentalen Bild des FAZ-Lesers als dem des BILD-Lesers überein, d. h. die Attribute sind repräsentativer für den FAZ-Leser. Dass es hier zu Fehlurteilen kommen kann, liegt auf der Hand.

Anker- und Anpassungsheuristik. Eine zufällig gegebene Zahl wird als Anker für eine Schätzung verwendet. Werden Versuchspersonen gebeten, möglichst schnell das Produkt der Zahlen 1, 2, 3, 4, 5, 6, 7, 8 und 9 zu schätzen, so fällt die Schätzung niedriger aus (der Median liegt bei 512) als wenn die Personen möglichst schnell das Produkt der Zahlen 9, 8, 7, 6, 5, 4, 3, 2 und 1 schätzen sollen (hier liegt der Median bei 2250). Was passiert hier? Im ersten Fall wird das Produkt der ersten drei Zahlen ($1 \cdot 2 \cdot 3 = 6$) als »Anker« verwendet, und es wird nur ungenügend extrapoliert, d. h. das Urteil fällt viel zu niedrig aus (die richtige Antwort lautet in beiden Fällen 362 880!). Im zweiten Fall ist die Unterschätzung geringer, weil der Anker auf einem höheren Wert basiert (etwa $9 \cdot 8 \cdot 7 = 504$).

Tversky und Kahneman (1974) unterscheiden verschiedene Arten von Fehlern, zu denen es bei der Verwendung solcher Heuristiken kommen kann. Hier sollen die drei wichtigsten erläutert werden:

Basisraten-Missachtung (base-rate fallacy). Personen fällen Urteile, ohne die A-priori-Wahrscheinlichkeit (Grundwahrscheinlichkeit) des Auftretens eines Ereignisses zu beachten. Betrachten wir nochmals das Beispiel am Zeitungskiosk: Wenn die Zeitungsauflage beider Zeitungen als Entscheidungskriterium hinzugezogen wird (die Auflage der BILD ist etwa zehnmal höher als die Auflage der FAZ), so könnte das Urteil unter Berücksichtigung der Grundwahrscheinlichkeit anders ausfallen, denn es ist viel wahrscheinlicher, dass eine beliebige Person die BILD kauft.

Konjunktionsfehler (conjunction error). Es wird die Tatsache missachtet, dass die Wahrscheinlichkeit der Konjunktion zweier Ereignisse nicht größer als die Wahrscheinlichkeit eines Einzelereignisses sein kann. Dieser Fehler wurde von Tversky und Kahneman (1983) mit dem folgenden Textabschnitt verdeutlicht, der Versuchspersonen vorgelegt wurde: »Linda ist 31 Jahre alt, sie lebt allein, redet oft freimütig und ist sehr klug. Sie hat Philosophie studiert und war als Studentin in Fragen der sozialen Benachteiligung außerordentlich engagiert; außerdem nahm sie an Anti-Kernkraft-Demonstrationen teil. Welche Aussage halten Sie für wahrscheinlicher?

A: Linda ist Bankangestellte.

B: Linda ist Bankangestellte und in der Frauenbewegung aktiv.«

Die meisten Versuchspersonen wählten Alternative B. Diese Antwort ist falsch, weil die Menge derjenigen Frauen, die zugleich bei einer Bank angestellt und Feministinnen sind, nie größer sein kann als die Menge der Frauen, die nur Bankangestellte sind. Offenbar wird aber die Beschreibung von Linda als repräsentativer für Alternative B gesehen, weshalb die Konjunktion als wahrscheinlicher beurteilt wird.

Hohe Sicherheit (overconfidence). Die subjektiv empfundene Sicherheit eines Urteils und dessen Richtigkeit liegen häufig weit auseinander. Werden Versuchspersonen gebeten, gleichzeitig mit ihrem Urteil (z. B. Antwort auf die Frage: Welche Stadt ist größer, Islamabad oder Hyderabad?) anzugeben, wie sicher sie sich sind, dass ihre Antwort richtig ist, dann ist in der Regel die Sicherheit bzgl. der Richtigkeit der Antwort höher als die Häufigkeit der richtigen Antworten. Wenn die Person sich z. B. zu 100 % sicher war, dass die Antwort zutreffend war, waren nur etwa 80 % der Antworten tatsächlich richtig. Die Güte des eigenen Wissens wird also häufig überschätzt. Dieser Urteilsfehler kommt bei Experten, die häufig Urteile über die Sicherheit ihres eigenen Wissens abgeben müssen, jedoch weniger häufig vor. Eine andere, positivere Sichtweise von Heuristiken als die von Tversky und Kahneman verdeutlicht der Ansatz von Gigerenzer und Kollegen (1999), der im folgenden Abschnitt dargestellt wird.

Das Forschungsprogramm »Einfache Heuristiken als adaptive Werkzeuge«

Das Forschungsprogramm »Einfache Heuristiken« von Gerd Gigerenzer und Kollegen (Gigerenzer et al., 1999) belegt dagegen die Vorteile von einfachen Heuristiken in verschiedenen Entscheidungssituationen im Alltag. Es wird angenommen, dass Personen in Entscheidungssituationen aus einer Art mentalen Werkzeugkiste von Heuristiken auswählen können, um zu einer unter den gegebenen Umständen optimalen Entscheidung zu gelangen. Gigerenzer und Kollegen beschreiben diese Heuristiken als schnell und sparsam (»fast and frugal«), da nur ein Minimum an Information notwendig ist. Der wesentliche Unterschied zum Ansatz von Tversky und Kahneman besteht darin, dass Entscheidungen auf Basis von Heuristiken als unter den gegebenen Umständen optimal gesehen werden. Da eine gewählte Heuristik an die Entscheidungssituation optimal angepasst sein kann, wird auch von »ökologischer« Rationalität gesprochen. Während Tversky und Kahneman die Güte von Heuristiken lediglich mit den mathematisch korrekten Wahrscheinlichkeitsurteilen vergleichen (wobei Heuristiken zwangsläufig schlechter abschneiden), werden Heuristiken im Ansatz von Gigerenzer und Kollegen in Bezug auf ihre Angepasstheit an eine Entscheidungssituation beurteilt.

In einer Entscheidungssituation werden drei Arten von heuristischen Prinzipien benötigt: Heuristiken zur Informationssuche, Heuristiken zum Abbruch der Informationssuche, und Heuristiken zur Entscheidung.

(1) **Suchregeln** legen fest, in welcher Reihenfolge nach Informationen gesucht wird (z. B. zufällig oder nach einer bestimmten Rangordnung).

(2) **Abbruchregeln** vermeiden, dass die Suche endlos geht und legen ein Kriterium zum Abbruch der Informationssuche fest.

(3) **Entscheidungsregeln** bestimmen, wie auf Grundlage der gewonnenen Information eine Entscheidung getroffen wird.

Alle Heuristiken beruhen mehr oder weniger ausgeprägt auf dem Prinzip, dass für die erfolgreiche Anwendung der Heuristik ein Teil der verfügbaren Information ignoriert werden muss. Zwei ausgewählte Heuristiken werden im folgenden Abschnitt vorgestellt.

Rekognitionsheuristik. Wie der Name schon andeutet, beruht die Rekognitionsheuristik auf dem Prinzip des Wiedererkennens. In einer Situation, wie sie in einer typischen Fernsehquiz-Sendung wie »Wer wird Millionär« vorkommen kann, soll der Kandidat aus einer Anzahl von Alternativen die zutreffende Antwort auswählen. Hier liegen Kandidaten häufig richtig, wenn sie sich für die Alternative entscheiden, die ihnen am ehesten in den Sinn kommt (ähnlich wie bei der Verfügbarkeitsheuristik), weil sie die Alternative aus einem anderen Kontext wiedererkennen. Bei der Verwendung dieser Heuristik kann Vorwissen sogar eher hinderlich sein. Amerikanische Studenten, die gefragt wurden, welche Stadt größer sei, San Diego oder San Antonio, entschieden sich nur in 62 % der Fälle korrekt für San Diego. Die Trefferquote bei deutschen Studenten lag hingegen bei 100 %. Während die amerikanischen Studenten vermutlich beide Städte kannten, verfügbare Information abriefen, abwogen und dabei gelegentlich falsch lagen, wählten die deutschen Studenten einfach diejenige der beiden Städte, von denen sie schon einmal gehört hatten. Selbstverständlich funktioniert die Rekognitionsheuristik nur dann, wenn das Wiedererkennen mit dem Kriterium (in diesem Fall der Größe der Stadt) korreliert ist (von einer größeren Stadt hat man eher schon gehört als von einer kleineren).

Dass die Rekognitionsheuristik erfolgreich im Alltag angewendet wird und häufig sogar erfolgreicher ist als Entscheidungen, die auf der systematischen Auswertung und Gewichtung von Informationen beruhen, konnte in weiteren empirischen Studien nachgewiesen werden. Und dass die Rekognitionsheuristik selbst bei komplexen Entscheidungen erfolgreich ist, haben Gigerenzer und Kollegen eindrucksvoll anhand der Entscheidung zum Aktienkauf gezeigt. Die Autoren befragten dazu Passanten, die selbst keine Experten waren, welche Aktien sie kaufen würden. Die meisten Personen nannten Aktien von Unternehmen, von denen sie schon einmal gehört hatten. Das Aktienpaket, das Gigerenzer auf dieser Basis zusammenstellte, schnitt besser ab als 88 % der von Fachleuten nach analytischen Kriterien zusammengestellten Portfolios.

»Take the best« (TTB)-Heuristik. Nehmen wir nochmals das Beispiel vom Einwohnervergleich zweier Städte, z. B. Hannover und Braunschweig. In diesem Fall werden die meisten Leser dieses Buches beide Städte wiedererkennen – die Rekognitionsheuristik kann deshalb nicht angewendet werden. Konfrontiert mit der Frage, welche der beiden Städte größer ist, muss nun nach anderen Prädiktoren gesucht werden. Natürlich sind wieder nur solche Prädiktoren hilfreich, die tatsächlich mit der Größe der Stadt in Verbindung stehen. Dass eine Stadt eine Universität hat, ist z. B. nicht notwendigerweise ein Hinweis darauf, dass es sich um eine große Stadt handelt (auch viele kleine Städte, wie Gießen oder Marburg, haben Universitäten). Dagegen wären das Vorhandensein eines internationalen Flughafens oder eines Messegeländes geeignete Prädiktoren für das Kriterium Einwohnerzahl. Dabei wird zunächst für jeden Prädiktor bestimmt, ob er für die Entscheidungsalternative zutrifft (Hannover hat beispielsweise einen internationalen Flughafen, Braunschweig dagegen nicht). In diesem Fall könnte man die Suche nach weiteren Prädiktoren schon hier abbrechen, und eine Entscheidung zugunsten von Hannover als größere Stadt treffen. Ein Merkmal der TTB-Heuristik ist tatsächlich, dass die Entscheidung in nur einem Schritt erfolgt. Die Entscheidung für oder gegen eine Antwortalternative basiert auf nur einem Prädiktor, nämlich dem ranghöchsten (also dem

Prädiktor, der voraussichtlich am besten zwischen den Entscheidungsalternativen diskriminiert).

Auch hier zeigen empirische Befunde, dass Menschen die TTB-Heuristik relativ intuitiv im Alltag verwenden. Allerdings hat sich der Erfolg solcher Heuristiken bisher nur in einfachen Entscheidungssituationen (wie Quizfragen, Fußballwetten oder Aktienkäufen) gezeigt. Zwar liegt einem Aktienkauf ein komplexes Informationsgefüge zugrunde, aber letztlich geht es auch hier um eine klar umgrenzte, einstufige Entscheidung, die auf Basis solcher Prädiktoren wie der Bilanz des Unternehmens im vergangenen Geschäftsjahr getroffen werden kann. Was aber geschieht in Bereichen, in denen wir nicht in der Lage sind, die verfügbaren Prädiktoren auf ihre Güte zu bewerten, oder in denen uns schlicht keine Prädiktoren zur Verfügung stehen? Den menschlichen Umgang mit solchen Situationen werden wir unter Abschnitt 4.5.2 zum komplexen Problemlösen intensiver betrachten. Die Forschung zu simplen Heuristiken hat sich auch solchen Fragen gewidmet, wie wann welche Heuristik angewendet wird und welche Rolle die Präsentation von Informationen, die Arbeitsgedächtniskapazität oder andere Personmerkmale wie Intelligenz und Intuition dabei spielen (z. B. Betsch & Glöckner, 2010; Bröder, 2003; Bröder & Hilbig, 2017).

Fazit

Wenn Menschen Entscheidungen unter Unsicherheit treffen müssen, kommt es gelegentlich zu Fehlurteilen. Tversky und Kahneman (1974) legen eine Erklärung dafür vor, wie es zu diesen Urteilsfehlern kommen kann und postulieren, dass Menschen aufgrund ihrer begrenzten Ressourcen auf einfache und fehleranfällige Heuristiken zurückgreifen.

Heuristiken müssen aber nicht unbedingt zu schlechteren Entscheidungen führen, sondern können sogar besser sein als Entscheidungsalgorithmen, die auf Wahrscheinlichkeitsurteilen basieren. Dem Ansatz von Gigerenzer und Kollegen (1999) zufolge ist lediglich entscheidend, dass die gewählte Heuristik an die Situation optimal angepasst ist.

Die psychologische Forschung zum Schlussfolgern hat sich mit dem Verhalten von Menschen in zwei Arten von Entscheidungssituationen auseinandergesetzt.

▶ Beim deduktiven Schlussfolgern werden nach logischen Gesetzen Aussagen aus fest vorgegebenen Fakten abgeleitet.

▶ Der Umgang mit Gesetzen der Logik, insbesondere das Ableiten verneinender Aussagen (Modus tollens), fällt Menschen oft schwer.

▶ Im Alltag sind wir häufig mit Situationen konfrontiert, in denen wir Entscheidungen schnell und auf Basis unvollständiger Information –

unter Unsicherheit und / oder Risiko – treffen müssen. Beim induktiven Denken werden aus Wahrscheinlichkeitsaussagen Entscheidungen abgeleitet.

▶ Zum Urteilen und Entscheiden verwenden Menschen oft intuitiv einfache Faustregeln (Heuristiken), die effizient, aber fehleranfällig sind.

4.5 Problemlösen und Entscheiden

In diesem Abschnitt soll ein Themenbereich der Denkpsychologie vorgestellt werden, der sich mit dem Verhalten von Menschen in einfachen und komplexeren Aufgaben- und Problemsituationen beschäftigt. Der Teilbereich des einfachen Problemlösens befasst sich mit der menschlichen Kompetenz im Umgang mit überschaubaren, statischen Aufgaben wie z. B. einer Rechenaufgabe oder einer so genannten Denksportaufgabe. Beim komplexen Problemlösen geht es dagegen um den Umgang mit alltagsnahen, dynamischen Situationen, wie z. B. das Führen eines kleinen wirtschaftlichen Unternehmens. Während beim einfachen Problemlösen das Problem in der Regel klar definiert ist, sind beim komplexen Problemlösen mehrstufige Entscheidungen notwendig, die von einer Vielzahl von externen Faktoren beeinflusst werden können, die sich ihrerseits ständig verändern. Dieser Forschungsbereich betrachtet nicht nur die Denkprozesse des Problemlösers, sondern untersucht zusätzlich emotionale und motivationale Komponenten sowie Persönlichkeitsmerkmale.

> **Definition**
>
> Unter **Problemlösen** versteht man die Reduktion der Diskrepanz zwischen einem Ist-Zustand und einem angestrebten Zielzustand (Soll-Zustand).

Für die Reduktion der Diskrepanz stehen dem Problemlöser Maßnahmen, so genannte Operatoren, zur Verfügung (Funke, 2003; Newell & Simon, 1972). In einfachen Problemsituationen sind Ausgangs- und Zielzustand des Problems bekannt, Operatoren (wie z. B. eine Schachregel, wenn man Schach als vergleichsweise einfaches, statisches Problem betrachtet) sind verfügbar und müssen lediglich richtig eingesetzt werden. In komplexen Problemsituationen dagegen sind Ausgangs- und Zielzustand häufig nicht klar definiert, und Operatoren zur Problemlösung müssen erst gefunden oder sogar generiert werden.

4.5.1 Einfaches Problemlösen und Statisches Entscheiden

Paradigmen des einfachen Problemlösens

Die Forschung zum Problemlösen ist von der (methodischen) Frage geprägt worden, wie sich Problemlöseprozesse sichtbar machen lassen. Der Erkenntnisfortschritt ist daher eng mit den verwendeten experimentellen Paradigmen verbunden.

▶ Im Rahmen des informationstheoretischen Ansatzes des Problemlösens (s. Abschn. 4.2) wurden Paradigmen mit sequentiellen Problemstellungen entwickelt, die eine schrittweise Bearbeitung der gestellten Aufgabe erfordern. Über die Bildung von Zwischenzielen nähert sich der Problemlöser der Aufgabenlösung immer weiter an.

▶ Die im Rahmen der gestaltpsychologischen Denkforschung (s. Abschn. 4.2) entwickelten Paradigmen sind so genannte »Probleme mit Trick«, die sich in einem Schritt lösen lassen, sobald der Problemlöser die richtige Problemeinsicht hat. Diese Problemstellungen werden auch als Syntheseprobleme oder Einsichtsprobleme bezeichnet (s. Abb. 4.6 a).

Sequentielle Probleme

Sequentielle oder heuristische Probleme sind Problemstellungen, die eine schrittweise Analyse der Problemlösesituation erfordern und in denen sich Unterprobleme sequentiell (nacheinander) abarbeiten lassen. Der Ist-Zustand wird laufend mit dem Problemlöseziel (Soll-Zustand) verglichen, und entsprechend des Lösungsfortschritts wird der nächste Problemlöseschritt ausgewählt. Ein Beispiel sind so genannte kryptarithmetische Probleme. Diese stellen den Problemlöser vor die Aufgabe, Buchstaben so in Ziffern umzuwandeln, dass eine arithmetische Operation gültig ist (z. B. FLOCKE + FLOCKE = SCHNEE oder SEND + MORE = MONEY). Diese Aufgaben können in ihrer Schwierigkeit durch die Anzahl und Verschiedenartigkeit der Buchstaben oder durch Vorgabe einer Zahl oder mehrerer Zahlen variiert werden.

Aufgaben wie der »Turm von Hanoi« (Abb. 4.5) werden sowohl in der Problemlöseforschung als auch in der klinischen Diagnose von Planungs- und Problemlösestörungen eingesetzt (s. auch Abschn. 4.6). Diese sequentiellen Problemstellungen können nicht in einem Schritt bearbeitet werden, sondern es sind mehrere Lösungsschritte erforderlich. Die Aufgabe ist die folgende: Auf einem Brett sind drei Stäbe montiert, wobei sich auf einem Stab (sagen wir auf dem linken) drei Scheiben verschiedener Größe befinden. Diese drei Scheiben (Ist-Zustand) sollen auf den rechten Stab gebracht werden (Soll-Zustand). Dabei sind zwei Regeln zu beachten:

(1) Es darf immer nur eine Scheibe bewegt werden.

(2) Es darf nie eine größere Scheibe auf einer kleineren Scheibe liegen.

Der Ausgangszustand der Aufgabe ist in Abbildung 4.5 ganz oben dargestellt. Darunter befinden sich alle zulässigen Zwischenzustände des Problems. Am schnellsten gelangt man zum Ziel, wenn man sich am rechten Rand der Lösungspyramide entlang bewegt. Dabei muss man sich im ersten Schritt zunächst scheinbar vom Zielzustand wegbewegen, indem die kleinste Scheibe nicht etwa auf den mittleren Stab, sondern auf den Zielstab gelegt wird.

Der Vorteil dieser Art sequentieller Problemstellungen ist, dass die Aufgaben in ihrer Schwierigkeit stufenweise variiert werden können. Zudem wird durch das Eingreifen der Versuchsperson (z. B. das Umlegen einer Scheibe im Turm von Hanoi) jeder Problemlöseschritt direkt sichtbar gemacht. Allerdings sind diese einfachen Probleme nicht sehr alltagsnah und insofern für die Vorhersage von Problemlöseleistungen im Alltag nur von eingeschränkter Validität.

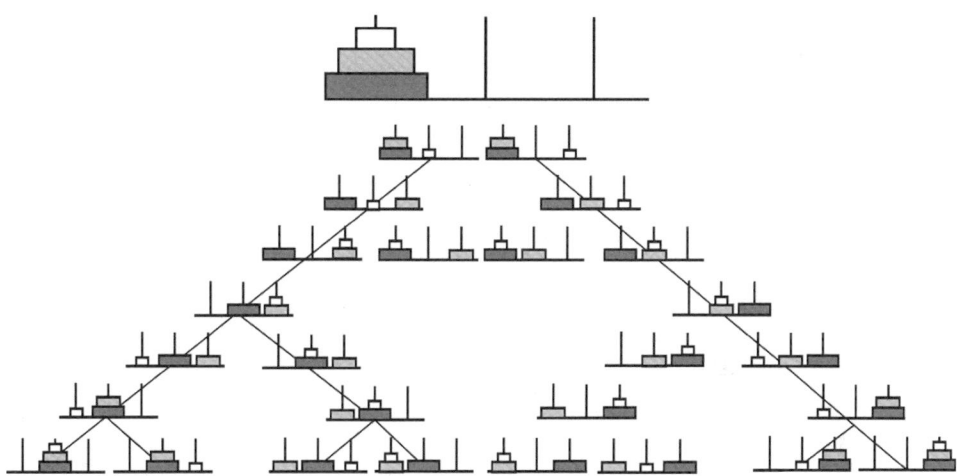

Abbildung 4.5 Der Turm von Hanoi. Er ist ein prominentes Beispiel für ein Paradigma des einfachen Problemlösens. Am Kopf der Pyramide ist der Ausgangszustand dargestellt. Aufgabe der Versuchsperson ist es, die drei Scheiben vom ersten auf den dritten Stab zu bringen, wobei zwei Regeln zu berücksichtigen sind. Die Pyramide stellt alle zulässigen Zwischenzustände des Problems dar. Der schnellste Lösungsweg besteht aus den Schrittfolgen, die am rechten äußeren Rand der Pyramide dargestellt sind (sieben Scheibenbewegungen zur Lösung).

Der General Problem Solver (GPS)

Der Umgang mit sequentiellen Problemen lässt sich auch formal durch Computermodelle ausdrücken. In ihrem Klassiker »Human Problem Solving« entwickelten der Informatiker Allen Newell und der Sozialwissenschaftler Herbert Simon eine Sichtweise des Problemlösens als Informationsverarbeitung (Newell & Simon, 1972). Neben dem Verständnis der Aspekte menschlichen Problemlösens stand hier das Ziel im Vordergrund, Maschinen zu entwickeln, die Probleme lösen können. Einen der ersten Erfolge feierte die Forschung zur Künstlichen Intelligenz mit der Entwicklung des »General Problem Solvers« (GPS). Der GPS ist ein Computerprogramm, das eine Reihe allgemeiner Problemlösemechanismen enthält, die auf unterschiedliche einfache Probleme (wie z. B. Zahlenpuzzle oder Schachaufgaben) angewendet werden können. In der Terminologie des GPS wird ein bestimmter Operator (z. B. eine Schachregel) auf ein bestimmtes Objekt (z. B. eine Schachfigur) angewendet, um einen neuen Zustand zu erzeugen (das Ziehen einer Schachfigur auf eine neue Position). Dabei wird zunächst ein Hauptziel identifiziert (z. B. dem Gegner die Dame wegnehmen), das dann in Unterziele zerlegt wird, die schrittweise angestrebt werden. In Analogie zu Verarbeitungsprozessen im Computer lassen sich die zugrunde liegenden Denkprozesse in die Komponenten Eingabe (Ist-Zustand), Speicher (Abruf von Operatoren), Verarbeitung (Analyse von Ist- und Soll-Zustand) und Ausgabe (Operatoranwendung, motorische Handlung) unterteilen.

Zu diesen Operatoren zur Problemlösung gehören Strategien wie die so genannte Mittel-Ziel-Analyse oder die Rückwärts-Analyse.

▶ **Mittel-Ziel-Analyse:** Bei der Mittel-Ziel-Analyse werden passende Operatoren nacheinander auf jeden Zwischenzustand angewendet. Jeder Operatoranwendung folgt eine erneute Situations- und Zielanalyse, die wiederum in der Wahl eines neuen Operators mündet. Dieses mehrstufige Verfahren wird so lange durchlaufen, bis die Unterschiede zwischen Ist- und Soll-Zustand beseitigt sind. Die Komponenten Ist-Zustand, verwendbare Operatoren und Soll-Zustand werden auch als »Problemraum« bezeichnet.

▶ **Rückwärts-Analyse:** Bei der Rückwärts-Analyse wird das Problem vom Zielzustand ausgehend analysiert. Das Vorgehen entspricht aber prinzipiell der Mittel-Ziel-Analyse.

Definition

Der **Problemraum** umfasst alle Zustände, die das Problem im Laufe des Lösungsprozesses einnehmen kann. Dabei sind vor allem die Wissenszustände des Problemlösers gemeint. Der Problemraum hängt also insbesondere davon ab, welche Aspekte eines Problems zu jedem Zeitpunkt mental repräsentiert werden müssen.

Die Repräsentation des Problemraums hängt neben den strukturellen Eigenschaften der Aufgabe und Situation also auch ganz wesentlich vom Problemlöser selbst ab (z. B. Problemlösefähigkeiten, Erfahrungen und Gedächtniskapazität). Eine unvollständige, fehlerhafte oder irreführende Repräsentation des Problemraums führt zu Fehlern beim Problemlösen.

Es gibt eine Reihe von Problemen im Ansatz des GPS:

► Bei umfangreicheren Problemstellungen, wie man sie häufig im Alltag trifft, wird schon der erste Schritt – die vollständige Beschreibung der bestehenden Unterschiede zwischen Ist- und Soll-Zustand – zu viel Zeit in Anspruch nehmen.

► Der GPS funktioniert nur bei wohldefinierten Problemen. Entsprechend sind die meisten Problembeispiele, die der GPS bearbeiten kann, statische Probleme, dessen einzelne Bestandteile sich sequentiell bearbeiten lassen. In der Realität haben wir es aber häufig mit dynamischen Problemen zu tun, die sich während der Problembearbeitung verändern. Hier muss das Problem an mehreren Stellen gleichzeitig, also parallel, angegangen werden.

► Der GPS setzt eine schier unbegrenzte Speicherkapazität des menschlichen Gedächtnisses voraus, aus dem sich geeignete Operatoren ohne Weiteres abrufen lassen.

Die in der künstlichen Intelligenzforschung gängige Betrachtung des Computers als Analogon zum Gehirn ist problematisch. Es wird außer Acht gelassen, dass beide auf gänzlich unterschiedlichen Prinzipien beruhen. Während ein Computer programmiert wird, beruhen Verarbeitungsprozesse im Gehirn auf dem Prinzip des Lernens und zeichnen sich durch ihre enorme Plastizität aus. Der Computer verfügt über eine zentrale Steuerungseinheit, während es im Gehirn – entgegen herkömmlicher Betrachtungsweisen – keinen »Homunculus«, also keine zentrale Kontrolle gibt (ein »Homunculus« bezeichnet die metaphorische Idee, dass es im Gehirn eine Einheit oder, wörtlich für Homunculus, ein »Männlein« geben könnte, das Verarbeitungsprozesse steuert). Dennoch kann das informationsverarbeitungstheoretisch geleitete Verständnis von Denkprozessen natürlich dazu beitragen, intelligentere Maschinen und humanoide Roboter zu entwickeln.

Einsichtsprobleme

Die Gestaltpsychologen Max Wertheimer, Wolfgang Köhler, Karl Duncker und Kurt Koffka untersuchten im Labor die Lösungsstrategien von Versuchspersonen anhand relativ einfacher Probleme (s. Abschn. 4.2). Diese Forscher waren überzeugt, dass jeder Mensch zu originellen Problemlösungen (oder »Einsichten«) in der Lage sei. Eine Einsicht, oft auch als »Aha«-Erlebnis beschrieben, führt dazu, dass alle Teile eines Problems plötzlich einen Sinn ergeben und wie ein Puzzle zusammengefügt werden können – in den Worten der Gestaltpsychologen eine »gute« Gestalt ergeben. Einsicht lässt sich, so die Annahme, durch eine Umstrukturierung eines Problems (also einer »defekten« Gestalt) erzielen. Abbildung 4.6 zeigt zwei Beispiele für Einsichtsprobleme, die sich durch Umstrukturieren lösen lassen.

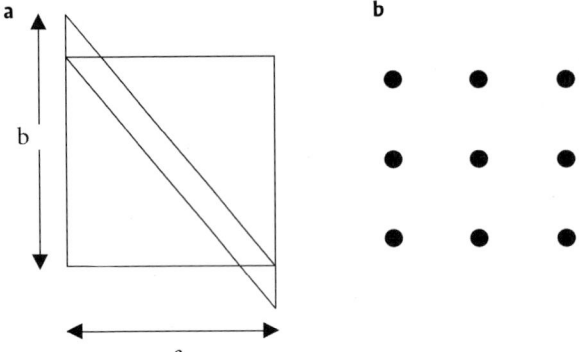

Abbildung 4.6 Einsichtsprobleme aus der gestaltpsychologischen Forschungstradition, über die bis heute einfaches Problemlösen untersucht wird. **a** Das Parallelogramm-Problem. Zu bestimmen ist die Fläche der kombinierten Figur aus Quadrat und Parallelogramm. **b** Das Neun-Punkte-Problem. Die neun Punkte sind durch vier gerade Linien zu verbinden, wobei der Stift keinmal abgesetzt werden darf.

Betrachten wir das Beispiel in Abbildung 4.6 a, in dem der Flächeninhalt der kombinierten Quadrat-Parallelogramm-Figur angegeben werden soll. Die meisten Personen, die diese Aufgabe gestellt bekommen, können relativ schnell den Flächeninhalt des Quadrats angeben ($a \cdot a$). Dann jedoch wird es schwieriger: Wie lässt sich nur mithilfe der Strecken a und b der Flächeninhalt der verbleibenden Parallelogrammfläche errechnen? An dieser Stelle fehlt den meisten Personen die Lösungseinsicht. Dabei lässt sich durch die Umstrukturierung der gegebenen Figur das Problem ganz einfach lösen. Dabei muss erkannt werden, dass die Figur nicht nur als ein überlagertes Quadrat und ein Parallelogramm gesehen werden kann. Betrachtet man das Problem anders, nämlich als zwei ineinander geschobene, rechtwinklige Dreiecke (Abb. 4.7 a), die bündig angeordnet ein Rechteck ergeben (Abb. 4.7 b), lässt sich die Lösung einfach als $a \cdot b$ angeben.

Beim Neun-Punkte-Problem (Abb. 4.6 b) sollen neun Punkte durch vier gerade Linien verbunden werden, ohne dass der Stift dabei abgesetzt wird. Hier ist eine andere Art von Umstrukturierung erforderlich. Die Lösungseinsicht besteht darin,

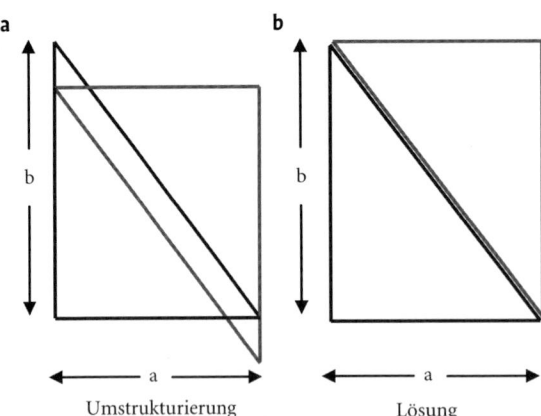

Abbildung 4.7 a–b Umstrukturierung und Lösung für das Parallelogramm-Quadrat-Problem (Wertheimer, 1925)

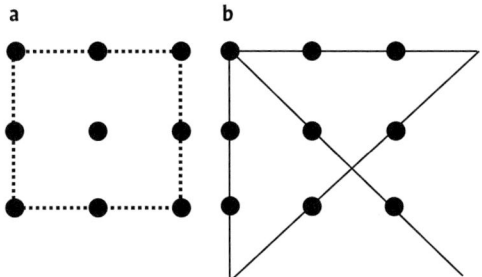

Abbildung 4.8 a–b Umstrukturierung und Lösung für das Neun-Punkte-Problem

dass der Stift auch über die gedachte Linie eines Quadrats, das die neun Punkte aufspannen (Abb. 4.8 a), hinausgeführt werden kann (Abb. 4.8 b)

Figurale und funktionale Gebundenheit beim Lösen von Einsichtsproblemen

Einsichtsprobleme zeichnen sich dadurch aus, dass sie zunächst unlösbar erscheinen, die Lösung sich dann aber ganz plötzlich einstellt, sobald man die richtige Einsicht hat. Die Gestaltpsychologen nahmen an, dass eine fehlerhafte Repräsentation des Problems bzw. falsche Vorannahmen die Ursache dafür sind, warum Problemlöser – trotz vorhandenen Wissens – nicht sofort zur Einsicht gelangen. Dabei werden zwei Arten von dysfunktionalen Vorannahmen unterschieden: figurale und funktionale Gebundenheit.

> **Definition**
>
> **Gebundenheit** oder **Fixierung** bezeichnet die Tendenz, Objekte oder Ereignisse auf ihre übliche oder gewohnte Gestalt oder Funktion beschränkt zu repräsentieren, wodurch neue figürliche oder funktionale Repräsentationen, die für die Problemlösung notwendig sein können, erschwert werden.

Die oben abgebildeten Probleme, das Quadrat-Parallelogramm-Problem (Abb. 4.6 a) und das Neun-Punkte-Problem (Abb. 4.6 b), sind Beispiele für Probleme, bei denen figurale Gebundenheit die Lösungseinsicht verhindern kann. Beide Probleme lassen sich erst dann lösen, wenn die figürliche Repräsentation umstrukturiert wird. Im einen Beispiel muss die Figur in zwei Dreiecke umgruppiert werden, im anderen Fall muss sich der Problemlöser über die gedachte Figur eines Quadrats hinausbewegen. Die neun Punkte lassen sich nämlich nur dann durch vier Linien ohne Absetzen verbinden, wenn der Stift über den gedachten Bereich, den die neun Punkte aufspannen (nämlich ein Quadrat), hinausgeführt wird. In der Sprache der Gestaltpsychologen ausgedrückt muss die subjektive Repräsentation des Problemraums über die anfänglich wahrgenommene Gestalt des Quadrats hinaus ausgedehnt werden, der Problemlöser muss sein Wahrnehmungsfeld also umstrukturieren.

Das »Kerzenproblem«

Ein Beispiel für funktionale Gebundenheit ist das so genannte Kerzenproblem von Karl Duncker (1935). Versuchspersonen bekamen die Aufgabe, eine Kerze an der Wand zu befestigen. Dazu standen die folgenden Hilfsmittel zur Verfügung: eine Kerze, eine Schachtel Streichhölzer und eine Schachtel Reißnägel. Die Aufgabe lässt sich lösen, indem eine der beiden Schachteln als Sockel für die Kerze verwendet und mithilfe von Reißnägeln an der Wand befestigt wird. Die Tatsache, dass viele Versuchspersonen nicht auf die Idee kamen, die Streichholzschachtel als Hilfsmittel zu verwenden, führte Duncker darauf zurück, dass der gewohnte Gebrauch eines Objekts den Gedanken an eine alternative Verwendbarkeit einschränkt. Die Streichholzschachtel sei, so Duncker, funktional gebunden, nämlich zum Aufbewahren der Streichhölzer. Erst wenn die Versuchspersonen die Einsicht hatten, die Schachtel nicht in ihrer gewohnten Funktion, sondern getrennt vom Schachtelinhalt zu betrachten, wurde die Lösung erzielt. Zu dieser Beobachtung passt der Befund, dass das Kerzenproblem häufiger und schneller gelöst wurde, wenn die Streichholzschachtel von vornherein ohne Inhalt präsentiert wurde.

Figurale und funktionale Gebundenheit sind Beispiele dafür, dass Vorerfahrung flexibles Denken und damit einen erfolgreichen Problemlöseprozess durchaus verhindern kann. Dass Vorwissen die Fähigkeit zum einsichtsvollen Problemlösen einschränkt, wurde systematisch anhand der Umfüllaufgabe gezeigt.

Selbstversuch

Im Hollywood-Blockbuster »Stirb langsam – jetzt erst recht« wird der Polizist John McClane (Bruce Willis) von einem scheinbar Verrückten quer durch Manhattan gejagt und muss dabei unter Zeitdruck eine Reihe von Problemlöseaufgaben bearbeiten. Versagt McClane, droht sein Gegner damit, eine Schule in die Luft zu jagen. Eine dieser Problemlöseaufgaben ist die Folgende: Mithilfe zweier Behälter, von denen einer drei Liter und der andere fünf Liter Flüssigkeit fasst, sollen exakt vier Liter Wasser abgemessen werden. (Die Behälter enthalten keine Markierungen. Es steht eine Flüssigkeitsquelle zur Verfügung, und Wasser kann beliebig aus den Behältern ausgekippt werden.)

Diese Art von Aufgabe ist keine Erfindung Hollywoods, sondern ein Beispiel für eine klassische »Umfüllaufgabe«, wie sie von den Gestaltpsychologen Edith und Abraham Luchins (Luchins & Luchins, 1959) entwickelt wurde. Ein möglicher Lösungsweg findet sich am Ende dieses Selbstversuchs.

Was wird hier gemessen? Betrachten wir die folgende Tabelle 4.6 mit der originalen Aufgabenstellung (Luchins & Luchins, 1959, S. 109). Die Probleme 1 bis 10 sollen der Reihe nach von oben nach unten durchgearbeitet werden. Es stehen jeweils drei Behälter A, B und C zur Verfügung, die unterschiedliche Flüssigkeitsmengen fassen. Die Zielmenge, die abgemessen werden soll, ist ganz rechts angegeben.

Tabelle 4.6 Aufgabenstellung der Umfüllaufgabe nach Luchins und Luchins (1959)

Problem	Volumen verfügbarer Behälter			Zielmenge
	A	B	C	
1	21	127	3	100
2	14	163	25	99
3	18	43	10	5
4	9	42	6	21
5	20	59	4	31
6	23	49	3	20
7	15	39	3	18
8	28	76	3	25
9	18	48	4	22
10	14	36	8	6

Bei der Bearbeitung der Probleme von oben nach unten fällt auf, dass Probleme 1 bis 5 alle auf die gleiche Art gelöst werden können. Wenn der mittlere Behälter B gefüllt wird und aus diesem dann einmal der Behälter A und zweimal der Behälter C gefüllt wird, so enthält B am Ende die gewünschte Wassermenge (oder formal ausgedrückt: Zielmenge = $B - A - 2 \cdot C$). Die zentrale Frage ist nun: Falls diese Strategie für die Probleme 1 bis 5 verwendet wurde, wurden dann auch die Probleme 6 bis 10 auf die gleiche Art gelöst? Wenn ja, würde das die Vermutung der Autoren bestätigen, dass ein erfolgreiches Problemlöseschema immer wieder eingesetzt wird, auch wenn es eine einfachere (und vor allem schnellere) Lösung gibt. Problem 6 lässt sich nämlich z. B. durch $A - C$ lösen, Problem 7 durch $A + C$, Problem 8 wieder durch $A - C$, usw.

Die Umfüllaufgabe wurde von Luchins und Luchins (1959) zur Untersuchung von Rigidität beim Problemlösen bei gesunden Kindern und Erwachsenen sowie bei verschiedenen klinischen Stichproben eingesetzt.

Der Befund, dass wiederholt verwendete Problemlöseschemata auch dann weiter verwendet werden, wenn es bessere oder einfachere Lösungswege gibt, wurde als »Einstellungseffekt« oder »Rigiditätseffekt« bezeichnet.

Dieser Effekt stellt auch ein Beispiel für negativen Transfer dar: Zuvor Gelerntes behindert oder verlangsamt die Problemlösung in einer folgenden Aufgabe (im Gegensatz zum positiven Transfer, bei dem Gelerntes die Bearbeitung folgender Aufgaben vereinfacht oder beschleunigt). Mit anderen Worten: Die Einstellung auf einen bestimmten Lösungsweg macht blind für andere, möglicherweise einfachere Strategien.

Solche Befunde können auch erklären, warum Experten manchmal zu weniger guten Ergebnissen kommen als Personen, die kein spezifisches Vorwissen besitzen. Die Problemlöseforschung widmet sich daher unter anderem der Frage, wie Erfahrungen mit der aktuellen Aufgabe und deren Merkmale sowie die Erfahrung des Problemlösers mit vergangenen Aufgaben, also sein Vorwissen, interagieren und den Problemlöseprozess beeinflussen (z. B. Lovett & Anderson, 1996).

Zum Weiterdenken: Wie könnte man den Rigiditätseffekt verhindern, bzw. wie ließe sich kognitive Flexibilität trainieren? Übrigens: Umfüllaufgaben sind unter Personalern bei Vorstellungsgesprächen zur Testung der kognitiven Flexibilität beliebt. Der Einsatz einer solchen Aufgabe erfolgt aber in der Praxis offenbar häufig, ohne dass über die Validität der Aufgabe reflektiert wurde. Kognitive Flexibilität lässt sich natürlich mit einer Umfüllaufgabe nur messen, wenn dem Kandidaten mehrere Aufgaben hintereinander gestellt werden …

Lösung zu John McClanes Umfüllaufgabe: Die formale Lösung lautet $(2 \cdot A - B) + A$, oder ausführlich (Behälter A: 3 Liter, Behälter B: 5 Liter): A wird gefüllt und in B umgefüllt. A ist nun leer, während sich in B drei Liter Wasser befinden. Dieser Schritt wird nochmals wiederholt. A ist nun mit einem Liter Wasser gefüllt, und B ist randvoll. B wird ausgekippt und A wird in B umgefüllt. B enthält somit einen Liter Wasser, während A wieder leer ist. A wird wieder gefüllt und in B umgefüllt. A ist nun leer, B enthält die gewünschten vier Liter Wasser.

Die Umfüllaufgabe zeigt, dass wiederholtes Ausführen einer Problemlösestrategie dazu führen kann, dass Personen sozusagen blind für Alternativen werden und möglicherweise einfachere Lösungswege ausblenden. Im behavioristischen Ansatz spielt Erfahrung dagegen eine zentrale Rolle. Im Katzenkäfig-Experiment von

Thorndike (s. Abschn. 4.2) führte Erfahrung z. B. zur Umschichtung einer Reaktionshierarchie von instinkthaftem zu zielgerichtetem Verhalten.

Denkprozesse beim Lösen von Einsichtsproblemen

Bei der Untersuchung des Problemlöseverhaltens arbeiteten die Gestaltpsychologen (z. B. Wallas, 1926) die folgenden Phasen von Denkprozessen beim Problemlösen heraus (hier veranschaulicht am Beispiel des Neun-Punkte-Problems):

(1) **Vorbereitung:** Information wird gesammelt, erste Lösungsversuche werden unternommen (die neun Punkte werden innerhalb des gedachten Quadrats miteinander verbunden).

(2) **Inkubation:** Nachdem erste Versuche gescheitert sind, wendet sich der Problemlöser anderen Beschäftigungen zu, das Problem wird zunächst einfach liegen gelassen (der Problemlöser stellt fest, dass bei Verbindung innerhalb des Quadrats immer fünf Verbindungslinien erforderlich sind; eine Lösung mit vier Verbindungslinien scheint nicht möglich).

(3) **Einsicht:** Die Lösung wird erkannt, es kommt zum »Aha«-Erlebnis (der Problemlöser kommt zu der Erkenntnis, dass weniger Verbindungslinien erforderlich sind, wenn der Stift über den gedachten quadratischen Bereich hinausbewegt wird).

(4) **Bewertung:** Die Lösung wird auf ihre Brauchbarkeit hin überprüft.

(5) **Ausarbeitung:** Die gefundene Lösung wird umgesetzt, also z. B. in ein technisches Produkt überführt.

Allerdings blieb zunächst relativ unklar, was sich hinter diesen einzelnen Phasen des Denkprozesses verbirgt. Was genau passiert in der Phase der Inkubation, damit der Problemlöser anschließend zur Lösungseinsicht gelangt? Eine Möglichkeit zur Untersuchung dieser Prozesse wurde von Günther Knoblich und Kollegen (2001) entwickelt.

Experiment

Streichholz-Arithmetik

Fragestellungen. Welche kognitiven Prozesse liegen der Lösung eines Einsichtsproblems zugrunde? Wie lassen sich diese Prozesse messen?

Methoden. Versuchspersonen bekamen eine so genannte Streichholzaufgabe gestellt (Abb. 4.9). Die beiden präsentierten Gleichungen sollten nacheinander durch Umlegen (nicht durch Wegnahme!) eines Streichholzes in arithmetisch korrekte Gleichungen umgeformt werden.

Ergebnisse. Die meisten Versuchspersonen konnten die obere Gleichung schnell lösen: Aus der römischen Vier muss durch Umlegen eines Holzes eine Sechs gemacht werden. Die richtige Lösung lautet dann 6 = 3 + 3. Die

Lösung der unteren Gleichung dagegen fiel den meisten Versuchspersonen schwerer. Hier muss nicht eine Zahl, sondern ein Rechenoperator geändert werden, um zur Lösung zu gelangen. Die Zielrepräsentation muss also von den Zahlen auf die Operatoren erweitert werden, und dann ist die Lösung $(4 - 3 = 1)$ einfach.

Schlussfolgerungen. Knoblich und Kollegen (2001) nahmen an, dass Vorwissen – nämlich die Erfahrung, dass zum Lösen von Gleichungen in der Regel Werte manipuliert werden müssen – den Lösungsprozess verlangsamt oder sogar verhindert, sodass sich der Problemlöser nicht aus der gedanklichen »Sackgasse« hinaus bewegen kann.

Wann genau kommen die Versuchspersonen nun aber zu der Einsicht, die Operatoren in Betracht zu ziehen? Informationen darüber lassen sich aus den Blickbewegungen (s. u. *Methoden: Analyse von Blickbewegungen*) der Versuchspersonen ablesen. Knoblich und Kollegen (2001) zeichneten während der Problemlösung bei Streichholzarithmetikaufgaben die Blickbewegungen der Personen mit einem Blickbewegungsmessgerät auf. Dabei zeigte sich, dass Personen zu Beginn der Aufgabenbearbeitung häufiger und länger die Zahlenwerte in der Gleichung fixierten. Weniger erfolgreiche Personen fixierten insgesamt länger Werte und ließen die Operatoren außer Acht, während Personen, die später das Problem erfolgreich lösten, auch Operatoren fixierten. Anhand der Analyse der Blickbewegungsmuster lässt sich also in diesem Fall schon vorhersagen, welche Personen die Aufgabe lösen werden und welche nicht. Außerdem konnten anhand der Blickbewegungsmuster verschiedene Phasen der Problemlösung identifiziert werden. Während die Versuchspersonen sich in der so genannten mentalen »Sackgasse« befanden (also i. d. R. kurz bevor es zum »Aha«-Erlebnis kam), stieg die Fixationsdauer, während die Zahl

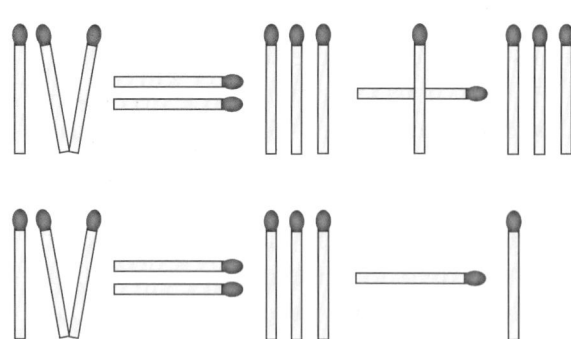

Abbildung 4.9 Streichholz-Arithmetikaufgaben nach Knoblich et al. (2001) zur Untersuchung der Prozesse, die in Einsichtsproblemen zur Lösung führen. Durch Umlegen eines Streichholzes ist jede der beiden Gleichungen in eine mathematisch korrekte Gleichung zu überführen. Versuchspersonen werden instruiert, die Gleichungen von oben nach unten zu bearbeiten.

der Blicksprünge (Sakkaden) sank. Die Versuchspersonen traten also im wahrsten Sinne des Wortes auf der Stelle.

Das Experiment von Knoblich und Kollegen (2001) zeigt, dass die Analyse von Blickbewegungen eine geeignete Methode darstellt, um die Denkvorgänge von Versuchspersonen bei der Problemlösung sichtbar zu machen. So geht die moderne Forschung zum einfachen Problemlösen über eine bloße Beschreibung von Lösungsstrategien bei Einsichtsproblemen hinaus und kann die Bildung mentaler Repräsentationen zur Problemlösung beschreiben.

Methoden: Die Analyse von Blickbewegungen

Zur Analyse mentaler Verarbeitungsprozesse werden in der experimentellen Psychologie klassischerweise Reaktionszeitmessungen eingesetzt. Ein alternatives, verhaltensbasiertes Verfahren zur Analyse kognitiver Prozesse ist die Analyse von Blickpositionen. Dahinter steht die Idee, dass nahezu jede Handlung und deren kognitive Vorbereitung von Bewegungen der Augen begleitet sind (s. Abschn. 2.8.1). Weiter wird angenommen, dass zwischen sensorischer Wahrnehmung, kognitiver Verarbeitung und motorischer Ausführung einer Handlung ein enger Zusammenhang bestehe. Ein Großteil der visuellen Information wird aufgenommen und verarbeitet, während sich das Auge in relativer Ruhe zu einem Sehobjekt befindet (Fixation). Die Dauer der Fixation, so die Annahme, entspreche der Dauer der kognitiven Verarbeitung. Somit lassen sich aus Blickbewegungen Aussagen über nicht direkt beobachtbare, serielle Vorgänge der Informationsverarbeitung treffen. Mithilfe präziser Instrumente, wie z. B. hochauflösender und ultraschneller Videokamerasysteme, werden im Labor Blickbewegungen aufgezeichnet, und es wird auf diese Art gemessen, welche Position auf dem Computermonitor wie lange fixiert wird. Ein typisches videobasiertes Blickbewegungsmessgerät kann bis zu 2000 Mal pro Sekunde die Blickposition der Versuchsperson ausgeben. Die entstehenden Muster aus Fixationen und Sakkaden (schnellen Blicksprüngen) werden anschließend analysiert und können z. B. Aufschluss über Strategieunterschiede beim Problemlösen oder Vorhersagen über den Problemlöseerfolg liefern (s. Funke & Spering, 2006).

Neue Untersuchungen aus dem Bereich der kognitiven Neurowissenschaften wenden sich der Frage zu, wo im Gehirn die Verarbeitungsprozesse stattfinden, die für die erfolgreiche Problemlösung solcher Aufgaben wie der beschriebenen Streichholzarithmetikaufgabe verantwortlich sind.

Untersuchung von Einsicht mittels bildgebender Verfahren

Fragestellung. Bowden et al. (2005) untersuchten einfache Wortassoziationsprobleme, die sich entweder mit oder ohne Einsicht lösen ließen, mittels funktioneller Magnetresonanztomographie (fMRT; s. u. *Methoden: Bildgebende Verfahren*). Die Autoren interessierten sich insbesondere dafür, ob sich die Hirnaktivität beim Problemlösen mit oder ohne Einsicht unterschied. Eine Annahme war, dass einsichtsvolles Problemlösen stärkere Aktivität in der rechten Hirnhälfte hervorrufen sollte, die häufig mit kreativem Denken in Verbindung gebracht wird.

Methoden. Versuchspersonen bekamen drei Hauptwörter gezeigt, die jeweils mit dem gesuchten Wort, das den gegebenen Wörtern voran- oder nachgestellt sein kann, ein zusammengesetztes Hauptwort ergeben, z. B.

▶ Stadt – Sache – Mann (gesucht: Haupt)
▶ Sommer – Zange – Karte (gesucht: Loch)

Diese Aufgaben ließen sich entweder über Einsicht, durch ein plötzliches »Aha«-Erlebnis, oder ohne Einsicht durch gezieltes Durchprobieren lösen. Versuchspersonen erhielten vor dem Experiment eine Beschreibung einsichtsvollen Denkens und mussten nach jeder Aufgabe berichten, ob sie das Problem mit oder ohne Einsicht gelöst hatten, also ein »Einsichtsurteil« abgeben. Während der Aufgabenbearbeitung wurde die Hirnaktivität mittels fMRT aufgezeichnet.

Ergebnisse. Die Untersuchung der neuronalen Aktivität beim Lösen der Wortassoziationsprobleme zeigte, dass die Aktivität in der rechten Hirnhälfte (im vorderen Bereich des Gyrus superior temporalis, also im vorderen Bereich des Temporallappens) beim Lösen der Aufgabe mit Einsicht höher war als ohne Einsicht. Dieses Ergebnis wurde durch EEG-Untersuchungen bestätigt.

Schlussfolgerungen. Die Experimente von Bowden und Kollegen (2005) verwenden einfache Aufgaben, die sich in einem Schritt lösen lassen. Diese Aufgaben sind für die Untersuchung mit bildgebenden Verfahren gut geeignet. Zwei Gruppen von Problemlösestrategien wurden verglichen, und es zeigte sich, dass einsichtsvolles Problemlösen offenbar eher in der rechten Hirnhälfte im vorderen Bereich des Temporallappens lokalisiert ist und dort höhere Aktivität hervorruft als Problemlösen ohne Einsicht. Als problematisch zu bewerten ist allerdings, dass die Einteilung der Versuchsdurchgänge in Problemlösen mit und ohne Einsicht auf der subjektiven Beurteilung von Versuchspersonen über ihr eigenes Problemlöseverhalten basierte.

Methoden: Bildgebende Verfahren

Mit modernen elektrophysiologischen oder bildgebenden Verfahren (Elektroenzephalographie, funktionelle Magnetresonanztomographie) können neurophysiologische Vorgänge im Gehirn kognitiven Prozessen zugeordnet werden.

Elektroenzephalographie (EEG). Mithilfe der Elektroenzephalographie können Veränderungen der elektrischen Hirnaktivität in Abhängigkeit eines bestimmten Ereignisses (z.B. der Darbietung eines Reizes) untersucht werden. Bei diesem Verfahren mit hoher zeitlicher, aber schlechter räumlicher Auflösung steht die Abbildung des zeitlichen Verlaufs eines Prozesses im Mittelpunkt.

Funktionelle Magnetresonanztomographie (fMRT). Bildgebende Verfahren wie die funktionelle Magnetresonanztomographie, die zwar eine schlechtere zeitliche, dafür aber eine höhere räumliche Auflösung haben als EEG, versuchen hauptsächlich die neuroanatomischen Strukturen zu beschreiben, die durch bestimmte kognitive Operationen aktiviert werden. Hier steht die neuroanatomische Lokalisation von mentalen Leistungen im Vordergrund. Gemessen werden funktionelle (und damit neuronale) Änderungen in der Aktivierung des Gehirns über den Sauerstoffgehalt des Blutes. Hier liegt die Annahme zugrunde, dass die Zunahme der neuronalen Aktivierung zu einer Zunahme des Sauerstoffbedarfs im Gehirn führt. So lassen sich die Gehirnareale identifizieren, die während der Bearbeitung einer Denkaufgabe besonders beansprucht sind. Zahlreiche Untersuchungen haben beispielsweise belegt, dass Teile des frontalen und parietalen Kortex besonders relevant für Planungs- und Problemlöseprozesse (wie z.B. den Turm von Hanoi) sind.

Transkranielle Magnetstimulation (TMS). Die transkranielle Magnetstimulation ist eine relativ neue Technik. Mittels einer magnetischen Spule, die über einem ausgewählten Hirnareal angelegt wird, wird durch die Schädeldecke stimuliert. Ein ca. 1 ms dauernder elektrischer Impuls unterbricht durch die Auslösung eines hemmenden Signals die normale Aktivität in der ausgewählten Hirnregion für kurze Zeit und erlaubt so die Messung der Beeinträchtigung bei motorischen, perzeptuellen oder kognitiven Aufgaben. Der Effekt der Stimulation ist für die Versuchsperson kaum spürbar und zudem vollständig reversibel. Daher können auf diese Weise Effekte von Hirnläsionen simuliert werden. Da die örtliche Genauigkeit (ca. 0,5 cm) bei tieferen Zellschichten schnell kleiner wird, ist die Anwendung jedoch eingeschränkt. Ein wesentliches Problem besteht auch darin, dass bei TMS immer nur in einer Zielregion stimuliert werden kann, während bei anderen Verfahren (z.B. fMRT) die Aktivität des gesamten Kortex beobachtet werden kann. Für die Methode spricht aber, dass die mit TMS gewonnene Aussage kausal ist, d. h., dass bei festgestellter Beeinträchtigung der Leistung der Versuchsperson davon ausgegangen werden kann, dass die Aktivität in dem stimulierten Hirnareal tatsächlich notwendig für die Durchführung der Aufgabe ist.

Fazit

Einfache Problemaufgaben werden in der Psychologie seit über 100 Jahren untersucht.

Wir haben zwei Typen von Problemlöseaufgaben vorgestellt: sequentielle Probleme und Einsichtsprobleme. Beide zeichnen sich dadurch aus, dass Ausgangs- und Zielzustand des Problems bekannt sind und die zur Verfügung stehenden Operatoren lediglich richtig angewendet werden müssen.

▶ Sequentielle Probleme erlauben ein schrittweises Vorgehen, und die Problemlösung besteht in der sequentiellen Bearbeitung von Unterzielen.

▶ Einsichtsprobleme dagegen lassen sich meistens nur dann lösen, wenn Problemlöser sich von ihren Gewohnheiten und Erfahrungen lösen. Die Lösung stellt sich dann häufig schlagartig ein. Wie dieser Einsichtsprozess genau aussieht, wurde mithilfe zahlreicher neuer Methoden, wie Blickbewegungsanalyse und bildgebenden Verfahren, genauer untersucht.

Während es einerseits aus methodischen Gründen erstrebenswert ist, im Labor möglichst einfache Problemlöseaufgaben zu untersuchen, spiegeln solche Aufgaben nur einen Ausschnitt unserer Realität wider. Meistens haben wir es im Alltag mit weitaus komplexeren Problemen zu tun als mit der Frage, wie sich neun Punkte durch vier gerade Linien verbinden lassen. An dieser Stelle setzt die Forschungsrichtung des komplexen Problemlösens an, die im nächsten Abschnitt dargestellt wird.

4.5.2 Komplexes Problemlösen und Dynamisches Entscheiden

Die Frage, welche Flasche Olivenöl wir im Supermarkt auswählen, stellt eine relativ einfache Entscheidungssituation dar. Für unsere Kaufentscheidung stehen Informationen zur Verfügung (wie die Angaben auf dem Etikett oder der Preis). Nicht verfügbare Information (wie Testurteile oder Informationen zum Herkunftsgebiet) lässt sich beschaffen. Die Gegebenheiten der Situation verändern sich zudem nicht, während wir die Entscheidung treffen, sondern sind statisch. Angebot und Preis beispielsweise bleiben über den Zeitraum, den wir für eine Kaufentscheidung vermutlich benötigen, stabil. Zudem ist eine Fehlentscheidung zwar mit Kosten verbunden, die Konsequenzen sind jedoch nicht schwerwiegend. Alles in allem haben wir es mit einer Situation zu tun, die zwar im Moment der Entscheidung als problematisch empfunden werden kann, letztlich aber klar definiert und überschaubar ist. Es stellt sich nicht so sehr die Frage, ob wir die Situation bewältigen werden, sondern eher, in welchem Zeitraum und wie. Wir könnten uns beispielsweise auch dazu entscheiden, einfach alle Sorten Olivenöl der Reihe nach auszuprobieren oder überhaupt kein Öl zu kaufen.

Mit dieser Art von einfachen, linearen, statischen und überschaubaren Entscheidungsfragen beschäftigt sich die psychologische Forschung zum einfachen Problemlösen und statischen Entscheiden, wie in Abschnitt 4.5.1 dargestellt. Komplexere Alltagsprobleme lassen sich aber oft nicht einfach durch Analogien lösen, also durch den Zugriff auf im Gedächtnis gespeicherte Problemlösestrategien, die bei ähnlichen Problemen erfolgreich waren.

Ziele und Entstehungsgeschichte der Forschung zum komplexen Problemlösen

Die Forschungsrichtung des komplexen Problemlösens und dynamischen Entscheiden entstand in den 1980er Jahren in erster Linie aus der Kritik an der klassischen Problemlöseforschung mit einfachen Paradigmen. Ziel dieser neuen Forschungsrichtung war die Untersuchung der Interaktion kognitiver, emotionaler und motivationaler Prozesse beim Lösen eines komplexen Problems in einer realitätsnahen Situation. Neben dem reinen Forschungsinteresse am Verhalten von Personen in komplexen Situationen verfolgt die Forschung zum komplexen Problemlösen auch das Ziel, Messverfahren für Personalauswahl und Personaltraining, also für die Eignungsdiagnostik, zu entwickeln. Zusätzlich zu Intelligenztestverfahren sollten Instrumente entwickelt werden, die einen eher operativen, strategischen Aspekt der Intelligenz in einem realitätsnahen Kontext erfassen.

Merkmale eines komplexen Problems

Die Forschung zum Problemlösen und dynamischen Entscheiden in komplexen Situationen unterscheidet die folgenden Merkmale eines komplexen Problems oder einer dynamischen Entscheidungssituation:

(1) **Komplexität.** Die Komplexität einer Situation oder eines Systems wird durch die Anzahl der Einzelmerkmale (Variablen) und der Eingriffsmöglichkeiten sowie deren wechselseitigen Einfluss bestimmt. Erst die Verknüpfung der Variablen macht die Komplexität aus, da eine gleichzeitige Betrachtung mehrerer Variablen notwendig wird.

(2) **Vernetztheit.** Die Bestandteile eines Systems stehen in Wirkungsrelation zueinander. Die Beeinflussung einer Variablen bleibt nicht isoliert, sondern wirkt sich auf andere Variablen des Systems aus. Abhängigkeiten zwischen Variablen müssen also erkannt und Neben- und Wechselwirkungen müssen einkalkuliert werden.

(3) **Dynamik.** Ein System, dass dynamisch oder eigendynamisch ist, entwickelt sich unabhängig vom Eingreifen des Betrachters weiter. Dadurch entstehen Zeitdruck und die Anforderung, Entwicklungstendenzen des Systems beurteilen und Vorhersagen treffen zu müssen.

(4) **Intransparenz.** Viele Merkmale der Situation oder des Systems sind für den Problemlöser nicht zugänglich oder bleiben aufgrund der Schwierigkeit der Bewertung unsicher.

(5) **Polytelie.** Es müssen mehrere Ziele oder Interessen gleichzeitig verfolgt werden. Diese Teilziele können u. U. gegenläufig, also nicht vereinbar sein. Der Problemlöser muss Information auf mehreren Ebenen bewerten und eine differentielle Zielstruktur aufbauen.

Methoden: Computersimulierte Szenarios

Zur Erfassung der menschlichen Problemlösefähigkeit in komplexen Situationen im Labor werden alltagsnahe Problemsituationen auf dem Computer simuliert. Das erste Computerprogramm dieser Art wurde von Dietrich Dörner und Kollegen entwickelt und trägt den Namen »Lohhausen« (Dörner et al., 1983). Das Szenario ist nach der 3500 Einwohner zählenden fiktiven Kleinstadt Lohhausen benannt, deren Wohlstand vor allem von der städtischen Uhrenfabrik abhängt. Als Bürgermeister von Lohhausen wird die Versuchsperson instruiert, die Geschicke der Kleinstadt über eine bestimmte Anzahl von simulierten Monaten zu lenken. Dabei kann die

Versuchsperson an verschiedenen Stellen in das System eingreifen und z. B. Steuern erhöhen, Wohnungen bauen oder Fabrikarbeiter einstellen.

Die Grundidee von Lohhausen und ähnlicher computersimulierter Szenarios ist, dass sich aus den Eingriffen der Versuchspersonen in das System die Fähigkeit zum Umgang mit einem komplexen Problem ableiten lässt. In Lohhausen werden dazu Variablen wie Kapital, Produktion, Arbeitslosigkeit etc. berücksichtigt. Neben solchen Messgrößen für die Gesamtleistung der Personen analysierten Dörner und Kollegen das Verhalten der Versuchspersonen noch detaillierter und leiteten aus den Eingriffsstrategien unterschiedliche Problemlösetendenzen ab.

Seit Lohhausen sind eine Vielzahl von Szenarios entwickelt worden, die in der Praxis z. T. auch zur Diagnose und zum Training von Problemlösekompetenzen eingesetzt werden. Versuchspersonen müssen z. B. eine fiktive Schneiderwerkstatt führen, einen forstwirtschaftlichen Betrieb managen oder einen Waldbrand unter Kontrolle bringen (s. Fischer et al., 2012).

Die Verwendung computersimulierter Problemlöseszenarios hat folgende Vorteile:

▶ Zeitliche Abläufe können im Zeitraffer dargestellt und untersucht werden.

▶ Die Datenerhebung erfolgt begleitend zum Problemlöseprozess und automatisch, sodass Szenarios weitgehend standardisierte und objektive Messverfahren sind.

▶ Durch ihre Realitätsnähe haben computersimulierte Szenarios einen vergleichsweise hohen Motivationsgehalt und können die Neugier und Explorationsfreude der Beobachter erhöhen – auch wenn in einem computersimulierten Szenario natürlich nie alle Aspekte einer realen Situation abgebildet werden können.

Gemessen an Standard-Gütekriterien für die Beurteilung von Testverfahren stehen Problemlöseszenarios dagegen relativ schlecht da.

▶ Die Reliabilität des Testverfahrens (also seine Zuverlässigkeit) lässt sich nur schwer messen. Üblicherweise wird ein Messverfahren zum Zweck der Reliabilitätsüberprüfung wiederholt durchgeführt. Bei Problemlöseszenarios gibt es jedoch erhebliche Trainingseffekte (was ja auch erwünscht ist).

▶ Die Validität (Gültigkeit in Bezug auf die zu messende Größe, also die Frage, ob das Verfahren tatsächlich das misst, was es vorgibt zu messen) der frühen Szenarios war dadurch eingeschränkt, dass Problemlöseerfolg nicht klar definiert war. In Lohhausen wurden Versuchspersonen lediglich instruiert, das Wohlbefinden der Bürger zu erhöhen.

▶ Darüber hinaus sind Problemlösefähigkeiten situations- und personenabhängig. Beide Aspekte lassen sich über computersimulierte Szenarios schlecht messen.

▶ In einem computersimulierten Szenario sind die Eingriffsmöglichkeiten meistens fest vorgegeben (andernfalls wären aber die Leistungen zwischen Versuchspersonen nicht vergleichbar).

Befunde zum komplexen Problemlösen in computersimulierten Szenarios

Handlungstendenzen und Fehler. Die Forschung zum komplexen Problemlösen wurde maßgeblich von Dietrich Dörner angestoßen, der in seinem 1989 erschienenen Buch »Die Logik des Misslingens« anschaulich beschreibt, welche Fehler beim Lösen eines komplexen Problems auftauchen und eine Problemlösung sogar verhindern können. Manche Probleme sind offenbar zu komplex, als dass wir sie mit den begrenzten kognitiven Ressourcen, die uns zur Verfügung stehen, lösen könnten.

Zu den häufig identifizierten Fehlern gehören z. B.:

▶ **Mangelnde Berücksichtigung zeitlicher Abläufe:** Versuchspersonen sind unfähig, Entwicklungen über die Zeit vorherzusagen, insbesondere bei exponentiellen Entwicklungsverläufen, bei denen die Lage innerhalb kurzer Zeit eskalieren kann.

▶ **Lineares Denken in Ursache-Wirkungs-Ketten:** Neben- und Wechselwirkungen einer Maßnahme mit anderen Maßnahmen werden nicht ausreichend berücksichtigt.

▶ **Reduktive Hypothesenbildung:** Komplex bedingte Wirkungen werden auf eine einzelne Ursache reduziert, wobei dann häufig die Symptome und nicht die Ursache selbst bekämpft werden.

▶ **Ballistisches Handeln:** Handlungen werden nicht genau dosiert und Effekte von Handlungen werden nicht kontrolliert.

Diese Tendenzen können in Verhaltensweisen münden, die Dörner und Kollegen als »Reparaturdienstverhalten« oder als »Rumpelstilzchenverhalten« beschrieben:

▶ Missstände werden isoliert betrachtet und der Reihe nach abgearbeitet, wobei die auffälligsten Probleme zuerst behandelt werden. Reparaturdienstverhalten führt im Extremfall dazu, dass zunächst weniger deutliche, aber dringendere Probleme außer Acht gelassen werden und die Lage eskaliert.

▶ Die Versuchsperson lässt ein in Angriff genommenes Problem nach einer anfänglichen Behandlung schnell zugunsten eines anderen Problems fallen (im übertragenen Sinne »reißt sie sich entzwei« wie das Rumpelstilzchen im Märchen). So wird immer nur der aktuell am größten erscheinende Missstand behoben, ohne dass zukünftige Probleme in Erwägung gezogen werden. Auch hier eskaliert die Lage schnell, da der Überblick über die große Anzahl halb gelöster Probleme verloren geht.

Für solche Fehlleistungen identifizierte Dörner (1989) vier Gruppen von Ursachen:

(1) **Ökonomietendenzen**, d.h. Begrenztheit der Ressourcen führt zur Reduktion verfügbarer Information.
(2) **Überwertigkeit des aktuellen Motivs** aufgrund der reduzierten Informationsverarbeitung, d.h. das derzeit verfolgte Ziel wird zuungunsten dringenderer Handlungsziele in den Vordergrund gestellt.
(3) **Schutz des eigenen Kompetenzempfindens**, d.h. Vermeidung oder Verdrängung von Misserfolg.
(4) **Vergessen.**

Rolle von Personmerkmalen. Die Arbeiten zum Szenario Lohhausen haben die Forschung zum Lösen komplexer Probleme entscheidend geprägt. Neben der Analyse von Problemlösetendenzen wurde auch der Zusammenhang zwischen der Fähigkeit zum Lösen eines komplexen Problems und Personmerkmalen wie allgemeiner Intelligenz, Motivation, Stress, Emotion und Vorwissen untersucht. Der niedrige Einfluss von domänenspezifischem Vorwissen wurde besonders eindrucksvoll mithilfe des Szenarios »Moro« beschrieben (s. z.B. Strohschneider, 1999): Die Moros sind ein fiktiver Halbnomadenstamm, der von Rinderzucht und Hirseanbau lebt und sich mit einer Reihe von Problemen wie Wasserknappheit und Insektenplagen herumschlagen muss. Die Herausforderung in diesem Szenario besteht ganz besonders darin, die hohe Dynamik der Situation sowie die Neben- und Fremdwirkungen von Aktionen zu berücksichtigen. Versuchspersonen, die beispielsweise versuchten, die Wasserknappheit durch den Bau zusätzlicher Brunnen zu beheben, hatten den Grundwasserspiegel bald so weit gesenkt, dass Äcker vertrockneten und Rinder starben. Kurzfristige Anfangserfolge wurden also schnell bestraft. Hier zeigte sich interessanterweise, dass Versuchspersonen mit Erfahrungen im Management- und Entwicklungshilfekontext nicht unbedingt erfolgreicher abschnitten als Versuchspersonen ohne spezifisches Vorwissen. Auch in einer anderen Untersuchung mit einem ähnlichen Szenario trafen Manager zwar schon am Anfang der Simulation eine größere Zahl von Entscheidungen, waren aber weniger in der Lage, sich verändernden Situationsbedingungen anzupassen.

Schließlich gibt es auch einige Studien, die den Zusammenhang zwischen Emotionen und Problemlöseverhalten untersucht haben. In einer dieser Untersuchungen wurde als wichtiger Antriebsfaktor für das (u. U. fehlerhafte) Verhalten von Versuchspersonen die Aufrechterhaltung des eigenen Kompetenzempfindens identifiziert. Auch wenn diese als »Kompetenzhygiene« bezeichnete Problemlösetendenz problematisch sein kann, weil negative Informationen ignoriert oder umgedeutet werden, können durch die Erhaltung positiver Emotionen auch motivationale Ressourcen frei gesetzt werden (Dörner & Stäudel, 1990). Eine andere Studie zeigte, dass positiv oder negativ gestimmte Problemlöser Probleme gleich gut lösen konnten, aber ganz unterschiedlich an das Problem herangingen. Während positiv gestimmte Personen eher durch Versuch und Irrtum handelten und sich relativ erfolgreich »durchwurschtelten«, suchten negativ gestimmte Versuchspersonen zunächst systematisch nach Informationen, bevor sie sich für eine Aktion entschieden (Spering et al., 2005). Interessanterweise schnitten beide Gruppen am Ende aber etwa gleich gut ab. Somit lässt sich nicht genau sagen, welche Stimmung und welche Strategie beim Umgang mit komplexen Problemen generell am besten sind. Möglicherweise ist es gerade der flexible Wechsel zwischen Strategien und der Einsatz je nach Erfordernis, der den Erfolg in komplexen Problemsituationen ausmacht.

Problemlösen in Gruppen. Bei Entscheidungs- und Problemlöseprozessen in Gruppen kann das Phänomen des »sozialen Faulenzens« auftreten.

Definition

Unter **sozialem Faulenzen** versteht man die Tendenz von Gruppenmitgliedern, ihren eigenen Beitrag auf Kosten der Gruppenleistung zu senken und sich auf andere Gruppenmitglieder zu verlassen.

Soziales Faulenzen wird generell als Folge eines Motivationsverlusts gesehen und eher negativ bewertet. Die Untersuchung des Problemlöseverhaltens in Gruppen mit dem Szenario »Network Fire Chief« (Omodei & Wearing, 1995), in dem Versuchspersonen die Aufgabe hatten, einen Waldbrand einzudämmen, zeigte unerwartete Ergebnisse (Feuchter, 2001): Der Erfolg der Gruppe verglichen mit dem einer einzelnen Person hing von der Komplexität der Situation ab. In einer einfachen Situation, in der Feuerwehrleute bei der Kontrolle eines simulierten Waldbrands lediglich den Wassernachschub regulieren konnten, war die Gesamtleistung der Gruppe schlechter als die einer Einzelperson. Diesen Befund führten die Forscher auf das Phänomen des sozialen Faulenzens zurück. In der komplexen Variante, in der Feuerwehrleute außerdem Benzinnachschub für Löschfahrzeuge und Helikopter besorgen mussten, zeigte sich jedoch ein umgekehrtes Ergebnis: Hier war die Gruppe im Vorteil. Dieses Ergebnis könnte darauf zurückzuführen sein, dass Gruppenmitglieder erkannten, welche anderen Gruppenmitglieder das Problem gut würden bearbeiten können und diesen die Entscheidungen überließen. In komplexen Situationen kann es also manchmal von Vorteil sein, anderen den Vortritt zu überlassen, wenn diese sich als Experten zu erkennen geben. Soziale Faktoren (wie Gruppendynamik und Persönlichkeitsmerkmale der Gruppenmitglieder) sind also bei der Problemlösung zu berücksichtigen und können anhand von computersimulierten Szenarios untersucht und trainiert werden.

Artifizielle Szenarios auf der Basis formaler Modelle. Die bisher vorgestellten computersimulierten Szenarios haben gemeinsam, dass sie eine hohe Realitätsnähe aufweisen. Versuchspersonen sollen sich gezielt in komplexe Situationen hineinversetzen, die im Alltag in dieser Form tatsächlich vorkommen können. Diese Realitätsnähe geht jedoch auf Kosten der formalen Beschreibbarkeit. Um systematisch erforschen zu können, wie Menschen mit Aspekten komplexer Probleme wie z. B. der Dynamik umgehen, müssen Systemvariablen gezielt verändert werden können. Die in diesem Abschnitt dargestellten formalen Modelle gehen daher einen anderen Weg: Die Versuchsperson wird absichtlich mit einer abstrakten und künstlichen Situation konfrontiert, die sie zunächst explorieren muss, um dann auf ein exakt vorgegebenes Ziel hin in das formale System einzugreifen.

Ein Beispiel für ein solches formales System ist in Abbildung 4.8 dargestellt. Der Versuchsperson wird mitgeteilt, dass sie es mit einem System zu tun hat, das aus einer Reihe äußerer (exogener) Variablen (A, B) besteht, die ihrerseits innere (endogene) Variablen (Y, Z) kausal beeinflussen können. Der Einfluss einer exogenen auf eine endogene Variable kann unterschiedlich gewichtet sein. Zusätzlich können sich die endogenen Variablen gegenseitig beeinflussen, und das System kann Eigendynamik aufweisen (wie hier bei der endogenen Variable Z). Aufgabe der Versuchsperson ist es, vorgegebene Ausgabewerte zu erzielen, indem die Eingabewerte (also die exogenen Variablen) gezielt verändert werden. Natürlich ist der Versuchsperson die zugrunde liegende formale Struktur des Systems nicht bekannt. Formal ist dieses System durch genau zwei lineare Gleichungen

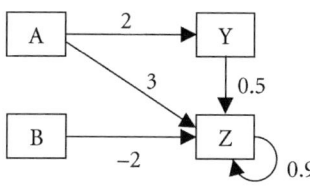

Abbildung 4.10 Formale Struktur eines linearen Systems mit zwei exogenen (A, B) und zwei endogenen (Y, Z) Variablen mit kausalem Einfluss der exogenen auf die endogenen Variablen (A wirkt auf Y und Z, B nur auf Z) sowie Interaktion zwischen den endogenen Variablen (Y auf Z) und Eigendynamik (Z auf Z). In linearen Systemen haben Versuchspersonen die Aufgabe, die endogenen Variablen auf vorgegebene Werte zu bringen, indem sie Werte exogener Variablen verändern.

beschreibbar, nämlich je eine für jede endogene Variable; $Y = 2 \cdot A$, und $Z = 3 \cdot A - 2 \cdot B + 0.5 \cdot Y + 0.9 \cdot Z$. Erkennt die Versuchsperson diese Struktur, kann sie das System vollständig steuern (s. Vollmeyer & Funke, 1999; einen Überblick liefert Funke, 2003).

Lineare Systeme kommen häufig in ihrer abstrakten Form zum Einsatz; es gibt aber auch Varianten mit einer semantischen Einkleidung, z. B. das »Biology Lab« (Vollmeyer & Burns, 1996), in dem Versuchspersonen das Vorkommen von Krebsen, Seebrassen und Hummern in Abhängigkeit der Variablen Temperatur, Sauerstoff und Strömung optimal bestimmen sollen.

Der psychologische Aspekt bei der Verwendung solcher Modelle besteht in der Untersuchung des Umgangs von Personen mit Variablen wie Vernetztheit (Anzahl der aufeinander wirkenden Variablen) oder Eigendynamik. Erkennt die Versuchsperson die Eigendynamik? Welche Explorationsschritte sind hierfür notwendig? Kann die Versuchsperson das im Rahmen der Exploration erworbene Wissen auch anwenden? Zum letztgenannten Punkt kamen Berry und Broadbent (1984) zu einem interessanten Ergebnis: Häufig klaffen implizites Wissen (Können) und explizites Wissen (auf Nachfrage geäußertes Wissen über die Struktur des Systems) auseinander. Gute Steuerungsleistung geht häufig mit einem vergleichsweise geringen expliziten Wissen über das System einher. Aus solchen Befunden lassen sich Methoden zur Wissensdiagnostik und zum Training der Wissensanwendung entwickeln (s. auch Buchner & Funke, 1993). Eine Möglichkeit, den Erwerb von Wissen beim Bearbeiten formaler Systeme zu untersuchen, ist die Befragung während oder nach der Problembearbeitung (s. u. Methoden: Introspektive Verfahren).

Methoden: Introspektive Verfahren

Dass Menschen denken, lässt sich unmittelbar aus der Selbstbeobachtung (Introspektion) schließen. Bereits die ersten Untersuchungen zu Denkprozessen Ende des 19. Jahrhunderts setzten diese Technik ein. Versuchspersonen wurden mit einer einfachen Denkaufgabe (z. B. dem Übersetzen eines lateinischen Satzes) konfrontiert und anschließend zu ihren Selbsterfahrungen befragt. Obwohl solche Methoden der Selbstbeobachtung nur eingeschränkt den Ansprüchen objektiver, intersubjektiv überprüfbarer Datenerhebungen genügen, werden Selbstauskünfte zur Analyse von Denkprozessen auch heute noch häufig verwendet. Neben Befragungen oder Tests im Anschluss an eine Denkaufgabe können Versuchspersonen z. B. dazu aufgefordert werden, ihre Gedanken während der Aufgabenbearbeitung laut zu äußern. Diese Methode nennt man »lautes Denken« (für einen Überblick s. Funke & Spering, 2006).

Laut-Denk-Protokolle. Sie werden in der Denkforschung eingesetzt, um Zugang zu prozeduralen und dynamischen Aspekten kognitiver Prozesse zu erhalten. Anhand ihrer Äußerungen ließen sich z. B. erfolgreiche von nicht erfolgreichen Problemlösern schon zu einem frühen Zeitpunkt der Problembearbeitung unterscheiden. Allerdings ist beim Einsatz der Methode zu beachten, dass lautes Denken den Denkprozess sowohl fördern als behindern kann. Außerdem erlaubt lautes Denken natürlich nur Zugang zu solchen Denkprozessen, welche die Versuchsperson sprachlich äußert. In Kombination mit anderen Verfahren (z. B. Blickbewegungsanalysen) kann lautes Denken aber nützlicher sein als retrospektive Befragungen.

Retrospektive Befragungen. Sie werden häufig im Zusammenhang mit der Bearbeitung formaler Systeme zur Untersuchung des Erwerbs von Wissen beim Problemlösen eingesetzt. Hier werden Versuchspersonen im Anschluss an die Bearbeitung des Systems mithilfe einer so genannten Kausaldiagrammanalyse nach dem erworbenen Systemwissen befragt, also z. B. danach, welche Variable welche andere kausal beeinflusst.

Fazit

Komplexes Problemlösen bezeichnet das Denken und Handeln in alltagsnahen, komplexen Problemsituationen, die dynamisch, intransparent, polytelisch und vernetzt sind. In psychologischen Experimenten wird komplexes Problemlösen anhand computersimulierter Aufgabentypen – realitätsnaher Szenarios oder künstlicher, abstrakter Systeme – untersucht. In der Praxis werden Szenarios auch zur Diagnose und zum Training von Problemlösekompetenzen eingesetzt.

Untersuchungen widmen sich z. B. dem Einfluss von Personmerkmalen (wie Intelligenz und Vorwissen) oder Situationsmerkmalen (Problemlösen alleine oder in der Gruppe, Art der Aufgabenstellung). Anhand formaler Systeme lässt sich zudem der Einfluss von Systemmerkmalen (Eigendynamik, semantische Einkleidung des Systems) untersuchen. Besonders bedeutsam sind die Befunde von Dörner (1989) zu menschlichen Fehlleistungen und deren Ursachen im Umgang mit komplexen Problemen.

Die Forschung zum komplexen Problemlösen widmet sich dem Problemlösen in komplexen Alltagssituationen und simuliert diese über Computerprogramme. Computersimulierte Szenarios genügen zwar nicht immer den klassischen Gütekriterien psychologischer Testverfahren (Objektivität, Reliabilität, Validität), erlauben aber eine detaillierte Erfassung von

Problemlöseprozessen und werden daher auch in Personalauswahl und -entwicklung eingesetzt.

Die Fähigkeit, Probleme zu lösen, wird im Alltag ständig gefordert – ob bei der Bearbeitung einer einfachen Mathematikaufgabe (einfaches Problemlösen) oder bei der Konfrontation mit einem komplexen Problem im Berufsalltag wie der Umstrukturierung eines Unternehmens oder der Leitung einer Schulklasse (komplexes Problemlösen). Ob ein Problem einfach oder komplex ist, hängt allerdings weniger vom Problem selbst als vielmehr von den Eigenschaften des Problemlösers ab.

4.6 Planen

Beim Planen steht ein Aspekt des Entscheidens und Problemlösens im Mittelpunkt, nämlich die Fähigkeit, vorausschauend zu denken und zu handeln.

Definition

Pläne sind mentale Handlungsschemata, die auf ein bestimmtes Ziel hin ausgerichtet sind. Sie zeichnen sich dadurch aus, dass sie nicht in jeder Situation neu entworfen werden müssen, sondern (i. S. einer Routine oder eines Schemas) wiederholt genutzt werden können. Dabei müssen bestimmte Randbedingungen bzw. Einschränkungen räumlicher, zeitlicher und materieller Art beachtet werden.

Der Plan, den Bahnhof zu einer bestimmten Uhrzeit vor Abfahrt eines Zuges zu erreichen, erfordert das Wissen über die Dauer, die der Weg zum Bahnhof benötigen wird. Wenn bereits Erfahrung über den Weg und die Dauer vorhanden sind, können diese Schemata verwendet werden. Es müssen lediglich noch die Randbedingungen berücksichtigt werden (beispielsweise Schwere des Gepäcks, Verfügbarkeit eines Transportmittels, Straßenverkehr), um den Plan erfolgreich ausführen zu können. Funke und Glodowski (1990; s. auch Funke & Fritz, 1995) unterscheiden zwei Phasen des Planens: Planerstellung und Planausführung. Die Phase der Planerstellung beinhaltet die folgenden Komponenten:
(1) Zeitliche Abfolgen erkennen und einschätzen (z. B. Haus verlassen, zur Bushaltestelle laufen, in den Bus zum Bahnhof einsteigen),
(2) Randbedingungen erkennen (z. B. Schwere des Gepäcks),

(3) Zwischenzielbildung, bzw. Segmentierung eines Plans in Teilpläne (z. B. Haus verlassen, Bus erreichen),

(4) Verfügbarkeit von Alternativen zur Erhöhung der Flexibilität (z. B. zum Bahnhof laufen, wenn der Bus nicht kommt),

(5) Angemessenheit der Auflösung, d. h. der Plan sollte weder zu grob noch zu detailliert sein.

Die Phase der Planausführung besteht aus vier Komponenten:

(1) Planüberwachung, kontinuierliche Überprüfung des Plans, also der Diskrepanz zwischen Plan und Handlungsverlauf,

(2) Fehlerdiagnostik, Identifikation von Ereignissen, die zu Problemen bei der Planausführung führen könnten,

(3) Planrevision wird notwendig, wenn ein Fehler diagnostiziert wurde,

(4) Planverwerfung, d. h. Erkenntnis, dass der Plan aufgegeben werden muss.

Die Zusammenstellung dieser Komponenten, die für erfolgreiches Planen erforderlich sind, macht deutlich, dass es sich um einen komplexen Prozess handelt, der viele kognitive Ressourcen erfordert. Hat man jedoch einen guten Plan, dann ermöglicht dieser unter anderem die Koordination der Aktivitäten mehrerer Personen; er kann entlasten, Unsicherheit reduzieren und motivierend sein. Beim Planen kann es jedoch, ähnlich wie beim Lösen komplexer Probleme, auch zu Fehlleistungen kommen (Strohschneider & von der Weth, 2002). Einige typische Planungsfehler sind z. B. die Einkapselung oder Informationsabwehr (Information, die eine Überarbeitung des Plans erforderlich machen würde, wird ignoriert), Unterplanung oder Adhocismus (es wird nicht genau genug geplant), horizontale Flucht (wenn der Plan zu scheitern droht, zieht man sich auf »Nebenkriegsschauplätze« zurück und befasst sich mit Komponenten des Planungsproblems, die noch beherrschbar scheinen, um dort Erfolge zu erzielen).

Wir behandeln das Thema Planen hier gesondert, da die Fähigkeit zu planen im Alltag besonders bedeutsam ist. Bei der Personalauswahl für viele Berufsgruppen und in der Diagnose klinischer Symptome wird daher Planungskompetenz explizit erhoben. Besonders deutlich wird die Bedeutung der Planungsfähigkeit, wenn diese verloren geht. Viele Patienten mit Verletzungen im Bereich des Frontalhirns (s. Abschn. 3.3.4, *Fallbeispiel: Der seltsame Fall des Phineas P. Gage*) sind nur noch eingeschränkt in der Lage, vorausschauend zu planen und zu handeln.

Planungsdiagnostik

Die Diagnose von Planungskompetenz ist insbesondere bei Patienten mit Hirnläsionen ein zentraler Bestandteil der Erhebung kognitiver Fähigkeiten. Mittlerweile ist bekannt, dass Planen vor allem nach Verletzungen im Bereich des Frontalhirns beeinträchtigt ist. Eine Möglichkeit der Testung stellt das Computer-Szenario

»Plan-a-day« (PAD) dar (s. Funke & Fritz, 1995; Holt & Funke, 2014). Die Versuchsperson wird hier vor die Aufgabe gestellt, einen Tagesablauf zu planen. Dabei müssen mehrere Tätigkeiten verrichtet werden, die z. T. zeitkritisch sind, d. h. nur innerhalb eines vorgegebenen Zeitrahmens erledigt werden können. Die insgesamt zur Verfügung stehende Zeit für die Erledigung aller simulierten Aufgaben ist ebenfalls so begrenzt, dass die genaue Reihenfolge der Verrichtungen eine wichtige Rolle spielt, da neben der Zeitdauer zur Erledigung der Aufgabe auch noch Wegzeiten einkalkuliert werden müssen. Die Versuchsperson beginnt den Tag um 10 Uhr im Büro und muss bis 18 Uhr abends alle Aufträge erledigt haben (z. B. bis 12 Uhr einen Brief zur Post bringen, Herrn Müller zwischen 14 und 17 Uhr in der Verwaltung treffen, ab 13 Uhr etwas aus dem Lager holen, etc.). Varianten solcher Verfahren kommen auch in der Personalauswahl als so genannte »Postkorbaufgaben« vor. Hier muss der Bewerber einen Stapel Post innerhalb einer begrenzten Zeit bearbeiten und für jedes Schriftstück eine Maßnahme anordnen. Mithilfe eines solchen Szenarios lässt sich alltagsnah erfassen, wie gut Menschen in der Lage sind, Aktivitäten nach Wichtigkeit und Dringlichkeit einzuordnen und zu erledigen.

Fazit

Pläne sind mentale und zielgerichtete Handlungsschemata. Unter der Berücksichtigung bestimmter zeitlicher und räumlicher Einschränkungen müssen Handlungsalternativen nach Wichtigkeit und Dringlichkeit beurteilt, in eine Reihenfolge gebracht und in eine konkrete Handlung übersetzt werden. Die Fähigkeit zum Planen lässt sich z. B. durch computergesteuerte Verfahren messen, in denen Versuchspersonen gebeten werden, eine Organisationsaufgabe zu übernehmen und Aktivitäten unter zeitlicher Beschränkung in einer optimalen Reihenfolge durchzuführen. Die Untersuchung von Planungskompetenz ist besonders bei Patienten mit frontalen Hirnläsionen bedeutsam.

4.7 Intelligenz und Kreativität

4.7.1 Intelligenz

Würden wir eine repräsentative Stichprobe aus der Bevölkerung dazu befragen, welche Fähigkeit für eine erfolgreiche Bearbeitung der bisher vorgestellten Denkaufgaben und Probleme – sei es aus dem Bereich des deduktiven Schlussfolgerns oder des komplexen Problemlösens – am allerwichtigsten ist, so würden die meisten Menschen wohl antworten: Intelligenz.

Definition

Es gibt zahlreiche Definitionen der **Intelligenz**. Kognitive Intelligenz wird gemeinhin als die Fähigkeit verstanden, Sachverhalte zu analysieren und zu strukturieren, logische Schlussfolgerungen zu ziehen, vorausschauend zu denken, Probleme zu lösen – kurz: Intelligenz wird als die Fähigkeit zu denken schlechthin verstanden. David Wechsler, der Entwickler der häufig verwendeten Wechsler Adult Intelligence Scale (WAIS, in Deutschland als Hamburg-Wechsler-Intelligenztest für Erwachsene, HAWIE, oder für Kinder, HAWIK, bekannt), definiert Intelligenz als die globale Fähigkeit einer Person, zielgerichtet zu handeln, rational zu denken und effektiv mit ihrer Umwelt zu interagieren (Wechsler, 1944).

Wie Intelligenz definiert wird, hängt von den Anforderungen der Umwelt ab. Bei der Bearbeitung eines Intelligenztests gilt beispielsweise die erfolgreiche Bearbeitung des Tests als Zeichen für Intelligenz. In einer Beziehungskrise könnte intelligentes Verhalten dagegen eher darin liegen, einen Paartherapeuten aufzusuchen. Viele Aspekte der Definition und der Messung von Intelligenz sind umstritten und können hier nicht näher behandelt werden.

Zusammenhang zwischen Intelligenz und Problemlösen
Sind nun Intelligenz und Denk- bzw. Problemlösefähigkeit tatsächlich das Gleiche? Obwohl viele Intelligenzforscher unter Denken generell die Fähigkeit des Problemlösens verstehen, sind die Korrelationen der Leistung in Intelligenztests und in Szenarios zur Testung der Problemlösekompetenz in komplexen Situationen eher niedrig (Danner et al., 2011). Das ist wenig erstaunlich, wenn man die unterschiedlichen Fähigkeiten bedenkt, welche die beiden Testarten erfassen. Während ein Intelligenztest allein auf das Ergebnis eines kognitiven Prozesses abzielt, also Geschwindigkeit und Genauigkeit misst, geht es bei Szenarios zur Erfassung des komplexen Problemlösens darum, den Prozess abzubilden, der zu dem intelligen-

ten Resultat führt. Außerdem erfordert die Komplexität der Aufgabenstellung kognitive Faktoren wie Umsicht, vorausschauendes und vernetztes Denken und die Verfügbarkeit alternativer Handlungsstrategien. Dörner (1986) bezeichnet diese Aspekte als »operative Intelligenz«. Allerdings zeigen neue Untersuchungen, dass das Konstrukt des komplexen Problemlösens möglicherweise doch kein eigenständiges Merkmal ist, das sich wesentlich von »Testintelligenz« unterscheidet. Offenbar spielt es eine erhebliche Rolle, welche Aspekte der Intelligenz mit Problemlösen verglichen werden und wie beides gemessen wird.

4.7.2 Kreativität

Auch der Bereich des kreativen Denkens weist Überschneidungen mit bereits behandelten Arten des Denkens auf. Oft wird Kreativität auch als eine Form der Intelligenz verstanden. Kreative Menschen sind in der Lage, Neues, Ungewöhnliches oder Originelles und Nützliches zu erfinden. Das Kriterium der Nützlichkeit mag vielleicht zunächst erstaunen, aber ein geniales Produkt, mit dem niemand etwas anfangen kann, wäre wenig sinnvoll (der Nutzen eines Gemäldes – zweifelsohne ein Akt der Kreativität – liegt zum Beispiel darin, den Betrachter ästhetisch anzusprechen, zu unterhalten, zu amüsieren, usw.). Offenbar ist das Konzept der Kreativität ein Kontinuum, an dessen einem Ende eine Form der Kreativität zu verorten ist, die Menschen in die Lage versetzt, geniale Künstler oder Wissenschaftler zu werden. Am anderen Ende des Kontinuums befindet sich die Kreativität, die uns befähigt, kleine Alltagsprobleme zu lösen. Tatsächlich unterscheiden sich Aufgaben, die kreative Lösungen erfordern, häufig gar nicht so sehr von dem Typ von Problemen, die wir weiter oben unter Einsichtsproblemen behandelt haben. In unserem Alltag sind wir häufig kreativ, vielleicht sogar, ohne es zu merken – man denke an all die kleinen Erfindungen im Haushalt wie z.B. die Alufolie über der Auflaufform im Ofen, wenn der Deckel fehlt, oder die kreativen Wege, auf denen man sich auch nachts um 1 Uhr in einer deutschen Kleinstadt noch ein Brot beschaffen kann, wenn die Tankstelle keines mehr hat.

Kreativität setzt, ganz im Gegenteil zu den intellektuellen Fähigkeiten, die ein klassischer Intelligenztest misst, divergentes Denken voraus. Neue Assoziationen müssen gefunden werden, und das Denken muss im wahrsten Sinne des Wortes in ganz verschiedene Richtungen gehen. Eine prototypische Aufgabe in einem Kreativitätstest stellt die Versuchsperson z.B. vor die Frage, was man alles mit einem Ziegelstein (einer Konservendose, einem Kamm, etc.) machen kann. Die naheliegende Antwort »Häuser bauen« ist wenig kreativ, alternative Antworten wie »zerbrechen und als Kreide verwenden« werden dagegen gemeinhin als kreativer eingestuft. Auch bei kreativen Aufgaben ist es also notwendig, vorhandene funktionale oder figurale Gegebenheiten aufzubrechen (Ziegelsteine dienen meistens als Baumaterial) und das Problem neu zu strukturieren, sodass sich eine andere Perspektive eröffnet. Anschließend kann z. B. im Gedächtnis nach innovativen Lösungen (nach entlegenen Assoziationen wie z. B. zwischen Stein und Farbe, Farbe und Kreide) gesucht werden. Das Entstehen einer kreativen Lösung kann einen ähnlichen Verlauf haben wie die in Abschnitt 4.5.1 beschriebenen Stufen zur Lösung eines Einsichtsproblems.

Methoden: Messung von Kreativität

Basierend auf den vielfältigen Merkmalen des kreativen Prozesses und der kreativen Person stellt sich die Frage, wie (und ob) Kreativität überhaupt messbar ist. Neben introspektiven Verfahren wie lautem Denken werden auch Testverfahren eingesetzt. Diese lassen sich danach unterscheiden, ob sie sprachorientiert oder sprachfrei sind.

Sprachorientierte Verfahren. Dazu gehört z. B. ein Test, in dem nach den alternativen Verwendungsmöglichkeiten eines Ziegelsteins gefragt wird, oder in dem Versuchspersonen nicht zusammenhängende Wörter präsentiert werden, zwischen denen eine Verbindung hergestellt werden muss (z. B. Humor – Pech – Nacht, gesuchte Verbindung: schwarz).

Sprachfreie Verfahren. In einem sprachfreien Kreativitätstest müssen Versuchspersonen beispielsweise geometrische Formen zu einer bedeutungshaltigen Figur zusammenlegen, wobei nicht-kreative Lösungen (z. B. die Person legt aus mehreren Kreisen ein Gesicht) von kreativen Lösungen (z. B. aus Kreisen wird ein Kugellager gelegt) objektiv nur schwer unterscheidbar sind. Anders als bei Intelligenztests gibt es keine richtigen oder falschen Antworten.

Kreativitätstests sind generell problematisch, da es häufig nur eine geringe Übereinstimmung zwischen verschiedenen Beurteilern eines Testresultats gibt (niedrige Reliabilität bzw. Verlässlichkeit des Tests). Während der eine Beurteiler ein Kugellager kreativer findet, beurteilt der andere vielleicht das Gesicht als kreativer. Außerdem weisen die Verfahren eine niedrige Validität auf. Dieser Kritikpunkt lässt sich vor allem daran festmachen, dass die Korrelationen der Leistungen in unterschiedlichen Kreativitätstests relativ niedrig sind. Am zuverlässigsten erscheint die Bewertung von Arbeitsproben durch mehrere unabhängige Experten.

Einflüsse von Personmerkmalen und Umgebung auf Kreativität

Neben dem kreativen Prozess hat sich die psychologische Forschung zur Kreativität vor allem mit der kreativen Person auseinandergesetzt. Hier ist besonders die

Frage relevant, welche Einflussfaktoren es auf Prozesse der Kreativität gibt. Die förderliche Wirkung positiver Stimmung auf Kreativität ist gut belegt. In positiver Stimmung gehen Menschen eher intuitiv und global bzw. ganzheitlich an Probleme heran, während in negativer Stimmung systematisches Lösungssuchen und Detailorientiertheit überwiegen (Isen et al., 1985). Natürlich spielen aber auch kognitive Faktoren wie Wissen eine Rolle; auch Persönlichkeitsfaktoren wie Ausdauer, Offenheit für neue Erfahrungen, Risikobereitschaft und Glaube an die eigene Person haben sich als förderlich erwiesen. Schließlich ist ein hohes Maß an intrinsischer Motivation (Motivation aus eigenem Antrieb) eine Voraussetzung für einen erfolgreichen kreativen Prozess. Die Psychologie hat sich auch mit Umgebungsfaktoren beschäftigt, die kreative Prozesse (z.B. am Arbeitsplatz) fördern können. Zu den als förderlich identifizierten Faktoren gehören ein hohes Maß an Autonomie, Vorhandensein von Ressourcen, kein Zeitdruck, flexible Arbeitszeiten und die Förderung von koordinierter Zusammenarbeit (s. z.B. Amabile, 1996).

Fazit

Intelligenz und Kreativität sind fundamentale kognitive Leistungen, die Menschen dazu befähigen, eine Vielzahl von Situationen zu meistern. Zur Messung von Intelligenz und Kreativität existieren gängige Testverfahren, die im Fall der Intelligenz die Geschwindigkeit und Genauigkeit bei der Lösung einer Vielzahl von Aufgaben im Sinne konvergenten Denkens messen. Im Gegensatz dazu geht es bei der Kreativität darum, möglichst viele Lösungsansätze zu liefern, wobei eher divergentes Denken gefragt ist. In Bezug auf die in den vorangegangenen Abschnitten dargestellten Denkaufgaben stellen Intelligenz und Kreativität in vielen Fällen die Grundvoraussetzungen für die erfolgreiche Bearbeitung der Aufgaben dar, müssen aber in anderen Fällen wie z.B. beim komplexen Problemlösen durch weitere Personmerkmale (kognitive, soziale, motivationale, und emotionale) ergänzt werden.

Zusammenfassung

▶ Die Fähigkeit, denken zu können, wird bestimmt durch Merkmale der Aufgabe, der Situation und der denkenden Person selbst. Denkprozesse unterscheiden sich je nachdem, ob wir mit einer einfachen oder komplexen Aufgabe konfrontiert sind. Unter Zeitdruck und Unsicherheit sehen Denkvorgänge anders aus, als wenn ausreichend Zeit für die Aufgabenlösung bleibt und Informationen fest vorgegeben sind. Auf Seiten der Person spielen Wissen, Emotion, Motivation und Intelligenz eine wichtige Rolle für Denkprozesse.

► Wissen ist im Gedächtnis in Kategorien gespeichert. Objekte, Personen und Ereignisse werden zu Kategorien geordnet, indem sie auf Ähnlichkeit mit bereits bestehenden Kategorienmitgliedern untersucht werden. Viele Theorien gehen davon aus, dass Kategorienmitglieder und ihre Eigenschaften in propositionales Netzwerk gespeichert sind und über Aktivierungsausbreitung verfügbar gehalten werden. Wissen über Kategorien kann z. B. durch gezieltes Hypothesentesten erworben werden.

► Deduktives Schlussfolgern bezeichnet das Ableiten logischer Konklusionen aus fest vorgegebenen Fakten, die als Prämissen bezeichnet werden. Menschen haben häufig Probleme im Umgang mit logischen Gesetzmäßigkeiten. Wenn ein Bezug zu praktischen Alltagssituationen hergestellt werden kann, lassen sich Entscheidungsfehler beim Ableiten abstrakter logischer Schlüsse jedoch verringern.

► Induktive Schlüsse sind Wahrscheinlichkeitsurteile, die auf empirischen Gegebenheiten beruhen, aus denen allgemeine Gesetzmäßigkeiten abgeleitet werden sollen. Eine Möglichkeit, in einer Situation mit unsicherer Information schnell zu einer Entscheidung zu kommen, besteht in der Anwendung einer Heuristik. Heuristiken sind einfache Faustregeln, die aufgrund ihrer schnellen Einsatzfähigkeit an eine Situation zwar optimal angepasst sein können, aus den gleichen Gründen jedoch auch anfällig für Urteilsfehler sind.

► Problemlösen bezeichnet die Fähigkeit, einen Ist-Zustand mithilfe von Maßnahmen, die je nach Art des Problems und Eigenschaft des Problemlösers unterschiedlich verfügbar und geeignet sind, in einen Soll-Zustand zu überführen. Während einfache Probleme sich meist durch die richtige Anwendung einer Maßnahme lösen lassen, müssen für komplexe, dynamische Probleme Maßnahmen erst generiert werden. Empirische Befunde aus computersimulierten Szenarios zeigen, unter welchen Umständen Problemlöser erfolgreich sind und wann nicht.

► Pläne sind mentale Handlungsschemata. Sie erfordern die Einordnung von Ereignissen nach Wichtigkeit und Dringlichkeit und somit die Fähigkeit zum vorausschauenden Denken.

► Intelligenz und Kreativität stellen wichtige Voraussetzungen für verschiedene Denkprozesse dar und lassen sich über klassische Fragebogenverfahren erheben. Empirische Befunde deuten darauf hin, dass Intelligenz, wie sie der Intelligenztest misst, kein guter Prädiktor für die Fähigkeit zum Umgang mit einem computersimulierten Problemlöseszenario ist.

► So unterschiedlich, wie die Denkvorgänge in diesen Bereichen ablaufen, so unterschiedlich sind auch die Methoden zur Erfassung von Denkprozessen. Wir haben verschiedene Methodentypen zur Darstellung von Denkaufgaben (vom Turm von Hanoi zu computersimulierten Szenarios) und zur Diagnose von Denkprozessen (z. B. Blickbewegungsanalysen, bildgebende Verfahren, lautes Denken) vorgestellt und sind zu dem Schluss gekommen, dass die valide und reliable Messung von Denkprozessen im Labor nur bei klar definierten Fragestellungen und einem Einsatz einer Vielzahl unterschiedlicher Methoden möglich ist.

Denkanstöße

▸ Stellen Sie sich vor, Sie arbeiten für eine namhafte Unternehmensberatung. Ihr Chef hat in der Zeitung einen Bericht über die Studien von Gigerenzer und Kollegen (1999) gelesen, nach denen einfache Heuristiken zu erfolgreichen Börsengeschäften führen können. Sie sollen nun in einer dreiminütigen Präsentation allgemeine Empfehlungen dazu abgeben, wann einfache Heuristiken verwendet werden sollten. Vergessen Sie nicht, auch vor möglichen Urteilsfehlern zu warnen. Sie haben 15 Minuten Zeit für die Vorbereitung.

▸ Überlegen Sie sich ein Experiment zum einfachen Problemlösen analog zum Streichholzparadigma von Knoblich und Kollegen (2001), mit dem man Einsichtsprozesse beim Problemlösen näher untersuchen könnte.

▸ Welche Aufschlüsse könnte man aus Blickbewegungsmessungen im 9-Punkte-Problem gewinnen? Welche Hypothesen würden Sie für dieses Experiment formulieren?

▸ Welche Methoden erscheinen Ihnen zur Untersuchung komplexer Problemlöseprozesse eher geeignet und welche nicht? Aus welchen Gründen? Muss eine Methode zur Untersuchung komplexen Problemlösens Ihrer Meinung nach realitätsnah sein?

▸ Wie würden Sie Intelligenz definieren? Erscheint Ihnen eine Unterscheidung der psychologischen Konstrukte »Intelligenz« und »problemlösendes Denken« sinnvoll?

▸ Überlegen Sie sich eine alternative Möglichkeit zu Fragebogenverfahren, um Kreativität zu messen. Welche Eigenschaften sollte ein solches Testverfahren aufweisen? Was macht die Entwicklung eines Kreativitätstests schwierig?

Prüfungsfragen

(1) Beschreiben Sie die Grundidee des Prototypenansatzes zur Repräsentation von Wissen. Worin unterscheidet sich dieser Ansatz von der klassischen Sichtweise?

(2) Beschreiben Sie ein Experiment, mit dem sich Annahmen der Theorie der semantischen Netzwerke von Collins und Quillian experimentell überprüfen lassen.

(3) Welche Rolle spielt Vorwissen bei der Lösung von Einsichtsproblemen?

(4) Nennen und beschreiben Sie drei Methoden zur Untersuchung von Denkprozessen und bewerten Sie diese hinsichtlich ihrer Vor- und Nachteile kritisch.

(5) Welches sind die Eigenschaften eines komplexen Problems? Beschreiben Sie die Charakteristiken kurz.

(6) Wie kann man Kreativität messen?

(7) Beschreiben Sie die Auswahlaufgabe von Wason (1966) und die Hauptbefunde. Unter welchen Umständen verbessert sich die Leistung von Versuchspersonen, und welche Erklärungen könnte es geben?

(8) Beschreiben Sie eine der simplen Heuristiken aus dem Ansatz von Gigerenzer und Kollegen. Warum und unter welchen Umständen sind simple Heuristiken so erfolgreich?

(9) Was versteht man unter deklarativem Wissen, was unter prozeduralem Wissen?

(10) Zu was für Fehlern kann es im Umgang mit Heuristiken nach dem Forschungsprogramm zu »Kognitiven Täuschungen« von Kahneman und Tversky kommen? Beschreiben Sie einen der Fehler genauer.

Weiterführende Literatur

▶ Dörner, D. (1989). Die Logik des Misslingens. Reinbek: Rowohlt. – Eindrückliche und unterhaltsame Darstellung der Fehler, die beim komplexen Problemlösen auftreten können, aufgezeigt am Beispiel des Tschernobyl-Unglücks.

▶ Funke, J. (2003). Problemlösendes Denken. Stuttgart: Kohlhammer. – Umfassende Darstellung des komplexen Problemlösens sowie angrenzender Gebiete wie einfaches Problemlösen und Planen.

▶ Funke, J. & Frensch, P.A. (2006). Handbuch der Allgemeinen Psychologie – Kognition. Göttingen: Hogrefe. – Alle hier behandelten Themengebiete finden sich in diesem Überblickswerk über Kognitionspsychologie wieder, das den Charakter einer anschaulich geschriebenen Enzyklopädie hat, und werden dort auf jeweils vier bis sechs Seiten darstellt.

▶ Holling, H., Preckel, F. & Vock, M. (2004). Intelligenzdiagnostik. Kompendien – Psychologische Diagnostik (Bd. 6). Göttingen: Hogrefe. – Aktueller Überblick über Intelligenzmodelle, Messung von Intelligenz in verschiedenen Praxisbereichen, zahlreiche Fallbeispiele.

▶ Müsseler, J. & Rieger, M. (2017). Allgemeine Psychologie. Heidelberg: Spektrum Akademischer Verlag. – Standardlehrbuch zur Allgemeinen Psychologie, in dem alle hier behandelten Themen ausführlich dargestellt werden.

► Murphy, G. L. (2004). The big book of concepts. Cambridge, MA: MIT Press. – Eines der besten Standardwerke zum Thema Wissen mit vielen anschaulichen Beispielen.

5 Sprache

Was Sie in diesem Kapitel erwartet

Die Fähigkeit, zu sprechen und Sprache zu verstehen, unterscheidet Menschen von anderen Primaten. Wir sind in der Lage, uns schnell und mühelos über gesprochene, geschriebene oder Gebärdensprache zu verständigen. Kaum eine andere Fähigkeit hat sich im Verlauf der Evolution so rasant entwickelt. Mit der Untersuchung der Sprachfähigkeit beschäftigt sich neben verschiedenen anderen Fächern auch eine Teildisziplin der Psychologie, die Psycholinguistik. Sie widmet sich der Erforschung des Erlernens von Sprache und ihrer kompetenten Nutzung. Psycholinguisten beschäftigen sich auch mit der Frage, welche Vorgänge im Gehirn stattfinden, wenn wir sprechen oder anderen Sprecher / innen zuhören.

Zu Beginn dieses Kapitels befassen wir uns zunächst mit den Prozessen, die zum Produzieren und zum Verstehen von Sprache notwendig sind. Einige Fachbegriffe aus dem Bereich der Sprachwissenschaften werden als Vokabular eingeführt, denn ein Verständnis der Struktur unserer Sprache ist notwendig, um zu verstehen, wie unser Gehirn Sprache verarbeitet. Für diesen Teil des Kapitels werden wir uns von den kleinsten Einheiten der Sprache, nämlich Buchstaben oder Lauten, zu großen Einheiten wie Sätzen und Texten vorarbeiten. Ausgerüstet mit dem notwendigen Handwerkszeug widmen wir uns dann den spannenden Themen Sprachentwicklung im Kindesalter, einschließlich Bilingualität, Sprachstörungen und schließlich der Beziehung zwischen Sprache und Denken.

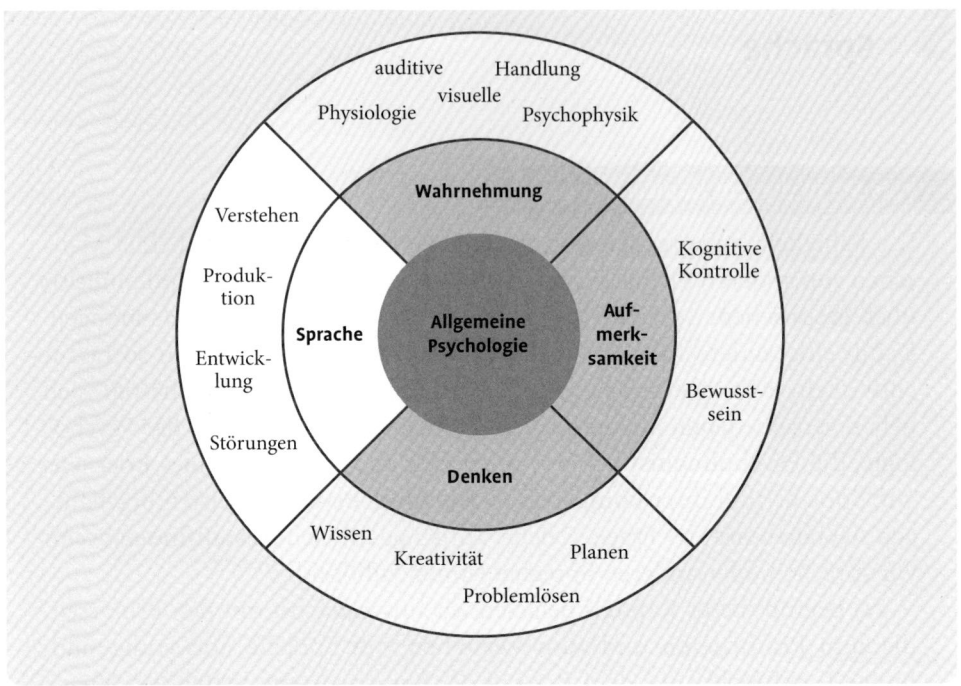

5.1 Was ist Sprache?

Eine genuin menschliche Fähigkeit

Sprache bezeichnet die Fähigkeit, abstrakte Ideen durch eine komplexe Abfolge von Zeichen oder Signalen zu kommunizieren. Diese Signale können entweder aus Lauten (gesprochene Sprache) oder Buchstaben (geschriebene Sprache) bestehen oder Gestik und Mimik beinhalten (Gebärdensprache).

Definition

Eine **Gebärdensprache** (engl. sign language) ist eine eigenständige Sprache, die vornehmlich von gehörlosen und schwerhörigen Menschen zur Kommunikation genutzt wird. Gebärdensprachen bestehen aus visuell wahrnehmbaren Zeichen (Gebärden), die mit den Händen durch unterschiedliche Bewegung, Orientierung und Haltung gebildet werden. Auch Mimik, Mundhaltung und Zungenstellung sowie Arm- und Körperhaltung tragen zur Differenzierung von Gebärden bei.

Ebenso wie gesprochene Sprachen unterliegen Gebärdensprachen grammatikalischen Regeln und unterscheiden sich voneinander – so gibt es weit über 100 Gebärdensprachen, z. B. die deutsche Gebärdensprache (DGS) und die weit verbreitete American Sign Language (ASL), sowie eine internationale Gebärdensprache. Gebärdensprachen können außerdem ebenso wie gesprochene Sprachen regional unterschiedlich sein; die Deutschschweizer Gebärdensprache beispielsweise ist in fünf Dialekte unterteilt. Kinder erwerben Gebärdensprache ähnlich wie gesprochene Sprache und zeigen eine Präferenz für Gebärdensprache gegenüber nicht-sprachlicher Pantomime (s. Abschn. 5.5).

Sprache im Allgemeinen beruht auf verschiedenen anderen Fähigkeiten wie Denken, Wissen, Kategorisieren (s. Kap. 4), Gedächtnis und Lernen. Während diese Kompetenzen auch bei anderen Primaten beobachtet werden können, ist Sprache eine genuin menschliche Fähigkeit, die in allen Kulturen zu finden ist. Sie folgt universellen Regeln, die in der Grammatik einer Sprache festgelegt sind, und tritt bei gesunden Kindern spontan auf. Sie ist gesellschaftlich normiert und historisch veränderlich.

Die universelle Struktur von Sprache

Sprache besteht aus Wörtern, Phrasen und Sätzen, deren Aufbau grammatikalischen Regeln folgt. Die kleinsten Bausteine unserer Sprache werden Phoneme und Morpheme genannt.

Phonem. Die kleinste lautliche Einheit der gesprochenen Sprache heißt Phonem. Im Deutschen unterscheiden z. B. die Phoneme / t / und / k / die Wörter Tasse und Kasse. Ein Phonem dient also der Unterscheidung von Bedeutungen, trägt jedoch an sich noch keine Bedeutung – erst in ihrer Kombination zu größeren Einheiten (z. B. Wörter) werden Buchstaben und Phoneme bedeutungstragend. Geschriebene Wörter bestehen aus Graphemen, den kleinsten graphischen Einheiten eines Schriftsystems, die in den meisten Sprachen deckungsgleich mit Phonemen sind. Obwohl Phoneme und Grapheme in vielen Sprachen nur aus einem Buchstaben bestehen, entsprechen sie nicht notwendigerweise immer einem einzigen Buchstaben (vgl. / sch / im Deutschen oder / th / im Englischen). In den meisten Sprachen kann das gleiche Graphem je nach Sprachkontext für mehrere Phoneme stehen. Im Englischen, das eine besonders geringe Phonem-Graphem-Korrespondenz besitzt, enden die Wörter »tough«, »plough« und »dough« beispielsweise alle mit dem gleichen Graphem <ough>, werden aber unterschiedlich ausgesprochen und haben somit unterschiedliche Phoneme (»tough« reimt sich auf »stuff«, »plough« auf »now«, »dough« auf »toe«).

Morphem. Ein Morphem ist die kleinste bedeutungstragende Einheit der Sprache (im Gegensatz zu Phonemen: kleinste nicht bedeutungstragende, bedeutungsunterscheidende Einheiten) und kann, muss aber nicht, deckungsgleich mit einer

Silbe sein. Bsp. »Hunde«: zwei Silben (Hun-de), zwei Morpheme (Hund-e). Das Morphem »Hund« hat eine begriffliche Bedeutung, das Morphem »e« dient der Bezeichnung des Plurals als grammatische Kategorie. Mit ihrer Untersuchung beschäftigen sich die Phonologie und die Morphologie.

Grammatik. Das Regelwerk einer Sprache wird Grammatik genannt. Diese legt fest, wie Wörter, Phrasen und Sätze gebildet werden. Grammatik besteht aus den Komponenten Phonologie, Morphologie und Syntax.

▶ **Phonologie** bezeichnet Regeln zur Lautbildung (s. Abschn. 5.2) und beinhaltet Regeln der Prosodie (Muster der Betonung und Intonation sowie Sprachrhythmus).

▶ **Morphologie** umfasst die Regeln der Wortbildung einer Sprache, z. B. die Regeln zur Flexion (Beugung, also Konjugation und Deklination). Ein Wort kann z. B. aus Wortstamm und Präfix und / oder Suffix bestehen, wie das Wort »vernaschen« (Präfix: ver-, Wortstamm: nasch, Suffix: -en).

▶ **Syntax** bezeichnet Regeln zur Bildung von Phrasen und Sätzen aus Wörtern (nach sog. Phrasenstrukturregeln, s. Abschn. 5.3) und bestimmt den Zusammenhang zwischen Wörtern.

5.2 Laut- und Wortverarbeitung

Unsere Sprache besteht aus Wörtern, die wiederum aus einzelnen Buchstaben oder Lauten zusammengesetzt sind. Wortwahrnehmung ist die Grundvoraussetzung für die Produktion und das Verstehen größerer sprachlicher Einheiten. Was aber ist eigentlich ein Wort? Während diese Frage bei einem geschriebenen Text einfach zu klären ist – Wörter sind im Text durch Leerzeichen voneinander getrennt – ist die Definition in der gesprochenen Sprache nicht so trivial. Wo hört das eine Wort auf, und wo fängt das nächste Wort an?

Wort. Ein Wort ist die Zuordnung eines Sprachlauts oder einer Buchstabenfolge zu einer Bedeutung. Dabei kann ein Wort mehreren Bedeutungen zugeordnet sein (z. B. »Bank«), und einer Bedeutung können mehrere Wörter entsprechen (Synonyme, d. h. Wörter mit Bedeutungsgleichheit oder -ähnlichkeit, z. B. »Orange« und »Apfelsine«).

Die Beantwortung der Frage nach der Abgrenzung von Wörtern ist wichtig, denn als zuhörende Person sind wir mit zwei wesentlichen Schwierigkeiten konfrontiert.

▶ **Segmentierungsproblem:** Das gesprochene Sprachsignal ist kontinuierlich. Wir hören in einer schnellen Abfolge mehrere Wörter ohne Pause und müssen den Lautstrom segmentieren. Ein simpler Satz wie »der Mann nahm den Becher« oder auch »Dermannnahmdenbecher« ist nur verständlich, wenn einzelne Wörter identifiziert werden. Die Segmentierung muss mit hoher Geschwindigkeit ablaufen, denn in der gesprochenen Sprache können etwa zwei bis vier Wörter pro Sekunde produziert und etwa sieben Wörter im Arbeitsgedächtnis behalten werden (Levelt, 2001; Miller, 1956).

▶ **Variabilitätsproblem:** Die Aussprache von Wörtern ist, je nach Sprecher/in und Kontext, sehr variabel. Es muss sichergestellt werden, dass unterschiedliche phonetische Realisierungen eines Wortes – ob es von einer Frau oder einem Mann gesprochen wird, von einer Person aus Niedersachsen oder Bayern – vom Verarbeitungssystem als ein und dasselbe Wort erkannt werden.

Anders als Buchstaben sind Phoneme also nicht klar voneinander abgegrenzt. In der gesprochenen Sprache werden sie manchmal »verschluckt«, wie bei der Aussprache der Wörter »wollen« (wolln) oder »haben« (habm). Phoneme werden auch manchmal verändert, wie z.B. bei der Aussprache des Wortes »Becher« (Becha). Theorien der Lautwahrnehmung beschäftigen sich daher vor allem damit, wie Hörer/innen unterschiedliche Phoneme erkennen.

Neben einem akustischen Signal, das bei der Sprachproduktion entsteht, stehen der Hörerin und dem Hörer auch noch andere Informationen zur Verfügung, z.B. visuelle oder artikulatorische Gesten. Dass visuelle Gesten wie z.B. Mundbewegungen der sprechenden Person eine wichtige Rolle spielen, zeigen empirische Befunde zum sogenannten »McGurk-Effekt«.

Experiment

Der McGurk-Effekt

Fragestellung. Sprachwahrnehmung findet häufig in einer visuellen Umgebung statt, in der wir Sprache nicht nur hören, sondern eine Gesprächspartnerin oder einen Gesprächspartner gleichzeitig sehen. In ihrer Studie gingen McGurk und MacDonald (1976) der Frage nach, welchen Einfluss visuelle Information auf die Wahrnehmung akustischer Sprachsignale hat, wenn die visuelle und die akustische Information miteinander im Widerstreit stehen.

Methoden. Versuchspersonen bekamen die Filmaufnahme einer Person gezeigt, die den Mund so bewegte, als würde sie die Silbe [ga] sprechen. Die Tonspur des Filmmaterials war aber so manipuliert, dass gleichzeitig zur Mundbewegung akustisch die Silbe [ba] dargeboten wurde. Aufgabe der Versuchspersonen war, die Silbe nachzusprechen, die sie gehört hatten. Es wurden Erwachsene und Kinder verschiedener Altersgruppen getestet.

Ergebnis. In 98 % der Versuchsdurchgänge berichteten die erwachsenen Versuchspersonen fehlerhaft die Silbe [da]. Bei Kindern im Grundschulalter war der Effekt etwas weniger deutlich ausgeprägt: etwa 64 % der Kinder dieser Altersgruppe berichteten die neu zusammengesetzte Information

[da], während 36 % korrekt mit [ba], der tatsächlich dargebotenen, gehörten Information antworteten. Wurden die Versuchspersonen gebeten, die Augen zu schließen, berichteten Erwachsene in 99 % und Grundschüler in 97 % der Versuchsdurchgänge korrekt die Silbe [ba].

Schlussfolgerungen und Bedeutung. Visuelle und akustische Signale wirken bei der Sprachwahrnehmung zusammen. Der Effekt, dass visuelle und akustische Information zusammen eine andere Lautwahrnehmung erzeugen können, ist heute als »McGurk«-Effekt bekannt. Bei erwachsenen SprecherInnen dominiert offenbar visuelle Information stärker als bei Kindern, deren Phonemwahrnehmung eher von akustischer Information beeinflusst wird.

Der McGurk-Effekt lieferte wichtige theoretische Hinweise für das Verständnis von Sprachwahrnehmung. Offenbar kann man nicht davon ausgehen, dass Sprachwahrnehmung allein ein akustischer Prozess ist. Vielmehr spielen Aspekte der intermodalen Wahrnehmung eine Rolle, d. h. sensorische Information aus verschiedenen Modalitäten (z. B. Auge und Ohr) wird verwendet. Natürlich wirkt visuelle Information nicht nur störend, wie im Beispiel des McGurk-Effekts. Wenn visuelle und akustische Information übereinstimmen, kooperieren beide Wahrnehmungssysteme.

Neben visueller Information hilft uns aber auch das Sprachsignal selbst bei der Segmentierung von Wörtern. Wörter können nach Silben oder nach ihrer Akzentuierung segmentiert werden. Welche Strategie jeweils verwendet wird, ist von Sprache zu Sprache unterschiedlich. Wie schaffen wir es nun aber, aus einem undeutlichen, mehrdeutigen Sprachsignal Wörter zu extrahieren? Die zugrunde liegenden Prozesse sind Gegenstand der derzeitigen phonologischen Forschung (s. Abschn. 5.2.2).

5.2.1 Wortproduktion

Die Prozesse, die dem Sprechen und Verstehen von Sprache zugrunde liegen, sind ähnlich. Die Information fließt jedoch beim Sprechen quasi in entgegengesetzte Richtung zum Verstehen. Bei der Wortproduktion muss die sprechende Person ein bedeutungshaltiges Sprachsignal enkodieren, indem sie sich überlegt, was sie sagen will (Konzeptualisierung oder Sprachplanung), darüber klar wird, wie sie es sagen will (Formulierung) und sich dann schließlich äußert (Artikulation). Beim Verstehen muss der / die Hörer / in anders herum ein akustisches Sprachsignal dekodieren und in Bedeutung überführen.

Konzeptualisierung

Wenn wir im Flugzeug sitzend mit der einfachen Frage konfrontiert werden, ob wir als Snack vor der Landung lieber ein Wurst- oder ein Käsebrot haben wollen, erbringt unser Gehirn eine erstaunliche Leistung. Zunächst müssen wir eine Entscheidung darüber treffen, ob wir lieber Wurst oder Käse möchten. Als nächstes muss die Antwort (z. B. »Wurst«) aktiviert werden. Man nennt diese Antwort dann auch lexikalisches Konzept. Da das lexikalische Konzept »Wurst« mit vielen anderen Konzepten im Gedächtnis verbunden ist (z. B. Brot, Butter, Käse, Fleisch, Schinken, Schwein, Senf), werden diese gleichzeitig aktiviert (s. auch Abschn. 4.3.3). Bis hierher abstrakter ausgedrückt: Bei der Konzeptualisierung greift die sprechende Person auf Inhalte des Langzeitgedächtnisses zurück. Diese werden aktiviert, also ins Kurzzeitgedächtnis überführt, und es werden lexikalische Konzepte erstellt. Diese können dann später auf einer sprachlichen Ebene in Wörter überführt werden.

Dass sich verwandte lexikalische Konzepte gegenseitig aktivieren, ist aus der Forschung zu Versprechern bekannt. Häufig wird nicht die geplante Antwort gegeben, sondern es »rutscht« ein mit aktiviertes Konzept heraus (z. B. »die Sonne schneit« anstatt »die Sonne scheint«; gleichzeitige Aktivierung der Konzepte »Sonne« und »Schnee«, zusätzlich begünstigt durch die Ähnlichkeit der Worte »scheint« und »schneit«).

Versprecher als Fenster zur Sprachstruktur

Versprecher sind ein beliebter Gegenstand der Sprachproduktionsforschung, weil sich aus Fehlertypen Rückschlüsse über zugrunde liegende Verarbeitungsprozesse ziehen lassen. Prozesse der Sprachproduktion sind introspektiv nicht zugänglich und auch experimentell schwer zu erfassen – während sich in Experimenten zur Sprachwahrnehmung der sprachliche Input experimentell manipulieren lässt (einer Versuchsperson kann z. B. ein syntaktisch richtiger oder falscher Satz dargeboten werden), kann die Mitteilungsabsicht einer sprechenden Person nur schwer experimentell manipuliert werden. Versprecher stellen quasi einen kurzzeitigen Zusammenbruch des Sprachproduktionssystems dar und erlauben somit Einsicht in das Sprachplanungssystem.

Versprecher werden unterschiedlichen Kategorien (Fehlertypen) zugeordnet (alle Beispiele nach Leuninger, 1993), z. B.:

▶ **Vertauschungen:** Zwei Bestandteile einer Äußerung, z. B. Wörter, wechseln ihre Position, wie in »was auch immer die Frage auf die Antwort ist«. Daraus, dass es auch auf der Ebene von Phonemen zu Vertauschungen kommen kann, wie in »zwecktischer Prack«, »Taffeekasse« oder »H-Mess-Molle«, kann man schließen, dass Phoneme, und nicht ganze Wörter, an das Artikulationssystem weitergegeben werden.

▶ **Antizipationen oder Reiterationen:** Ein Element einer Äußerung wird vorweggenommen oder wiederholt, z.B. »Sappelschlepper« (Antizipation) oder »Gewissensgebisse« (Reiteration)

▶ **Substitutionen:** Ein semantisch oder formal ähnliches Wort ersetzt ein intendiertes Wort, z.B. »dieses Plätzchen haben wir im Urwald gefunden« (intendiertes Wort: Urlaub)

▶ **Kontaminationen:** Zwei konkurrierende, semantisch ähnliche Elemente verschmelzen, z.B. »ich möchte Herrn L. beistimmen« (beipflichten / zustimmen). Hier ist der Wettbewerb zwischen den aktivierten Konzepten eine mögliche Fehlerquelle. Wie die Konkurrenz zwischen den lexikalischen Konzepten allerdings normalerweise (wenn es keine Versprecher gibt) aufgelöst wird, ist noch unklar.

Auch in der Gebärdensprache gibt es übrigens Evidenz für Versprecher (Vergebärdler) aller hier genannten Fehlertypen. Gelegentlich wird man sich des Versprechers während des Sprechens bewusst und korrigiert sich – ein Prozess, der »Monitoring« genannt wird (Levelt, 1989) – mal mehr, mal weniger erfolgreich: Ein bekannter deutscher Politiker korrigierte z.B. den Versprecher »gludernde Lot« in »gludernde Flut« (anstatt »lodernde Glut«).

Ist ein lexikalisches Konzept ausgewählt, wird aus diesem schrittweise ein sprachliches Konzept »zusammengebaut«, d.h. die Bestandteile des Wortes bzw. die Wörter werden in die richtige Reihenfolge gebracht (Formulierung) und an das Artikulationssystem weitergegeben.

Artikulation

Phoneme, also Sprachlaute, sind die Bausteine von Wörtern. Mit der Frage, wie Phoneme gebildet werden, beschäftigt sich die Phonetik. In der deutschen Sprache unterscheidet man verschiedene Phonemkategorien danach, wie diese Sprachlaute produziert werden. Sprachlaute werden meistens durch den Ausstoß von Luft und die Veränderung des Luftstroms in Nasen-, Mund- und Rachenraum erzeugt. Während diese Räume bei der Produktion von Vokalen unterschiedlich weit offen sind und der Luftstrom ungehindert fließt, wird bei der Produktion von Konsonanten der Luftstrom unterschiedlich stark behindert.

Konsonanten lassen sich in verschiedene Kategorien unterteilen (s. Tab. 5.1), z.B. nach ihrer Stimmhaftigkeit. Bei stimmlosen Lauten wie [p] erfolgt das Öffnen der Lippen erst nachdem die Stimmbänder schon begonnen haben zu vibrieren. Bei stimmhaften Lauten, z.B. [b], geschieht dies gleichzeitig. Stimmlose Konsonanten wie [p] und [t] unterscheiden sich weiter danach, wo der Luftstrom behindert wird, also nach dem Artikulationsort. Der Laut [p] wird beispielsweise durch ein Verschließen der Lippen produziert (sog. labialer Laut), während der Laut [s] durch die Annäherung der Zunge gegen den Gaumen gebildet wird (sog. alveolarer Laut; velare Laute wie [k] werden weiter hinten am Gaumen erzeugt). Zusätzlich unterscheiden sich die beiden Laute [p] und [s] dadurch, wie der Luftstrom behindert wird, also nach der Artikulationsart. Bei einem [p] wird der Luftstrom kurzfristig vollständig blockiert, daher bezeichnet man diese Laute als Plosive. Bei einem [s] kommt es nur zu einer teilweisen Blockade des Luftstroms. Solche Laute werden als Frikative bezeichnet. In Tabelle 5.1 sind die häufigsten Konsonanten im Deutschen nach Artikulationsart und -ort sowie Stimmhaftigkeit unterteilt.

Tabelle 5.1 Konsonantenkategorien nach Artikulationsart, Artikulationsort und Stimmhaftigkeit

Artikulationsart	Artikulationsort					
	Labiale		Alveolare		Velare	
	stimmlos	stimmhaft	stimmlos	stimmhaft	stimmlos	stimmhaft
Plosive	p	b	t	d	k	g
Nasale		m		n		
Frikative	f	v / w	ß / s (scharf)	s (weich)		
Liquide				l		r

Die Tabelle ist nicht erschöpfend (nicht einmal für die deutsche Sprache), da die phonetischen Eigenschaften der Konsonanten je nach Dialekt und Sprachkontext abgewandelt werden können. Angehörige anderer Sprachgruppen können Phoneme erzeugen, die wir nicht einmal voneinander unterscheiden können wie z. B. die verschiedenen Schnalz- und Klicklaute afrikanischer Sprachen, die in Teilen von Botswana und Namibia gesprochen werden (s. Ladefoged & Maddieson, 1996).

5.2.2 Wortverstehen

Beim Wortverstehen müssen Hörerinnen und Hörer mehrere Herausforderungen bewältigen: Das kontinuierliche, gehörte Sprachsignal muss in Wörter segmentiert werden, Wörter müssen anhand ihrer Phonemstruktur von ähnlich klingenden Wörtern unterschieden werden, und Wörtern muss schließlich eine Bedeutung zugewiesen werden. Dass uns bei der Segmentierung und Erkennung von Wörtern im kontinuierlichen Lautstrom neben akustischer Information auch visuelle Information hilft, wissen wir bereits aus Untersuchungen zum McGurk-Effekt (s. oben). Darüber hinaus bedienen sich die meisten Sprachen der Betonung, um Wortgrenzen deutlich zu machen. Das Verb »übersetzen« kann z. B. je nach Ort der Betonung auf der ersten oder zweiten Silbe unterschiedliche Bedeutungen haben. Die Prosodie, also die Betonung eines Wortes, oder die Intonation (»Sprachmelodie«) in einem Satz können also bedeutungsunterscheidend sein. Hilfreich scheint ebenfalls der Kontext zu sein, in dem ein Wort gesprochen wird (Zwitserlood, 1989; 1999). Zum Kontext gehören zum einen der Satz, in dem ein Wort auftaucht, und zum anderen der Bedeutungszusammenhang (semantischer Zusammenhang) eines Wortes, z. B. der Gesprächskontext.

Viele Modelle der Worterkennung gehen weiterhin davon aus, dass der Wortbeginn (also das erste Phonem) eine ganze Kaskade von Erwartungen darüber hervorruft, wie das Wort weitergehen könnte, und alle potentiellen Wortfortsetzungen aktiviert. Gleichzeitig werden Wörter, die phonologisch eher unähnlich sind, über Hemmungsprozesse unterdrückt. Je phonologisch ähnlicher das Sprachsignal einer der Möglichkeiten ist, desto stärker wird diese aktiviert. Das Wort »Brot« wird also gleichzeitig alle mit [b] beginnenden Wörter aktivieren, wobei schließlich Wörter wie »Brut« oder »Brät« stärker aktiviert werden als »Buch« oder »Bild«, weil sie sich ähnlich wie das Ursprungswort anhören.

Konnektionistische Modelle oder Netzwerkmodelle drücken diese Vorgänge formal in Computeralgorithmen aus. Hier wird z. B. davon ausgegangen, dass es mehrere Hierarchieebenen der Worterkennung gibt, z. B. eine akustische Ebene, eine Phonemebene, eine Wortebene und eine Bedeutungsebene (semantische Ebene). Diese Ebenen sind miteinander exzitatorisch verbunden, d. h. durch fördernde, erregende Verbindungen. Innerhalb einer Ebene bestehen jedoch inhibitorische (hemmende) Verbindungen. Laut diesen Modellen ruft daher die Darbietung eines Wortes wie »Brot« inhibitorische Verbindungen zu anderen Wörtern mit ähnlichem Wortbeginn (die sich auf der gleichen Ebene im Modell befinden) hervor. Durch das Wechselspiel von Erregung und Hemmung bleibt schließlich nur noch der korrekte Worteintrag übrig. Solche Netzwerkmodelle wurden auf dem Computer implementiert mit dem Ziel, automatische sprachverarbeitende Systeme zu generieren. Dass es bisher noch keine gut funktionierenden Computerprogramme gibt, die sprachliche Äußerungen analysieren und interpretieren, zeigt, wie komplex das Verstehen von Sprache ist (für einen Überblick über Modelle der Worterkennung s. Bölte & Zwitserlood, 2006).

Die meisten Forscher / innen sind sich allerdings einig, dass das Sprachsignal bei der Worterkennung in kleinere Einheiten wie Silben segmentiert wird, die dann mit der Abbildung von Wortbestandteilen in einem mentalen Lexikon abgeglichen werden (s. Rummer & Engelkamp, 2006).

Das **mentale Lexikon** ist eine Art zentrale Speichereinheit im Langzeitgedächtnis, in der alle verfügbaren Informationen über ein Wort abgebildet sind. Dazu zählen z. B. Informationen über Phonologie (Regeln der Lautbildung), Morphologie (Regeln der Wortbildung), Syntax (Regeln der Satzbildung) sowie Orthographie (Schreibweise). Dieses geballte Wortwissen wird auch als lexikalisches Wissen bezeichnet. Je nach Sprache und Bildungsgrad haben Erwachsene einen aktiven Wortschatz von 30 000–100 000 Wörtern und einen passiven Wortschatz von bis zu 200 000 Wörtern im mentalen Lexikon repräsentiert (Aitchison, 1994; Miller, 1991).

Mentales Lexikon: Abruf und Repräsentation

Die große Menge an Einträgen im mentalen Lexikon deutet darauf hin, dass unser Wortschatzgedächtnis gut organisiert sein muss. Schließlich sind wir in der Lage, ungefähr zwei bis vier Wörter pro Sekunde zu produzieren. Der Abruf aus dem Gedächtnis, also der Zugriff auf ein Wort und ggf. die Auswahl des passenden Wortes, muss entsprechend schnell erfolgen – wie schnell dies möglich ist, hängt u. a. von der Wortlänge und der Häufigkeit seines Auftretens ab. Die Forschung zum mentalen Lexikon hat sich daher mit den Fragen beschäftigt, wie lexikalisches Wissen repräsentiert wird und wie es aus dem Gedächtnis abgerufen wird (Levelt, 2001).

Viele Modelle der auditiven Worterkennung unterscheiden sich in ihren Annahmen danach, ob der Abruf aus dem mentalen Lexikon parallel oder seriell erfolgt.

▶ **Seriell:** Pro Zeiteinheit wird immer nur ein Eintrag im mentalen Lexikon mit dem gehörten Sprachsignal verglichen. Berücksichtigt man die durchschnittliche Sprechgeschwindigkeit von etwa vier Wörtern pro Sekunde, so ist die Annahme eines seriellen Abrufs kaum haltbar.

▶ **Parallel:** Empirische Belege dafür, dass mehrere Einträge gleichzeitig aus dem mentalen Lexikon abgerufen werden, stammen aus Studien mit mehrdeutigen Wörtern (lexikalische Mehrdeutigkeit). Wenn Versuchspersonen das Wort »Bank« auditiv dargeboten wird, werden offenbar gleichzeitig die Einträge für »Geldinstitut« und »Sitzgelegenheit« aktiviert (Swinney, 1979). Welches Wort dann ausgewählt wird, hängt vom Bedeutungskontext ab, in dem das Wort im Satz auftaucht. Generell werden Wörter schneller erkannt, wenn sie in einem passenden semantischen Kontext vorkommen (Zwitserlood, 1989; 1999).

Ähnliche Prozesse spielen sich übrigens auch bei der visuellen Worterkennung (also beim Lesen) ab. Einige Modelle gehen davon aus, dass es zwei Wege gibt, auf denen man vom Buchstaben zur Wortbedeutung (Semantik) gelangt.

▶ **Direkter Weg:** Wörter sind orthographisch (also so, wie sie geschrieben werden) direkt im mentalen Lexikon repräsentiert.

▶ **Indirekter Weg:** Grapheme werden zunächst in Phoneme übersetzt. Erst anschließend erfolgt der Zugriff auf das mentale Lexikon.

Belege für die Existenz dieser zwei Pfade stammen aus Untersuchungen mit Pseudowörtern. Während gesunden Sprecherinnen und Sprechern das Vorlesen eines Pseudowortes wie »Dinnel« problemlos gelingt (was dafür spricht, dass es einen indirekten Pfad geben muss, denn dieses Wort befindet sich nicht im mentalen Lexikon), können Menschen mit einer so genannten phonologischen Dyslexie zwar häufig vorkommende Wörter normal aussprechen, nicht jedoch Pseudowörter.

Die Frage, wie komplexere Wörter im mentalen Lexikon repräsentiert werden, ist noch nicht eindeutig geklärt. Wird das Kompositum »Vordach« beispielsweise in zwei Elementen (»vor« und »Dach«) repräsentiert oder als ein Wort? Wann werden die einzeln repräsentierten Wörter ggf. zusammengesetzt? Empirische Befunde deuten sowohl auf einen direkten Zugriff auf komplexe Wörter als auch auf einen Zugriff auf einfache Wortelemente, also Morpheme, hin. Weiterhin ist noch nicht geklärt, wie Wörter im mentalen Lexikon geordnet sind. So können Wörter z. B. nach der Häufigkeit ihres Auftretens, nach dem Alphabet oder nach dem Bedeutungszusammenhang geordnet sein (s. Rummer & Engelkamp, 2006). Im mentalen Lexikon ist übrigens nicht jede mögliche Form eines Wortes, sondern nur seine Grundform und unregelmäßige Formen gespeichert. Der Abruf nicht repräsentierter Wortformen erfolgt nach morphologischen Regeln.

Fazit

Sprache zu produzieren und zu verstehen ist nur möglich, wenn zunächst Laute und Wörter verarbeitet werden. Dazu muss der akustische Sprachstrom segmentiert werden, und einzelne Sprachlaute und Wörter müssen identifiziert werden. Bei der Verarbeitung von Lauten und Wörtern hilft uns neben akustischer auch visuelle Information. Die Produktion von Wörtern beinhaltet die Phasen der Konzeptualisierung, Formulierung und Artikulation. Das Verstehen von Wörtern basiert auf dem im mentalen Lexikon gespeicherten Wissen über Wörter. Auf Inhalte des mentalen Lexikons kann schnell zugegriffen werden. Der Zugriff kann parallel oder seriell und direkt oder indirekt erfolgen. Modelle des mentalen Lexikons müssen erklären können, wie Information gespeichert und abgerufen wird.

5.3 Satzverarbeitung

Um Sätze verstehen und produzieren zu können, müssen Wörter im Kontext anderer Wörter interpretiert werden. Dafür benötigen wir Wissen über die Struktur von Sätzen (also die Anordnung der Wörter im Satz) sowie über die Bedeutung von Wörtern und deren Rolle im Satz (Parsing).

> **Definition**
>
> **Parsing** ist ein Teilprozess des Sprachverstehens, bei dem Gehörtes oder Gelesenes in Wörter, Satzteile und Sätze zerlegt wird. Wörter werden außerdem auf ihre Rolle im Satz hin syntaktisch analysiert. Parsing läuft automatisch ab und wird nicht bewusst gesteuert.

5.3.1 Strukturelles Wissen

Die syntaktisch relevanten Grundelemente eines Satzes heißen Phrasen. Für die grammatikalisch korrekte Abfolge von Wörtern im Satz existieren so genannte Phrasenstrukturregeln, die von SprecherIn und HörerIn mental repräsentiert werden müssen, wie z. B. die Wortstellung Subjekt – Verb – Objekt (SVO), die in mitteleuropäischen Sprachen wie Englisch und Französisch gebräuchlich ist. Die Phrasenstruktur eines Satzes wird in der Linguistik häufig durch einen so genannten Phrasenstrukturbaum (s. Abb. 5.1) dargestellt.

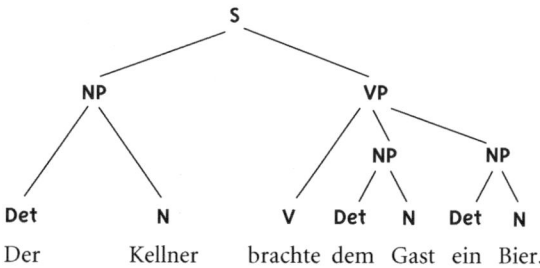

Abbildung 5.1 Phrasenstrukturbaum für einen Satz bestehend aus Nominalphrase (NP) und Verbalphrase (VP). Nominalphrasen sind zusammengesetzt aus Artikel (Determinierer, Det) und Nomen (N). Verbalphrasen beinhalten immer ein Verb (V), und eine oder mehrere Argumente (z. B. Nominalphrasen).

Phrasenstrukturregeln bestimmen, aus welchen Elementen eine Phrase zusammengesetzt ist. Im Beispiel in Abbildung 5.1 sind dies die Regeln

- S : NP VP (lies: Ein Satz kann aus einer Nominalphrase (NP), gefolgt von einer Verbalphrase (VP), bestehen.)
- NP : Det N (Eine Nominalphrase kann aus einem Artikel (Determinierer, Det), gefolgt von einem Nomen (N), bestehen.)
- VP : V NP (Eine Verbalphrase kann aus einem Verb (V), gefolgt von einer oder mehreren Argumenten, z. B. Nominalphrasen (NP), bestehen. Unterschiedliche Verbarten benötigen dabei unterschiedlich viele Argumente; ein Verb wie »schlafen« benötigt z. B. nur eine NP, wie in »Die Mutter schläft«, das Verb »bringen« im Beispiel in Abb. 5.1 benötigt zwei NP.)

Der Umgang mit Phrasenstrukturregeln und andere Aspekte der Satzverarbeitung lassen sich methodisch gut mittels ereigniskorrelierter Potentiale erfassen.

Methoden: Ereigniskorrelierte Potentiale

Ereigniskorrelierte Potentiale (EKP) bezeichnen die elektrokortikalen Potentiale, die vor, während und nach einem sensorischen (z. B. Lichtblitz), motorischen (z. B. Fingerbewegung) oder mentalen Ereignis (z. B. emotionales Bild) im EEG gemessen werden können.

Definition

Beim **EEG** (Elektroenzephalographie) wird die elektrische Aktivität der Nervenzellen in der Großhirnrinde mithilfe von Elektroden gemessen, die auf der Kopfhaut platziert werden (z. B. über eine EEG-Kappe). Das EEG kann aber nicht die Aktivität einzelner Nervenzellen messen, sondern lediglich die Aktivität ganzer Neuronenverbände.

Das Lesen oder Hören eines Wortes oder Satzes erzeugt eine Veränderung im EEG-Signal. In EKP-Experimenten können dann Auswirkungen syntaktischer oder semantischer Regelverletzungen oder der Darbietung von Pseudowörtern untersucht werden. Viele Studien haben die beiden folgenden EEG-Komponenten als ereigniskorrelierte Potentiale für die semantische und syntaktische Wortverarbeitung identifiziert.

N400. N400 bezeichnet einen negativen Ausschlag des EEG-Signals etwa 400 Millisekunden nach Beginn der Darbietung eines Stimuluswortes. Die N400 spiegelt semantische Integrationsprozesse wider, also die Einordnung

---

eines Wortes in seinen Bedeutungskontext. Betrachten wir z. B. das folgende Beispiel:

(1) Die Sonne scheint. (korrekt)

(2) Die Sonne schniet. (Pseudowort)

Bei Pseudowörtern wie »schniet« im Beispiel oben findet man i. d. R. eine deutliche N400, möglicherweise weil im mentalen Lexikon ausführlich nach dem Zielwort gesucht wird. Sind syntaktische Regeln im Satz verletzt, schlägt sich dies im EEG schon sehr früh, nach ca. 120 Millisekunden, nieder (frühe Negativierung).

Um zu verstehen, wie Menschen Satzstrukturen repräsentieren und verarbeiten, wurden in EKP-Experimenten syntaktisch richtige und falsche Sätze miteinander verglichen. Betrachten wir z. B. die folgenden zwei Sätze:

(3) Der Fisch wurde in dem Teich geangelt.

(4) Der Fisch wurde in dem geangelt.

Der zweite Satz ist falsch und stellt eine Verletzung der erwarteten Struktur des Satzes dar, denn in einer korrekten Präpositionalphrase folgt auf die Präposition nicht direkt das Verb, sondern z. B. eine Nominalphrase. Solche grammatikalisch falschen Sätze erzeugen im EKP ein deutliches negatives Signal bereits 120 Millisekunden nach Lesen der kritischen Stelle im Satz. Syntaktische Verletzungen werden also sehr schnell erkannt, vermutlich weil aufgrund des Satzbeginns eine Erwartung darüber aufgebaut wird, wie der Satz weitergeht, und diese dann verletzt wird.

P600. P600 bezeichnet einen positiven Ausschlag des EEG-Signals, der etwa 600 Millisekunden nach Stimulusdarbietung seinen Höhepunkt erreicht. Die späte Positivierung spiegelt ebenfalls syntaktische Verarbeitungsprozesse wider. Hier wird der Satz vermutlich nach dem Lesen nochmals syntaktisch reanalysiert.

Prinzipiell lassen sich mithilfe von EKPs sowohl Sprachverstehen als auch Sprachproduktion untersuchen. Die Untersuchung von Sprachproduktion mit EEG ist jedoch schwierig, da die mit der Produktion von Sprache verbundenen Muskelbewegungen im EEG selbst Signale erzeugen und als Artefakte nur schwer von den gesuchten Signalen zu unterscheiden sind. Die meisten EEG-Untersuchungen widmen sich daher dem Verstehen von Sprache. Neben der EEG-Methode stehen für die Untersuchung von Sprachverarbeitung noch andere Methoden zur Verfügung, wie z. B. Blickbewegungen und Reaktionszeitanalysen.

5.3.2 Modelle der Satzverarbeitung

Neurokognitives Modell der Satzverarbeitung

Die im vorherigen Abschnitt dargestellten EEG-Befunde zeigen, dass die Satzverarbeitung aus unterschiedlichen, aufeinander folgenden Phasen besteht. Um einen Satz verstehen zu können, muss ein mentales Abbild seiner Struktur und seiner Bedeutung erzeugt werden.

Parsing. In einem frühen Verarbeitungsschritt wird die syntaktische Information analysiert. Die Entschlüsselung der Struktur eines Satzes kann entweder datengesteuert von einzelnen Wörtern zum Satz erfolgen (bottom-up), oder umgekehrt erwartungsgesteuert von der Phrase oder dem Satz zu einzelnen Wörtern (top-down). Bei der Bottom-up-Verarbeitung wird z. B. Information über die Kategorienzugehörigkeit eines Wortes verwendet (z. B. Nomen, Verb etc.). Die Top-Down-Verarbeitung basiert auf der durch den Beginn des Satzes hervorgerufenen Erwartung über die nachfolgende Phrasenstruktur. Wenn das aktuell wahrgenommene Wort nicht zur restlichen Phrasenstruktur passt, zeigt sich im EEG eine frühe Negativierung.

Prüfung. Nach der Analyse der Struktur des Satzes wird die Bedeutung der Wörter aus dem mentalen Lexikon abgerufen. Jedes einzelne Wort wird nun seiner Bedeutung nach in den Satzkontext integriert. Es ist möglich, dass zwei Sätze syntaktisch korrekt sind und eine identische Phrasenstruktur aufweisen, z. B.

(5) Die Sonne scheint.

(6) Die Sonne schneit.

Dass Satz (6) semantisch inkorrekt ist, würde sich im EEG als N400 zeigen. Syntaktische Verarbeitungsprozesse wären jedoch für beide Sätze identisch.

Reanalyse. Anschließend wird der Satz nochmals reanalysiert. Es kommt zu einer späten Positivierung, wenn hier syntaktische Verletzungen erkannt werden.

Die so von Friederici (1995) beschriebene Abfolge von Verarbeitungsschritten ist sehr effizient und macht deutlich, warum wir es schaffen, neben dem Sprechen oder Zuhören noch anderen Aufgaben nachzugehen (wie z. B. Auto fahren oder am Computer arbeiten).

Nicht immer funktioniert die Entschlüsselung von Sätzen problemlos, und manchmal kommt es zu Fehlern in der Satzverarbeitung. Neben komplexen und langen Sätzen stellen mehrdeutige Äußerungen ein Problem für das Sprachverarbeitungssystem dar. Betrachten wir den folgenden Beispielsatz:

(7) Der Polizist erschoss den Bankräuber mit der Pistole.

Hier ist unklar, wer die Pistole besitzt. Meistens treten Sätze allerdings nicht isoliert, sondern im Kontext anderer Sätze auf. Auch hier kann es Mehrdeutigkeiten geben, z. B. im Bezug eines Satzes auf den vorhergehenden. Wie geht unser Satzverarbeitungssystem mit Mehrdeutigkeiten um?

Holzweg-Modell

Dem Holzweg-Modell (engl. »garden-path«-Modell) von Frazier und Rayner (1982) zufolge wird zunächst syntaktische und dann semantische Information verarbeitet. Dabei wird nacheinander immer nur eine Bedeutungsalternative erwogen. Das Modell geht also von einer seriellen Verarbeitung aus. Entscheidungen für oder gegen eine Alternative fallen auf Basis struktureller Eigenschaften. Zunächst wird die nach der Phrasenstrukturlogik einfachere Variante angenommen, d. h. die Deutungsalternative, die weniger »Knoten« (syntaktische Verzweigungen) im Phrasenstrukturbaum benötigt (Prinzip der minimalen Angliederung, engl. »minimal-attachment«-Prinzip). Danach würde dem Polizisten die Pistole zugeordnet: Abbildung 5.2 zeigt beide mögliche Lesarten für Satz (7) und verdeutlicht, dass die instrumentelle Lesart (Abb. 5.2 b) mit weniger Knoten im Phrasenstrukturbaum auskommt als die attributive Lesart (Abb. 5.2 a). Nach der ersten, syntaktischen Analyse des mehrdeutigen Satzes kommt es in einem zweiten Schritt dann zu einer Bewertung der Plausibilität der Entscheidung nach semantischen und pragmatischen Kriterien. Hier spielt der Kontext, in dem der Satz auftaucht, eine entscheidende Rolle. Am Ende des zweiten Schritts steht die Auswahl einer einzigen Deutungsalternative. Nach dem Prinzip der späten Schließung (engl. »late-closure«-Prinzip) werden dem gerade analysierten Satzteil so lange neue Wörter zugeordnet, wie sie in den Satzteil eingegliedert werden können. Die Analyse wird

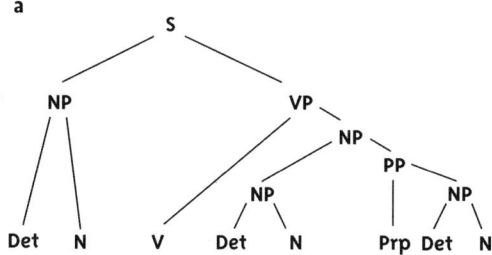

Der Polizist erschoss den **Bankräuber mit** der Pistole.

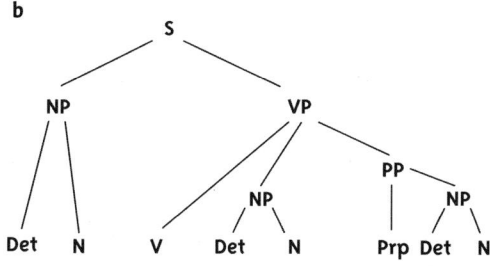

Der Polizist **erschoss** den Bankräuber **mit** der Pistole.

Abbildung 5.2 Phrasenstrukturbäume der unterschiedlichen Lesarten für Satz (7). **a:** attributive Lesart (der Bankräuber hat die Pistole), **b:** instrumentelle Lesart (der Polizist benutzt die Pistole, um den Bankräuber zu erschießen)

dann abgeschlossen, wenn dies nicht mehr möglich ist. In Satz (7) sind beide Lesarten plausibel. Das verwendete Verb deutet aber darauf hin, dass es möglicherweise plausibler ist, dem Polizisten die Pistole zuzuordnen (instrumentelle Lesart).

Einschränkungsmodelle

Es gibt allerdings eine Reihe von Befunden, welche das Holzweg-Modell nicht erklären kann. Mehrdeutige Sätze können z. B. mehr oder weniger auf den Holzweg führen. Ein beliebtes Beispiel in der englischsprachigen Psycholinguistik ist der beinahe unverständliche Satz

(8) The horse raced past the barn fell.

  (Das Pferd, das an der Scheune vorbeigeritten wurde, stürzte.)

Im Englischen entsteht die syntaktische Mehrdeutigkeit zum einen dadurch, dass das Wort »raced« mehrdeutig ist. Es kann sowohl die Vergangenheitsform von »to race« (reiten) darstellen, als auch einen Relativsatz einleiten. Zum zweiten ist der Relativsatz in Satz (8) verkürzt. Vollständig würde der Satz lauten: »The horse that was raced past the barn fell.« In der deutschen Übersetzung gibt es dagegen keine Mehrdeutigkeit.

Der folgende Satz ist syntaktisch genauso aufgebaut wie (8), ist aber viel verständlicher:

(9) The books read in the garden were interesting.

  (Die Bücher, die im Garten gelesen wurden, waren interessant.)

Als Gegenspieler des Holzweg-Modells gehen Einschränkungsmodelle (engl. »constraint-satisfaction«-Modelle) davon aus, dass Mehrdeutigkeiten im ersten Schritt nicht allein aufgrund der syntaktischen Analyse, also auf Basis der grammatikalischen Kategorie der einzelnen Wörter aufgelöst werden, sondern dass die syntaktische Analyse durch andere Einflüsse wie lexikalische Semantik (Wortbedeutung) beeinflusst wird (für einen Überblick s. MacDonald et al., 1994). Einschränkungsmodelle sind also einstufige Modelle, bei denen verfügbare syntaktische und semantische Informationen gleichzeitig genutzt werden. Je plausibler eine Lesart ist, desto stärker wird sie aktiviert. Dies würde erklären, warum Satz (8) mit dem mehrdeutigen Wort »raced« so viel schwieriger zu verstehen ist als der syntaktisch identische Satz (9) mit dem nicht-mehrdeutigen Wort »read«.

Die beiden bisher vorgestellten Modelle unterscheiden sich also danach, wie groß der Einfluss der syntaktischen Struktur gegenüber anderen Einflüssen (wie z. B. der lexikalischen Semantik) auf die Auflösung mehrdeutiger Sätze ist (für einen Überblick s. Irmen, 2006). Die Modelle treffen auch unterschiedliche Annahmen darüber, ob Parsing als ein- oder zweistufiger Prozess abläuft und zu welchem Zeitpunkt semantische Information ins Spiel kommt. Für beide Modelle gibt es unterstützende empirische Befunde und es ist daher unklar, welches der Modelle Parsingstrategien besser abbildet. Sicher kann man jedoch sagen, dass diese Modelle nicht universell gültig sind und dass die sprachlichen Erfahrungen, die Menschen im Laufe ihres Lebens gesammelt haben, ganz wesentlich beeinflussen, wie Ambiguitäten aufgelöst werden.

5.3.3 Semantisches Wissen

Zusätzlich zum strukturellen Wissen müssen Wortbedeutungen und Zusammenhänge mental repräsentiert werden. Eine Möglichkeit der mentalen Repräsentation semantischen Wissens wurde bereits in Abschnitt 4.3.3 mit Einführung der propositionalen Netzwerke vorgestellt.

Auch in Bezug auf die semantische Interpretation von Sätzen gibt es mehrdeutige Situationen. In dem Satz »Ich hasse das Buch – es ist zu schwer« kann sich das Wort »schwer« auf die Verständlichkeit des Inhalts oder das Gewicht des Buches beziehen. Empirische Untersuchungen mit den Folgesätzen

(10) Es deprimiert mich, es zu lesen.

(11) Es bereitet mir Rückenschmerzen, es herumzutragen.

zeigten, dass beide Varianten gleich leicht zu verarbeiten sind. In der Regel bereiten uns häufig verwendete, mehrdeutige Phrasen (»alte Freunde«, »starke Raucher«) aber keine Probleme, da ihre Bedeutung mental abgespeichert ist. Außerdem spielt der Kontext eine wichtige Rolle. Bei Zahlwörtern gehen die meisten LeserInnen z.B. davon aus, dass »ein paar Ameisen« mehr Ameisen sind als »ein paar Elefanten« (Hörmann, 1983). Bei der Verarbeitung von Bedeutung scheinen also Vorwissen und die Häufigkeit verwendeter Äußerungen eine große Rolle zu spielen.

> **Fazit**
>
> Um einen Satz verarbeiten zu können, muss strukturelles und semantisches Wissen über Wörter und Sätze vorhanden sein. Strukturelles Wissen wird in Phrasenstrukturregeln zusammengefasst, die mental repräsentiert sein müssen. EEG-Untersuchungen zeigen, dass Satzverarbeitung in mehreren Phasen erfolgt. Zunächst wird syntaktische Information analysiert, anschließend werden einzelne Wörter in ihren Bedeutungskontext integriert. Abschließend wird der Satz nochmals auf syntaktische Richtigkeit reanalysiert. Sätze sind nicht immer eindeutig. Das Holzweg-Modell und das Einschränkungs-Modell beschreiben, wie syntaktisch mehrdeutige Sätze verarbeitet werden. Während das Holzweg-Modell davon ausgeht, dass erst die syntaktische Struktur verarbeitet wird und dann die Semantik, geht das Einschränkungs-Modell davon aus, dass semantische Einflüsse schon früher eine Rolle spielen. Bei der Verarbeitung der Bedeutung eines Satzes spielen Erfahrung und Vorwissen eine wichtige Rolle.

5.4 Textverarbeitung

Das Verstehen von Texten ist ein aktiver Prozess, in dem der / die Leser / in oder Hörer / in (kurz: Rezipient / in) mit dem Text interagiert (Christmann, 2006). Wie schon bei der Satzverarbeitung werden wieder zwei Verarbeitungsrichtungen unterschieden:

▶ **textgesteuert:** Ein Text kann auf Basis von Merkmalen des Textes verstanden werden (bottom-up).

▶ **rezipientengesteuert:** Die Verarbeitung wird von den Erwartungen und dem Wissen der Rezipientin und des Rezipienten bestimmt (top-down).

Zu Textmerkmalen, welche das Verständnis beeinflussen, gehören die Textoberfläche (grammatische Struktur, formale Merkmale wie die Textlänge) und die Textbasis (der tatsächliche Inhalt des Textes und seine Bedeutung).

Auf Seiten der Rezipientin und des Rezipienten spielen mentale Modelle eine wichtige Rolle beim Verstehen von Texten. Ein mentales Modell ist eine bildhafte Vorstellung der im Text beschriebenen Situation, in der zum Beispiel die räumlichen Beziehungen zwischen den beschriebenen Objekten repräsentiert sind. Glenberg et al. (1987, deutsche Übersetzung in Müsseler & Rieger, 2017) boten ihren Versuchspersonen Texte wie den folgenden dar:

John bereitete sich für eine Verabredung am Abend vor. Nachdem er sich angezogen hatte,
(12) nahm er die Rose, die er gekauft hatte, und ging los.
(13) vergaß er die Rose, die er gekauft hatte, und ging los.

Er nahm seinen Sportwagen, um zu seiner Verabredung zu fahren. Er kam etwas zu spät an. Die Rose …

Versuchspersonen bekamen entweder Variante (12) oder (13) zu lesen. Obwohl sich die Texte nur in einem Wort unterschieden, zeigte sich, dass Versuchspersonen mit einem späteren Verweis auf die Rose mehr anfangen konnten, wenn sie Variante (12) gelesen hatten. Das Verständnis von Variante (12) war offenbar leichter, weil die Versuchspersonen davon ausgehen konnten, dass die Hauptfigur des Textes die Rose die ganze Zeit bei sich hatte, sodass die Rose Teil der aktuell vorgestellten Szene war. In Variante (13) mussten sie dagegen bei Erwähnung der Rose einen mentalen Szenenwechsel vornehmen. Neben den Textinhalten wird auch relevantes Hintergrundwissen in ein mentales Modell aufgenommen und trägt entscheidend zum Textverständnis bei.

Die Verarbeitung von Texten läuft sowohl rezipientengesteuert als auch textgesteuert ab. Das heißt, die Verarbeitung ist sowohl von der Rezipientin bzw. dem Rezipienten selbst als auch von der formalen und inhaltlichen Struktur des Textes abhängig. Textverständnis scheint in erster Linie mit der Güte des mentalen Modells zusammenzuhängen.

5.5 Sprachentwicklung

Kinder lernen Sprache in einem frühen Stadium ihrer kognitiven Entwicklung spontan und erstaunlich schnell. Als Voraussetzung dafür besitzen bereits wenige Tage alte Säuglinge spracherwerbsrelevante Fähigkeiten wie z. B. ein sensitives Wahrnehmungssystem und die Fähigkeit, Phoneme und Phonemkategorien zu unterscheiden. Diese Fähigkeiten sind zunächst nicht auf die Muttersprache beschränkt, d. h. Babys können auch Phoneme unterscheiden, die in ihrer Muttersprache gar nicht verwendet werden. Erst im Verlauf der ersten sechs Lebensmonate nimmt die Sensitivität für Laute der Muttersprache zu (Grimm & Weinert, 2002; Weinert, 2006 a). In einer Untersuchung an kanadischen Babys aus englischsprachigen Haushalten wurde beispielsweise festgestellt, dass sechs- bis achtmonatige Babys zwischen Phonemen aus den Sprachen Englisch, Hindi und Nthlakampx (einer indo-amerikanischen Sprache) unterscheiden konnten. Diese universelle Fähigkeit zur Diskrimination von nicht-muttersprachlichen Phonemen war aber zum nächsten Untersuchungszeitpunkt, als die Babys acht bis zehn Monate alt waren, verschwunden, und die Babys konnten nur noch englische Sprachlaute unterscheiden (Werker & Tees, 1984). Dieser Beleg für frühe phonologische Organisation gegen Ende des ersten Lebensjahres zeigt, dass Babys eine ausgeprägte Präferenz für die Sprache entwickeln, mit der sie am häufigsten konfrontiert sind – eine wichtige Voraussetzung für den weiteren Spracherwerb (für einen Überblick s. Clark, 2003).

Experiment

Sprachpräferenz bei Neugeborenen

Fragestellung. Viele Studien haben gezeigt, dass bereits wenige Tage alte Säuglinge die Fähigkeit besitzen, zwischen verschiedenen Sprachen oder bestimmten Komponenten derselben Sprache zu unterscheiden. Können Neugeborene sprachliche Laute von nicht-sprachlichen Lauten unterscheiden? Eine Antwort auf diese Frage kann Aufschluss darüber geben, inwieweit eine Präferenz für Sprache bei Menschen tatsächlich angeboren ist.

Methoden. Vouloumanos und Werker (2007) boten wachen Neugeborenen, die zwischen einem und vier Tage alt waren, auditiv sprachliche und nicht-sprachliche Reize dar. Sprachreize waren einsilbige Pseudowörter, wie z. B. »Lif«, die von einer weiblichen englischen Muttersprachlerin gesprochen wurden. Nicht-sprachliche Reize waren Geräusche, die den Sprachreizen in allen physikalischen Eigenheiten wie Dauer, Frequenz und Tonhöhe exakt entsprachen. In der genauen Entsprechung sprachlicher und nicht-sprachlicher Reize unterscheidet sich die Studie von Vouloumanos und Werker übrigens von vorhergehenden Studien, in denen z. B. Töne oder Rauschen als Vergleichsreize verwendet wurden. Neugeborene saugten während der Reizgabe an einem Schnuller, der mit einem Druckmessgerät verbunden war. So ließ sich als abhängige Variable die Saugrate bestimmen. In der Säuglingsforschung ist diese Prozedur als »high-amplitude sucking« (HAS) bekannt. Sie beruht auf der Annahme, dass Säuglinge sich bevorzugt für neue Reize interessieren, was in der Regel mit verstärktem Saugen (höhere Rate und Stärke) einhergeht. Verliert ein Säugling das Interesse (Habituation), sinkt die Saugrate. Steigt die Saugrate bei Darbietung eines neuen Reizes im Vergleich zu einer Grundsaugrate, die zu Beginn des Versuchs bestimmt wird, wieder an, wird dies als Zeichen dafür gewertet, dass der Säugling zwischen dem vorherigen und dem neuen Reiz unterscheiden kann.

Ergebnis. Sprachreize riefen signifikant höhere Saugraten hervor als nicht-sprachliche Reize, allerdings zeigte sich dieses Ergebnis erst im Verlauf der zweiten Versuchshälfte (2. Block).

Schlussfolgerungen und Bedeutung. Eine möglicherweise angeborene Präferenz für Sprache deutet darauf hin, dass Menschen auf Sprache als Kommunikationsmittel quasi »voreingestellt« sind. Diese Voreinstellung ist eine wichtige Voraussetzung für den schnellen und mühelosen Spracherwerb, der gesunde Kinder auszeichnet. In Studien an autistischen Kindern wurde entsprechend nachgewiesen, dass diese Kinder, deren Spracherwerb oftmals verzögert ist, keine Präferenz für Sprachreize und gelegentlich sogar eine Präferenz für nicht-sprachliche Reize zeigen. Interessanterweise wurde auch gezeigt, dass die Präferenz für Sprache nicht auf gehörte Sprache beschränkt ist: Sechs Monate alte Kleinkinder zogen Gebärdensprache nicht-sprachlicher Pantomime vor; zum nächsten Untersuchungszeitpunkt vier Monate später war dieser Unterschied allerdings verschwunden (Krentz & Corina, 2008).

Die Fähigkeit zum Spracherwerb ist genetisch veranlagt, wird aber durch den Sprachkontext beeinflusst. Die Sprachforschung hat sich lange mit der Frage beschäftigt, welcher dieser Einflussfaktoren bedeutsamer ist. Während einige Theorien davon ausgehen, dass Säuglinge genetisch mit einer Universalgrammatik, also einem substantiellen grammatischen Wissen, ausgestattet sind, betonen andere Theorien den Einfluss der sozialen und sprachlichen Umwelt. Vermutlich sind beide Einflussfaktoren etwa gleich bedeutsam – Kinder müssen eine Reihe von sprachrelevanten Fähigkeiten mitbringen, die sie dann in der Interaktion mit ihrer Umwelt für den Spracherwerb nutzen und ausbauen können. Die außerordentlichen Spracherwerbskompetenzen von Kindern werden besonders im gleichzeitigen Erwerb zweier Sprachen deutlich (s. Abschn. 5.5.3).

Noam Chomskys Theorie der Universalgrammatik

Der Linguist Noam Chomsky entwickelte in den 1950er Jahren eine Theorie der Universalgrammatik, derzufolge alle Sprachen den gleichen grammatikalischen Prinzipien folgen; das Wissen über diese Prinzipien setzte der Sprachforscher als angeboren voraus. Die folgenden Kernannahmen der Theorie basieren auf Beobachtungen zum Spracherwerb bei Kindern, und insbesondere auf der Tatsache, dass Kinder Sprache spontan und ohne spezifisches Training oder Feedback erlernen (eine Ausnahme stellen Kinder dar, die in einer sprachdeprivierten Umgebung aufwachsen, s. Abschn. 5.5.2):

► Die Prozesse des Spracherwerbs sind universell und relativ unabhängig von der erlernten Sprache.
► Universale grammatikalische Prinzipien sind angeboren und ermöglichen den Erwerb von sprachspezifischen Mustern.
► Um Sprache produzieren und verstehen zu können, müssen Kinder also nur Wörter und einige sprachspezifische Besonderheiten (z. B. Regeln zur Wortstellung in Sätzen) lernen. Aus der angeborenen Grammatik und dem durch Erfahrung erworbenen lexikalischen Wissen kann dann eine unbegrenzte Anzahl von Phrasen und Sätzen gebildet werden.
► Spracherwerb besteht nach dieser Theorie also vor allem aus dem Aufbau des mentalen Lexikons.

Kritik. Die Annahme einer genetischen Veranlagung für Grammatik wurde vielfach kritisiert. Unter anderem wurde bemängelt, dass sich Sprache schneller verändere als die genetische Ausstattung des Menschen, daher könne Sprache nicht als eine Umweltgegebenheit angenommen werden, an die sich die genetische Ausstattung des Menschen anpasse. Darüber hinaus ist die Theorie einer Universalgrammatik nur schwer falsifizierbar, auch wenn die Forschung zur Sprachentwicklung mittlerweile weit fortgeschrittener ist als zur Ursprungszeit der Theorie.

5.5.1 Stufen des Spracherwerbs

Kinder lernen unterschiedlich früh und schnell sprechen. Die folgenden Altersangaben sind daher Mittelwerte. Die Unterschiede zwischen Kindern mit normaler Sprachentwicklung sind enorm (für einen Überblick s. Curtin & Werker, 2007; Fenson et al., 1994; Grimm & Weinert, 2002).

Erwerb prosodisch-phonologischen Wissens

Erste Lallphase. Im Durchschnitt beginnt die erste Lallphase mit etwa zwei Monaten. Laute entstehen durch zufällige Muskelbewegungen in Mund, Hals und Kehlkopf.

Zweite Lallphase. Ab dem sechsten Monat werden Silbenketten gebildet, wie »dada«, »gaga«, »jaja« (reduplizierendes Lallen). In Rhythmus und Tonfall (Prosodie) ähneln diese Lautbildungen bereits der Muttersprache.

Bewusste Steuerung der Mundbewegungen. Gleichzeitig mit der Entwicklung der Präferenz für die Muttersprache (s. o.), etwa ab einem Alter von neun Monaten, können Mundbewegungen bewusst gesteuert werden, um gezielt sinnvolle Doppelsilben (wie »Mama«) formen zu können. Je nachdem, wie stark der Spracherwerb in dieser Phase unterstützt wird, lernt das Kind unterschiedlich schnell, sinnvolle von sinnlosen Silbenkombinationen zu unterscheiden.

Erwerb lexikalischen Wissens

Wortrezeption. Im Alter von acht bis neun Monaten erwerben Kinder ein kontextgebundenes Wortverständnis und können Wörter der Muttersprache von fremdsprachlichen Wörtern unterscheiden (s. o.).

Wortproduktion. Ab dem zehnten Monat beginnen Kinder, selbst Wörter zu produzieren. Zunächst werden sogenannte Protowörter gebildet wie z. B. »Wauwau«. Der rezeptive Wortschatz wird zu diesem Zeitpunkt auf ca. 60 Wörter geschätzt.

Wortschatzexplosion. Ab etwa eineinhalb Jahren kommt es zu einer regelrechten Wortschatzexplosion. Der rezeptive Wortschatz liegt bei ca. 200 Wörtern, der produktive Wortschatz bei ca. 75 Wörtern (20 Monate: 150 Wörter, 22 Monate: 200 Wörter, 24 Monate: 300 Wörter). Kinder scheinen jetzt über Lernmechanismen zu verfügen, die es ihnen erlauben, Wortbedeutungen schnell zu lernen. Merkmale der kommunikativen Situation (z. B. Blickrichtung oder emotionaler Ausdruck des Kommunikationspartners) können den Worterwerb unterstützen.

Erwerb grammatikalischen Wissens

Wortkombinationen. Etwa zeitgleich zur Wortschatzexplosion bilden Kinder erste Wortkombinationen. So werden beispielsweise Zwei-Wort- und Fragesätze gebildet. Verben werden gebeugt, Plural wird gebildet, und die Sätze werden länger.

Dabei werden zunächst nur Inhaltswörter verwendet und Funktionswörter (wie Artikel, Hilfsverben, Präpositionen) weggelassen. Die Kinder beschränken sich auf Aspekte ihres Alltagserlebens, die sie kognitiv begreifen können, z.B. »Papa schläft« (Handelnder – Handlung), »mein Ball« (Besitzer – Besitz).

Stützende Sprache. Der Einstieg in den produktiven Erwerb von Wortbedeutung und Grammatik wird durch das sprachliche Umfeld erheblich begünstigt, z.B. durch die Anregung im Dialog mit der Bezugsperson (stützende Sprache). Zur Quantifizierung der Sprachproduktion wird gelegentlich die durchschnittliche Länge der Äußerung (MLU, mean length of utterance) angegeben, die in diesem Alter bei durchschnittlich 4,5 Morphemen liegt.

Lehrende Sprache. Mit etwa vier Jahren beherrschen die meisten Kinder die grammatikalischen Grundlagen. Parallel dazu wächst der Wortschatz ständig. Komplexere Satzkonstruktionen wie Relativ- oder Temporalsätze werden verwendet. In dieser Phase kann die Sprachentwicklung durch lehrende Sprache (engl. »motherese«) unterstützt werden, d.h. die Bezugsperson wiederholt kindliche Äußerungen und erweitert oder korrigiert diese gegebenenfalls (s. Grimm & Weinert, 2002).

Abstraktion. Mit sechs Jahren können Kinder Wörter in Silben zerlegen, Reime bilden und längere Geschichten (nach)erzählen. Die zunehmende Beherrschung der Grammatik ermöglicht eine Herauslösung der Sprache aus dem Hier und Jetzt zugunsten abstrakter Vorstellungsformen. Damit sind die wichtigsten Grundsteine für das Erlernen des Lesens und Schreibens gelegt.

Grammatik. Der Erwerb komplexerer grammatikalischer Strukturen erfolgt im Grundschulalter. Ein sicheres Verstehen und Unterscheiden der grammatikalischen Fälle – insbesondere Genitiv, Dativ und Akkusativ – ist häufig erst im Alter von elf bis zwölf Jahren möglich.

5.5.2 Kritische Periode für den Spracherwerb

Eine viel diskutierte Hypothese in Bezug auf die Sprachentwicklung ist die Frage, ob es eine kritische Periode für den Spracherwerb gibt.

Definition

Die **kritische Periode** ist die Phase im Leben eines Organismus, während der eine adäquate Stimulation (adäquat im Sinne von »evolutionsbiologisch überlebensrelevant«) eine normale Entwicklung erlaubt. Wenn eine bestimmte Fähigkeit perfekt beherrscht werden soll, muss sie während der kritischen Periode erworben werden.

Untersuchungen an so genannten Wolfskindern (so bezeichnet, weil diese Kinder häufig fern der Zivilisation oder isoliert, also quasi wild, aufwachsen) zeigen, dass ab einem gewissen Alter kein normaler Spracherwerb mehr möglich ist. Die Sprachentwicklung muss spätestens zum Zeitpunkt der Pubertät begonnen haben.

Fallbeispiel

Das Wolfskind Genie

Der Fall des Mädchens »Genie«, das bis zum Alter von 13 Jahren ohne Sprache aufwuchs und anschließend trotz intensiven Sprachunterrichts nicht mehr richtig sprechen lernte, macht dies deutlich. Genie wurde 13 Jahre in einem dunklen Zimmer gehalten, hatte keinerlei Kontakt zur Außenwelt und war zumeist an einen Stuhl gefesselt. Als das Mädchen im Jahr 1970 entdeckt wurde, konnte sie kaum laufen und vor allem nicht sprechen. Genie lernte relativ schnell ein (verhältnismäßig) großes Vokabular und einfache Regeln der Syntax. Mit komplexeren Regeln, z. B. dem Gebrauch von Passivsätzen, hatte sie aber Probleme. Auch ihre Prosodie war verkümmert. Schließlich stagnierte der Spracherwerb trotz intensiven Trainings auf dem Niveau grammatikfreier Wortreihen. Genies Fähigkeiten in logischem Denken, Problemlösen und Kategorisierung von Begriffen waren allerdings normal ausgeprägt.

Diese Ergebnisse und Untersuchungen an anderen Kindern, die ohne Sprache aufwuchsen, deuten darauf hin, dass es für den Grammatikerwerb möglicherweise eine kritische Periode (etwa zwischen dem Alter von 1,5–12 Jahren) gibt und dass Sprache im Nachhinein nur schwer erworben werden kann, auch wenn die kognitiven Voraussetzungen dafür vorhanden sind. Für eine kritische Periode im Spracherwerb sprechen auch Untersuchungen, die zeigen, dass Kinder eine zweite Sprache häufig viel schneller und besser lernen können als Erwachsene. Allerdings ist einschränkend zu bemerken, dass es für den verbesserten Spracherwerb bei Kindern auch andere Gründe geben kann (z. B. Intensität der Lernerfahrung, höhere Anforderung an den sprachlichen Diskurs, altersbedingte kognitive Vorteile). Allerdings deutet die Tatsache, dass Kinder Zweitsprachen oft akzentfrei sprechen können (s. Abschn. 5.5.3), auf eine kritische – zumindest aber eine sensible – Periode für die phonologische Entwicklung hin.

> **Definition**
>
> Eine **sensible Periode** ist quasi die abgeschwächte Variante der kritischen Periode. Hier wird davon ausgegangen, dass ein Organismus während einer bestimmten Lebensphase besonders empfänglich für adäquate Stimulation ist. Am Beispiel der Sprachentwicklung: Auch außerhalb der sensiblen Periode kann Sprache noch erworben werden, allerdings mit geringerem Erfolg.

Dafür sprechen auch die oben schon erwähnten Befunde aus der Studie von Werker und Tees (1984), in der gezeigt wurde, dass Kinder bis zum Alter von etwa zehn bis zwölf Monaten für alle Sprachen quasi gleich empfänglich sind; eine Präferenz für Sprachlaute ihrer Muttersprache entwickeln Kinder erst im zweiten Lebensjahr.

5.5.3 Bilingualismus: Können Kinder zwei Sprachen gleich gut sprechen?

Beim bilingualen Erstsprachenerwerb wächst das Kind in den ersten beiden Lebensjahren in einer Umgebung auf, in der zwei verschiedene Sprachen gleichberechtigt vorkommen (etwa die Muttersprachen der beiden Eltern). Wenn die zweite Sprache erst deutlich später und explizit (z. B. über Fremdsprachenunterricht) erworben wird, spricht man von Fremd- oder Zweitsprachenerwerb. Ob beide Sprachen gleich gut beherrscht werden oder eine Sprache die andere dominiert, hängt vom jeweiligen Erwerbskontext, den Lehrvoraussetzungen und den kulturellen und gesellschaftlichen Umständen ab. Während Zweisprachigkeit in Deutschland sicher noch eher die Ausnahme darstellt, wachsen in anderen Ländern mit höherem Ausländeranteil (z. B. USA mit >15 % spanischsprechendem Bevölkerungsanteil) viele Kinder zwei- oder mehrsprachig auf.

> **Definition**
>
> Unter **Bilingualismus** versteht man die Fähigkeit, zwei Sprachen so gut zu beherrschen, dass in jeder einzelnen Sprache mit anderen Muttersprachlern fließend auf deren Niveau kommuniziert werden kann (bei drei oder mehr Sprachen spricht man von Multilingualismus). Beide Sprachen können entweder gleichzeitig (gleichzeitiger Bilingualismus) oder nacheinander (sequenzieller Bilingualismus) erworben werden; die Stufen des Spracherwerbs entsprechen in etwa denen des Erwerbs einer Sprache (s. Abschn. 5.5.1).

Besonderheiten beim gleichzeitigen Erwerb zweier Sprachen

Einige Forscher/innen gehen davon aus, dass der Spracherwerb bei zweisprachig aufwachsenden Kindern verzögert ist. In diesen Studien wird in der Regel zu einem bestimmten Entwicklungszeitpunkt der Wortschatz bei ein- und zweisprachigen Kindern verglichen. Dabei werden übersetzte Wörter (z. B. »Hund« und »dog«) nur einmal gezählt. Dieselben Studien stellten allerdings auch fest, dass zweisprachig aufwachsende Kinder häufig flüssiger sprechen und Sprache flexibler einsetzen können (s. Bialystok, 2001).

Werden mit dem gleichzeitigen Erwerb zweier Sprachen zwei getrennte mentale Lexika angelegt? Einige Forscherinnen und Forscher gehen davon aus, dass die Antwort auf diese Frage davon abhängt, wann die zweite Sprache erworben wird: Bei gleichzeitigem Bilingualismus wird eher ein Lexikon angelegt, bei sequenziellem Bilingualismus (ebenso wie beim Zweitsprachenerwerb) sind es eher zwei. Andere Studien postulieren, dass sich bei bilingualen Kindern im Verlauf der Sprachentwicklung zunehmend zwei differenzierte Sprachsysteme herausbilden – dabei entwickelt sich die Trennung im Lexikon vor der Trennung der Syntax. So lässt sich z. B. erklären, warum bilinguale Kinder insbesondere in den ersten Jahren des Spracherwerbs häufig beide Sprachen mischen (z. B. Morpheme in »brokenander« – »broken« und »auseinander« – sowie Syntax »Das ist nicht for real.«). Viele Forschende interpretieren solche Wort- oder Satzgebilde allerdings als Zeichen für den flexiblen und strategischen Einsatz von Sprache bei Bilingualen und gehen davon aus, dass sich zweisprachig aufwachsende Kinder der Unterschiede zwischen den Sprachen durchaus bewusst sind: Ein englisch-deutsches zweijähriges Kind mit Englisch als dominanter Sprache sagt z. B. »Mit daddy I speak English, mit mummy ich spreche Deutsch«. Dieses Beispiel verdeutlicht neben der »Meta-Linguistik«, dem Bewusstsein über Sprache und ihre Verwendung, auch die Mischung zwischen englischer Syntax und deutschem Lexikon. Hierzu passt auch die häufige Beobachtung, dass Bilinguale Gesprächsinhalte für Nicht-Muttersprachler übersetzen und mühelos von einer in die andere Sprache wechseln können.

Neurobiologische Einordnung. Neurowissenschaftliche Untersuchungen mit bildgebenden Verfahren zeigen, dass beide Sprachen im Gehirn von bilingualen Sprecher/innen in den gleichen Hirnarealen verarbeitet werden. Bei einer erst später erlernten Zweitsprache dagegen weisen die Gehirne der entsprechenden Probanden unterschiedliche Aktivitätsmuster beim Hören der Muttersprache gegenüber der Zweitsprache auf. Diese Aktivitätsunterschiede betreffen jedoch nur die Sprachwahrnehmung, nicht die Sprachproduktion. Insgesamt kann man sagen, dass zunehmend die gleichen Hirnareale an der Sprachverarbeitung von Erst- und Zweitsprache beteiligt sind, je höher das Kompetenzniveau ist, das man in der Zweitsprache erreicht hat (Herrmann & Fiebach, 2007). Kritisch ist hier zu bemerken, dass solche Unterschiede im Aktivitätsmuster im Gehirn schlicht Erfahrungsunterschiede widerspiegeln könnten. So zeigten z.B. Elbert und Kollegen (1995), dass die Finger der linken Hand im Gehirn von Musikern, die ein Streichinstrument spielten, stärkere Aktivität hervorriefen als im Gehirn von Nichtmusikern. Diese Unterschiede korrelierten mit dem Alter, in dem Musiker begannen, ihr Instrument zu erlernen, positiv. Daraus und aus vielen anderen Studien lässt sich schließen, dass kortikale Repräsentationen erfahrungsabhängig sind.

Experiment

Sind zweisprachige Kinder die besseren Problemlöser?

Fragestellung. Können bilinguale Kinder nicht-sprachliche Probleme, die das Unterdrücken irrelevanter Information erfordern, besser lösen?

Methoden. In einer Untersuchung von Bialystok (1999) wurden 60 Vorschulkindern im Alter zwischen drei und sechs Jahren, 30 Monolinguale (Englisch) und 30 Bilinguale (Englisch-Chinesisch) mit vergleichbarer Intelligenz, Merkfähigkeit und Sprachfähigkeit im Englischen, Bildkarten vorgelegt, die nach bestimmten Regeln sortiert werden mussten. Zu Beginn bekamen die Kinder z.B. eine Karte mit einem roten Hasen und eine andere Karte mit einem blauen Boot gezeigt. In der folgenden »pre-switch«-Phase erhielten sie dann mehrere Karten, auf denen entweder rote Boote oder blaue Hasen zu sehen waren. Die Karten sollten entweder nach der Dimension Farbe oder Form sortiert werden (»Farbspiel« oder »Formspiel«). In der anschließenden »post-switch«-Phase wurde die Sortierregel umgedreht und die Karten sollten neu nach der anderen Dimension sortiert werden.

Ergebnis. Kinder beider Gruppen sortierten die Karten in der pre-switch-Phase beinahe fehlerfrei. Dagegen gab es in der post-switch-Phase erhebliche Unterschiede: Bilinguale sortierten signifikant mehr Karten richtig als Monolinguale, und ältere Kinder waren erfolgreicher als jüngere.

Schlussfolgerung und Bedeutung. Aufgaben, die das Ignorieren irrelevanter Information erfordern, fallen bilingualen Kindern leichter als einsprachig aufwachsenden Kindern. Dieser Vorteil bei zweisprachigen Kindern kann als Verarbeitungsvorteil exekutiver Funktionen gesehen werden: Vorherige Regeln können »überwunden« und ignoriert werden, Kontroll- und Inhibitionsprozesse sowie selektive Aufmerksamkeit sind weiter fortentwickelt als bei einsprachigen Kindern.

Mittlerweile ist unumstritten, dass zweisprachig aufwachsende Kinder hinsichtlich ihrer sprachlichen Fähigkeiten gleichaltrigen monolingualen Kindern nicht unterlegen, sondern ggf. sogar überlegen sind (Bialystok, 2001; Weinert, 2006a). Bilinguale Kinder haben auch ein größeres Bewusstsein für Sprache – eine Fähigkeit, die als meta-linguistische Kompetenz bezeichnet wird – als monolinguale Kinder. Unter anderem können Bilinguale sprachliche Inhalte besser kontrollieren; dies schließt z. B. die Fähigkeit ein, irrelevante Information auszublenden. Wenn bilinguale und monolinguale Kinder beispielsweise die grammatikalische Richtigkeit von Sätzen wie »Die Katze bellte laut« beurteilen sollten, konnten Bilinguale dies viel schneller als Monolinguale, offenbar weil bilinguale Kinder die irrelevante Information (»Katze«) einfach ignorierten. Vermutlich haben Bilinguale mehr Erfahrung mit dem Unterdrücken irrelevanter Information und der Aufmerksamkeitslenkung auf Relevantes, weil in Alltagssituationen, die das Kommunizieren in nur einer Sprache erfordern, immer die andere Sprache unterdrückt werden muss. Zweisprachigen Kindern fällt darüber hinaus später häufig der Erwerb einer weiteren Sprache leichter als monolingualen Kindern. Schließlich stellt die Zugehörigkeit zu zwei verschiedenen Sprachgemeinschaften eine erhebliche kulturelle Bereicherung dar. Ob Bilinguale auch bessere Leistungen in nicht-sprachlichen Bereichen wie Denken, Problemlösen und Kreativität erbringen, ist Gegenstand aktueller Forschung (Bialystok, 2001; Carlson & Meltzoff, 2008; für eine Übersicht s. Bialystok & Werker, 2017 und andere Artikel in der gleichen Sonderausgabe der Zeitschrift »Developmental Science«).

Fazit

Kinder lernen Sprache spontan und ohne spezifisches Training. Die Sprachentwicklung beginnt mit dem Erwerb phonologischen Wissens bereits vor der Geburt. Anschließend werden lexikalisches und grammatikalisches Wissen erworben. Die Theorie der Universalgrammatik nimmt an, dass Kinder bereits mit einem universellen Regelwerk ausgestattet zur Welt kommen und lediglich Wörter erlernen und einige syntaktische Merkmale ihrer spezifischen Muttersprache erkennen müssen, um jeden beliebigen Satz produzieren zu können. Zur Ausschöpfung dieser Grundausstattung ist ein angemessener sprachlicher Input erforderlich. Untersuchungen an Kindern, die in einer sprachdeprivierten Umgebung aufgewachsen sind, zeigen, dass es eine kritische Phase gibt für den Erwerb bestimmter Elemente der Sprache, wie z. B. der Syntax. Kinder, die zweisprachig aufwachsen, zeigen gelegentlich leichte Verzögerungen im Spracherwerb. Diese werden jedoch i. d. R. aufgeholt, und bilinguale Kinder sind dann ihren Altersgenossen im Erlernen weiterer Fremdsprachen überlegen. Zwei Sprachen können im Gehirn in den gleichen Arealen verarbeitet werden, wenn Menschen diese Sprachen gleich gut und sicher beherrschen.

5.6 Sprachstörungen und die neuronale Grundlage von Sprache

Sprachstörungen können nach neurologischer Schädigung auftreten, Folge einer sensorischen Behinderung (z. B. Schwerhörigkeit) oder einer mentalen Retardierung (z. B. Down-Syndrom) sein oder als Entwicklungsstörung auftreten. Aus neurologisch bedingten Sprachstörungen lassen sich wichtige Hinweise auf die Verarbeitung von Sprache im Gehirn ableiten (für einen Überblick s. Herrmann & Fiebach, 2007; Weinert, 2006 b).

5.6.1 Störungen in der Sprachentwicklung

Sprachentwicklungsstörungen sind relativ häufig. Schätzungen zufolge sind 6–8 % aller Kinder sprachgestört, wobei Jungen zwei- bis dreimal häufiger betroffen sind als Mädchen. Zu unterscheiden ist zwischen Störungen der Sprache und Störungen des Sprechens, also der Produktion von Sprache in Wort oder Schrift (für einen Überblick s. Grimm, 2012).

Störungen der Sprache

Spezifische Sprachentwicklungsstörungen. Betroffene Kinder haben generell Probleme mit Wortschatz, Grammatik oder Aussprache, ohne dass Anzeichen für Höroder Hirnschäden bestehen. Auch emotionale Störungen können diese generelle Sprachstörung nicht erklären. Sprachtherapie ist meistens hilfreich.

Ausgewählte Störungen des Sprechens bzw. Lesens und Schreibens

Sprechstörungen. Bei der Dyslalie haben Kinder Schwierigkeiten, Laute richtig auszusprechen. Diese Störung kann durch logopädische Intervention meistens vollständig behoben werden.

Dyslexie. Die Beeinträchtigung beim Erlernen des Lesens wird auch als Dyslexie bezeichnet. Sie zieht häufig Probleme beim Schreiben nach sich (Dysgraphie). Neuerdings wird Dyslexie auf fehlendes Wissen über die phonologische Struktur von Wörtern zurückgeführt. Den betroffenen Kindern fehlt das Bewusstsein darüber, dass Wörter aus einer Kombination einzelner Phoneme bestehen, die sich wiederum in einer gewissen Buchstabenabfolge niederschlagen. Dyslexie ist dabei nicht mit Einschränkungen der allgemeinen Intelligenz verbunden.

Legasthenie. Eine Lese- und Rechtschreibschwäche (LRS), die oft genetisch veranlagt ist, kann durch fehlendes Training jedoch noch verstärkt werden. Experimentelle Befunde zeigen, dass an LRS leidende Personen Probleme bei der Ausführung phonologischer Aufgaben haben (z. B. bestimmen, ob sich Wörter reimen oder nicht, oder beim Zählen von Lauten in einem Wort). Auf diesen Aufgaben bauen entsprechend Trainingsprogramme zur Bewältigung der LRS auf.

Betroffene Kinder fallen häufig zunächst dadurch auf, dass sie später als ihre Altersgenossen anfangen zu sprechen. Viele Kinder holen den Rückstand schnell auf. Die anderen Kinder bilden eine dauerhafte Sprachstörung mit grammatischen Problemen, Schwierigkeiten beim Textverständnis, Problemen mit dem Lesen usw. aus, in deren Folge häufig kognitive, soziale und emotionale Probleme auftreten. Wie wichtig Sprache ist, zeigt sich daran, dass aus einer frühkindlichen, dauerhaften Sprachstörung häufig viele weitere Entwicklungsprobleme folgen. Sprachentwicklungsstörungen sind schließlich auch ein wesentliches Symptom autistischer Entwicklungsstörungen. Etwa die Hälfte aller Kinder mit frühkindlichem Autismus entwickelt überhaupt keine Sprache. Die sprachlichen Defizite sind eng mit den sonstigen Symptomen verbunden (z. B. soziale Defizite, fehlender Aufmerksamkeitsfokus, ritualisierte Verhaltensweisen).

5.6.2 Neurologisch bedingte Sprachstörungen

Sprachstörungen können infolge von Verletzungen des Gehirns auftreten, z. B. nach einem Tumor, einem Schlaganfall oder einem Schädelhirntrauma, insbesondere wenn die Verletzung in der linken Hemisphäre liegt. Dies ist die erste Erkenntnis, die sich aus der Untersuchung von neurologisch bedingten Sprachstörungen ableiten lässt: Fast alle Menschen verarbeiten Sprache vor allem in der linken Hirnhälfte (s. Abschn. 5.7).

Broca-Aphasie. Verletzungen im links-anterioren Bereich (Broca-Areal, s. Abb. 5.3) sind oft mit einer Störung der Sprachproduktion verbunden, wobei das Sprachverständnis weitgehend erhalten bleibt (sog. Broca-Aphasie, auch als nicht-flüssige Aphasie bezeichnet). Bei der Broca-Aphasie ist die Sprachproduktion mühevoll oder gänzlich gestört, während ein Verständnis (grammatikalisch einfacher) Sätze unbeeinträchtigt ist.

Wernicke-Aphasie. Liegt die Verletzung dagegen im links-posterioren Bereich (Wernicke-Areal), ist umgekehrt das Sprachverständnis beeinträchtigt und die Sprachproduktion in Sprachflüssigkeit und Artikulationsfähigkeit erhalten (Wernicke-Aphasie oder flüssige Aphasie).

Die Benennung der Aphasietypen erfolgte ursprünglich nach dem Ort der Verletzung. Im Fall der nicht-flüssigen Aphasie ist häufig das Broca-Areal (Brodmann-Areal 44) betroffen, im Fall der flüssigen Aphasie ist es das Wernicke-Areal (Brodmann-Areale 42, 22 und 40). Entsprechend wurde lange Zeit davon ausgegangen, dass Sprachproduktion im Broca-Areal zu lokalisieren sei, während Sprachverstehen eher vom Wernicke-Areal geleistet werde. Diese klare Einteilung ist jedoch aus verschiedenen Gründen nicht mehr haltbar.

Das Wernicke-Geschwind-Modell

Sprachareale im Gehirn. Aus Patientenstudien leiteten Carl Wernicke und später Norman Geschwind (1970) Vermutungen darüber ab, wo und wie im Gehirn Sprachverarbeitung erfolgt. Folgende Gehirnbereiche sind an der Verarbeitung von Sprache beteiligt (Abb. 5.3):

► Broca-Areal,
► Wernicke-Areal,
► Fasciculus arcuatus (Verbindung zwischen Broca- und Wernicke-Areal),
► Teile des auditorischen und motorischen Kortex.

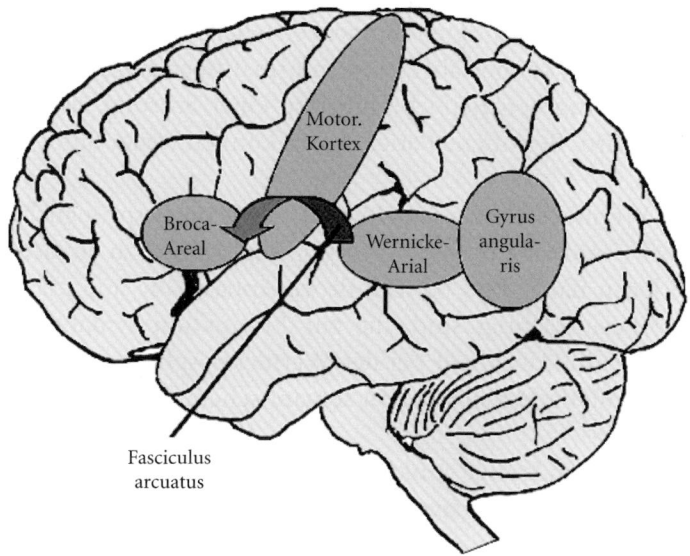

Abbildung 5.3 Areale im Gehirn, die an der Verarbeitung von Sprache zentral beteiligt sind (nach Herrmann & Fiebach, 2007)

Sprachprozesse. Die Prozesse, die dem Nachsprechen eines gehörten Wortes zugrunde liegen, lassen sich dem Modell zufolge folgendermaßen beschreiben:

(1) Ein auditorisches Sprachsignal wird im primären auditorischen Kortex verarbeitet und ans Wernicke-Areal weitergeleitet.
(2) Im Wernicke-Areal wird das auditorische Signal entschlüsselt, und es wird bestimmt, welchem Wort das Sprachsignal entspricht.
(3) Über den Fasciculus arcuatus gelangt diese Information ins Broca-Areal. Neuerdings wird davon ausgegangen, dass der Informationsaustausch in beide Richtungen stattfindet, also auch wieder zurück zum Wernicke-Areal.
(4) Im Broca-Areal wird ein motorischer Plan zum Aussprechen des Wortes gebildet, und dieser Plan wird an den motorischen Kortex gesendet.
(5) Der motorische Kortex generiert ein Signal, das an den Vokaltrakt weitergeleitet wird, und das Wort wird schließlich gesprochen.

Entsprechend kann das Modell auch beschreiben, was beim Sprechen eines gelesenen Wortes passiert. Die Prozesse sind ähnlich wie oben, außer dass das Signal nun ein visuelles Signal ist, das vom primären visuellen Kortex über den Gyrus angularis (einem Hirnbereich im unteren Teil des Parietallappens) ans Wernicke-Areal weitergeleitet wird.

Aphasietypen. Aus dem Modell wurde, je nach Symptommuster, eine Klassifikation von Aphasietypen abgeleitet. Neben der Broca- und Wernicke-Aphasie kann auch eine Verletzung der Hirnbereiche, die für die Weiterleitung der sprachlichen Information im Gehirn zuständig sind, zu einer Aphasie führen. Die sogenannte Leitungsaphasie tritt auf, wenn der Fasciculus arcuatus verletzt ist. Hauptsymptom der Leitungsaphasie ist eine Beeinträchtigung des Nachsprechens bei sonst flüssiger Sprachproduktion und unbeeinträchtigtem Sprachverstehen: Die Broca- und Wernicke-Areale sind beide intakt, können aber keine Informationen austauschen. Eine Verletzung aller sprachrelevanten Bereiche führt zu einer Störung, die als Globale Aphasie bezeichnet wird. Betroffene PatientInnen können weder Sprache verstehen noch produzieren.

Kritik. Die Sichtweisen des Wernicke-Geschwind-Modells sowie die ursprüngliche Trennung in eine produktive und eine rezeptive Störung sind jedoch zu einfach. Neuere Untersuchungen legen nahe, dass bei der Broca-Aphasie die automatischen, schnellen Prozesse beeinträchtigt sind, die zur Produktion syntaktisch korrekter Sprache notwendig sind, während bei der Wernicke-Aphasie eher die kontrollierte Verarbeitung und Verfügbarkeit von semantischem Wissen eingeschränkt ist (Friederici, 1994).

Neuere Befunde stellen eine eindeutige funktionelle Zuordnung von Sprachproduktion zum Broca-Areal und Sprachverstehen zum Wernicke-Areal aus folgenden Gründen in Frage:

▶ Die interindividuelle Variabilität in der Ausdehnung kortikaler Sprachareale ist erheblich.
▶ Die Funktionen der Broca- und Wernicke-Areale sind nicht streng getrennt.
▶ Studien mit bildgebenden Verfahren (fMRT) zeigten, dass eine Broca-Aphasie nicht zwangsläufig mit einer Schädigung des Broca-Areals einhergeht.
▶ Beeinträchtigungen der Sprachproduktion treten nicht nur in Folge von Verletzungen des Broca-Areals auf, sondern können auch eine Folge von Läsionen anderer Hirnbereiche sein.
▶ Broca- und Wernicke-Areal dienen nicht ausschließlich der Sprachverarbeitung: Das Broca-Areal ist beispielsweise auch an der Hemmung nicht aufgabenrelevanter Informationen beteiligt – eine Funktion, die sowohl für die Sprachproduktion als auch für nicht-sprachliche Aufgaben relevant ist.

In der aktuellen neurowissenschaftlichen Forschung zu Mechanismen der Sprachproduktion und Sprachverarbeitung im Gehirn liegt der Fokus unter anderem auf der Untersuchung der Verbindung zwischen dem Broca-Areal und anderen sprachrelevanten Arealen im Gehirn, die neuronale Aktivität bei der Sprachproduktion aufweisen. Es wird angenommen, dass ein sog. »volitional articulatory motor network«, das im präfrontalen Kortex liegt und das Broca-Areal einschließt, ein paralleles »primary vocal motor network (PVMN)« steuert; das PVMN ist phylogenetisch älter und auch bei nicht-menschlichen Primaten zu finden. Zu diesem gehören z. B. Areale im Hirnstamm zur Generierung sprachlicher Äußerungen sowie Areale im limbischen System (Hypothalamus und Amygdala). Eine Untersuchung der Verbindung dieser beiden Sprachsysteme erlaubt wichtige Rückschlüsse auf die Evolution von Sprache bei Menschen (Hage & Nieder, 2016).

5.6.3 Sensorisch bedingte Sprachstörungen

Hörstörungen sind eine häufige Ursache von Sprachentwicklungsstörungen bei Kindern. Ein Drittel aller Kinder mit verzögerter Sprachentwicklung weisen Hörprobleme auf (Grimm, 2012). Gehörlose Kinder beginnen später mit der ersten Lautbildung. Der Erwerb der Gebärdensprache läuft aber interessanterweise in ähnlicher Weise und Geschwindigkeit ab wie der Erwerb gesprochener Sprache. Gebärdensprachen sind übrigens vollständige Sprachen inklusive Morphologie und Syntax.

Auch blinde Kinder weisen einen verzögerten Spracherwerb auf, vermutlich unter anderem deshalb, weil sie die Gestik und Mimik der Bezugsperson nicht als Informationsquelle nutzen können. Bei intensiver Förderung können Kinder mit sensorischen Behinderungen den Rückstand jedoch aufholen.

Experiment

Die Entwicklung von »Homesigns«

Fragestellung. Gehörlose Kinder, die nicht in der Lage sind, gesprochene Sprache zu erlernen, und die keiner Standard-Gebärdensprache ausgesetzt sind, entwickeln spontan und natürlich ein Zeichensystem zur Kommunikation, das in vielerlei Hinsicht gesprochener Sprache ähnelt. In ihren Untersuchungen zu »Homesigns«, Zeichensprache, geht Susan Goldin-Meadows der Frage nach, ob direkte Spracherfahrung eine kritische Voraussetzung für den Spracherwerb ist.

Methoden. In einer der ersten Studien zur Zeichensprache beobachtete Goldin-Meadows (Goldin-Meadows & Feldmann, 1977) sechs gehörlose Kinder im Alter zwischen 17 und 49 Monaten, die in einem Haushalt mit normal-hörenden Eltern aufwuchsen, über einen Zeitraum von acht Wochen. Die Interaktionen zwischen Kind, Eltern und Experimentator wurden per Video aufgezeichnet und die Gesten des Kindes von unabhängigen Beobachtern als single-unit- (analog zu Wörtern) oder multi-unit-Gesten (analog zu Sätzen) kategorisiert; die Übereinstimmung zwischen den Beobachtern lag bei >90 %.

Ergebnis. Alle beobachteten Kinder entwickelten eine idiosynkratische Zeichensprache, welche die gleichen Merkmale wie von Kindern gesprochene Sprache aufwies. Zum Beispiel entwickelten die Kinder ein detailliertes Lexikon mit unterschiedlichen Typen von Zeichen für die Beschreibung von Objekten (Indexzeichen, v. a. durch Zeigen auf ein Objekt) oder Handlungen (charakterisierende Zeichen, z. B. Flatterbewegungen mit den Händen symbolisieren den Akt des Fliegens). In der Zusammensetzung dieser beiden Zeichenkategorien zu größeren Einheiten (Sätzen) folgten Kinder syntaktischen und semantischen Regeln (z. B. Subjekt – Verb – Objekt). Eine Befragung der Eltern ergab, dass alle Kinder die strukturierten Zeichensysteme selbst entwickelt hatten.

Schlussfolgerungen und Bedeutung. Kinder entwickeln und erlernen Sprache natürlich und spontan, selbst wenn sie keine Standardsprache hören oder erfahren. Diese Studie identifiziert fundamentale und angeborene Aspekte von Sprache, die sowohl Gebärden und Gesten als auch gesprochener Sprache eigen sind. Nachfolgeuntersuchungen an geburtsblinden Personen haben ergeben, dass Blinde auch dann Gesten einsetzen, wenn sie diese nie gesehen haben und wenn sie mit einer anderen blinden Person sprechen (Iverson & Goldin-Meadows, 1998).

5.6.4 Sprachstörungen bei mentaler Retardation

Kinder mit Behinderungen wie dem Down-Syndrom sind in ihrer Sprachentwicklung stark verzögert, und beginnen häufig ein bis zwei Jahre später als ihre Altersgenossen mit dem Sprechen. Der Wortschatz steigt nur sehr langsam an, und im Alter von zehn Jahren erreichen Down-Syndrom-Kinder etwa das sprachliche Niveau eines nicht-sprachgestörten zweieinhalbjährigen Kindes (Weinert, 2006a). Die interindividuelle Varianz ist jedoch groß, und der kommunikative Gehalt der Sprachäußerungen behinderter Kinder ist hoch.

Fazit

Sprachstörungen sind relativ häufig. Sie können als Aphasien durch neurologische Verletzungen des Gehirns, durch sensorische oder mentale Beeinträchtigung bedingt sein oder im Laufe der Sprachentwicklung auftreten. Studien an Menschen mit Hirnverletzungen sind für die Sprachforschung besonders aufschlussreich. Auf Basis dieser Untersuchungen wurde das Wernicke-Geschwind-Modell formuliert, das davon ausgeht, dass Sprachproduktion im Broca-Areal und Sprachverstehen im Wernicke-Areal repräsentiert sind. Neben diesen beiden Arealen sind noch weitere Hirnbereiche an der Sprachverarbeitung beteiligt. Neuere Untersuchungen zeigen jedoch, dass sich funktionelle Aspekte der Sprache nicht so klar spezifischen Hirnregionen zuordnen lassen. Die genannten Sprachareale sind außerdem an einer Reihe weiterer kognitiver Funktionen beteiligt.

5.7 Lateralisierung von Sprache im Gehirn

Unser Gehirn besteht aus zwei Hälften (Hemisphären), die durch den Balken, das Corpus callosum, verbunden sind. Die beiden Hemisphären haben unterschiedliche Spezialisierungen. Bei fast allen Rechtshänder / innen und bei 75 % der Linkshänder / innen ist die Fähigkeit, Sprache zu verstehen und zu produzieren, in der linken Hirnhälfte lokalisiert. Man spricht dann davon, dass die linke Hemisphäre dominant für die Verarbeitung von Sprache ist. Bei gesunden Menschen lässt sich Sprachdominanz über den so genannten Wada-Test feststellen.

Wada-Test. Der Wada-Test, benannt nach dem kanadischen Neurologen Juhn Atsushi Wada, wird häufig vor einem operativen Eingriff ins Gehirn durchgeführt, um die Funktionsdominanz der beiden Hemisphären zu bestimmen. Dazu wird die Patientin oder der Patient gebeten, laut zu zählen oder das Alphabet aufzusagen. In die linke oder rechte Halsschlagader wird dann das Narkosemittel Natriumamytal gespritzt, welches die Hirnhälfte, die durch die entsprechende Halsschlagader versorgt wird, für einige Minuten in ihrer Funktion blockiert. Zeigt die untersuchte Person Leistungsausfälle in der Sprachproduktion, ist die blockierte Hemisphäre offenbar sprachdominant.

Split-Brain-Patienten

Mittlerweile ist unser Wissen über die Lateralisierung von Sprache aber noch detaillierter. Dieses Wissen haben wir Untersuchungen an so genannten Split-Brain-PatientInnen zu verdanken. Unser Gehirn besteht aus zwei Hemisphären, die durch die Brücke, das Corpus callosum, miteinander verbunden sind. Als

Split-Brain-PatientInnen bezeichnet man Menschen, bei denen – häufig zur Behandlung einer ansonsten unbehandelbaren Epilepsie – das Corpus callosum entweder komplett oder teilweise durchtrennt wurde, um zu verhindern, dass sich die Epilepsie von einer Hirnhälfte in die andere ausbreitet. Das Gehirn wurde also im wahrsten Sinne des Wortes in zwei Hälften geteilt. Die ersten Operationen dieser Art wurden in den 1940er Jahren durchgeführt, waren nicht sehr erfolgreich in der Behandlung der Epilepsie und führten zu Leistungseinbußen im Bereich der visuellen Wahrnehmung, Motorik und Sprache (Gazzaniga, 2005). Systematische Untersuchungen an Affen (Myers, 1956) und Menschen (Gazzaniga et al., 1965) zeigten schließlich, dass die Leistungseinbußen auf eine Spezialisierung der beiden Hemisphären für unterschiedliche Aufgaben zurückzuführen sind.

Experiment

Evidenz zur Lateralisierung von Sprache aus Studien an Split-Brain-Patients

Fragestellung. Wo wird Sprache im Gehirn verarbeitet?

Methoden. Patientinnen oder Patienten sitzen vor einem Computermonitor, auf dem Gegenstände visuell so dargeboten werden, dass das jeweils dargebotene Objekt nur für eine Hirnhälfte zugänglich ist. Information wird also nur im rechten oder linken Gesichtsfeld dargeboten, während die Patientin oder der Patient die Bildschirmmitte fixiert (s. Abb. 5.4). Anschließend soll der gezeigte Gegenstand mit Worten benannt werden.

Ergebnisse. Zeigt man den Teilnehmenden im rechten Gesichtsfeld einen Gegenstand, kann das Objekt problemlos benannt werden. Wird der Gegenstand nur dem linken Gesichtsfeld dargeboten, wie in Abb. 5.4 gezeigt, kann er nicht benannt werden. Die Patientinnen oder Patienten berichten dann entweder, keinen Gegenstand gesehen zu haben, oder umschreiben den Gegenstand (»etwas, das man essen kann«). Allerdings sind die Teilnehmenden in der Lage, den Gegenstand mit der rechten Hand zu ertasten.

Schlussfolgerungen. Wenn ein Gegenstand im linken Gesichtsfeld dargeboten wird, gelangt visuelle Information aus dem linken Gesichtsfeld über das Chiasma opticum in die rechte Hemisphäre. Da das Corpus callosum durchtrennt ist, steht diese Information aber nicht für das in der linken Hemisphäre sitzende Sprachzentrum zu Verfügung.

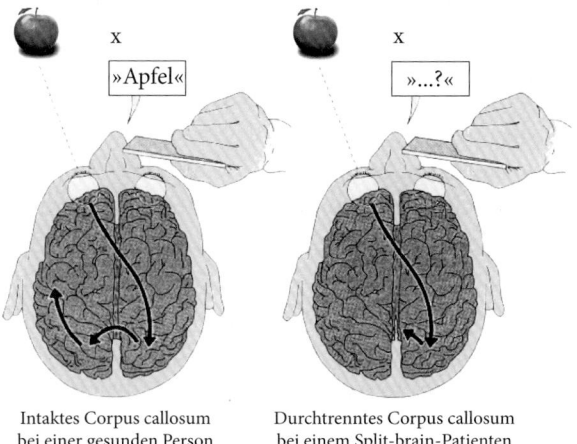

Abbildung 5.4 Schematische Darstellung eines Experiments zum Benennen von Gegenständen mit gesunden Menschen (links) und bei einem Split-Brain-Patienten (rechts). Personen werden gebeten, das Kreuz zu fixieren. Das rechte Auge wurde hier verdeckt. Ein im linken Gesichtsfeld liegender Gegenstand wird dem linken Auge dargeboten. Visuelle Information gelangt über die Sehnervkreuzung (optisches Chiasma) in die rechte Hemisphäre und wird dort entweder über das Corpus callosum an die linke Hemisphäre weitergegeben (links) oder nicht (rechts). Nach Rosenzweig et al. (2005)

Hierzu eine Erinnerung an Kapitel 2, Abbildung 2.4: Wird ein Gegenstand nur in einem Gesichtsfeld dargeboten, in Abbildung 2.4 z.B. im rechten Gesichtsfeld, werden die temporale Seite der Retina des linken Auges und die nasale Seite der Retina des rechten Auges stimuliert. Da Signale von der temporalen Retina ipsilateral (also auf der gleichen Seite des Gehirns) weitergeleitet werden, Signale von der nasalen Retina aber kontralateral (d.h. sie kreuzen über das Chiasma opticum auf die andere Seite des Gehirns), wird das im rechten Gesichtsfeld dargebotene Objekt zu Aktivität in der linken Hirnhälfte führen. Ein im linken Gesichtsfeld dargebotenes Objekt führt analog zu Aktivität in der rechten Hirnhälfte.

Allerdings besitzt auch die nicht-dominante (meistens rechte) Hemisphäre die Fähigkeit, einfache Sätze oder Wörter zu verstehen. Generell ist die Sprachverarbeitung der rechten Hemisphäre aber langsamer und auf einfache Wortverstehensaufgaben beschränkt, während Sprachproduktion meistens in der dominanten Hemisphäre verankert ist (Gazzaniga, 1995).

5.8 Können Tiere sprechen (lernen)?

Die Antwort lautet schlicht: nein. Aufgrund der Anatomie ihres Kehlkopfes sind andere Primaten nicht in der Lage, Sprachlaute zu produzieren. Nur beim Menschen besteht die Möglichkeit, den Strom der Atemluft an verschiedenen Stellen zu verändern oder zu unterbrechen und auf diese Weise Konsonanten und Vokale zu erzeugen. Gleichwohl können Tiere natürlich kommunizieren. In ihrer natürlichen Umgebung zeigen Affen ein reichhaltiges und zielgerichtetes Rufverhalten (»vocalizations«), in dem sie z. B. nach Addressat und Inhalt (Kommunikation über den eigenen Zustand, Verhalten anderer Tiere in der Gruppe, Gefahrensignal) unterscheiden (Hage & Nieder, 2016). Nicht-menschliche Primaten sind auch in der Lage, Symbole zu verwenden. Eindrucksvolle Studien belegen, dass Schimpansen Gebärdensprachen erlernen können. In zahlreichen Sprachprojekten mit Tieren, in denen unterschiedliches Reizmaterial von Gebärdensymbolen aus der American Sign Language bis zu Symboltäfelchen eingesetzt wurde, ist mittlerweile gezeigt worden, dass Tiere Wort- oder Symbolbedeutungen und Syntaxregeln von Sprache erlernen können. Allerdings belaufen sich die meisten Untersuchungen auf einfache Frage-Antwort-Spiele, in denen richtige Antworten (z. B. über Futtergabe) belohnt werden. So können Schimpansen mittels einer Symboltafel-Sprache (engl. »token language«) z. B. räumliche Relationen (über – unter – auf) oder Verhältnisse zwischen Objekten (größer – kleiner als) erlernen (Gardner & Gardner, 1969; Premack, 1971). Ein flexibler Einsatz von Sprache, der über das Diskriminieren und Kombinieren von Symbolen hinausgeht, ist bei Schimpansen oder anderen Tieren aber noch nicht nachgewiesen worden. Auch sonst gibt es Qualitätsunterschiede zwischen der menschlichen Sprache und der von Schimpansen erlernbaren Sprache. Deutsche Muttersprachler haben im Schnitt einen passiven Wortschatz von 50 000 Wörtern, der jederzeit aktiviert und erweitert werden kann. Schimpansen sind i. d. R. nicht in der Lage, mehr als einige hundert Begriffe oder Symbole mental zu repräsentieren. Noch bedeutsamer sind aber die Unterschiede in der Grammatik. Während Menschen komplexe Satzgebilde konstruieren können, scheitern Schimpansen schon an einfachen Nebensätzen.

5.9 Beeinflusst Sprache unser Denken?

Ob Sprache unser Denken beeinflusst, ob Denken die sprachliche Entwicklung determiniert, ob Sprache und Denken völlig unabhängige Prozesse sind – dies wird in Philosophie und Psychologie seit langem diskutiert. Ein prominenter Vertreter der Ansicht, dass Sprache das Denken beeinflusst, ist der Sprachwissenschaftler Benjamin Lee Whorf. In seinem linguistischen Relativitätsprinzip postulierte

Whorf, dass Nutzer unterschiedlicher Sprachen und Grammatiken auch zu unterschiedlichen Wahrnehmungen und Weltansichten gelängen (Whorf, 1956/1991). Im Deutschen werden Substantive z. B. nach grammatikalischem Geschlecht (Genus) in Maskulinum, Femininum und Neutrum kategorisiert, die sich i. d. R. durch zugeordnete Wortklassen, wie Artikel (der, die, das), unterscheiden lassen. Einige Studien haben gezeigt, dass sich das grammatikalische Geschlecht auf die Wahrnehmung der bezeichneten Objekte auswirkt, dass also einem maskulinen Begriff auch eher männliche Eigenschaften zugesprochen werden. Dieser Befund konnte für einige Sprachen, wie z. B. das Spanische, repliziert werden, für das Deutsche ist die Befundlage unklar. Unumstritten ist jedoch, dass Formulierungen mit generischem Maskulinum unser Denken beeinflussen (Heise, 2000; Irmen & Köhncke, 1996).

Definition

Beim **generischen Maskulinum** wird eine grammatikalisch maskuline Form für Personen oder Personengruppen geschlechtsneutral, also unabhängig von deren natürlichem Geschlecht, verwendet (z. B. Student für Student und Studentin).

Heise (2000) konnte beispielsweise zeigen, dass Formulierungen mit generischem Maskulinum im Deutschen dazu führen, dass Frauen weniger explizit berücksichtigt werden. Versuchspersonen bekamen einen Satz zu lesen, in dem eine Personenbezeichnung entweder im generischen Maskulinum (z. B. Student), mit Binnen-I (StudentIn) oder in Schrägstrich-Schreibweise (Student/in) zu lesen war. Anschließend wurden die Versuchspersonen gebeten, eine kurze Geschichte über die bezeichnete Person zu schreiben, und der Person dabei auch einen Vornamen zuzuordnen. Das generische Maskulinum führte zu einer häufigeren Verwendung männlicher Vornamen, das Binnen-I zu einer häufigeren Nennung weiblicher Vornamen und die Schrägstrich-Schreibweise zu einer Gleichverteilung männlicher und weiblicher Repräsentationen.

Experiment

Generisches Maskulinum

Fragestellung. Wie wirken sich maskulines und feminines grammatikalisches Geschlecht auf die Verarbeitung von Geschlechterrollen aus?

Methoden. Irmen und Kurovskaja (2010) boten Versuchspersonen Sätze dar, die entweder ein feminines und ein maskulines grammatikalisches Geschlecht (z. B. Lehrerin und Lehrer) enthielten, das entweder typisch weiblich (Florist / in) oder männlich (Dachdecker / in) und mit einer femininen oder maskulinen Referenzbezeichnung, z. B. »Frau« in Satz (14), »Mann« in Satz (15) und Bruder in den anderen Beispielen, gepaart war.

(14) Dieser Florist ist meine Frau.

(15) Diese Floristin ist mein Mann.

(16) Mein Bruder ist Florist.

(17) Mein Bruder ist Dachdecker.

Versuchspersonen sollten die so gebildeten kongruenten oder inkongruenten Sätze als grammatikalisch richtig oder falsch und als gebräuchlich oder ungebräuchlich beurteilen. Außerdem wurde die Zeit gemessen, welche die Versuchspersonen zum Lesen eines Satzes benötigten.

Ergebnis. Sätze mit femininem grammatikalischen Geschlecht (z. B. Floristin) und einer geschlechtsinkongruenten Referenzperson (z. B. Mann, wie in Satz 15) wurden häufiger als falsch beurteilt als Sätze mit maskuliner Form (Florist) und inkongruenter Referenz (z. B. Frau wie in Satz 14). Inkongruente Sätze mit maskulinem grammatikalischen Geschlecht und maskuliner Referenz aber typisch weiblicher Rolle, z. B. Satz (16), wurden außerdem häufiger als ungebräuchlich beurteilt als kongruente Sätze, z. B. Satz (17).

Schlussfolgerung. Dieser Befund zeigt, dass das grammatikalische Geschlecht Information über das natürliche Geschlecht der Referenzperson beinhaltet. Außerdem scheint das maskuline grammatikalische Geschlecht eher als geschlechtsneutral wahrgenommen zu werden als die feminine Form.

Eine andere eindrucksvolle Untersuchung zur Frage, ob Sprache unser Denken beeinflusst, stammt von Loftus und Palmer (1974). Versuchspersonen wurde ein Kurzfilm gezeigt, der einen Verkehrsunfall darstellte. Anschließend mussten die Versuchspersonen Fragen beantworten; u. a. wurden sie zu der Geschwindigkeit befragt, mit der die Fahrzeuge zusammenstießen. Bei dieser Frage wurden unterschiedliche Verben verwendet, die jeweils eine unterschiedliche Heftigkeit des Zusammenpralls suggerieren, von wenig heftig (z. B. »contact«, »hit«) zu heftig (in aufsteigender Reihenfolge: »bump«, »collide«, »smash«). Die erinnerte wahrgenommene Geschwindigkeit nahm mit der suggerierten Heftigkeit des Verbs zu – ein Befund, der darauf hindeutet, dass Sprache unser Erinnerungsvermögen für Ereignisse beeinflusst.

> **!** Am Schluss dieses Lehrbuchs angelangt stellen Sie, liebe Leserin und lieber Leser, nun möglicherweise fest, dass wir in Kapitel 1 bis 4 meistens das generische Maskulinum, in Kapitel 5 hingegen geschlechtergerechte Alternativen verwendet haben, wie z. B. die Schrägstrich-Schreibweise (»Sprecher / in«), das Binnen-I (»SprecherIn«), die Beidnennung (»Sprecherin und Sprecher«) oder andere Formen (»die sprechende Person«). Die Forschung zeigt, dass männliche Leser Texte mit generischem Maskulinum als besser lesbar empfinden, sich allerdings an Inhalte mit Beidnennung besser erinnern (Braun et al., 2007) – urteilen Sie selbst!

Zusammenfassung

▶ Sprache bezeichnet die spezifisch menschliche Fähigkeit, abstrakte Ideen durch eine komplexe Abfolge von Signalen zu kommunizieren.

▶ Die Psycholinguistik beschreibt die Art, wie Menschen Sprache verwenden und untersucht die Prozesse, die der Produktion und dem Verstehen von Sprache zugrunde liegen.

▶ Die Grammatik einer Sprache ist ihr universelles Regelwerk und besteht aus Regeln zur Bildung von Lauten (Phonologie), Wörtern (Morphologie) und Sätzen (Syntax).

▶ Die Forschung zur Laut- und Wortverarbeitung beschäftigt sich vor allem mit der Frage, wie Wörter segmentiert und trotz der Variabilität des akustischen Sprachsignals richtig verstanden werden. Neben akustischen Prozessen spielen dabei auch visuelle Faktoren eine Rolle (McGurk-Effekt).

▶ Unser gesammeltes Wissen über Wörter (lexikalisches Wissen) ist im mentalen Lexikon gespeichert, auf das wir für Wortproduktion und -verstehen extrem schnell zugreifen können.

▶ Für die Verarbeitung von Sätzen ist Wissen über syntaktische Regeln (sog. Phrasenstrukturregeln) sowie semantisches und pragmatisches Wissen Voraussetzung. Sätze können ebenso wie Texte ausgehend von der gegebenen Information (bottom-up) oder basierend auf der kognitiven Erwartung der Rezipientin und des Rezipienten (top-down) verarbeitet werden. Semantische Mehrdeutigkeiten werden verarbeitet, indem nacheinander jede Deutungsalternative danach bewertet wird, wie syntaktisch und pragmatisch sinnvoll sie ist. Modelle der Satzverarbeitung unterscheiden sich danach, welche Rolle sie der syntaktischen Struktur gegenüber semantischen Einflüssen zuschreiben.

- Unser Wissen über den zeitlichen Verlauf der syntaktischen und semantischen Verarbeitung von Wörtern und Sätzen stammt unter anderem aus EEG-Untersuchungen, in denen richtige und falsche Sätze verglichen werden. Hier zeigt sich, dass ein Satz zunächst syntaktisch verarbeitet wird, bevor Wörter in den Bedeutungskontext des Satzes integriert werden.

- Kinder erwerben Sprache spontan und ohne spezifisches Training. Die ersten Laute werden bereits mit wenigen Wochen geformt. Die Sprachentwicklung durchläuft dann mehrere Phasen von der phonologisch-artikulatorischen Entwicklung bis zum Erwerb grammatikalischer Strukturen. Für einige Aspekte des Spracherwerbs wie die Syntaxentwicklung gibt es eine kritische Periode. Wenn innerhalb der kritischen Periode Sprache nicht erlernt wird, kommt es zu späteren Sprachstörungen.

- Bilinguale Kinder lernen zwei Sprachen gleichzeitig, oder zumindest zeitnah, und beherrschen diese auf muttersprachlichem Niveau. Die Stufen des Spracherwerbs entsprechen dabei in etwa denen bei monolingualen Kindern, wobei bilinguale Kinder Sprachen häufig mischen. Einige neuere Untersuchungen haben gezeigt, dass bilinguale Kinder insgesamt sprachkompetenter sind – sie sind sich z. B. ihrer Sprachverwendung eher bewusst – als monolinguale Kinder; darüber hinaus sind Bilinguale bei vielen kognitiven Aufgaben, z. B. bei solchen, deren Lösung das Ignorieren irrelevanter Information erfordert, im Vorteil.

- Studien an Menschen mit Sprachstörungen sind sehr aufschlussreich für die Sprachforschung. Es werden entwicklungsbedingte und neurologisch bedingte Sprachstörungen sowie Sprachstörungen in Folge sensorischer oder mentaler Beeinträchtigung unterschieden. Die wichtigsten neurologisch bedingten Sprachstörungen, Broca- und Wernicke-Aphasie, liefern aufschlussreiche Hinweise über die neuronale Repräsentation von Sprachproduktion und -verstehen im Gehirn. Eine klare Abgrenzung dieser Funktionen und eine eindeutige Zuordnung zu spezifischen Hirnarealen sind jedoch umstritten.

- Sprache wird im Gehirn bei den meisten Menschen in der linken Hemisphäre verarbeitet. Dieses Wissen wurde in erster Linie an Split-Brain-Patienten gewonnen, bei denen die Übertragung von Information von einer Hirnhälfte in die andere nicht möglich ist. Diese Patienten können visuelle Information, die nur der rechten Hirnhälfte zur Verfügung steht, nicht in Sprache umwandeln.

- Wie genau Sprache und Denken zusammenhängen, ist noch nicht geklärt. Untersuchungen zum grammatikalischen Geschlecht (z. B. generisches Maskulinum) und zum Einfluss von Sprache auf die Gedächtnisleistung deuten aber darauf hin, dass Sprache die Inhalte unseres Denkens zumindest teilweise beeinflusst.

▶ In der Sprachforschung wird häufig die EEG-Methode eingesetzt. Stellen Sie ein sprachliches Phänomen dar, das sich mit EEG besonders gut untersuchen lässt, und beschreiben Sie, wie es sich im EEG-Signal äußert. Welche Aspekte der Sprachverarbeitung können mit EEG generell gut untersucht werden, und welche eher nicht?

▶ Warum ist gesunder Spracherwerb nur innerhalb einer sensitiven Periode möglich? Überlegen Sie sich, welchen Sinn eine sensitive Periode für die Entwicklung spezifischer Fähigkeiten haben könnte. Kennen Sie noch andere Fähigkeiten, die nur innerhalb einer sensitiven Periode erworben werden können?

▶ Erklären Sie den erstaunlichen Befund, dass Babys, die mit sechs Monaten noch universell die Phoneme aus verschiedenen Sprachen unterscheiden können, ab dem achten bis zehnten Monat nur noch Phoneme ihrer Muttersprache diskriminieren können. Welchen Sinn könnte eine solche Spezialisierung haben?

Prüfungsfragen

(1) Was versteht man unter dem »McGurk-Effekt«, und welche Bedeutung hat dieser Effekt für unser Verständnis der Sprachwahrnehmung?

(2) Warum scheitert das »Holzweg-Modell« an syntaktisch mehrdeutigen Sätzen?

(3) Was macht die Abgrenzung von Wörtern beim Verstehen gesprochener Sprache so kompliziert? Beschreiben Sie die Anforderungen, die das Verstehen gesprochener Sprache an den Zuhörer stellt, genauer.

(4) Was versteht man unter dem Begriff »mentales Lexikon«? Welche Information über Wörter ist nicht im mentalen Lexikon enthalten?

(5) Beschreiben Sie in wenigen Sätzen die Stufen des menschlichen Spracherwerbs.

(6) Inwiefern unterscheiden oder ähneln sich gesprochene Sprache und Gebärdensprache?

(7) Welche Befunde lassen sich aus den Untersuchungen an Split-Brain-Patienten von Gazzaniga und Kollegen (1965) zur Verarbeitung von Sprache ableiten?

(8) Gelegentlich findet man bei gesunden Versuchspersonen Aktivität im Broca-Areal während des Sprachverstehens. Wie sind solche Befunde zu interpretieren?

Weiterführende Literatur

▶ Grimm, H. (2012). Störungen der Sprachentwicklung. Göttingen: Hogrefe. – Standardwerk zu Sprachstörungen mit vielen Beispielen.

▶ Herrmann, C. & Fiebach, C. (2007). Gehirn und Sprache. Frankfurt a. M.: Fischer. – Allgemeinverständliche Einführung in den Themenbereich der neuronalen Grundlagen von Sprachverarbeitung, mit Vertiefungen in speziellen Themengebieten wie z. B. Bilingualismus oder Sprachstörungen.

▶ Müsseler, J. & Rieger, M. (Hrsg.) (2017). Allgemeine Psychologie. Heidelberg: Spektrum. – Standardlehrbuch der Allgemeinen Psychologie mit Buchkapiteln zu einigen der hier behandelten Themen.

▶ Pinker, S. (2000). Wörter und Regeln. Die Natur der Sprache. Heidelberg: Spektrum. – Behandlung vielfältiger Themen rund um den Spracherwerb und die Sprachverarbeitung. Was ist angeboren, was ist erlernt? Welche Rolle spielen Regeln, und lassen sich aus der Struktur der Sprache Rückschlüsse darüber ableiten, wie unser Gehirn funktioniert?

Literatur

Adelson, E. H. (2000). Lightness perception and lightness illusions. In M. Gazzaniga (Ed.), The new cognitive neurosciences, 2nd Edition (pp. 339–351). Cambridge, MA: MIT Press.

Aflalo, T., Kellis, S., Klaes, C., Lee, B., Shi, Y., Pejsa, K., Shanfield, K., Hayes-Jackson, S., Aisen, M., Heck, C., Liu, C., & Andersen, R. A. (2015). Decoding motor imagery from the posterior parietal cortex of a tetraplegic human. Science, 348, 906–910.

Aitchison, J. (1994). Words in the mind. An introduction to the mental lexicon (2nd ed.). Oxford, UK: Blackwell.

Allport, A. (1989). Visual attention. In M. I. Posner (Ed.), Foundations of cognitive science (pp. 631–682). Cambridge, MA: Bradford.

Allport, A., Styles, E. A. & Hsieh, S. (1994). Shifting intentional set: Exploring the dynamic control of tasks. In C. Umiltà & M. Moscovitch (Eds.), Attention and Performance XV (pp. 421–452). Cambridge, MA: MIT Press.

Amabile, T. M. (1996). Creativity in context. Boulder, CO: Westview Press.

Anderson, J. R. & Lebiere, C. (1998). The atomic components of thought. Mahwah, NJ: Lawrence Erlbaum.

Ashmore, J. F. (1994). The cellular machinery of the cochlea. Experimental Physiology, 79, 113–134.

Baars, B. J. (1988). A cognitive theory of consciousness. Cambridge, MA: Cambridge University Press.

Baars, B. J., Franklin, S. & Ramsoy, T. Z. (2013). Global workspace dynamics: Cortical »binding and propagation« enables conscious contents. Frontiers in Psychology, 4:200.

Bartling, G., Echelmeyer, L. & Engberding, M. (2016). Problemanalyse im therapeutischen Prozess: Leitfaden für die Praxis (6. Aufl.). Stuttgart: Kohlhammer.

Barton, J. J. (2011). Disorder of higher visual function. Current Opinion in Neurology, 24, 1–15.

Bartoshuk, L. M. & Beauchamp, G. K. (1994). Chemical senses. Annual Review of Psychology, 45, 419–449.

Behrmann, M. & Tipper, S. P. (1994). Object-based attentional mechanisms: Evidence from patients with unilateral visual neglect. In C. Umiltà & M. Moscovitch (Eds.), Attention and Performance XV (pp. 351–375). Cambridge, MA: MIT Press.

Berry, D. C. & Broadbent, D. E. (1984). On the relationship between task performance and associated verbalizable knowledge. Quarterly Journal of Experimental Psychology, 36A, 209–231.

Betsch, T., & Glöckner, A. (2010). Intuition in judgment and decision making: Extensive thinking without effort. Psychological Inquiry, 21, 1–16.

Bialystok, E. (1999). Cognitive complexity and attentional control in the bilingual mind. Child Development, 70, 636–644.

Bialystok, E. (2001). Bilingualism in development: Language, literacy, & cognition. New York, NY: Cambridge University Press.

Bialystok, E. & Werker, J. F. (2017). The systematic effects of bilingualism on children's development. Developmental Science, 20(1). doi: 10.1111/desc.12535.

Bisiach, E. & Luzzatti, C. (1978). Unilateral neglect of representational space. Cortex, 14, 129–133.

Block, N. (1995). On a confusion about a function of consciousness. Behavioral and Brain Sciences, 18, 227–287.

Bölte, J. & Zwitserlood, P. (2006). Laut- und Wortwahrnehmung. In J. Funke & P. Frensch (Hrsg.), Handwörterbuch Psychologie, Allgemeine Psychologie: Kognition (S. 584–592). Göttingen: Hogrefe.

Bonhoeffer, T. & Grinvald, A. (1991). Iso-orientation domains in cat visual cortex are arranged in pinwheel-like patterns. Nature, 353, 429–431.

Borst, J. P. & Anderson, J. R. (2013). Using model-based functional MRI to locate working memory updates and declarative memory retrievals in the fronto-parietal network. Proceedings of the National Academy of Sciences, 110, 1628–1633.

Bowden, E. M., Jung-Beeman, M., Fleck, J. & Kounios, J. (2005). New approaches to demystifying insight. Trends in Cognitive Sciences, 9, 322–328.

Braun, F., Oelkers, S., Rogalski, K., Bosak, J. & Sczesny, S. (2007). »Aus Gründen der Verständlichkeit ...«: Der Einfluss generisch maskuliner Personenbezeichnungen auf die kognitive Verarbeitung von Texten. Psychologische Rundschau, 58, 183–189.

Bregman, A. S. (1994). Auditory scene analysis: The perceptual organization of sound. Cambridge, MA: MIT Press.

Broadbent, D. E. (1958). Perception and communication. London: Pergamon.

Bröder, A. (2003). Decision making with the »adaptive toolbox«: Influence of environmental structure, intelligence, and working memory load. Journal of Experimental Psychology: Learning, Memory, and Cognition, 29, 611–625.

Bröder, A. & Hilbig, B. E. (2017). Urteilen und Entscheiden. In J. Müsseler & M. Rieger (Hrsg.). Allgemeine Psychologie. (3. Aufl.). Heidelberg: Springer.

Bruner, J., Goodnow, J. J. & Austin, G. A. (1956). A study of thinking. New York, NY: Wiley.

Buchner, A. & Funke, J. (1993). Finite state automata: Dynamic task environments in problem solving research. Quarterly Journal of Experimental Psychology, 46A, 83–118.

Bundesen, C. (1990). A theory of visual attention. Psychological Review, 97, 523–547.

Bundesen, C., Habekost, T. & Kyllingsbæk, S. (2005). A neural theory of visual attention: Bridging cognition and neurophysiology. Psychological Review, 112, 291–328.

Buonomano, D. V. & Merzenich, M. M. (1998). Cortical plasticity: From synapses to maps. Annual Review of Neuroscience, 21, 149–186.

Caramazza, A., Anzellotti, S., Strnad, L. & Lingnau, A. (2014). Embodied cognition and mirror neurons: A critical assessment. Annual Review of Neuroscience, 37, 1–15.

Carlson, S. M. & Meltzoff, A. N. (2008). Bilingual experience and executive functioning in young children. Developmental Science, 11, 282–298.

Carrasco, M. (2006). Covert attention increases contrast sensitivity: Psychophysical, neurophysiological and neuroimaging studies. Progress in Brain Research, 154, 33–70.

Carrasco, M., Ling, S. & Read, S. (2004). Attention alters appearance. Nature Neuroscience, 7, 308–313.

Carroll, N. & Seeley, W. P. (2013). Cognitivism, psychology, and neuroscience: Movies as attentional engines. In A. P. Shimamura (Eds.), Psychocinematics: Exploring Cognition at the Movies (pp. 53–75). Oxford: Oxford University Press.

Caterina, M. J., Schumacher, M. A., Tominaga, M., Rosen, T. A., Levine, J. D. & Julius, D. A. (1997). The capsaicin receptor: A heat-activated ion channel in the pain pathway. Nature, 389, 816–824.

Cherry, E. C. (1953). Some experiments on the recognition of speech with one and with two ears. Journal of the Acoustical Society of America, 25, 975–979.

Christmann, U. (2006). Textverstehen. In J. Funke & P. Frensch (Hrsg.), Handbuch der Allgemeinen Psychologie, Kognition (S. 612–620). Göttingen: Hogrefe.

Clark, E. V. (2003). First language acquisition. Cambridge, UK: Cambridge University Press.

Cloutman, L. L. (2013). Interaction between dorsal and ventral processing streams: Where, when, and how? Brain and Language, 127, 251–263.

Coghill, R. C., McHaffie, J. G. & Yen, Y. F. (2003). Neural correlates of interindividual differences in the subjective experience of pain. Proceedings of the National Academy of Sciences USA, 100, 8538–8542.

Collins, A. M. & Loftus, E. F. (1975). A spreading-activation theory of semantic processing. Psychological Review, 82, 407–428.

Collins, A. M. & Quillian, M. R. (1969). Retrieval time from semantic memory. Journal of Verbal Learning and Verbal Behavior, 8, 240–247.

Cooper, S. A. & O'Sullivan, M. (2016). Here, there and everywhere: Higher visual function and the dorsal visual stream. Practical Neurology, 16, 176–183.

Crapse, T. B. & Sommer, M. A. (2008). Corollary discharge across the animal kingdom. Nature Reviews Neuroscience, 9, 587–600.

Curtin, S. & Werker, J. F. (2007). The perceptual foundations of phonological development. In G. Gaskell (Ed.), The Oxford Handbook of Psycholinguistics (pp. 579–600). Oxford, UK: Oxford University Press.

Cytowic, R. E. & Eagleman, D. M. (2009). Wednesday is indigo blue: Discovering the brain of synesthesia. Cambridge, MA: MIT Press.

Danner, D., Hagemann, D., Holt, D. V., Bechthold, M., Schankin, A., Wüstenberg, S. & Funke, J. (2011). Measuring performance in a Complex Problem Solving task: Reliability and validity of the Tailorshop simulation. Journal of Individual Differences, 32, 225–233.

Dehaene, S., & Naccache, L. (2001). Towards a cognitive neuroscience of consciousness: Basic evidence and a workspace framework. Cognition, 79, 1–37.

Derrington, A. M., Allen, H. A. & Delicato, L. S. (2004). Visual mechanisms of motion analysis and motion perception. Annual Review of Psychology, 55, 181–205.

Deutsch, J. A. & Deutsch, D. (1963). Attention: Some theoretical considerations. Psychological Review, 70, 80–90.

Dijkerman, H. C. & de Haan, E. H. (2007). Somatosensory processes subserving perception and action. Behavioral and Brain Sciences, 30, 189–239.

Dörner, D. (1986). Diagnostik der operativen Intelligenz. Diagnostica, 32, 290–308.

Dörner, D. (1989). Die Logik des Misslingens. Strategisches Denken in komplexen Situationen. Reinbek: Rowohlt.

Dörner, D., Kreuzig, H. W., Reither, F. & Stäudel, T. (1983). Lohhausen: Vom Umgang mit Unbestimmtheit und Komplexität. Bern: Huber.

Dörner, D. & Stäudel, T. (1990). Emotion und Kognition. In K. Scherer (Ed.), Psychologie der Emotion. Enzyklopädie der Psychologie, Bd. C / IV / 3. Göttingen: Hogrefe.

Duncan, J. (1984). Selective attention and the organization of visual information. Journal of Experimental Psychology: General, 113, 501–517.

Duncker, K. (1935). Zur Psychologie des produktiven Denkens. Heidelberg: Springer.

Egly, R., Driver, J. & Rafal, R. D. (1994). Shifting visual attention between objects and locations: Evidence from normal and parietal lesion subjects. Journal of Experimental Psychology: General, 123, 161–177.

Elbert, T., Pantev, C., Wienbruch, C., Rockstroh, B. & Taub, E. (1995). Increased cortical representation of the fingers of the left hand in string players. Science, 270, 305–306.

Epstein, R. A. (2008). Parahippocampal and retrosplenial contributions to human spatial navigation. Trends in Cognitive Sciences, 12, 388–396.

Eriksen, C. W. & Yeh, Y. Y. (1985). Allocation of attention in the visual field. Journal of Experimental Psychology: Human Perception and Performance, 11, 583–597.

Fechner, G. T. (1860). Elemente der Psychophysik. Leipzig: Breitkopf & Härtel.

Felleman, D. J. & Van Essen, D. C. (1991). Distributed hierarchical processing in the primate cerebral cortex. Cerebral Cortex, 1, 1–47.

Fenson, L., Dale, P. S., Reznick, J. S., Bates, E., Thal, D. J. & Pethick, S. J. (1994). Variability in early communicative development. Monographs of the Society for Research in Child Development, 59 (5), 242.

Feuchter, A. (2001). Lob des sozialen Faulenzens. Motivation und Leistung beim Lösen komplexer Probleme in sozialen Situationen. Lengerich: Pabst Science Publishers.

Fischer, A., Greiff, S. & Funke, J. (2012). The process of solving complex problems. Journal of Problem Solving, 4, 19–42.

Foster, D. H. (2011). Color constancy. Vision Research, 51, 674–700.

Frazier, L. & Rayner, K. (1982). Making and correcting errors during sentence comprehension: Eye movements in the analysis of structurally ambiguous sentences. Cognitive Psychology, 14, 178–210.

Freud, S. (1933 / 1982). Angst und Triebleben (32. Vorlesung). In S. Freud (Hrsg.), Vorlesungen zur Einführung in die Psychoanalyse und Neue Folge (Bd. 1). Frankfurt a. M.: Fischer.

Friederici, A. D. (1994). Funktionale Organisation und Reorganisation der Sprache während der Sprachentwicklung: Eine Hypothese. Neurolinguistik, 8, 41–55.

Friederici, A. D. (1995). The time course of syntactic activation during language processing: A model based on neuropsychological and neurophysiological data. Brain and Language, 50, 259–281.

Frisina, R. D. (2001). Subcortical neural coding mechanisms for auditory temporal processing. Hearing Research, 158, 1–27.

Funke, J. (2003). Problemlösendes Denken. Stuttgart: Kohlhammer.

Funke, J. & Frensch, P. A. (2006). Handbuch der Allgemeinen Psychologie – Kognition. Göttingen: Hogrefe.

Funke, J. & Fritz, A. M. (1995). Über Planen, Problemlösen und Handeln. In J. Funke & A. M. Fritz (Hrsg.), Neue Konzepte und Instrumente zur Planungsdiagnostik (S. 1–45). Bonn: Deutscher Psychologen Verlag.

Funke, J. & Glodowski, A.-S. (1990). Planen und Problemlösen: Überlegungen zur neuropsychologischen Diagnostik von Basiskompetenzen beim Planen. Zeitschrift für Neuropsychologie, 1, 139–148.

Funke, J. & Spering, M. (2006). Methoden der Denk- und Problemlöseforschung. In J. Funke (Hrsg.), Enzyklopädie der Psychologie, Serie 2, Kognition, Bd. 8: Denken und Problemlösen (S. 647–744). Göttingen: Hogrefe.

Gardner, R. A. & Gardner, B. T. (1969). Teaching sign language to a chimpanzee. Science, 165, 664–672.

Gattass, R. et al. (2005). Cortical visual areas in monkeys: Location, topography, connections, columns, plasticity and cortical dynamics. Philosophical Transactions of the Royal Society of London Section B, 360, 709–731.

Gazzaniga, M. S. (1995). Principles of human brain organization derived from split-brain studies. Neuron, 14, 217–228.

Gazzaniga, M. S. (2005). Forty-five years of split-brain research and still going strong. Nature Reviews Neuroscience, 6, 653–659.

Gazzaniga, M. S., Bogen, J. E. & Sperry, R. W. (1965). Observations on visual perception after disconnection of the cerebral hemispheres in man. Brain, 88, 221–236.

Gegenfurtner, K. R. (2003). Cortical mechanisms of color vision. Nature Reviews Neuroscience, 4, 563–572.

Gegenfurtner, K. R. (2016). The interaction between vision and eye movements. Perception, 45, 1333-1357.

Gescheider, G. A. (1997). Psychophysics: The fundamentals (3rd Edition). Mahwah, NJ: Erlbaum.

Geschwind, N. (1970). The organization of language and the brain. Science, 170, 940–944.

Gibson, J. J. (1958). Visually controlled locomotion and visual orientation in animals. British Journal of Psychology, 49, 182–194.

Gigerenzer, G., Todd, P. M. & the ABC Research Group (1999). Simple heuristics that make us smart. Oxford: Oxford University Press.

Gilchrist, A. (2006). Seeing black and white. Oxford: Oxford University Press.

Gladwell, M. (2010). What the dog saw. Frankfurt a. M.: Penguin Books.

Goldin-Meadows, S. & Feldman, H. (1977). The development of language-like communication without a language model. Science, 197, 401–403.

Graziano, M. S., Andersen, R. A. & Snowden, R. J. (1994). Tuning of MST neurons to spiral motions. Journal of Neuroscience, 14, 54–67.

Green, D. M. & Swets, J. A. (1966). Signal detection theory and psychophysics. New York: Wiley.

Grimm, H. (2012). Störungen der Sprachentwicklung: Grundlagen – Ursachen – Diagnose – Intervention – Prävention. (3. Aufl.). Göttingen: Hogrefe.

Grimm, H. & Weinert, S. (2002). Sprachentwicklung. In R. Oerter & L. Montada (Hrsg.), Entwicklungspsychologie. Ein Lehrbuch (5. Aufl.). (S. 517–559). Weinheim: Beltz.

Grush, R. & Churchland, P. S. (1995). Lücken im Penrose-Parkett. In T. Metzinger (Hrsg.), Bewusstsein (S. 221-250). Paderborn: Schöningh.

Hage, S. R. & Nieder, A. (2016). Dual neural network model for the evolution of speech and language. Trends in Neurosciences, 39, 813–829.

Haggard, P. & Eimer, M. (1999). On the relation between brain potentials and the awareness of voluntary movements. Experimental Brain Research, 126, 128–133.

Halligan, P. W. & Marshall, J. C. (1994). Toward a principal explanation of unilateral neglect. Cognitive Neuropsychology, 11, 167–206.

Harmening, W. M., Tuten, W. S., Roorda, A. & Sinich, L. C. (2014). Mapping the perceptual grain of the human retina. Journal of Neuroscience, 34, 5667–5677.

Harvey, M. & Rossit, S. (2012). Visuospatial neglect in action. Neuropsychologia, 50, 1018–1028.

Hautzinger, M. (2003). Kognitive Verhaltenstherapie der Depression. Weinheim: Beltz.

Hecht, S., Schlaer, S. & Pirenne, M. H. (1942). Energy, quanta, and vision. Journal of General Physiology, 25, 819–840.

Heise, E. (2000). Sind Frauen mitgemeint? Eine empirische Untersuchung zum Verständnis des generischen Maskulinums und seiner Alternativen. Sprache & Kognition, 19, 3–13.

Herrmann, C. & Fiebach, C. (2007). Gehirn und Sprache. Frankfurt a. M.: Fischer.

Hershenson, M. (1998). Visual space perception: A primer. Cambridge, MA: MIT Press.

Heydt, R. von der (1994). Form analysis in visual cortex. In M. S. Gazzaniga (Ed.), The cognitive neurosciences (pp. 365–382). Cambridge, MA: MIT Press.

Holender, D. (1986). Semantic activation without conscious identification in dichotic listening, parafoveal vision, and visual masking: A survey and appraisal. Behavioral and Brain Sciences, 9, 1–23.

Holt, D. V. & Funke, J. (2014). Plan-a-Day Test [Software]. Mödling: Schuhfried.

Hörmann, H. (1983). Was tun die Wörter miteinander im Satz? Göttingen: Verlag für Psychologie.

Hubel, D. H. & Wiesel, T. N. (1959). Receptive fields of single neurones in the cat's striate cortex. Journal of Physiology, 148, 574–591.

Hubel, D. H. & Wiesel, T. N. (1968). Receptive fields and functional architecture of the monkey striate cortex. Journal of Physiology, 195, 215–243.

Hubel, D. H. & Wiesel, T. N. (1970). Stereoscopic vision in macaque monkey: Cells sensitive to binocular depth in area 18 of the macaque monkey cortex. Nature, 225, 41–42.

Hunter, J. J., Masella, B., Dubra, A., Sharma, R., Yin, L., Merigan, W. H., Palczewska, G., Palczewski, K. & Williams, D. R. (2011). Images of photoreceptors in living primate eyes using adaptive optics two-photon ophthalmoscopy. Biomedical Optics Express, 2, 139–148.

Hupé, J. M. & Dojat, M. (2015). A critical review of the neuroimaging literature on synesthesia. Frontiers in Human Neuroscience, 9:103.

Irmen, L. (2006). Satzverstehen. In J. Funke & P. Frensch (Hrsg.), Handbuch der Allgemeinen Psychologie, Kognition (S. 601–611). Göttingen: Hogrefe.

Irmen, L. & Köhncke, A. (1996). Zur Psychologie des »generischen« Maskulinums. Sprache & Kognition, 15, 152–166.

Irmen, L. & Kurovskaja, J. (2010). On the semantic content of grammatical gender and its impact on the representation of human referents. Experimental Psychology, 57, 367–375.

Irvine, E. (2014). Explaining what? Topoi, doi:10.1007/s11245-014-9273-4

Isen, A. M., Johnson, M. M. S., Mertz, E. & Robinson, G. R. (1985). The influence of positive affect on the unusualness of word associations. Journal of Personality and Social Psychology, 48, 1413–1426.

Iverson, J. M. & Goldin-Meadows, S. (1998). Why people gesture when they speak. Nature, 396, 228.

James, W. (1890/1983). The principles of psychology. Cambridge, MA: Harvard University Press.

Jeannerod, M. (1988). The neural and behavioural organization of goal-directed movements. Oxford, UK: Clarendon Press.

Jeannerod, M., Arbib, M. A., Rizzolatti, G. & Sakata, H. (1995). Grasping objects: the cortical mechanisms of visuomotor transformation. Trends in Neurosciences, 18, 314–320.

Julesz, B. (1971). Foundations of cyclopean vision. Chicago, IL: University of Chicago Press.

Kaas, J. H. & Hackett, T. A. (1999). ›What‹ and ›where‹ processing in auditory cortex. Nature Neuroscience, 2, 1045–1047.

Kahneman, D. (1968). Methods, findings, and theory in studies of visual masking. Psychological Bulletin, 70, 404–425.

Kandel, E. R., Schwartz, J. H., Jessell, T. M., Siegelbaum, S. A. & Hudspeth, A. J. (2013). Principles of neural science (5th ed.). New York, NY: McGraw-Hill.

Kelly, J. P. (1991a). Hearing. In E. R. Kandel, J. H. Schwartz & T. M. Jessell (Eds.), Principles of neural science, 3rd Edition (pp. 481–499). London: Prentice Hall.

Kelly, J. P. (1991b). The sense of balance. In E. R. Kandel, J. H. Schwartz & T. M. Jessell (Eds.), Principles of neural science, 3rd Edition (pp. 500–511). London: Prentice Hall.

Knoblich, G., Ohlsson, S. & Raney, G. E. (2001). An eye movement study of insight problem solving. Memory and Cognition, 29, 1000–1009.

Köhler, W. (1926). The mentality of apes. New York: Harcourt.

Krentz, U. C. & Corina, D. P. (2008). Preference for language in early infancy: the human language bias is not speech specific. Developmental Science, 11, 1–9.

Kunde, W., Kiesel, A. & Hoffmann, J. (2003). Conscious control over the content of unconscious cognition. Cognition, 88, 223–242.

Ladefoged, P. & Maddieson, I. (1996). The sounds of the world's languages. Oxford: Blackwell.

Lamme, V. A.F. (2003). Why visual attention and awareness are different. Trends in Cognitive Sciences, 7, 12–18.

Lamme, V. A.F. et al. (1999). Separate processing dynamics for texture elements, boundaries and surfaces in primary visual cortex. Cerebral Cortex, 9, 406–413.

Lamme, V. A.F. & Roelfsema, P. R. (2000). The distinct modes of vision offered by feedforward and recurrent processing. Trends in Neurosciences, 23, 571–579.

Land, M. F. (1999). Motion and vision: why animals move their eyes. Journal of Comparative Physiology A, 185, 341–352.

Land, M. F. & Nilsson, D. E. (2002). Animal eyes. Oxford: Oxford University Press.

LeDoux, J. E. (1996). The emotional brain. New York: Simon & Schuster.

Lehky, S. R. & Tanaka, K. (2016). Neural representation for object recognition in inferotemporal cortex. Current Opinion in Neurobiology, 37, 23–35.

Leigh, R. J. & Zee, D. S. (2015). The neurology of eye movements (5th ed.). Oxford: Oxford University Press.

Leuninger, H. (1993). Reden ist Schweigen, Silber ist Gold. Gesammelte Versprecher. Zürich: Ammann.

Levelt, W. J.M. (1989). Speaking: From intention to articulation. Cambridge, MA: MIT Press.

Levelt, W. J.M. (2001). Spoken word production: a theory of lexical access. Proceedings of the National Academy of Science, USA, 98, 13464–13471.

Libet, B. (1985). Unconscious cerebral initiative and the role of conscious will in voluntary action. Behavioral and Brain Sciences, 8, 529–566.

Libet, B., Gleason, C. A., Wright, E. W. & Pearl, D. K. (1983). Time of conscious intention to act in relation to onset of cerebral activity (readiness potential): The unconscious initiation of a freely voluntary act. Brain, 106, 623–642.

Livingstone, M. S. & Hubel, D. H. (1987). Psychophysical evidence for separate channels for the perception of form, color, movement, and depth. Journal of Neuroscience, 7, 3461–3468.

Livingstone, M. S. & Hubel, D. H. (1988). Segregation of form, color, movement and depth: Anatomy, physiology, and perception. Science, 240, 740–749.

Locke, J. (1689/1975). Essay concerning human understanding. Oxford: Oxford University Press.

Loftus, E. F. & Palmer, J. C. (1974). Reconstruction of automobile destruction: an example of the interaction between language and memory. Journal of Verbal Learning and Verbal Behavior, 13, 585–589.

Lovett, M. H. & Anderson, J. R. (1996). History of success and current context in problem solving: Combined influences on operator selection. Cognitive Psychology, 31, 168–217.

Luchins, A. S. & Luchins, E. H. (1959). Rigidity of behavior: A variational approach to the effect of Einstellung. Eugene, OR: University of Oregon Books.

MacDonald, M. C., Pearlmutter, N. J. & Seidenberg, M. S. (1994). Lexical nature of syntactic ambiguity resolution. Psychological Review, 101, 676–703.

Macmillan, N. A. & Creelman, C. D. (2004). Detection theory: A user's guide (2nd ed.). Cambridge, UK: Cambridge University Press.

Maier, N. R.F. (1930). Reasoning in humans. Journal of Comparative Psychology, 10, 115–143.

Marcel, A. J. (1983). Conscious and unconscious perception: Experiments on visual masking and word recognition. Cognitive Psychology, 15, 197–237.

Martinez-Conde, S., Macknik, S. L., Troncoso, X. G. & Dyar, T. A. (2006). Microsaccades counteract visual fading during fixation. Neuron, 49, 297–305.

Mason, C. & Kandel, E. R. (1991). Central visual pathways. In E. R. Kandel, J. H. Schwartz & T. M. Jessell (Eds.), Principles of neural science, 3 rd Edition (pp. 420–439). London: Prentice Hall.

Mattar, A. A. & Gribble, P. L. (2005). Motor learning by observing. Neuron, 46, 153–160.

Maunsell, J. H. & Van Essen, D. C. (1983). Functional properties of neurons in middle temporal visual area of the macaque monkey. I. Selectivity for stimulus direction, speed, and orientation. Journal of Neurophysiology, 49, 1127–1147.

McAlpine, D., Jiang, D. & Palmer, A. R. (2001). A neural code for low-frequency sound localization in mammals. Nature Neuroscience, 4, 396–401.

McGurk, H. & MacDonald, J. (1976). Hearing lips and seeing voices. Nature, 264, 746–748.

McMains, S. A. & Somers, D. C. (2004). Multiple spotlights of attentional selection in human visual cortex. Neuron, 42, 677–686.

Medin, D. L. & Schaffer, M. M. (1978). Context theory of classification learning. Psychological Review, 85, 207–238.

Méndez-Bértolo, C., Moratti, S., Toledano, R., Lopez-Sosa, F., Martínez-Alvarez, R., Mah, Y. H., Vuilleumier, P., Gil-Nagel, A., & Strange, B. A. (2016). A fast pathway for fear in human amygdala. Nature Neuroscience, 19, 1041–1052.

Merigan, W. H. & Maunsell, J. H.R. (1993). How separate are the primate visual pathways? Annual Review of Neuroscience, 16, 369–402.

Milner, A. D. & Goodale, M. A. (1995). The visual brain in action. Oxford: Oxford University Press.

Monaco, J. (2009). How to read a film: Movies, media, and beyond. Oxford: Oxford University Press.

Monsell, S. (1994). Control of mental processes. In V. Bruce (Ed.), Unsolved mysteries of the mind (pp. 93–148). London: Psychology Press.

Moran, J. & Desimone, R. (1985). Selective attention gates visual processing in the extrastriate cortex. Science, 229, 782–784.

Müller, M. M. & Hübner, R. (2002). Can the spotlight of attention be shaped like a doughnut? Evidence from steady-state visual evoked potentials. Psychological Science, 13, 119–124.

Müsseler, J. & Rieger, M. (Hrsg.) (2017). Allgemeine Psychologie. Heidelberg: Spektrum.

Murphy, G. L. (2004). The big book of concepts. Cambridge, MA: MIT Press.

Myers, R. E. (1956). Function of corpus callosum in interocular transfer. Brain, 79, 358–363.

Nakayama, K. (1985). Biological image motion processing: A review. Vision Research, 25, 625–660.

Nathans, J. (1990). Die Gene für das Farbensehen. In: W. Singer (1990), Gehirn und Kognition (S. 42–49). Heidelberg: Springer.

Neckar, M. & Bob, P. (2014). Neuroscience of synesthesia and cross-modal associations. Reviews in the Neurosciences, 25, 833–840.

Neumann, O. (1990). Direct parameter specification and the concept of perception. Psychological Research, 52, 207–215.

Neumann, O. & Klotz, W. (1994). Motor responses to nonreportable, masked stimuli: Where is the limit of direct parameter specification? In C. Umiltà & M. Moscovitch (Eds.), Attention and Performance XV (pp. 124–150). Cambridge, MA: MIT Press.

Newell, A. (1990). Unified theories of cognition. Cambridge, MA: Harvard University Press.

Newell, A. & Simon, H. A. (1972). Human problem solving. Englewood Cliffs, NJ: Prentice Hall.

Newsome, W. T., Britten, K. H. & Movshon, J. A. (1989). Neuronal correlates of a perceptual decision. Nature, 341, 52–54.

Nieder, A. (2005). Counting on neurons: The neurobiology of numerical competence. Nature Reviews Neuroscience, 6, 177–190.

Norman, D. & Shallice, T. (1986). Attention to action: Willed and automatic control of behavior. In R. Davidson, G. Schwartz & D. Shapiro (Eds.), Consciousness and self-regulation: Advances in research and theory, Vol. 4 (pp. 1–18). New York: Plenum.

Omodei, M. M. & Wearing, A. J. (1995). The Fire Chief microworld generating program: An illustration of computer-simulated microworlds as an experimental paradigm for studying complex decision-making behavior. Behavior Research Methods, Instruments and Computers, 27, 303–316.

Ozaki, I. & Hashimoto, I. (2007). Human tonotopic maps and their rapid task-related changes studied by magnetic source imaging. Canadian Journal of Neurological Science, 34, 146–153.

Palmer, S. E. (1999). Color, consciousness, and the isomorphism constraint. Behavioral and Brain Sciences, 22, 923–989.

Pashler, H. (1994). Dual-task interference in simple tasks: Data and theory. Psychological Bulletin, 16, 220–244.

Passingham, R. (1993). The frontal lobes and voluntary action. Oxford: Oxford University Press.

Penrose, R. (1989). The emperor's new mind. Oxford: Oxford University Press.

Posner, M. I. & Snyder, C. R. R. (1975). Facilitation and inhibition in the processing of signals. In P. M. A. Rabbitt & S. Dornic (Eds.), Attention and Performance V (pp. 669–681). London: Academic Press.

Posner, M. I., Snyder, C. R. R. & Davidson, B. J. (1980). Attention and the detection of signals. Journal of Experimental Psychology: General, 109, 160–174.

Premack, D. (1971). Language in chimpanzee? Science, 172, 808–822.

Quian Quiroga, R., Kreiman, G., Koch, C. & Fried, I. (2008). Sparse but not ›Grand-mother-cell‹ coding in the medial temporal lobe. Trends in Cognitive Sciences, 12, 87–91.

Ramachandran, V. S. & Rogers-Ramachandran, D. (2000). Phantom limbs and neural plasticity. Archives of Neurology, 57, 317–320.

Read, H. L., Winer, J. A. & Schreiner, C. E. (2002). Functional architecture of auditory cortex. Current Opinion in Neurobiology, 12, 433–440.

Rensink, R. A. (2002). Change detection. Annual Review of Psychology, 53, 245–277.

Rensink, R. A., O'Regan, J. K. & Clark, J. J. (1997). To see or not to see: The need for attention to perceive changes in scenes. Psychological Science, 8, 368–373.

Rhode, W. S. & Greenberg, S. (1994). Lateral suppression and inhibition in the cochlear nucleus of the cat. Journal of Neurophysiology, 71, 493–514.

Riesenhuber, M. & Poggio, T. (2000). Models of object recognition. Nature Neuroscience, 3, 1199–1204.

Rizzolatti, G. & Craighero, L. (2004). The mirror-neuron system. Annual Review of Neuroscience, 27, 169–192.

Rizzolatti, G., Fadiga, L., Gallese, V. & Fogassi, L. (1996). Premotor cortex and the recognition of motor actions. Cognitive Brain Research, 3, 131–141.

Rodieck, R. W. (1998). The first steps in seeing. Sunderland, MA: Sinauer.

Rogers, R. D. & Maunsell, S. (1995). Costs of a predictable switch between simple cognitive tasks. Journal of Experimental Psychology: General, 124, 207–231.

Rosch, E. (1971). Natural categories. Cognitive Psychology, 4, 328–350.

Rosch, E. & Mervis, C. B. (1975). Family resemblances: Studies in the internal structure of categories. Cognitive Psychology, 7, 573–605.

Rosenzweig, M. R., Breedlove, S. M., & Watson, N. V. (2005). Biological Psychology. An introduction to Behavioral and Cognitive

Neuroscience (4th edition). London: Macmillan.

Roth, G. (2003). Aus Sicht des Gehirns. Frankfurt a. M.: Suhrkamp.

Rummer, R. & Engelkamp, H. (2006). Wortwissen und mentales Lexikon. In J. Funke & P. Frensch (Hrsg.), Handbuch der Allgemeinen Psychologie, Kognition (S. 592–600). Göttingen: Hogrefe.

Rutz, C., Bluff, L. A., Reed, N., Troscianko, J., Newton, J. et al. (2010). The evological significance of tool use in new Caledonian crows. Science, 329, 1523–1526.

Schiller, P. H. & Carvey, C. E. (2005). The Hermann grid illusion revisited. Perception, 34, 1375–1397.

Schiller, P. H., Logothetis, N. K. & Charles, E. R. (1990). Functions of the colour-opponent and broad-band channels of the visual system. Nature, 343, 68–70.

Schmidt, T. (2009). The binding problem and the coherence of perception. In W. P. Banks (Eds.), Encyclopedia of Consciousness (pp. 147–158). Amsterdam: Elsevier.

Schmidt, F., Haberkamp, A. & Schmidt, T. (2011). Dos and don'ts in response priming research. Advances in Cognitive Psychology, 7, 120–131.

Schmidt, T. & Vorberg, D. (2006). Criteria for unconscious cognition: Three types of dissociation. Perception and Psychophysics, 68, 489–504.

Schmidt, R. A., Zalaznik, H., Hawkins, B., Franks, J. S. & Quinn, J. T. J. (1979). Motor output variability: a theory of the accuracy of rapid motor acts. Psychological Reviews, 86, 415–451.

Schultze-Kraft, M., Birman, D., Rusconi, M., Allefeld, C., Görgen, K., Dähne, S., Blankertz, B. & Haynes, J.-D. (2016). The point of no return in vetoing self-initiated movements. Proceedings of the National Academy of Sciences USA, 113, 1080–1085.

Scoville, W. B. & Milner, B. (1957). Loss of recent memory after bilateral hippocampal lesions. Journal of Neurology, Neurosurgery & Psychiatry, 20, 11–21.

Seckel, A. (2005). Große Meister der optischen Illusionen. Band 1: Von Arcimboldo bis Kitaoka. Wien: Tosa.

Serviere, J., Webster, W. R. & Calford, M. B. (1984). Isofrequency labelling revealed by a combined [14C]-2-deoxyglucose, electrophysiological, and horseradish peroxidase study of the inferior colliculus of the cat. Journal of Comparative Neurology, 228, 463–477.

Sethares, W. A. (2005). Tuning, timbre, spectrum, scale. London: Springer.

Sincich, L. C. & Horton, J. C. (2005). The circuitry of V1 and V2: Integration of color, form, and motion. Annual Review of Neuroscience, 28, 303–326.

Singer, W. (2004). Verschaltungen legen uns fest. Wir sollten aufhören, von Freiheit zu sprechen. In C. Geyer (Hrsg.), Hirnforschung und Willensfreiheit (S. 30–65). Frankfurt a. M.: Suhrkamp.

Smith, E. E. & Medin, D. L. (1981). Categories and concepts. Cambridge, MA: Harvard University Press.

Smith, T. J. (2013). Watching you watch movies: Using eye tracking to inform cognitive film theory. In A. P. Shimamura (Ed.), Psychocinematics: Exploring Cognition at the Movies (pp. 165–191). Oxford: Oxford University Press.

Soon, C. S., Brass, M., Heinze, H. J. & Haynes, J. D. (2008). Unconscious determinants of free decisions in the human brain. Nature Neuroscience, 11, 543–545.

Sparks, D. (1999). Conceptual issues related to the role of the superior colliculus in the control of gaze. Current Opinion in Neurobiology, 9, 698–707.

Spence, C. (2010). Crossmodal spatial attention. Annals of the New York Academy of Sciences, 1191, 182–200.

Spence, C. & Driver, J. (1996). Audiovisual links in endogenous covert spatial attention. Journal of Experimental Psychology: Human Perception and Performance, 22, 1005–1030.

Spering, M. & Carrasco, M. (2015). Acting without seeing: eye movements reveal visual processing without awareness. Trends in Neurosciences, 38, 247–258.

Spering, M. & Montagnini, A. (2011). Do we track what we see? Common versus independent processing mechanisms for motion perception and smooth pursuit eye movements: A review. Vision Research, 51, 836–852.

Spering, M., Pomplun, M. & Carrasco, M. (2011). Tracking without perceiving: a dissociation between eye movements and motion perception. Psychological Science, 22, 216–225.

Spering, M., Wagener, D. & Funke, J. (2005). The role of emotions in complex problem-solving. Cognition and Emotion, 19, 1252–1261.

Squire, L. R. & Wixted, J. T. (2011). The cognitive neuroscience of human memory since H. M. Annual Review of Neuroscience, 34, 259–288.

Stevens, S. S. (1957). On the psychophysical law. Psychological Review, 50, 15–29.

Strohschneider, S. (1999). The fate of the Moros: A cross-cultural exploration in strategies in complex and dynamic decision making. International Journal of Psychology, 34, 235–252.

Strohschneider, S. & von der Weth, R. (2002). Ja, mach nur einen Plan! Pannen und Fehlschläge – Ursachen, Beispiele, Lösungen. Bern: Hans Huber.

Stroop, J. R. (1935). Studies of interference in serial verbal reactions. Journal of Experimental Psychology, 18, 643–662.

Stryer, L. (1990). Die Sehkaskade. In: W. Singer (1990), Gehirn und Kognition (S. 32–41). Heidelberg: Springer.

Swinney, D. A. (1979). Lexical access during sentence comprehension: (Re)consideration of context effects. Journal of Verbal Learning and Verbal Behavior, 18, 645–659.

Taatgen, N. A. & Anderson, J. R. (2010). The past, present, and future of cognitive architectures. Topics in Cognitive Science, 2, 693–704.

Tavassoli, A. & Ringach, D. (2010). When your eyes see more than you do. Current Biology, 20, R83–R94.

Tessier-Lavigne, M. (1991). Phototransduction and information processing in the retina. In E. R. Kandel, J. H. Schwartz & T. M. Jessell (Eds.), Principles of neural science, 3rd Edition (pp. 400–419). London: Prentice Hall.

Thorpe, S. J., Fize, D. & Marlot, C. (1996). Speed of processing in the human visual system. Nature, 381, 520–522.

Thorndike, E. L. (1911). Animal Intelligence. New York: Macmillan.

Tong, F., Meng, M. & Blake, R. (2006). Neural bases of binocular rivalry. Trends in Cognitive Sciences, 10, 502–511.

Tramo, M. J., Cariani, P. A., Koh, C. K., Makris, N. & Braida, L. D. (2005). Neurophysiology and neuroanatomy of pitch perception: Auditory cortex. Annals of the New York Academy of Sciences, 1060, 148–174.

Treisman, A. M. (1964). Monitoring and storage of irrelevant messages in selective attention. Journal of Verbal Learning and Verbal Behavior, 3, 449–459.

Treisman, A. M. (1988). Features and objects: The Fourteenth Bartlett Memorial Lecture. Quarterly Journal of Experimental Psychology, 40A, 201–237.

Treisman, A. M. & Gelade, G. (1980). A feature integration theory of attention. Cognitive Psychology, 12, 97–136.

Treue, S. (2004). Perceptual enhancement of contrast by attention. Trends in Cognitive Sciences, 8, 435–437.

Treue, S. & Martínez Trujillo, J. C. (1999). Feature-based attention influences motion processing gain in macaque visual cortex. Nature, 399, 575–579.

Tversky, A. & Kahneman, D. (1974). Judgment under uncertainty: Heuristics and biases. Science, 185, 1124–1131.

Tversky, A. & Kahneman, D. (1983). Extensional versus intuitive reasoning: The conjunction fallacy in probability judgment. Psychological Review, 90, 293–315.

Ungerleider, L. G. & Mishkin, M. (1982). Two cortical visual systems. In D. J. Ingle, M. A. Goodale & R. J. Mansfield (Eds.), Analysis of visual behavior (pp. 549–580). Cambridge, MA: MIT Press.

Valbo, A. B. & Johansson, R. S. (1984). Properties of cutaneous mechanoreceptors in the human hand related to touch sensation. Human Neurobiology, 3, 3–15.

Vollmeyer, R. & Burns, B. D. (1996). Hypotheseninstruktion und Zielspezifität: Bedingungen, die das Erlernen und Kontrollieren eines komplexen Systems beeinflussen. Zeitschrift für Experimentelle Psychologie, 43, 657–683.

Vollmeyer, R. & Funke, J. (1999). Personen- und Aufgabenmerkmale beim komplexen Problemlösen. Psychologische Rundschau, 50, 213–219.

von Holst, E. & Mittelstaedt, H. (1950). Das Reafferenzprinzip. Naturwissenschaften, 37, 464–476.

Vorberg, D., Mattler, U., Heinecke, A., Schmidt, T. & Schwarzbach, J. (2003). Different time courses for visual perception and action priming. Proceedings of the National Academy of Sciences USA, 100, 6275–6280.

Vouloumanos, A. & Werker, J. F. (2007). Listening to language at birth: evidence for a bias for speech in neonates. Developmental Science, 10, 159–171.

Wallas, G. (1926). The art of thought. New York: Harcourt Brace.

Wandell, B. A., Dumoulin, S. O. & Brewer, A. A. (2007). Visual field maps in human cortex. Neuron, 56, 366–383.

Wason, P. C. (1966). Reasoning. In B. M. Foss (Ed.), New horizons in psychology 1 (pp. 135–151). Harmondsworth, UK: Penguin.

Weber, E. H. (1864). Der Tastsinn und das Gemeingefühl. In R. Wagner (Hrsg.), Handwörterbuch der Physiologie, Bd. 3 (S. 481–588). Braunschweig: Vieweg.

Wechsler, D. (1944). The measurement of adult intelligence. Baltimore, MA: Williams & Wilkins.

Weiner, K. S. & Grill-Spector, K. (2012). The improbable simplicity of the fusiform face area. Trends in Cognitive Sciences, 16, 251–254.

Weinert, S. (2006 a). Sprachentwicklung einschließlich Bilingualismus. In J. Funke & P. Frensch (Hrsg.), Handbuch der Allgemeinen Psychologie, Kognition (S. 556–564). Göttingen: Hogrefe.

Weinert, S. (2006 b). Sprachstörungen. In J. Funke & P. Frensch (Hrsg.), Handbuch der Allgemeinen Psychologie, Kognition (S. 565–573). Göttingen: Hogrefe.

Weir, A. A.S., Chappell, J. & Kacelnik, A. (2002). Shaping of hooks in new Caledonian crows. Science, 297, 981.

Werker, J. F. & Tees, R. C. (1984). Cross-language speech perception: Evidence for perceptual reorganisation during the first year of life. Infant Behavior & Development, 7, 49–63.

Werner, S. & Thies, B. (2000). Is »change blindness« attenuated by domain-specific expertise? An expert-novices comparison of change detection in football images. Visual Cognition, 7, 163–173.

Wertheimer, M. (1925). Drei Abhandlungen zur Gestalttheorie. Erlangen: Verlag der Philosophischen Akademie.

Whorf, B. L. (1956 / 1991). Sprache – Denken – Wirklichkeit: Beiträge zur Metalinguistik und Sprachphilosophie. Reinbek: Rowohlt.

Wilken, B. (2015). Methoden der kognitiven Umstrukturierung: Ein Leitfaden für die therapeutische Praxis. Stuttgart: Kohlhammer.

Wolfe, J. M. (1994). Guided Search 2.0: A revised model of visual search. Psychonomic Bulletin and Review, 1, 202–238.

Wysocki, C. J. & Preti, G. (2004). Facts, fallacies, fears, and frustrations with human pheromones. The Anatomical Record Part A: Discoveries in Molecular, Cellular, and Evolutionary Biology, 281, 1201–11.

Yantis, S. & Jonides, J. (1990). Abrupt visual onsets and selective attention: Voluntary versus automatic allocation. Journal of Experimental Psychology: Human Perception and Performance, 16, 121–134.

Yuskaitis, C. J., Parviz, M., Loui, P., Wan, C. Y. & Pearl, P. L. (2015). Neural mechanisms underlying musical pitch perception and clinical applications including developmental dyslexia. Current Neurology and Neuroscience Reports, 15:51.

Zeki, S. (1993). A vision of the brain. Oxford, UK: Blackwell.

Zihl, J., v. Cramon, D. & Mai, N. (1983). Selective disturbance of movement vision after bilateral brain damage. Brain, 106, 313–340.

Zwitserlood, P. (1989). The locus of the effects of sentential-semantic context in spoken-word processing. Cognition, 32, 25–64.

Zwitserlood, P. (1999). Gesprochene Wörter im Satzkontext. Göttingen: Hogrefe.

Hinweise zu den Online-Materialien

Zu diesem Lehrbuch gibt es umfangreiche Zusatzmaterialien im Internet. Besuchen Sie unsere Website www.beltz.de. Auf der Seite dieses Lehrbuchs (z. B. über die Eingabe der ISBN im Suchfeld oder über den Pfad »*Psychologie – Lehrbücher – Allgemeine Psychologie 1 kompakt*« erreichbar.

Lernen Sie online weiter mit den folgenden Elementen:

▶ **Deutsch-englisches Glossar:** Die wichtigsten Fachbegriffe kurz und anschaulich erläutert
▶ **Kommentierte Links zu jedem Kapitel:** So finden Sie den Einstieg zu zahlreichen Artikeln, Informationen und Materialien rund um die in diesem Buch behandelten Themen
▶ **Selbstversuche:** Hier werden weitere Selbstversuche dargestellt – diese dienen dazu, theoretische Inhalte anhand konkreter Beispiele selbst auszuprobieren, Erfahrungen zu machen und eigene Lösungen zu finden
▶ **Multiple-Choice-Fragen:** Hier können Sie Ihr Wissen testen. Zu jedem Kapitel gibt es Multiple-Choice-Fragen mit Antworten.
▶ **Für Dozenten:** Abbildungen und Tabellen im digitalen Format zur Verwendung in der Lehre

Online-Feedback

Über Ihr Feedback zu diesem Lehrbuch würden wir uns freuen:
http://www.beltz.de / psychologie-feedback

Glossar

Adaptation. Wiederholte Reizung mit dem gleichen Stimulus führt zu einer Abnahme der Reizantwort, weil sich das System auf einen neuen Bereich von Reizen »kalibriert«.

Ames-Raum. Ein schiefwinklig konstruiertes Zimmer, das durch ein Guckloch betrachtet gerade wirkt.

Attentive und präattentive Verarbeitungsprozesse. Die ersteren benötigen Aufmerksamkeit, die letzteren können auch ohne Aufmerksamkeitszuwendung abgeschlossen werden.

Aufgabenwechsel. Versuchsparadigma, bei dem die Versuchsperson so schnell wie möglich zwischen zwei Aufgaben wechseln muss. Dabei entstehen charakteristische Wechselkosten. Verwandtes Paradigma: Doppelaufgaben, bei denen die Bearbeitung gleichzeitig erfolgt.

Bilingualismus. Fähigkeit, zwei Sprachen auf dem Niveau einer Muttersprache zu verstehen und zu sprechen.

Bindungsproblem. Entsteht, wenn getrennt verarbeitete Reizeigenschaften wieder zu einer gemeinsamen Repräsentation verknüpft werden müssen.

Biologische Bewegung. Bewegungen von Menschen und Tieren werden auch unter sparsamsten Wahrnehmungsbedingungen erkannt.

Change Blindness. Versuchsparadigma, in dem abwechselnd Bilder als »Original« und »Fälschung« präsentiert werden. Versuchspersonen brauchen überraschend lange, um selbst drastische Veränderungen zu bemerken.

Chiasma opticum. Kreuzung der aus beiden Augen kommenden Sehnerven; sorgt dafür, dass jede Gehirnhälfte Informationen aus beiden Augen erhält.

Cochlea. Flüssigkeitsgefüllte »Hörschnecke« (nach ihrer Form so benannt) im Innenohr, enthält Sinnesrezeptoren für auditive Reize.

Cocktailparty-Phänomen. Fähigkeit, aus einer Vielzahl irrelevanter Laute die relevante Information herauszufiltern. Wird häufig mithilfe des dichotischen Hörens untersucht.

Corpus geniculatum laterale (CGL). Seitlicher Kniehöcker im Thalamus, über den die wichtigste Sehbahn verläuft; von dort wird visuelle Information zum primären visuellen Kortex (V1) verschaltet. Beinhaltet sechs Schichten, die Information entweder aus dem linken oder rechten Auge empfangen.

Divergentes Denken. Kreatives, originelles Denken, das im Gegensatz zum zielgerichteten konvergenten Denken steht.

Doppeldissoziation. Bedeutet in der Neuropsychologie, dass die Schädigung zweier Hirnareale jeweils nur spezifische Leistungsausfälle zur Folge hat. Deutet darauf hin, dass die beiden Areale für wechselseitig unabhängige kognitive Funktionen verantwortlich sind.

Dorsaler und ventraler Strom. Der ventrale Strom dient der visuellen Objekterkennung, der dorsale Strom der visuellen Handlungskontrolle und dem Wechsel zwischen räumlichen Referenzsystemen.

Einsicht. Plötzliches Erkennen der Lösung einer Problemlöseaufgabe. Oft mit einem Aha-Effekt verbunden.

Elektroenzephalographie (EEG). Mithilfe von Elektroden, die z. B. über eine Kappe auf der Kopfhaut befestigt werden, können Veränderungen der elektrischen Hirnaktivität gemessen werden. Hohe zeitliche, aber schlechte räumliche Auflösung. Die Aktivitätsmessung in Abhängigkeit eines bestimmten Ereignisses (z. B. der Darbietung eines Reizes) wird als Ereigniskorreliertes Potential (ERP) bezeichnet.

Exogen und endogen gesteuerte Aufmerksamkeit. Im ersten Fall wird die räumliche Aufmerksamkeit unwillkürlich von einem Reiz angezogen, im zweiten Fall willkürlich ausgerichtet. Dies kann auch modalitätsübergreifend geschehen.

Farb- und Helligkeitskonstanz. Bezeichnet das Phänomen, dass bei der Wahrnehmung von Oberflächeneigenschaften wie Farbe und Reflektanz der Einfluss der Beleuchtung berücksichtigt wird.

Feedforward- vs. rekurrente Prozesse. Diese Theorie besagt, dass visuelle Reize zunächst nur zu einer Welle unbewusster Feedforward-Verarbeitung führen, für die Entstehung bewusster Wahrnehmung aber eine schleifenartige, rekurrente Verarbeitung notwendig ist.

Fovea. Ort auf der Retina, an dem die Dichte von Zapfen (Photorezeptoren) am höchsten ist; Punkt des schärfsten Sehens.

Freier Wille. Philosophisches Konzept der Handlungsfreiheit, das mit naturwissenschaftlichen Mitteln nicht direkt untersucht werden kann. Die subjektive Wahrnehmung eigener Willensentscheidungen unterliegt jedoch charakteristischen Verzerrungen.

Frühe und späte Selektion. Beschreiben, ob Aufmerksamkeitsselektion vor oder nach der inhaltlichen Reizanalyse stattfindet.

Funktionelle Magnetresonanztomographie (fMRT). Misst funktionelle (neuronale) Änderungen in der Hirnaktivität über den Sauerstoffgehalt des Blutes basierend auf der Annahme, dass Aktivitätszunahme zu einer Zunahme des Sauerstoffbedarfs im Gehirn führt. Schlechtere zeitliche, dafür aber höhere räumliche Auflösung als → EEG.

Gestaltgesetze. Geben an, unter welchen Bedingungen visuelle und auditive Reize als zusammengehörig wahrgenommen und so »gruppiert« werden.

Glatte Augenfolgebewegungen. Langsame, kontinuierliche Bewegungen der Augen, um sich bewegende Objekte zu verfolgen und nah an der → Fovea zu halten.

Global-Workspace-Theorie. Besagt, dass für die Entstehung bewusster Wahrnehmung die gleichzeitige, weitgespannte Aktivität vieler Hirnbereiche vonnöten ist.

Größenkonstanz. Die Fähigkeit des visuellen Systems, die Größe von Objekten trotz unterschiedlicher Entfernung als konstant wahrzunehmen.

Großmutterzelle. Spottname für eine hochspezialisierte Zelle, die z.B. nur dann reagiert, wenn man ein Bild der eigenen Großmutter betrachtet. Noch spotthafter: Gelbe-Volkswagen-Zelle.

Heuristik. Daumenregel als Handlungsanweisung, die zum korrekten Ergebnis führen kann, aber nicht muss. Beispiele: Repräsentativitätsheuristik, Rekognitionsheuristik. Manchmal die Ursache von → kognitiven Täuschungen.

Intelligenz. Schwierig zu definieren, ihre verschiedenen Dimensionen können aber in Intelligenztests gemessen werden. Kreativität, die Fähigkeit, Neues, Ungewöhnliches, Originelles zu erfinden oder zu erschaffen, wird manchmal als Bestandteil der Intelligenz aufgefasst.

Kategorisierung. Ordnen verschiedener Begriffe oder Objekte in Ähnlichkeitsklassen. Der typischste Vertreter einer Kategorie wird Prototyp genannt.

Kognitive Täuschungen. Charakteristische Fehleinschätzungen der Auftretenswahrscheinlichkeit und der Konsequenzen von Ereignissen, oft auf der Basis von → Heuristiken. Häufig mit Fehleinschätzungen der eigenen Antwortsicherheit verbunden.

Komplexes Problemlösen. Dynamisches Entscheiden in Auseinandersetzung mit Problemen, die sich während der Problemlösung dynamisch ändern und vernetztes Denken erfordern. Gegensatz zum einfachen Problemlösen, bei dem die Lösung eindeutig und unveränderlich ist.

Kritische Periode. Zeitraum, innerhalb dessen eine kognitive Fähigkeit erworben werden muss, wenn sie später perfekt beherrscht werden soll.

Lexikalische Semantik. Inhaltliche Bedeutung eines Wortes.

Logik. Formales System von Regeln, das beschreibt, wie sich bei der Verknüpfung von Aussagen die Wahrheitswerte (»wahr« und »falsch«) der Aussagen verändern müssen. Logische Gültigkeit ist nicht dasselbe wie inhaltliche Richtigkeit.

Mentales Modell. Innere Vorstellung einer in einem Text dargestellten oder mündlich beschriebenen Szene, Handlung oder eines Ereignisses.

Metakognition. Bewusster Einsatz der Fähigkeit, die eigene mentale Aktivität zu überwachen, zu steuern und zu organisieren.

Norman-Shallice-Modell. Beschreibt, unter welchen Umständen Handlungen kognitiv überwacht werden müssen und wann sie ohne Überwachung ablaufen können.

Parsing. Zerlegung gesprochener oder gelesener Sprachströme in Wörter, Satzteile und Sätze.

Proposition. Inhaltliche Aussage, die als »richtig« oder »falsch« beurteilt werden kann. Propositionale Netzwerke könnten dem semantischen Gedächtnis zugrunde liegen.

Psycholinguistik. Widmet sich der Erforschung des Erlernens von Sprache und ihrer kompetenten Nutzung. Psycholinguisten beschäftigen sich auch mit der Frage, welche Vorgänge im Gehirn stattfinden, wenn wir sprechen oder anderen Sprechern zuhören.

Psychophysik. Forschungstradition innerhalb der experimentellen Psychologie, die sich mit dem Zusammenhang zwischen physikalischen Reizen und bewusster Wahrnehmung beschäftigt.

Rekurrente Prozesse. Schleifenartige Prozesse, die entstehen, wenn Zellen durch Feedforward-Erregung aktiviert werden und ihrerseits Feedback-Signale an die Ausgangszellen zurücksenden.

Response Priming. Versuchsparadigma, das die Unabhängigkeit motorischer Kontrolle vom visuellen Bewusstsein belegt.

Retina. Netzhaut an der Rückseite des Auges; hier befinden sich die lichtempfindlichen Photorezeptoren, Zapfen (für Farbsehen) und Stäbchen (für Hell-Dunkel-Sehen). Die Retina ist übrigens nicht Teil des Auges, sondern Teil des Gehirns; hier findet bereits komplexe visuelle Signalverarbeitung statt.

Rezeptives Feld. Ausschnitt des visuellen (oder allg. sensorischen) Felds, in dem Reize erscheinen müssen, um eine Nervenzelle in Erregung zu versetzen. Rezeptive Felder können verschiedene Formen und Ausprägungen haben und auf bestimmte visuelle Signale (z. B. Bewegungsrichtung oder Orientierung) spezialisiert sein.

Sakkade. Schnelle Sprünge, die das Auge macht, um Objekte von Interesse nah an die → Fovea zu bringen. Wird z. B. beim Lesen oder Betrachten von

Bildern verwendet; Menschen können ca. 3 Sakkaden pro Sekunde ausführen. Kleinste Sakkaden werden Mikrosakkaden genannt.

Scheinwerfer und Vergrößerungsglas der Aufmerksamkeit. Grobe Modellvorstellungen, die veranschaulichen sollen, wie die Aufmerksamkeit die Geschwindigkeit und Genauigkeit der Verarbeitung erhöht.

Schema und Skript. Beschreiben den Zusammenhang von Merkmalen oder Handlungen. Beispiele: das Schema für ein Gesicht oder das Skript für einen Restaurantbesuch.

Schlussfolgern. Deduktives Schlussfolgern einer Aussage aus Prämissen erfolgt nach Regeln der Logik (z. B. im Syllogismus). Induktives Schlussfolgern beschreibt hingegen das Bilden einer generalisierten Schlussfolgerung aus vielen Einzelbeobachtungen.

Schwelle. Diejenige Reizstärke, bei der ein Reiz (je nach psychophysischem Verfahren) in einem festgelegten Prozentsatz der Fälle erkannt, identifiziert oder von einem anderen Reiz unterschieden werden kann.

Signalentdeckungstheorie. Psychophysisches Verfahren, mit dem die tatsächliche Wahrnehmungsempfindlichkeit einer Versuchsperson von deren Antwortstrategien getrennt werden kann; berücksichtigt im Gegensatz zu klassischen Verfahren auch das Entscheidungsverhalten des Beobachters.

Spiegelneurone. Gehirnzellen, die sowohl bei der Ausführung von Bewegungen aktiv sind als auch dann, wenn andere bei der Ausführung von Bewegungen beobachtet werden. Diese Neurone wurden zuerst in bewegungsempfindlichen Kortexarealen bei Affen entdeckt.

Split-Brain-Patienten. Menschen, bei denen zur Behandlung einer Epilepsie oder ähnlichen Störung das Corpus callosum durchtrennt wurde. Die Behandlungsmethode geht häufig mit Leistungseinbußen im visuellen, motorischen und kognitiv-sprachlichen Bereich einher, weil Information nicht mehr zwischen den Hirnhemisphären übertragen werden kann.

Synästhesie. Die Aktivierung von Sinneswahrnehmungen in einer Domäne durch Reize einer anderen Domäne, z. B. das Hervorrufen von Farbempfindungen durch musikalische Klänge.

Transduktion. Die Umwandlung eines physischen Reizes (Licht, Schall, chemischer Stoff) in elektrische neuronale Aktivität in einem spezialisierten Sinnesrezeptor.

Transkranielle Magnetstimulation (TMS). Simulierte Hirnläsion durch Stimulierung eines ausgewählten Hirnareals durch die Schädeldecke mittels einer magnetischen Spule. Elektrische Impulse dauern ca. 1 ms und unterbrechen durch die Auslösung eines hemmenden Signals die normale Hirnaktivität für kurze Zeit.

Univarianzprinzip. Farben sind genau dann unterscheidbar, wenn sie zu unterscheidbaren Aktivitätsmustern der Zapfenrezeptoren führen.

Vestibuläres System. Sensorisches System, das über Signale aus dem Innenohr für Balance und räumliche Orientierung zuständig ist.

Vestibulo-okularer Reflex (VOR). Reflexhafte Augenbewegung, die zum Ausgleich von Kopf- oder Körperbewegungen ausgeführt wird, um stationäre Objekte nah an der → Fovea zu halten. Dreht sich der Kopf z.B. nach rechts, bewegen sich die Augen nach links.

Visuelle Suche. Versuchsparadigma, in dem ein Zielreiz unter mehreren Distraktorreizen gesucht werden muss. Suche nach einzelnen Reizmerkmalen führt häufig zum Pop-Out-Effekt, bei dem der Zielreiz unmittelbar »ins Auge springt«. Suchzeiten nach Merkmalskombinationen steigen mit zunehmender Distraktorzahl an.

Wahrnehmungsspezifität. Jede Wahrnehmungsmodalität wird in spezialisierten Pfaden im Gehirn verarbeitet.

Wernicke-Geschwind-Modell. Beschreibt das Zusammenspiel sprachrelevanter Gehirnstrukturen (Wernicke-Areal, Broca-Areal, Fasciculus arcuatus) bei der Entstehung von Aphasien und normalen Sprachleistungen.

Wissen. Als Wissen bezeichnet man organisierte Information, die im Gedächtnis repräsentiert ist. Deklaratives Wissen, auch explizites Wissen, enthält Tatsachen (semantisches Wissen) und Ereignisse (episodisches Wissen). Prozedurales Wissen, auch implizites Wissen, umfasst Wissen über Abläufe und Fertigkeiten.

Sachwortverzeichnis

Wichtige Grundlagen für das Studium

Ist Lernen immer ein aktiver Prozess? Warum bleiben uns manche Dinge besser im Gedächtnis als andere? Welche Arten von Motivation gibt es und wie formen Emotionen unseren Charakter? Die Allgemeine Psychologie erforscht diese Sachverhalte und nimmt die psychischen Funktionen und Eigenschaften in den Blick, die allen Menschen gemein sind.

Die »Allgemeine Psychologie II« bietet einen kompakten Überblick über die Fachgebiete Lernen, Emotion, Motivation und Gedächtnis. Die Modelle und Theorien der Forschungsfelder werden durchgehend verständlich und durch alltagsnahe Beispiele dargestellt. Zahlreiche Experimente führen die Erkenntnisse noch einmal vor Augen, Definitionen und Zusammenfassungen sowie Arbeitsmaterialien zum Download unterstützen die Verinnerlichung des Lernstoffs in der Prüfungsvorbereitung.

Gernot Horstmann •
Gesine Dreisbach
Allgemeine Psychologie 2 kompakt
Mit Online-Materialien
2. Auflage 2017. 220 Seiten.
Broschiert.
ISBN 978-3-621-28393-9

Dieses Buch ist auch als E-Book
erhältlich.
ISBN 978-3-621-28489-9

Verlagsgruppe Beltz • Postfach 100154 • 69441 Weinheim • www.beltz.de

»Der bunte Einstieg in die Biologische Psychologie«

Über 320 Prüfungsfragen zum Fachgebiet »Biologische Psychologie« – das digitale Lernkartenset von Beltz bietet Studierenden die optimale Prüfungsvorbereitung für dieses Fachgebiet!

▶ Mit dem digitalen Lernkartenset »Biologische Psychologie« bietet Beltz Ihnen die optimale Prüfungsvorbereitung für Ihr Studium. Aus dem Standardwerk »Biologische Psychologie« von Rainer Schandry stehen 322 abwechslungsreiche Prüfungsfragen bereit.

▶ - 301 Multiple Choice-Fragen

▶ - 21 Lücken- und Zuordnungsaufgaben

▶ - 11 Aufgaben zu Abbildungen

▶ Sie nutzen das digitale Lernkartenset über die kostenlose BRAINYOO Karteikarten Software, mit der Sie direkt nach dem Kauf über Ihren Webbrowser online lernen können. Unterwegs können Sie mit den kostenfreien Apps für iOS- und Android-Smartphones sowie Tablets auf die Lerninhalte zugreifen.

Rainer Schandry
Lernkartei Biologische Psychologie
BrainYoo

ISBN 978-3-621-28293-2

Verlagsgruppe Beltz • Postfach 100154 • 69441 Weinheim • www.beltz.de

Noch mehr Statistik ...

M. Eid • M. Gollwitzer • M. Schmitt
Statistik und Forschungsmethoden
5., überarb. und erw. Auflage 2017. 1088 Seiten.
Gebunden. ISBN 978-3-621-28201-7
Dieses Buch ist auch als E-Book erhältlich.
ISBN 978-3-621-28248-2

Welcher Statistiktyp sind Sie? Nichts geht über Erwartungs-
treue? Wahre Werte sind Ihnen wichtig? Oder rerandomisie-
ren Sie lieber und versuchen es auch mal mit dem parame-
trischen Bootstrapping? – Alles keine Typfrage: Hier findet
jeder den Einstieg in die Statistik!
Sie erhalten das Handwerkszeug von der Vorlesung im
ersten Semester bis zur Abschlussarbeit. Alle Rechenschritte
werden an konkreten Anwendungsbeispielen verständlich
erklärt.

Fit für die Prüfung: Übungsaufgaben und Lernfragen zu jedem Kapitel • Kapitelzusammenfassun-
gen • Vertiefungen für die, die es genau wissen wollen • Über 150 Abbildungen und Tabellen •
Glossar mit den wichtigsten Fachbegriffen
Online lernen: Datensätze zum Rechnen der Übungsaufgaben • Lösungen der Übungsaufgaben
mit SPSS und R • Antworthinweise zu den Lernfragen • Kommentierte Links

M. Eid • M. Gollwitzer • M. Schmitt
Formelsammlung Statistik und Forschungsmethoden
2016. 264 Seiten. Broschiert. ISBN 978-3-621-28126-3
Dieses Buch ist auch als E-Book erhältlich.
ISBN 978-3-621-28248-2

**Median, z-Wert, Varianzanalyse – die ersten Formeln und statisti-
schen Testverfahren mögen noch gut zu merken oder herzuleiten
sein. Aber alle Formeln kann man sich nicht merken – und das
muss man auch nicht.**
Die Formelsammlung enthält die wichtigsten Formeln und Definitionen des Lehrbuchs Statistik und Forschungsmethoden. Für
die verschiedenen statistischen Tests werden Anwendungsgebiete,
Hypothesen, Voraussetzungen und der Umgang mit den Voraus-
setzungsverletzungen systematisch dargestellt. Der übersichtliche
Aufbau und die Zusammenstellung aller notwendigen Informationen zu einer Formel oder einem
Test ermöglichen schnelles und unkompliziertes Nachschlagen.

Verlagsgruppe Beltz • Postfach 100154 • 69441 Weinheim • www.beltz.de

Entwicklungspsychologie – farbenfroh und lebendig

Wolfgang Schneider •
Ulman Lindenberger (Hrsg.)
Entwicklungspsychologie
Vormals Oerter/Montada
Mit Online-Materialien
8. Auflage 2018
925 Seiten. Gebunden.
ISBN 978-3-621-28453-0

Dieses Buch ist auch als E-Book
erhältlich.
ISBN 978-3-621-28623-7

Was nimmt das Neugeborene wahr? Wie lernen Kinder den Umgang mit Gefühlen? Wann und wie bildet sich unsere Persönlichkeit heraus? Wie verändern sich kognitive Fähigkeiten im Erwachsenenalter? – Die Inhalte der Entwicklungspsychologie sind breit gefächert und anschaulich wie in kaum einem anderen Fachgebiet der Psychologie.

Das Lehrbuch »Entwicklungspsychologie« – von Rolf Oerter und Leo Montada begründet – gilt als das Standardwerk des Fachs. Es wird in der 8. Auflage von Wolfgang Schneider und Ulman Lindenberger herausgegeben.

Entwicklung wird anhand zweier Dimensionen dargestellt, nach Altersstufen (von der vorgeburtlichen Entwicklung bis zum hohen Alter) und nach Funktionsbereichen (wie entwickeln sich Wahrnehmung, Emotion, Kognition, Sprache etc.). Abschließend werden 13 Praxisfelder vorgestellt, u.a. Medien, vorschulische Förderung, Gesundheit und Produktivität im Alter.

Didaktisch aufbereitet für die Prüfungsvorbereitung: Definitionen und Zusammenfassungen dienen zur Wissensüberprüfung, zahlreiche Beispiele und »Denkanstöße« führen zu einem tieferen Verständnis. Mit zusätzlichen Online-Materialien zu jedem Kapitel.

– DER umfassende Einstieg in die Entwicklungspsychologie!

Verlagsgruppe Beltz • Postfach 100154 • 69441 Weinheim • www.beltz.de

Alles über Lernen und Lehren

Was kann eine Lehrerin tun, damit sich möglichst viele Schülerinnen und Schüler in ihrem Unterricht beteiligen? Was zeichnet das Lernen in Schulen, Hochschulen, in der Erwachsenenbildung aus? Welche Rolle spielt die Familie, damit Kinder sich zu starken Persönlichkeiten entwickeln? Welchen Stellenwert haben gesellschaftliche Rahmenbedingungen?

Die Neuauflage des Lehrbuchs »Pädagogische Psychologie« wurde vollständig überarbeitet.
Tina Seidel, Andreas Krapp und viele weitere Experten der Pädagogischen Psychologie und Empirischen Bildungsforschung stellen das Fach anschaulich dar. Jedes Kapitel enthält exemplarische Studien, Anwendungsbeispiele, Definitionen und eine Zusammenfassung und erleichtert damit die Vorbereitung auf die Prüfung.

▶ Mit deutsch-englischem Glossar zum raschen Nachschlagen der Fachbegriffe
▶ Alle Abbildungen und Tabellen in Farbe
▶ Mit zusätzlichen Online-Materialien zum Download

Tina Seidel •
Andreas Krapp (Hrsg.)
Pädagogische Psychologie
Mit Online-Materialien
6. Auflage 2014. 656 Seiten.
Gebunden.
ISBN 978-3-621-27917-8

Dieses Buch ist auch als E-Book erhältlich
ISBN 978-3-621-28193-5

Verlagsgruppe Beltz • Postfach 100154 • 69441 Weinheim • www.beltz.de